高等学校"十三五"教师教育系列教材

现代教育技术

(慕课版)

谢同祥 罗冬梅 主 编

南京大学出版社

图书在版编目(CIP)数据

现代教育技术 / 谢同祥，罗冬梅主编. — 南京：南京大学出版社，2020.1(2024.7重印)
ISBN 978-7-305-22774-5

Ⅰ. ①现… Ⅱ. ①谢… ②罗… Ⅲ. ①教育技术学—高等学校—教材 Ⅳ. ①G40-057

中国版本图书馆 CIP 数据核字(2019)第 284647 号

出版发行	南京大学出版社
社　　址	南京市汉口路 22 号　邮　编　210093
书　　名	**现代教育技术** XIANDAI JIAOYU JISHU
主　　编	谢同祥　罗冬梅
责任编辑	钱梦菊　　　　　　　　编辑热线　025-83592146
照　　排	南京南琳图文制作有限公司
印　　刷	南京京新印刷有限公司
开　　本	787×1092　1/16　印张 18.25　字数 415 千
版　　次	2020 年 1 月第 1 版　2024 年 7 月第 5 次印刷
ISBN	978-7-305-22774-5
定　　价	45.00 元

网址：http://www.njupco.com
官方微博：http://weibo.com/njupco
官方微信号：njupress
销售咨询热线：(025) 83594756

* 版权所有，侵权必究
* 凡购买南大版图书，如有印装质量问题，请与所购图书销售部门联系调换

前言 PREFACE

这是一个技术迅速发展的时代,几乎没有哪个行业能够完全避开技术带来的冲击,教育行业更是如此。技术渗透至教学、管理的各个环节中,也渗透至教师的专业发展中。现代教育技术作为当今高校师范类专业必修的一门课程,其所用教材必须随技术的进步、教育的发展而不断更新、升级。唯有如此,才能将助力教育发展的新理论、新技术及时地介绍给行将加入教师队伍的莘莘学子,让他们在未来的职业生涯中用"信息时代的原住民"熟悉而适应的方式,普及科学知识、传播科学思想、倡导科学方法、弘扬科学精神,帮助"原住民们"更快地吸纳科学养分,更好地获得专业成长。

为此,我们组织了从事"现代教育技术"课程教学多年、具有丰富教学经验的团队,结合当今教育与技术的新发展,酝酿并编写了本教材。为保证本教材的质量,经与出版社协商,编写组推迟了教材的出版计划,利用一个学期的时间,以讲义的形式对教材主体内容进行试用。经过试用后的多次修订,本教材已趋完善,并体现出如下特点:

一是理论与实践的结合。现代教育技术是一门实践性极强的学科,各种技术在教育中的应用过程就是反复实践的过程。只有不断地实践,教师才能化技术于无形,为学生呈现知识的大餐。本教材突出学生技能的培养与动手能力的形成,以实验指导的方式,提供了具体的操作步骤,让学生在实验中进一步实践,完成知识、技能的吸收与内化。

二是技术与教育的融合。教育技术已经从研究技术在教育中的应用,转向促进技术与教育的融合。教育技术姓技(电)还是姓教的争论似乎还回响在耳边,但现代教育技术研究者、实践者默默促进技术与教育融合的努力是一致的。技术离开教育还是技术,然而教育离开技术,很难称得上是完整意义上的教育。本教材努力淡化技术教学的导向,尝试突显技术与教育的融合,让学习者掌握技术在教育中的应用,而非仅仅是掌握技术本身。

三是线上与线下的混合。线上教学、在线资源是本教材关注的重要内容。通过"南大悦学"平台将线上资源与纸质教材链接起来,充分发挥电子资源作用,彰显了本教材的实时性、立体性等特色。本书配套 MOOC 已上线(https://www.icourse163.org/course/HYTC-1207111810),学生基于 MOOC 平台,其学习过程与结果可被系统实时记录,形成学习电子档案袋,有助于教师分析教学过程与结果,也有助于实现教学过程中学习数据的实时呈现。

线上与线下的整合将促进学生对知识的理解与掌握、融会与贯通,实现"要我学"向"我要学"到"我爱学"的转变,从而将现代教育技术课程打造成为一门真正的线上线下混合的"金课"。

四是人文与知识的嵌合。教材不仅要体现它的工具性,更要注重其人文教育的作用。本教材关注教育技术学科人文知识的传播,在教材中通过"人物卡片"的方式向学生呈现教育技术学领域的国内外学者的图文介绍,避免只闻其名,不知其详,实现学习过程中人文素养的潜移默化。考虑到篇幅所限及教材所面向的读者,我们选择了学术影响深远的南国农、加涅等十二名中外学者进行简单介绍。此外,还通过设置"资料卡片""文献链接"栏目进行拓展学习。

本教材共分八章,其编写框架由谢同祥、罗冬梅和杨绪辉确定。各章节的编写分工如下:第1章(谢同祥),第2章(封昌权),第3章(蒋霞),第4章(申小春、刘志恒),第5章(罗冬梅、李连祥),第6章(黄立冬),第7、8章(杨绪辉)。全书由谢同祥、罗冬梅统稿,各位编写者提供了相应章节的电子资源,部分编写者跨章节提供了电子资源。本教材对应的视频教学内容由杨绪辉、罗冬梅等几位老师主讲,这为教材增色良多,他们也因此付出许多额外的辛勤劳动。

感谢南京大学出版社在本教材出版中给予的大力支持。责任编辑钱梦菊为本教材的出版付出太多精力,与两位主编以在线/面谈的方式,多次讨论教材出版的具体事宜,以推动教材的顺利出版。两位主编所在单位对教材的出版也给予关注与支持,在此一并表示诚挚的谢意!

本教材在编写中借鉴了不少相关教材、论文和专著的最新成果,并将其以参考文献的形式列于书后,限于时间与篇幅,仍有不少滞于列表之外。在此,对所有引用文献的作者表示感谢!对未列入参考文献列表的文献作者表示歉意!也恳请本教材的使用者不吝笔墨,为教材提出宝贵意见,可以发送至邮箱 xdjyjs2020@126.com,以便提升本教材下一版本的质量。

教材编写组
2020 年 1 月

目录 CONTENTS

微信扫码
配套慕课资源概览

第1章　认识现代教育技术 / 1
　1.1　现代教育技术的概念及其演变 / 1
　1.2　现代教育技术初体验：思维导图 / 12
　1.3　现代教育技术的研究热点 / 15
　1.4　中小学教师教育技术能力建设 / 33

第2章　熟悉信息化教学环境 / 41
　2.1　教学媒体 / 41
　2.2　信息化教学环境 / 47
　2.3　智慧教学环境 / 53

第3章　信息化教学设计 / 60
　3.1　教学设计 / 60
　3.2　信息化教学设计的一般过程 / 73
　3.3　信息化教学模式 / 81
　3.4　信息化教学设计案例 / 91

第4章　信息化教学素材资源准备 / 100
　4.1　信息化教学资源的获取 / 100
　4.2　信息化教学素材的加工 / 112

第5章　信息化教学课件设计与制作 / 157
　5.1　PowerPoint多媒体课件设计与制作 / 157
　5.2　交互式电子白板课件设计与制作 / 182

第6章 微课的设计与开发 / 221

6.1 微课概述 / 221

6.2 微课的设计 / 225

6.3 微课的开发 / 232

第7章 信息化教学评价 / 241

7.1 教学评价概述 / 241

7.2 信息化教学评价概述 / 246

7.3 信息化教学评价方法 / 252

第8章 信息技术与课程融合 / 268

8.1 计算机支持的协作学习 / 268

8.2 混合式学习 / 273

8.3 面向创新性学习的信息化教学 / 278

参考文献 / 285

第1章 认识现代教育技术

【学习目标】
1. 通过教育技术概念的学习,了解其演变过程;
2. 通过思维导图的学习,初步体验现代教育技术;
3. 了解当前现代教育技术的热点;
4. 了解我国中小学教师教育技术能力建设状况。

微信扫码获取

微课视频、课堂实验
链接资源、学习拓展等

当今世界,各个领域都避免不了技术的应用,教育自然也不例外。历经多年的发展,技术深度介入教育领域,对教育已经产生不可逆转的影响,随着技术,尤其是信息技术的高速发展,这种影响还在不停地扩大和加深。师范专业的学生必须接受并掌握技术在教育中的应用,学会将技术融合到教育的各个方面,以促进教育过程的开展与教育效果的提高。

1.1 现代教育技术的概念及其演变

如果将教育技术理解为"人类在教育教学活动过程中所运用的一切物质工具、方法技能和知识经验的综合体"(何克抗),教育技术可以被视为同教育一起发展,并推动教育发展,与人类共同进步的一门学问。

人物卡片

何克抗

何克抗(1937—),北京师范大学教授,东北师范大学终身教授,我国第一位教育技术学博士生导师,曾被国务院授予有突出贡献专家的称号,1997年当选美国纽约科学院院士,国际著名刊物 *Journal of Computer Assisted Learning* 编委,在教育技术基本理论、教学系统设计方面研究极深,著述颇丰。

在国内外,受教育理念与人们对教育中技术应用的研究情况影响,教育技术经历了不同的发展过程。为帮助大家更好地理解教育技术的概念,本书将分国内、国外两部分对教

育技术概念及其演变进行介绍。

1.1.1 国内教育技术概念演变

国内教育技术主要经历了电化教育与教育技术两个概念使用过程。新中国成立前的教育技术实践虽然相对较少，但人们使用广播、电影等手段开展教育、宣传的实践是客观存在的，而且产生较大的影响。这里我们将国内教育技术演变分三个阶段进行介绍，即电影教育、电化教育和教育技术。

1. 电影教育

在电化教育发展的早期，运用广播与电影的手段向民众进行宣讲、教育，是电教工作者们的日常工作。前者被称为播音教育，后者被称为电影教育。电影所呈现的动态画面与同步声音，能够完全地保存与再现各种生活场景，为广大人民群众所喜闻乐见，成为信息技术手段匮乏时代人们的"专宠"。有统计表明，电影教育在早期电化教育的起始与发展过程中一直处于主体地位，其规模和影响均大于播音教育。因此部分专家认为，我国早期电化教育的发展曾经历"电影教育"到"电化教育"的过渡。这种观点的存在，说明电化教育的内涵远比电影教育丰富，它与技术的发展及人们对技术的认识与应用是密切联系的。

2. 电化教育

电化教育这一术语出现于20世纪30年代，是中国制造，是与当时"电"作为一种先进技术的背景紧密相关的。这个名称在被使用70多年后，为了在国际上交流方便，于20世纪90年代更名为"教育技术"。

具体地，90年代初期之前，通常使用"电化教育"这个名称，90年代中期以后，通常使用"教育技术"这个名称，亦有一些杂志、机构或实践活动仍在沿用"电化教育"这样的名称，如《中国电化教育》《电化教育研究》杂志、中央及省市电化教育馆、党员电化教育等。

有关"电化教育"最早的正式定义，来自1940年出版的一本名为《电化教育》的小册子。书中将电化教育定义为，利用电力进行各种教育，可以在最短的时间内传达至最广的范围，用最低的代价，获得最好的效果。其内容大致为电影教育和播音教育。

教育部(时称国家教育委员会)电化教育局1985年组织领导的"全国电化教育教材编写组"编写的《电化教育学》提出的电化教育定义：运用现代教育媒体，并与传统媒体恰当结合，传递教育信息，以实现教育最优化就是电化教育。该编写组的主编是南国农先生。

人物卡片

南国农

南国农(1920—2014)，早年留学美国哥伦比亚大学，是中国电化教育事业的开拓者和奠基人、全国教育科学研究终身成就奖获得者、西北师范大学唯一终身教授，曾任《电化教育研究》杂志主编，在教育技术理论方面有深厚造诣。

这与萧树滋主编的《电化教育概论》中的定义有不少相通之处。萧树滋认为,电化教育是根据教育理论,运用现代化教育媒体,有目的地传递教育信息,充分发挥多种感官的功能,以实现最优化的教育活动。

由千余名教育专家、学者参与编纂的《教育大词典》这样定义电化教育:指在教育活动中应用幻灯、投影、电影、电视、广播、录音等视听手段的总称。这部在20世纪90年代初编纂完成的12卷词典,反映了人们在当时技术应用背景下对电化教育的认知。

3. 教育技术

电化教育的名称沿用50多年后,随着美国教育技术理论、技术与方法的传入,国内建议更改名称的声音渐起。是否需要改名为教育技术,在20世纪80年代到90年代初争论非常激烈。改的理由很充分,不改的理由也很多。如决策部门确认电化教育有改名之必要,建议召开全国性电教理论讨论会进行论证,以免造成不良后果。

这种争论随教育部(时称国家教育委员会)1993年的一份文件《普通高等学校本科专业目录》的发布逐渐尘埃落定。在这个目录中,原国家教委废去了使用多年的电化教育的专业名称,取而代之的是教育技术。在此后20多年时间里,一直使用教育技术这个名称。

高校本科专业目录

我国高校设置专业、有计划地按照专业培养人才始于1952年,是学习苏联高等教育培养体制,以培养新中国建设初期所需专业人才的一种结果。我国第一个高等学校专业目录制定于1954年,先后于1963、1988、1993、1998、2012年多次发布修订版。每一次的目录修订,都对其后普通高校设置专业的数量变化起到明显的引导、调节作用,促进了我国高校本科专业布局的合理化。

其实改名引发的问题一直在争议之中,教育技术未必是最后使用的专业名称。也有不少学者建议用信息化教育代替教育技术,这在"1.1.4 与现代教育技术关联的几个概念"中有关"信息化教育"的一段内容有较多论述。

在多年的研究与实践的基础上,教育技术突破了视听教育的范畴,逐渐扩大到教学设计、多媒体教学、信息技术与课程整合、网络教学、游戏化教学、智能手机应用开发等多个领域。在科技企业、教育机构、学校教师的共同作用下,教育技术理论与实践产品获得极大丰富,为教育教学的开展给予了有力的推动作用。

有关改名争议的几篇文章

1. 梅家驹."电化教育"需要改名[J].外语电化教学,1987,(1):19-21.
2. 王国斌.电化教育以不改名为好——对电化教育改名问题的看法[J].电化教育研究,1987,(3):22-23,21.

3. 黄加丰,甘承媛,郑宝珠."电化教育"暂不改名为宜[J].外语电化教学,1987,(4):46-47.

4. 廖泰初.我们还要保留"电化教育"这一名词术语么?[J].外语电化教学,1986,(4):30-32.

1.1.2 国外教育技术概念演变

国外对教育技术研究对象、内容也有大量研究,著名的如日本学者坂元昂、加拿大学者米切尔等,他们都曾给出教育技术的概念。

坂元昂对日本的教育工艺(等同于教育技术,系 Educational Technology 翻译而来)做了定义。他在吸收西尔伯曼(Silverman,R.E.)的研究后认为,教育工艺学是对关系到教育的所有可操作的因素加以分析、选择、组合和控制,然后进行实验性的实际研究,以便取得最大教育效果的一门工艺科学。随着中日交流的恢复与增加,日本在教育工艺方面的实践,深深地影响了我国电化教育的内涵形成。

> **人物卡片**
>
> **坂元昂**
>
> 坂元昂(1933—2012),曾任日本教育工学会会长,是日本教育工学的奠基人。
>
> 由其 2005 年提议创办的"中日教育技术研究与发展论坛",成为目前中日两国教育技术学术交流的重要纽带。
>
> 其代表作《教育工艺学简述》,自 1979 年翻译成中文出版后,给我国早期电化教育(教育技术)的发展带来了不可替代的"模板"性作用。
>
>

加拿大学者 D. 米切尔为《教育媒体传播和技术百科辞典》撰写了教育技术词条,在总结了相关研究后,给出自己对教育技术的理解:教育技术是一个(教育中)研究和实践的领域,涉及教育系统与过程的组织的各个方面,关系到实现特定且可复制的教育成果的资源分配。同时指出教育技术学应涵盖 5 个方面的研究内容:教育心理技术、教育信息和传播技术、教育管理技术、教育系统技术、教育计划技术。

对我国教育技术定义影响较大的还有美国给出的教育技术定义。美国是教育技术产生最早、发展最快的国家,美国教育技术工作者不断地总结教育技术领域涉及的理论与概念,使其更符合教育技术事物发展的客观规律。这里,我们结合美国教育技术发展的历史,简单介绍一下美国教育技术定义的演变过程。

美国教育技术的发展,大致可分为四个阶段:视觉教育、视听教育、视听传播、教育技术。

1. 视觉教育阶段(20 世纪初至 30 年代)

17—18 世纪,夸美纽斯和裴斯泰洛齐等人倡导的直观教学主要采用图片、实物、模型等直观教具辅助教学。人类进入 20 世纪后,科学与技术同步获得飞速发展。最早发明的照相、幻灯和无声电影都能为学习者提供形象生动的视觉画面,于是视觉教育的概念应运而生。最早使用"视觉教育"这一术语的是一家位于美国宾夕法尼亚的出版公司,它在 1906 年出版了《视觉教育》一书,介绍了拍摄照片和制作幻灯片辅助教育过程的方法。

1923 年,美国教育协会建立了视觉教育分会,以便对视觉教育相关的活动进行理论研究与实践指导,这与当时视觉教育的发展所产生的影响显然是有关系的。

1937 年,霍邦等人在《课程的视觉化》一书里提出视觉教材的分类模式和选用原则,进一步给出教具的抽象程度,即实地见习提供的教材最具体,言语教材最抽象。这种由下向上的排列、具体性减少和抽象性增加的表达方式,在后来的戴尔经验之塔中看得更为明显。

2. 视听教育阶段(20 世纪 30 至 50 年代)

20 世纪 30 年代后半期,无线电广播、有声电影、录音机先后在教育中获得运用,人们感到视觉教育这一术语已经无法概括已有的实践,在文章、专著中频频使用视听教育这一全新的概念。1947 年美国教育协会的视觉教育部更名为视听教育部,也表明了这一点。

在视听教育研究中,最有代表性的是戴尔(E. Dale)在其 1946 年出版的著作《教学中的视听方法》里提出的经验之塔(Cone of Experience)理论。经验之塔(见图 1-1-1)构成教学中应用视听媒体的重要理论依据,尽管距离其诞生已 70 多年,但对现代教育技术实践仍有强大的指导意义。该理论认为:

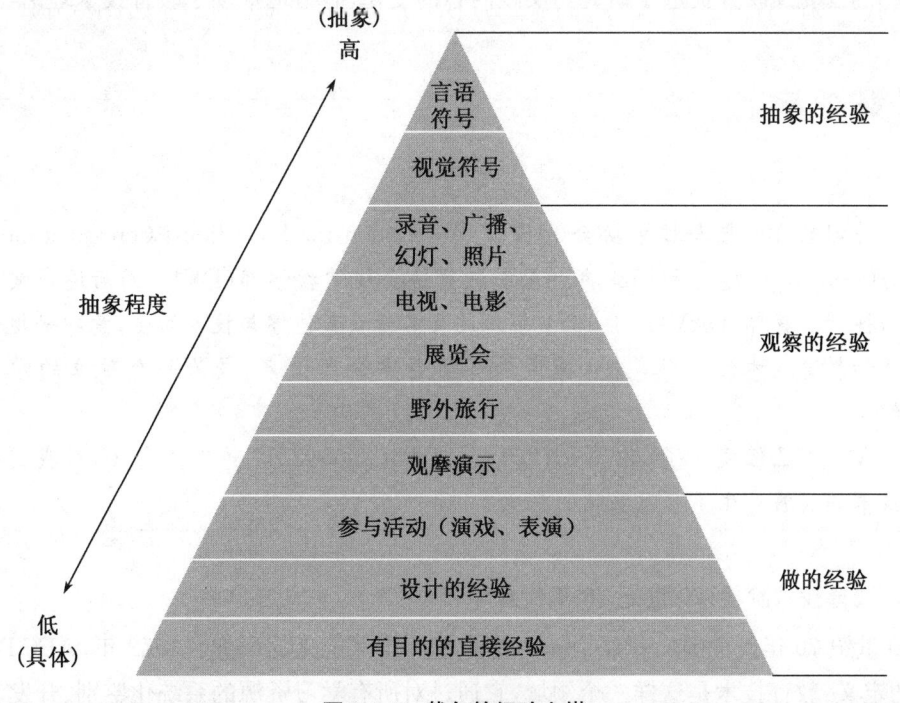

图 1-1-1　戴尔的经验之塔

(1) 经验之塔底层的经验最具体,越往上越抽象。这并不意味着获得任何经验都必须经过从底层到顶层的各个阶梯,也不是说下一层的经验比上一层的经验更有用。

(2) 教育应从具体入手,逐步过渡到抽象。有效的学习之路应该充满具体经验,教学若是让学生记住许多普通法则和概念,而没有具体经验做支持,常常面临失败。

(3) 教学不能止于具体,要向抽象发展,形成概念。

(4) 应用各种教学媒体,既能使教育更为具体,又能为抽象概括创造条件。

(5) 位于塔中层的视听媒体,较言语符号、视觉符号更能为学习者提供比较具体和易于理解的经验,并能冲破时空的限制,弥补下层各种直接经验方式的不足。

(6) 不能把直接经验看得过重,使教育过于具体化,而忽视对普遍化的理解。

3. 视听传播阶段(20世纪50至60年代)

进入20世纪50年代以后,教育中的视听设备与资料剧烈增加,教育电视由实验阶段步入实用阶段。1963年美国国家教育协会旗下的视听教学部确定使用"视听传播"作为教育技术的中心概念,并将视听传播定义为,关于控制学习过程的信息的设计和使用的教育理论和实践。

视听传播在文章与著作中得到广泛采用,传播学渐渐成为视听教育的理论基础。传播的概念与理论引入视听教学领域后,广大专业工作者开始将眼光从静态的、单维的物质手段研究转向动态的、多维的教学过程的研究;学者们则将关注的焦点从原先的视听教具转向整体的教学传播过程以及教学系统这一宏观层面。

教育界用视听媒体术语取代了原来的视听辅助名称,并有了硬件和软件之分。视听教材被视为传递教学信息的媒体,而不仅是辅助教学的工具。由视听教育更名为视听传播,名称的变化反映并促进了研究与实践内容的变化,有力地推动了教育技术理论与实践的发展。

AECT

美国教育传播与技术协会(AECT, Association for Educational Communications and Technology)发端于1923年的全美教育协会视觉教学部(DVI),而后逐步演变成为视听教育部(DAVI),于1971年正式改名为教育传播与技术协会,意即融视听传播和教育技术于一体,并从美国教育协会中分离出来,成为一个独立的学术组织。

AECT已经发布了1963、1972、1977、1994、2005、2017等若干定义,对我国教育技术的发展产生了有目共睹的影响。

4. 教育技术阶段(20世纪70年代至今)

20世纪70年代美国又开展了新一轮的教育技术定义的研究。1972年,AECT给出这样的定义:教育技术是这样一个领域,它通过对所有学习资源的系统化鉴别、开发、组织和利用,以及通过对这些过程的管理来促进人的学习。

AECT 定义与术语委员会于 1977 年出版了《关于教育技术的定义》一书。该书将教育技术定义为,为分析人类学习各个方面所涉及的问题以及设计、实施、评估和管理解决这些问题的方案而进行的,包括人员、程序、观念、设备和组织等内容的复杂的综合性的过程。

1994 年,AECT 再次对教育技术进行定义,被称为"AECT 94 定义",这次定义中使用的是教学技术这一术语。教学技术是对学习过程和资源进行设计、开发、利用、管理和评价的理论和实践。

> **资料卡片**
>
> AECT 94
>
> Instructional Technology is the theory and practice of design, development, utilization, management and utilization of processes and resources for learning.

AECT 94 定义对我国教育技术的理论与实践影响最大。事实上,它对我国的教育技术领域实践框架的搭建起到重要的借鉴作用。图 1-1-2 给出了基于 AECT 94 定义形成的我国教育技术范畴。

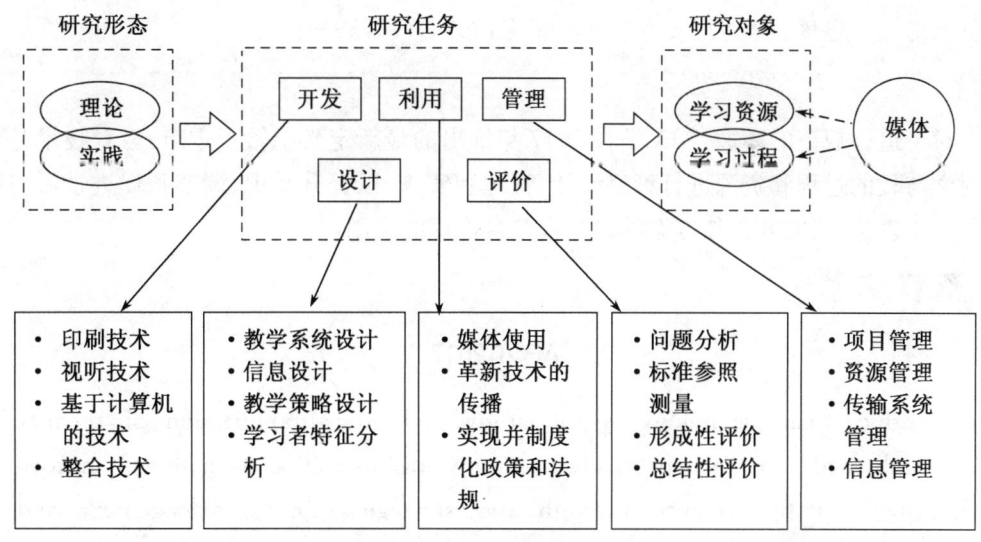

图 1-1-2　教育技术领域的研究范畴

2004 年 AECT 发布了教育技术的最新定义:教育技术是通过创造、使用、管理适当的技术过程和资源,促进学习和改善绩效的研究与符合道德规范的实践。这一定义被国内称为 AECT 05 定义,在我国受到学界较大的争议。正因为如此,国内在讨论的过程中,使用了 AECT 05、AECT 04 等不同说法进行探讨。下面"文献链接"中提供的阅读资料,可以进一步了解中美对 AECT 05 存在的分歧,以加深对 AECT 定义的认识。虽如此,在信息网络技术迅猛发展的今天,教育技术实践遵循一定的道德规范无疑是必须的。该定义最终于 2008 年正式发布。

AECT 05

Educational technology is the study and ethical practice of facilitating learning and improving performance by creating, using, managing appropriate technological process and resources.

AECT 05 的争议

1. 刘志波,李阿琴.AECT2004 定义解读[J].电化教育研究,2004,(12):44-48.

2. 黎加厚.2005AECT 教育技术定义:讨论与批判[J].现代远程教育研究,2005,(1):11-16.

3. 孟红娟,郑旭东.对 AECT2005 教育技术定义的批判分析与思考[J].电化教育研究,2005,(6):34-37.

4. 上海师范大学教育技术系."教育技术领域新界定"的再解读——对 AECT05 教育技术定义的理解和思考[J].电化教育研究,2005,(1):39-44.

对于道德规范的遵循,AECT 在 2017 年推出的最新定义中做了重申:教育技术是通过对学与教的过程和资源进行策略设计、管理和实施,以提升知识、调节和促进学习与绩效的关于理论、研究和最佳方案的研究且符合伦理的应用。

AECT 2017

Educational technology is the study and ethical application of theory, research, and best practices to advance knowledge as well as mediate and improve learning and performance through the strategic design, management and implementation of learning and instructional processes and resources.

美国教育技术概念经历了视听传播、教学技术、教育技术这样的转变过程。教育技术在英国、加拿大比较流行,教学技术在美国则广泛使用。然而,从 AECT 给出的最新的两个定义看,美国人使用教育技术也渐成一种趋势。

1.1.3 现代教育技术定义与发展趋势

1. 现代教育技术

我国学者(南国农、李克东等)在多年的研究和实践中,对教育技术形成了自己的认识,提出了现代教育技术的概念。

就其技术而言,现代教育技术是以现代信息技术为核心的,因为在现代教育模式中,多媒体和网络技术可以整合人类迄今为止使用过的和正在使用的各种媒体。在实践中,须将现代信息技术与教育学、心理学的理论整合起来,促进教育技术的应用符合学生身心发展的规律。

这里列举几种对现代教育技术的解释:① 现代教育技术是把现代教育理论应用于教育、教学实践的现代教育手段和方法的体系。② 现代教育技术就是运用现代教育理论和现代信息技术,对学习资源和过程的设计、开发、利用、管理和评价的理论和实践。③ 现代教育技术就是以现代教育思想、理论和方法为基础,以系统论的观点为指导,以现代信息技术为手段的教育技术。

从上述几个定义看,现代教育技术涉及教与学的过程中对现代教育理论、教育方法、教育手段的考量。对某一术语的认识是人们在长期实践中不断发展而形成的。其中,第二个定义可视作一种中西合璧的认识。

然而,在教育技术研究视野中,目前并没有针对教育技术发展历程的时代划分,比如公认的古代—近代—现代的标准界定,或关于传统—现代的明确说法。故现代教育技术与教育技术在内涵上并没有太大的分别。有学者将这两个概念视作同一个意思表达。本教材目前仍采用获得广泛使用的现代教育技术这一个名称。

2. 现代教育技术的发展趋势

从最近一些年的发展看,现代教育技术在三个方面体现出较为显著的演化趋势。① 理论多元化。在很长一段时期内,学习心理学支撑着现代教育技术的发展。行为主义、认知主义、建构主义、人本主义学习理论是现代教育技术的理论基础。在学习心理学的指导下,现代教育技术越来越重视学习者的主体地位和主观能动性的发挥,以适应现代社会教育教学的发展和要求。② 理念人本化。现代教育技术的人本化体现在技术的设计与应用充分体现人的主动性和发展性。技术为人的生命成长奠基,这体现在设计、应用和发展教育中的技术的整个过程之中。③ 技术融合化。各种用于支持学习的技术在实践中互相连接、渗透、融合,通力协作,产生优化的支持学习的效果。演示技术、交互技术、分析技术、存储技术、数据库技术等在教育应用中慢慢融合到一起,形成无缝嵌套的效果,为学习过程提供合力支持。

1.1.4 与现代教育技术关联的几个概念

在教育技术理念与实践中,出现了一些与教育技术相近或有很大交集的概念。弄懂这些概念,对于进一步了解教育技术有较大帮助。

1. 教育信息技术

教育信息技术是一个类似于教育技术的概念，不少高校一直使用教育信息技术作为学院（如华南师范大学、华中师范大学）或专业（如华东师范大学）的名称。它们的日常工作与其他高校的教育技术学院或教育技术专业并没有什么区别。教育部（原国家教育委员会）在1994年成功将电化教育更名为教育技术之后，2011年发出了"教育技术"是否改名为"教育信息技术"的征求意见函。这一做法招来学界的反对声音，而后在2012年发布的本科专业目录中，教育部还是选择继续沿用教育技术这一名称。

2. 信息化教育

信息化教育与教育技术关联密切。1984年教育部电化教育局编写教材，一部包括电化教育的基本概念、基本理论、各种媒体在教学中的应用，以及电化教育管理的教材，最后被定名为《电化教育学》，该教材由南国农、李运林统稿。1998年两位主编对《电化教育学》做了第一次修订。鉴于电化教育的迅速发展，2004年，南国农对其做了第二次修订，更名为信息化教育概论。

在该书中，南国农是这样定义信息化教育的：信息化教育就是信息时代的电化教育，它是在现代教育思想和理论指导下，主要运用现代信息技术开发教育资源、优化教学过程，以培养和提高学生信息素养为重要目标的一种新的教育方式。

李祺认为，信息化教育是在信息科学和教育科学理论的指导下，以现代信息技术应用为核心，以教育信息化和信息科学技术教育为基本任务，以培养造就高素质人才为根本目的的教育教学过程和表现形态。他曾撰文建议把电化教育直接改为信息化教育。

对信息化教育的发展，李运林从2008年到2017年，撰写了系列文章进行细致论述。其中还提到现代教育信息技术这样一个新鲜术语。考虑到信息化教育作为现代信息技术在教育中的应用是信息时代的新名称，2015年李运林再次呼吁教育技术应更名为信息化教育。

3. 教育信息化

教育信息化是指在教育领域运用现代信息技术促进教育的全面改革，使之适应信息化社会对教育发展的新要求。教育信息化是国家信息化的重要组成部分和战略重点，具有基础性、战略性、全局性地位，对教育现代化起到带动与引领作用。

通常人们认为，教育信息化由信息网络、信息资源、信息技术的教育应用、信息技术和产业、信息化人才，以及信息化政策、法规和标准等要素构成。

教育信息化有技术与教育两个层面的特点。从技术层面看，教育信息化具有数字化、多媒体化、网络化和智能化的特点；从教育层面看，教育信息化具有教材多媒体化、资源全球化、教学个性化、学习自主化、活动合作化、管理自动化、环境虚拟化和系统开放化等特点。

以基础教育信息化为例，我们可以看到教育技术在其中的作用。基础教育信息化以促进义务教育均衡发展为重点，以建设、应用和共享优质数字教育资源为手段，促进每一所学校享有优质数字教育资源，提高教育教学质量；帮助所有适龄儿童和青少年平等、有效、健康地使用信息技术，培养自主学习、终身学习能力。

祝智庭认为，信息化教育是教育的一种崭新形态，教育信息化是这一形态产生的过程。教育信息化与信息化教育是一个硬币的两个面，谁也离不开对方。从我国20多年的信息化实践看，这种互动互生的过程与结果正在进行着。

4. 智慧教育

智慧教育（Smarter Education）至少可以追溯到IBM的"智慧地球"战略。2008年，IBM在《智慧地球：下一代领导议程》中首次提出"智慧地球"概念。其愿景就是借助新一代信息技术（如传感技术、物联网技术、移动通信技术、大数据分析、3D打印等）的强力支持，让地球上所有东西实现被感知化、互联化和智能化。

一种较为流行的观点认为，智慧教育是一种帮助人们建立完整智慧体系的最直接的教育方式，其教育宗旨在于，引导个体发现自己的智慧，协助个体发展自己的智慧，指导个体应用自己的智慧，培养个体创造自己的智慧。

黄荣怀认为，智慧教育可以理解为一个智慧教育系统，即一种由学校、区域或国家提供的高学习体验、高内容适配性和高教学效率的教育行为（系统），它能利用现代科学技术为学生、教师和家长等提供一系列差异化的支持和按需服务，能全面采集并利用参与者群体的状态数据和教育教学过程数据来促进公平、持续改进绩效并孕育教育的卓越。

从现代教育系统的构成要素来看，智慧教育系统包括现代教育制度、现代教师制度、数字一代学生、智慧学习环境及智慧教学模式五大要素，而其中，智慧教学模式是整个智慧教育系统的核心组成。

祝智庭认为，信息时代智慧教育的基本内涵是通过构建智慧学习环境，运用智慧教学法，促进学习者进行智慧学习，从而提升成才期望，即培养具有高智能和创造力的人，利用适当的技术智慧地参与各种实践活动并不断地创造制品和价值，实现对学习环境、生活环境和工作环境灵巧机敏的适应、塑造和选择。因此，他认为发展学习者的智慧是智慧环境、智慧教学和智慧学习的出发点和归宿。

> **人物卡片**
>
> **祝智庭**
>
> 祝智庭（1949—　），从荷兰特温特大学教育技术专业获博士学位，华东师范大学终身教授，任教育部教育信息化技术标准委员会主任、全国教育科学规划领导小组成员暨教育信息技术学科组组长、联合国教科文组织教师教育信息化项目专家、教育部基础教育资源建设项目专家、英特尔未来教育中国项目专家组组长、法国布雷斯特高等商学院联席校长，以及多家国际学刊编委。
>
>

不同学者对智慧教育给予了相近的描述，说明这样一个新生事物尚处在发展初期，对其概念与发展规律的认识有赖于更多的教育实践，不能一蹴而就。

关于智慧教育的更多内容，参见本章第三节"现代教育技术的研究热点"中对智慧教育的介绍。

1.2 现代教育技术初体验：思维导图

1.2.1 对思维导图初步认识

教育技术的发展，体现于技术在教育中的应用及人们对这种应用的认识。在我国，尤其是进入 21 世纪以来，得益于信息技术的进步与国家对信息技术在教育中应用的重视，教育技术获得加速发展。最近 20 年，教育技术在理论与实践方面的进展是 20 世纪所难以比拟的。

1. 什么叫思维导图

思维导图是英国人东尼·博赞发明的一种表达发散性思维的图形思维工具。思维导图能够运用多种信息，以图文并茂的方式表达并传递信息，充分利用左右脑参与信息加工，协助人们提高理解、记忆及创造能力。

思维导图从一个中心主题开始，建立与其密切相关的一级概念主题，每个一级主题下面包含若干个二级主题，依次类推，最后构成一个类似图 1-2-1 的树状结构。有人因此认为思维导图是概念图的一种特殊形式。

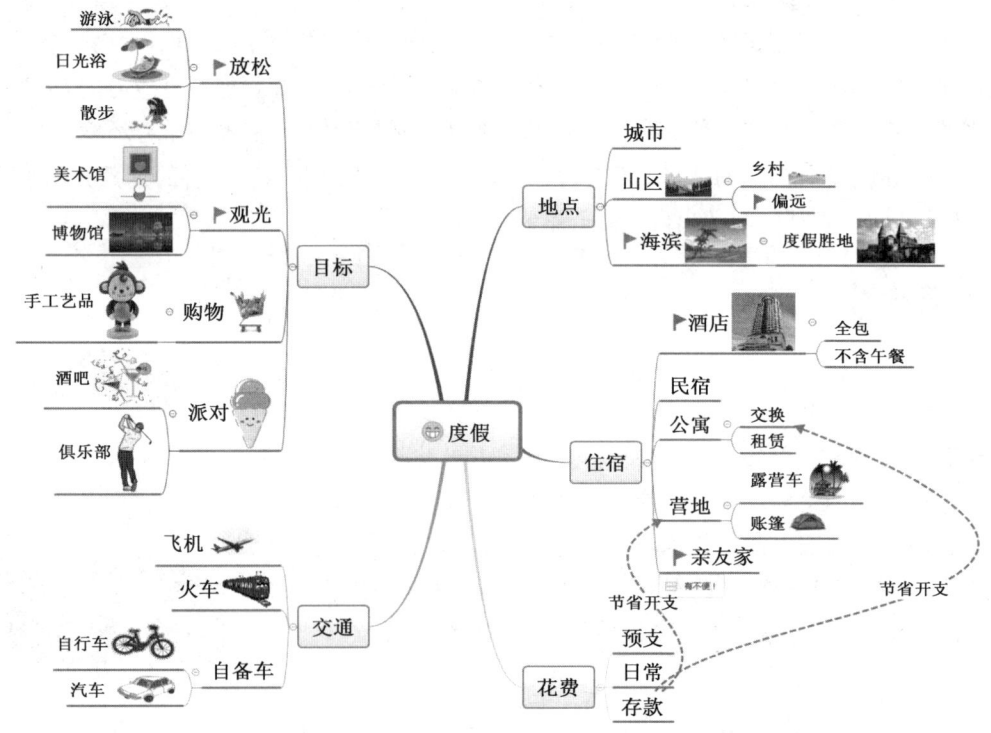

图 1-2-1 一个度假计划的思维导图①

---

① 本图改编自：东尼·博赞，思维导图完整手册。

思维导图可以手工绘制,也可以用计算机进行绘制。如今用于开发思维导图的工具很多,常见的有 MindManager、Xmind、Freemind、MindMaster、Coggle 等。图 1-2-1 是一个思维导图的实例,是对旅游进行规划的一张图。

人物卡片

东尼·博赞

东尼·博赞(Tony Buzan,1942—2019),英国大脑基金会总裁,世界著名心理学家、教育学家,被聘为牛津大学、剑桥大学、哈佛大学、斯坦福大学等名校客座教授,因帮助查尔斯王子提高记忆力而被誉为英国的"记忆力之父"。他发明的思维导图这一简单易学的思维工具正被世界数亿人使用。其作品在 100 多个国家以 30 种语言出版,累计销量突破 1 000 万册。

2. 思维导图的组成

一张思维导图有一个主题,该主题可以有多个子主题,每个子主题也可以有自己的子主题。子主题间可以建立联系,同一级的相邻子主题还可以建立一个外框,形成一个区域。

可以为子主题添加图标或图片,以帮助制图者进一步表达其含义。子主题也可以加标签,以进行解释或说明。子主题可以建立超级链接,这样子主题文字后会增加一个小图标,链接至指定网络位置。子主题可以添加注释、附件等与子主题相关的文档、图片等信息。

一幅思维导图需具备三个基本特征:① 一幅中心图,代表要探究的中心主题;② 由中心图延伸出的若干主干,这些主干分别代表与中心主题相关的一级主题;③ 每条分支上有一幅关键图或一个关键词。

构成思维导图的文字,其大小、字体、颜色、线条、封闭图形的颜色等都可由用户自行设计与随时调整。

3. 思维导图的作用与效果

人类语言可以具象化地表现出来,当它以最纯粹的形式表现出来时,就构成了一幅思维导图。思维导图通过文字与图像相结合,反映大脑逻辑输入和创意相结合的工作模式。从当前人们的实践看,思维导图能够达到如下一些效果:① 让你思维清晰,全方位考虑一个主题;② 提供必要信息,让你提前计划;③ 让你全面审视形势;④ 作为一个巨大的信息库,为你提供海量信息;⑤ 激发你的想象力,激励你寻找创造性的解决方案;⑥ 看起来充满乐趣。

4. 思维导图与概念图

还有一种常与思维导图相提并论的图形化知识的方式被称为概念图。概念图是一种用于组织和表征知识的可视化工具,由美国康奈尔大学的诺瓦克博士最先开发。它能够形象地表达命题网络中一系列概念含义及其关系,帮助人们理解、记忆概念,形成概念系统,从而提高工作、学习效率。图1-2-2是地球上的水循环概念图。

概念图的理论基础是奥苏贝尔的学习理论。知识的构建是通过已有的概念对事物的观察和认识开始的。学习就是建立一个概念网络,不断地向网络增添新内容。为了使学习有意义,学习者个体必须把新知识和学过的概念联系起来。

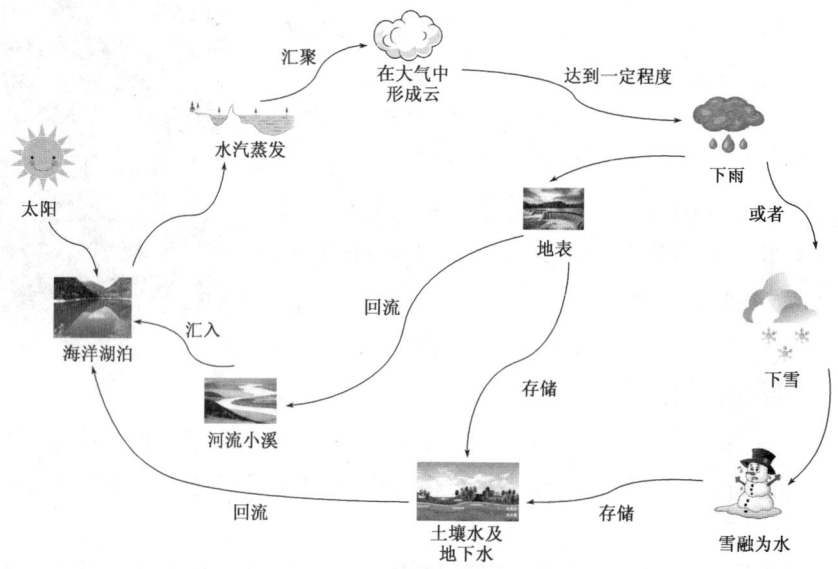

图1-2-2 地球上的水循环概念图

这里的概念图,看起来与思维导图有不同之处,不少学者也曾对这两种图进行过深入分析。如用黎加厚教授的观点,即人类使用的一切用来表达自己思想的图示方法都是概念图,则无须太多关注两者之间的区别,最大的区别也许只是称呼上的不同。因为这两者都还在不停地演变,所谓的表示能力、创作方法、表现形式的不同,都不是本质的。

关于概念图的更多介绍,参阅"3.3.4 基于概念图的教学模式"。

1.2.2 思维导图的设计与制作

博赞在他的《大脑使用说明书》一书中,将思维导图归结为7个步骤,每个人都可以在几分钟之内绘制出自己的思维导图来。

1. 设计、制作思维导图的步骤

具体步骤如下:① 从一张白纸的中心开始绘制,周围留出空白;② 用一幅图像或图画表达你的中心思维;③ 在绘制过程中使用颜色;④ 将中心图像和主要分支连接起来,然后把主要分支和二级分支连接起来,将三级分支和二级分支连接起来,依此类推;⑤ 让思维导图的分支自然弯曲而不是像一条直线;⑥ 在每条线上使用一个关键词;⑦ 自始至终使用图形。

> **国际思维节**
>
> 国际思维节是记忆力、快速阅读、智商、创造力和思维导图这五项思维运动的全面展示。这五项思维运动的每一项都有各自的理事会,即世界记忆运动理事会、世界快速阅读理事会、世界智商理事会、世界创造力理事会、世界思维导图理事会,它们致力于促进、管理和认证各自领域内的成就。
>
> 第一届国际思维节于1995年在伦敦皇家阿尔伯特大厅举行,由东尼·博赞和大英帝国勋章获得者雷蒙德·基恩共同组织。后来这一活动在英国牛津,及世界各地包括马来西亚、中国、巴林都曾举办过。

2. 新手绘制思维导图的注意事项

在绘制思维导图时,适当注意以下几方面,可使做出的思维导图更具美感:① 清晰明确简洁;② 每一个线条上尽量只书写一个关键词;③ 文字力求端正,英文请使用印刷体书写;④ 关键词要书写在线条上面;⑤ 线条长度大约等于书写在上面的关键词长度;⑥ 前后线条要连接在一起,主干与中心主题的图像也要连接在一起;⑦ 与中心主题图像连接的主干线条,要从中心向外慢慢变细。主干、支干线条不要太死板、太僵硬;⑧ 沿着树状结构的外缘画上外框线;⑨ 让图像尽可能简洁、清晰、明确;⑩ 纸张要固定方向且横放;⑪ 关键词的书写尽量保持水平方向;⑫ 充分利用纸张的空间。

1.3 现代教育技术的研究热点

现代教育技术是一个发展时间不是很长的领域。得益于国家和社会对教育,尤其是信息技术在教育中应用的重视,这一领域在技术与教育交互作用中,形成了不少引人关注的研究热点,我们选取了如下几个热点进行重点介绍。有些热点在后面的内容中有详细述及,这里只做个链接,感兴趣的同学可以直接阅读后面相关的内容。

1.3.1 探究性学习

埃德加·富尔说过,未来的学校必须把教育的对象转变为自己教育自己的主体,受教育者必须成为教育他自己的人。开展探究学习或许是促进这种未来教育方式实现的一种可能路径。我国启动的新一轮国家基础教育课程改革,大力倡导学习方式的变革,提倡引导学生质疑、调查、探究,在实践中学习,可以视为探索未来教育发展方向的一个尝试。

1. 什么叫探究性学习

探究性学习,也有人称其为研究性学习,狭义地理解,就是指学生在教师指导下,从自然现象、社会现象和自我生活中选择和确定研究专题,在开放情景中,通过多种渠道主动获取知识、应用知识、解决问题,以提升认识、提高能力的学习活动。在网络社会中,伯尼·道格(Bernie Dodge)和汤姆·马奇(Tom March)创立的 WebQuest 成为探究性学习开展的重要方式。

也有不少研究者认为,探究性学习与研究性学习两个概念在某些方面是有差别的。然而在具体的研究实践中,考虑到二者存在的共性,多数教育者往往忽略它们的差异,倾向于不加区别地混合使用,这也是本教材秉持的观点。

探究性学习的目的是让学生获得科学素养,既包括学生独立自主地发现问题、实验、操作、信息搜集与处理、表达与交流等能力,也包括科学知识的获得,科学情感与科学态度的发展。

探究性学习的方法是模拟科学研究的方式,在实施时需要根据学习目的与学生发展水平进行。学生不是科学家,其探究学习的目的在于更好地理解科学,探索并发现人类新知。

探究性学习以学生为主体,教师主要发挥指导作用。学生探究过程中涉及观察、思考、推理、猜想、实验等活动,有些环节学生不能单独完成,或者无法完成从一个环节过渡至另一环节,需要教师在关键时刻给予引领和指导。

2. 探究性学习的要素

探究性学习由六个要素组成,即绪言、任务、过程、资源、评估、结论。也有简化版的探究性学习,由情境、任务和成果三个要素组成,称为微探究(MiniQuest)。

(1) 绪言。目的主要有两个方面:一是给学习者指定方向;二是通过各种手段提升学习者的兴趣。

(2) 任务。对练习结束时学习者要完成的项目进行描述。最终结果可以是一件电子作品。

(3) 过程。教师给出学习者完成任务将要经历的步骤,让学习者知道完成任务的过程。

(4) 资源。它是一个网站清单,教师事先已查找过这些网站。资源经过预选,以便学习者能在主题上集中注意力,而不是漫无目的地在网上"冲浪",海选资料。

(5) 评估。显然,如果我们要证明用网络来学习的花费是值得的,我们需要能够测评学习结果。

(6) 结论。提供机会给学习者总结经验,鼓励对过程的反思,拓展和概括所学知识,鼓励学习者在其他领域拓展其经验。

3. 探究性学习的评价

哈佛大学有句名言:教育的真正目的就是让人不断提出问题、思索问题。我们知道,评价的过程与方式会影响到教育目的的实现。为促进探究性学习的目的的实现,探究性学习的评价是多元化的,例如,评价主体、评价方法的多元化。

具体实施时,评价的主体可以是教师,可以是学生(或学习小组),还可以是社区、家长或与探究内容相关的有关部门的专业人员。评价的方法可以是调查法、档案袋评定法、概念图评定法、苏格拉底研讨评定法,也可以是其中几种方法的综合。

探究性学习评价指标体系主要是:① 探究精神与探究态度,探究精神包括客观精神、探索精神、质疑精神、公平竞争与合作精神等;探究态度包括探究兴趣、探究动机、探究爱好等;② 探究方法与探究能力,包括搜集资料的能力、观察能力、建构假设的能力、实验能力、表达能力、实际操作能力等;③ 探究行为习惯。具体使用哪些指标,教师需要根据探究性学习的实际情况进行调整。

要对探究性学习进行科学的评价,必须采用相应的评价方法,并根据学生的身心发展特点和学习中的具体情况加以综合运用,要注意定性评价和定量评价相结合,以便从多个维度、多个方面,针对多种能力来展开。

1.3.2 慕课

1. 什么叫慕课

慕课是 Massive Open Online Course 的首字母缩写 MOOC 的音译,意思是大规模在线开放课程。从字面意思看,大规模是指参与学习的学习者众多;开放是指这一教育形式是开放的,没有限制;在线是指学习在网上完成;课程是指这一教育形式是以课程的方式出现,它包括教与学的整个活动。

慕课的理想是做到任何人在任何时间、任何地方能学到任何知识。简而言之,就是让任何有学习愿望的人能够随时随地利用最优质的教育资源,低成本地,通常是免费地学习。这与泛在学习的描述是一致的,慕课成为实现泛在学习的一种平台、一种形式。

受到慕课的影响,学校教师与学生的角色将发生重要转变。教师将由知识传授者转向学生学习的指导者、引导者和促进者,将由课程实施者转向教育资源的整合者和设计者,将由实践者转向研究者,并实现个人单兵作战向团队合作转变。学生将成为学习的中心,真正变成学习的主人,决定学习的内容、进度、过程和方法。

2. 慕课的发展历史

慕课非常年轻,2007 年是慕课孕育的最重要的一年。这一年里,美国学者戴维·维利(David Wiley)开发了基于 Wiki 的一门开放课程——开放教育导论。课程的突出特点是来自世界各地的学习者为这门课程贡献了大量的材料和内容。

这一年里,加拿大里贾纳大学教育学院的亚历克·克洛斯(Alec Couros)教授开设了一门研究生层次的课程——社会性媒介与开放教育,它既面向以获得学分为目的的学习者,也面向其他任何人。这门课程始终是开放的,课程的特点是来自世界各地的特邀专家都参与了课程的活动。

慕课最重要的突破发生于 2011 年。美国斯坦福大学教授塞巴斯蒂安·史朗(Sebstian Thrun)与彼得·诺维格(Peter Norvig)把面向研究生开设的"人工智能导论"课程放在互联网上,吸引了来自 190 多个国家的 16 万学生注册,其中 2.3 万人完成了课程学习。图 1-3-1 是该课程网站 LOGO。

图 1-3-1 "人工智能导论"课程网站

慕课在其不长的发展过程中,一些事件成为其关键节点。为帮助大家更好地了解慕课,表 1-3-1 给出了 2001—2014 年开放教育资源运动的一些关键事件。

表 1-3-1　2001—2014 年开放教育资源运动的关键事件

年度	关键事件
2001	• 麻省理工学院开放式课程项目启动。
2002	• 联合国教科文组织举行专题论坛,将开放式课程发展为开放教育资源并界定内涵。 • 卡内基梅隆大学启动开放学习项目(OLI, Open Learning Initiative)。
2003	• 麻省理工学院开放式课程(MIT OCW, MIT Open Course Ware)项目正式发布 500 门课程。 • 我国教育部启动精品课程建设项目。
2004	• 萨尔曼·可汗在 Youtube 上发布视频课程短片。
2005	• 开放式课程联盟成立,开展组织推广和研究工作。 • 首届开放教育国际会议在犹他州立大学召开,UNESCO 举办第二次开放教育资源论坛。
2006	• 开放共享协议(Creative Commons)开始较大规模地应用到开放教育资源的发布中。 • 英国开放大学启动实施开放内容创新项目(OCI, Open Content Initiative),后更新为开放学习项目,成为第一个启动实施开放教育资源项目的远程教育机构。 • 苹果公司推出 iTune U。 • 萨尔曼·可汗成立可汗学院。
2007	• 中国累计发布国家级精品课程约 1 800 门,启动第二期精品课程建设,规划国家级精品课程 3 000 门。
2008	• 大卫·柯米尔与布莱恩·亚历山大联合提出慕课概念。 • 乔治·西蒙斯与斯蒂芬·唐斯开设第一门慕课——"联通主义与关联知识(CCK08)"。
2009	• 哈佛大学与波士顿公共电视台合作制作哈佛大学教授迈克尔·桑德尔的"公正"课程。
2010	• 网易推出"全球名校视频公开课项目"。
2011	• 塞巴斯蒂安·史朗与彼得·诺维格联合开设"人工智能导论"免费课程。 • 教育部开展国家精品开放课程建设项目。 • MIT 宣布将推出网上学习新计划 MITx。
2012	• 前斯坦福大学教授、谷歌 X 实验室研究员塞巴斯蒂安·史朗创建 Udacity。 • 斯坦福大学教授达芙妮·科勒(Daphne Koller)和吴恩达(Andrew Ng)创建 Coursera。 • 哈佛大学和麻省理工学院在 MITx 基础上共同创建 edX。 • 《纽约时报》将 2012 年称为"慕课元年"。 • 英国开放大学成立 Future Learn 课程平台。

扫码查看各项目平台网站

(续表)

事件年度	关键事件
2013	• Coursera 首批 5 门课程通过 ACE 的学分评估。 • 欧洲 17 国创建 Openup ED。 • 德国 Iversity 平台推出首批 24 门慕课课程。 • 法国推出数字大学国家级在线教育战略。 • 澳大利亚开放大学成立 Open2Study 课程平台。 • 清华大学、北京大学、香港大学、香港科技大学加入 edX。 • 北京大学加入 Coursera。 • 上海交通大学、复旦大学加入 Coursera。 • edX 推出 XSeries。
2014	• Coursera 推出专项课程(Specializations)项目。 • MOOC.org 计划运行。

扫码查看各项目平台网站

在政府、企业、院校、教师、学习者等各方的积极参与和推动下,慕课在高等教育、职业技术教育、基础教育等领域,在国内外都呈现出一种"井喷"的发展态势。焦建利将慕课形容成一场全球性的数字海啸,给世界高等教育带来了巨大的冲击,引发了一场教育的风暴。

人物卡片

塞巴斯蒂安·史朗

塞巴斯蒂安·史朗(Sebstian Thrun)是谷歌 X 实验室的创始人之一,计算机科学家。曾任斯坦福大学教授、谷歌研究员。领导谷歌无人驾驶汽车项目,发明了世界上首辆无人驾驶汽车,参与合作开发谷歌街景,也是谷歌眼镜项目的领导人之一。2012 年 1 月创建 Udacity,如今该平台已成为世界著名的三大慕课平台(另两个为 edX 和 Coursera)之一。

1.3.3 翻转课堂

1. 什么是翻转课堂

翻转课堂(Flipped Classroom 或 Inverted Classroom)是指通过调整课堂内外的时间,对知识传授和知识内化过程做颠倒安排。翻转课堂改变了传统教学中的师生角色与课堂时间的使用规划,将学习的决定权从老师转移给学生,是一种新型的教学模式。

翻转课堂教学的通常做法是,教师为课程教学准备时长不等的短视频,学生在课外通过观看视频,完成课程内容的学习,回到课堂上,在教师和同伴的帮助下完成作业和开展讨论。这种颠倒了传统的教师在讲台前讲课、学生回家做作业的做法,能够培养学生的自主学习能力,产生了创新教学的效果。

乔纳森·伯格曼(Jonathan Bergmann)认为翻转课堂增加了学生和教师之间互动化和个性化的接触时间,在这样的环境下,学生必须对自己的学习负责,其课堂积极性很高。教师不再是讲台上的圣人和独裁者,而是学生学习的真正指导者。教学内容可以得到保存,学生可随时根据自己的情况进行复习,不同能力的学生将获得来自教师与同伴的差异化帮助。

2. 翻转课堂的特点

(1) 教学视频短小精悍。不论是萨尔曼·可汗的数学辅导视频,还是美国林地公园高中乔纳森·伯格曼和亚伦·萨姆斯的化学教学视频,大多数只有几分钟时间,长一点的也就十几分钟。视频长度控制在学生注意力比较集中的时间范围内,符合学生身心发展特征。每个视频都针对一个特定问题,具有暂停、回放等多种功能,可以自我控制,查找起来也很方便,有利于学生的自主学习。

(2) 教学信息清晰明确。翻转课堂的视频不同于教师在讲台上讲课,而是让人感到贴心,就像师生坐在对面,一起学习,将内容写在一张纸上。视频中尽量避免出现教师身影与头像,以及教室的各种物品摆设,以免分散学生的注意力,对学生尤其是自主学习的学生产生不良影响。

(3) 重新建构学习流程。学生的学习过程由两阶段组成,一是信息传递,一是吸收内化。传统的课堂信息传递是在课中进行,吸收内化是在课后进行。翻转课堂对学生的这一学习过程进行了重构:信息传递是在课前观看视频进行的,吸收内化是在课中通过互动完成的。教师能够提前了解学生的学习困难,在课中对其提供有效的辅导,学生间的互动也有助于促进知识的吸收与内化。

(4) 复习检测方便快捷。学生观看了教学视频后,教师通过视频后紧跟的4～5个小问题,可以了解学生对学习内容的掌握情况。学生可以通过重复观看视频,或在线寻求教师的支持,以解决自主学习时遇到的学习障碍。

3. 体验翻转课堂

这里提供了一节亚伦·萨姆斯的日常翻转课堂教学。

亚伦的化学课

上课前一天晚上,亚伦的化学课在学生家中就已经开始了。学生没有家庭作业,也不用阅读课本,只需要观看一段教学视频。所有的学生都会看一段视频,视频中由亚伦和乔纳森讲解第二天早晨课堂中将要使用的教学材料。

开始上课。亚伦很快地点了名,开始进入问答环节。学生就前一天晚上的视频提出问题,亚伦则负责纠正学生的一些错误理解。大约10分钟之后,亚伦要求学生取出练习册,其中很多问题和他们不久将要参加的化学考试中的题型类似,他带领全班一起分析几道例题,帮助学生回顾头天晚上学习的内容,并继续回答学生的一些问题。然后就是作业时间了。学生完成剩余的问题,亚伦则在教室里巡视,帮助有问题的学生。想要查看答案正确与否的学生可以询问这位课堂指导老师。

【案例分析】 很显然,翻转课堂是围绕着学生展开的,而不是以老师为中心。学生要观看视频,问出恰当的问题。老师只需要提供专业的反馈。学生要完成作业,分享作业成果。因为有了高效的课堂指导,学生的学习动力增强了,再也不用死记硬背似的完成作业了。学生要充分利用课堂教师来帮助自己理解各种概念。老师在课堂上的角色是帮助学生,而不是传递信息。

经过10余年的发展,互联网上已出现多处教学短视频"集散地",各种MOOC平台提供了海量的短视频,这些平台可谓是用于开展翻转课堂教学的极佳场所。

萨尔曼·可汗创建的可汗学院提供的教学视频,已经能涵盖数学、科学、艺术人文、经济金融、计算机等众多领域。大家可以扫描本章二维码观看Youtube上的教学视频,获得更为直观的体验。

如果访问国外网站网速较慢,影响视频的观看效果,大家也可以扫描本章二维码访问网易公开课中的可汗学院: https://open.163.com/khan/,这是由网易提供的配有中英文字幕的教学视频,对于希望同时学习知识与英语的同学会有额外的帮助。

> **人物卡片**
>
> ### 萨尔曼·可汗
>
> 萨尔曼·可汗(Salman Khan)是孟加拉国和印度移民后裔,麻省理工学院数学学士、电气工程与计算机科学学士与硕士,在哈佛商学院获得MBA学位。2009年他创建了举世闻名的可汗学院。截至2019年5月Youtube上的"可汗学院频道"发布了7 398个视频,共吸引了481.4万订阅者,观看次数超过16.7亿次。
>
> 萨尔曼·可汗提出"用视频再造教育"的理念,用技术帮助教学走向人性化。比尔·盖茨对他的评价是"他是一个先锋,他借助技术手段,帮助大众获取知识、认清自己的位置,这简直引领了一场革命!"
>
>

1.3.4 创客教育

1. 什么是创客教育

创客的英文单词"Maker"的意思为"制造者、制造商",首次将其与创意、创业等词联系起来的是加拿大科幻作家科利·多克托罗(Cory Doctorow)所著同名小说——*Makers*。小说预言"通用电气、通用磨坊和通用汽车等大公司时代已经结束,无数机遇等待拥有创意的聪明人去发现和开拓"。其中Makers就是来描述这样一群人:即便经济走向崩溃也要快乐摆弄工具以不断创新的人。由此,创客可理解为出于兴趣与爱好,努力把各种创意转变为现实的个人或群体,他们最大的特点是热爱科技、热衷实践,以分享创意和交流思想为乐。

创客教育(Maker Education),是指为实现创新型人才的培养,鼓励学习者运用相应的知识技能,通过技术工具实现从创意想法向科技产品生成的教育形态。创客教育旨在应用创客理念重塑教育,强调通过动手操作将创意的想法变成现实的作品,在创造的过程中学习。创客教育是经验学习,而不是知识学习。要鼓励孩子自己去想、自己去学、自己去做、去与他人合作,帮助孩子逐步成长为创客。其中最重要的是教他们如何起步,让他们能在不断的实践中做出有创意的作品。

创客教育的兴起,学术界普遍认为与2009年11月美国总统奥巴马在"教育创新"大会上的发言有直接关系。奥巴马在这次大会上呼吁"每个学生都应成为创造者,而不仅仅是消费者",事实上,每个学生都可具有生产力和创造力,不同的是,每个学生的生产水平与创造水平不一样。

随后,美国白宫立即启动了"创客教育计划"(Maker Education Initiative,MEI),并让 Maker 杂志的创始人德勒·东赫提(Dale Dougherty)领衔负责实施。该计划旨在通过推动创客空间建设,以及发展各种创客项目,激发青少年的兴趣、信心和创造力,让每个青少年能够利用各种技术手段与方法,把自己的创意转化成实体作品。

在全球化的今天,这种鼓励人们开动脑筋,积极动手,亲自参与各种能够实现自己或别人的创意的活动,短时间内就风靡了全世界。各地通过搭建创客空间,举办各种创客文化节、创客大赛、创客论坛等活动,推动不同年龄层次的人们投身到创客活动中来。

例如,孩子们利用音乐创作软件 FL Studio Mobile,随心所欲地发挥自己的音乐才能,创编属于自己的奇特美妙的"歌曲"。成型后第一时间通过创客社区、社交媒体等多渠道分享传播,让更多的人听到其作品,同时还能收获更多宝贵的评价、建议和鼓励。这样,在创客理念的指导下,教育过程变成了"做中学",甚至"做中玩",还原了学习本身具有的乐趣,呵护了孩子创造的天性。

2. 为什么要开展创客教育

创客教育以信息技术的融合为基础,传承了体验教育、项目学习法、创新教育、DIY 理念的思想,以培养学生的创新意识、创新思维和创新能力为目标,提倡基于创造的学习,强调学习者融入创造情境、投入创造过程。创客教育的核心理念是基于兴趣的学习、创新和创造,以及在创造中学习。基于兴趣、融通创造与学习过程是创客教育的最大优势。创新是创客教育的逻辑起点,也是终极目标。

资料卡片

我国创客教育的文化基因

我国创客教育的文化基因有两个:

一是先秦时期墨家功利主义教育思想。在先秦诸子百家之中,墨家学派主张身体力行将获得的直接经验进行总结,在此基础上进行技术的发明与创造,从而造就了其非凡的科技成就,《墨子》也被誉为中国历史上最接近于科学启蒙的著作。

二是近代教育中关于创造的教育思想。随着我国近代清末科举制度的废除,科学教育思潮的诱导,以及欧美进步主义教育思想的影响,"创造与教育"的研究在这个时代进入了繁荣期,代表学者有陶行知、虞篸、周太玄、周昌涛等人,其中陶行知"做中学"的教育思想最有影响,形成了独具中国特色的教育理论瑰宝。

创客教育是"互联网+"时代带来的历史机遇,它是推动教育创新和社会创新的有效载体和重要途径,特别是在当前新兴信息技术快速发展、数字公民社会初现端倪的背景下,创客教育具有无与伦比的适应性和拓展性。创客教育的使命首先是推动教育创新,让学校成为有创新活力的场所,让创新成为教育文化,进而向校外辐射,形成有利于创新的文化氛围,逐步推动社会创新。

为应对全球科技革命和知识经济的挑战,培养创新型人才成为国际共识。为此,要加快创客教育与学校的对接,借助创客实践,柔软地改变教育,让每个人从认识社会和接受教育开始,就能在一种创新的文化或氛围中成长。这是不少创客工作者的期待,也是参与创客实践的孩子们的期待。

3. 一次创客实践的活动过程

如果受外界某个活动启发或内心突然冒出一个创意,并且先后多次在脑海中出现,也许这就是一个不错的尝试实现的机会,动手找一些材料、工具、方法把它做出来。不要害怕自己的技术或工具等条件不够,必要的时候到网上或向周围的人寻求帮助,甚至邀请他人共同完成将大脑中的创意转化为现实作品的过程。

也许第一次做出的原型非常不成熟,自己都不满意,而且做的过程非常艰辛,遭遇各种麻烦,但成就感,却是不经历这样的活动所难以获得的,虽然可能极其微小。当我们经历多次这样的创客活动,微小的成就感就会累加起来,形成一种成就意识,这是其他经历无从带给我们的。

通常,一次创客实践过程包括如下几步,见图 1-3-2。

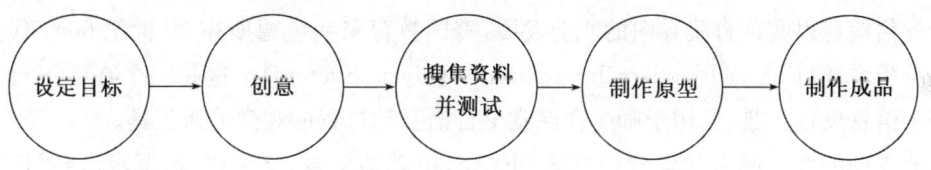

图 1-3-2　一般的创客实践过程

(1) 设定目标:目标可以由外界的需求而定,也可以由自己的创作动机决定。

(2) 创意:尝试突破固有的思维模式,寻找一些新的创意。表达创意时,应该多留意生活中的实际感受。

(3) 搜集资料并测试:要思考以什么样的方式传递想表达的信息,也就是作品的形态及操作可行性。同时也要做好吸引观众参与的具体计划。

(4) 制作原型:制作可传递作品概念的基础模型,这一模型可以成为制作成品的参考。

(5) 制作成品:考虑展示空间及预算状况,确定作品的规格,并着手制作最后的成品。

1.3.5　大数据与教育

1. 什么是大数据

"数据"是一个成熟的术语,但关于数据的定义,却众说纷纭,莫衷一是。这里我们借用开放档案信息系统参考模型(OAIS)的说法,数据是按照适合交流、解释和加工的形式化方式进行的可重新解释的信息表示。如比特序列(是指由0,1两种二进制值构成的序列)、数据表、页面中的文字、讲话录音和月球岩石标本等都是数据。大数据有5V特性,即数据量大(Volume)、输入和处理速度快(Velocity)、数据多样(Variety)、精确性(Veracity)、价值性(Value)五个特征。

大数据技术几乎在所有领域都拥有非常广阔的应用前景,通过对少量数据进行模型构建,有利于挖掘事物的变化规律,准确预测事物的发展趋势,并进行及时有效的干预。大数据正演变为一种社会文化,即人人生产数据、人人共享数据、人人热爱数据、人人管理数据,这种文化正在潜移默化地影响着各个行业,教育行业也不例外。

2. 什么是教育大数据

学界对教育大数据尚无明确的界定。教育大数据特指教育领域的大数据,即整个教育活动过程中所产生的以及根据教育需要采集到、一切用于教育发展并可创造巨大潜在价值的数据的集合。

教育大数据有四个来源:① 教学活动过程中直接产生的数据;② 教育管理活动中采集到的数据;③ 教育科学研究活动中采集到的数据;④ 校园生活中产生的数据。

教育大数据是一种无形的资产,是孕育新型教育形态的土壤。深耕教育大数据是实现数据教育价值,促进技术与教育深度融合,实现个性化学习的重要途径。通过大数据的分析来优化教育,从而做出更科学的决策,将会带来潜在的教育革命。

3. 教育的大数据从哪儿来

这里以课堂数据为例,分析课堂数据的获得过程。为帮助教师获得客观的课堂教学质量评估信息以实现自我导向的职业发展,美国教育家弗兰德斯在20世纪60年代提出互动分析系统(FIAS, Flanders Interaction Analysis System)。这是一个在学习过程中常用的信息反馈工具,是用于师生在课堂上言语互动过程的观察分析工具。

改进型的弗兰德斯互动分析系统(iFIAS)由教师语言、学生语言、沉寂、技术四个部分组成,其中包含了14种互动行为编码。见表1-3-2。

表1-3-2 改进型弗兰德斯互动分析系统

教师语言	间接影响	1	教师接受情感		
		2	教师表扬或鼓励		
		3	教师采纳学生观点		
		4	教师提问	4.1	提问开放性问题
				4.2	提问封闭性问题
	直接影响	5	教师讲授		
		6	教师指令		
		7	老师批评或维护教师权威		

(续表)

学生语言	8	学生被动应答		
	9	学生主动说话	9.1	学生主动应答
			9.2	学生主动提问
	10	学生与同伴讨论		
沉寂	11	无助于教学的混乱		
	12	有益于教学的沉寂		
技术	13	教师操纵技术		
	14	学生操纵技术		

教学互动分析可以在教学现场进行，也可以通过视频的形式记录完整的课堂教学情境，通过运用 iFIAS 等技术分析方法，将课堂教学视频所记录的教学转化为量化的分析数据，从而有助于呈现较为客观的课堂教学活动，以便进行更为深入的比较分析评价，促进教师教学能力水平的提升。

并非所有教学数据都用这样的方式进行采集。教学管理、教学研究、校园生活的许多数据有的可以从数据库中直接抓取，有的通过专业装备，如图书馆的门禁系统，实时采集。这些通过系统自动获取数据的方式，相对来说，显得更客观、更准确、更高效。

1.3.6 人工智能与教育

1. 什么是人工智能

智能是个人从经验中学习、理性思考、记忆重要信息，以及应付日常生活需求的认知能力。人工智能，就是用人工制造的方法，实现智能机器或在机器上实现智能。简单地说，就是让机器做人类需要智能才能完成的事。人工智能已经发展为一门学科，一门研究构造智能机器或实现机器智能的学科。

智能型的机器可以为人类做更多的事情，并且更好地完成任务。人工智能有极强的学习能力，这些能力目前是人类赋予它们的。比如，阿里云开发的小 Ai，借助深度学习算法，其学习速度是人类的 10 000 倍。就是说，人类需要 10 万小时学习才能成为某一领域的顶尖专家，小 Ai 只需要 10 小时。人类已经步入人机共存的时代。

人工智能的快速发展，也带来了某些不利于人类发展的问题。如今美联社的文章 90% 是由机器写成的。有专家分析认为，未来 10~15 年，因为人工智能能够适应多种工作岗位，将淘汰目前存在的许多工作。当然，也会因为人工智能等技术的快速发展，新的岗位会被创造出来，这要求人必须有越来越强的学习能力与适应能力，去填补人工智能无法胜任的岗位。

2. 什么是人工智能教育

"人工智能+"这一概念频频被人们所提及。人工智能正在逐渐向各个行业渗透，推动行业的进步与发展，形成行业发展新的增长点。制造业、金融业、医疗保健业、教育业、农业、安全行业等随处可见人工智能的影子。

人工智能＋教育就是人工智能与教育的深度融合与发展。目前，主要应用形式为人工智能教育，通过将人工智能应用于教育领域提升教育的质量。"人工智能＋教育"，可以实现大规模的定制化教育内容及精准服务，帮助老师批改作业、与学生交流、促进个性化学习等。

作为学习的指导者、管理者、评价者、伙伴……一身多职，人工智能借助强大的数据库与计算能力，可以为学生的学习提供近乎全方位的服务。人工智能＋教育改变了教育的结构与模式，人工智能可以教育学生，可以引导学生，可以陪伴学生学习，还可以给学生讲故事、唱歌、跳舞，和学生进行各种话题的辩论、聊天……而且是绝不会疲倦地进行一对一辅导，一对一陪伴，这是人类教师无法做到的。

3. 人工智能在教育领域的作用

丰富多样的网络资源、日益成熟的人工智能技术，使得我们可以凭借技术的支持进行适应性、个性化的学习，而不再仅仅局限于正规学校里发生的传统学习。

（1）借助"网脑"搜索所需要的任何领域的知识。维基百科、百度百科等网上知识库的内容几乎可以说是包罗万象，其准确性、正确性和及时性越来越高，涵盖任何学科学习所需要的资料。

（2）借助机器翻译，系统阅读和学习外文资料。随着我国国际化程度的进一步提高，经济、社会、教育、文化、体育等各个领域的国际交流日益广泛，我们需要阅读相关的外文资料。谷歌翻译、百度翻译等多种网上语言翻译系统，可以帮助我们翻译单词、句子和篇章，并提供词汇解释和例句、合成语音等辅助学习功能。即使没有学过某种外语，我们也可以了解该语种资料的大致含义。

（3）借助语言技术学习外语。使用"批改网"等系统提交英语作文，在得到系统即时反馈后多次修改拼写、语法和修辞等错误直到满意为止；借助"讯飞畅言语音系统""英语流利说""英语模仿秀"等系统学习英语发音。

（4）借助智能机器人学习编程，培养计算思维和创造性思维。"乐高机器人""能力风暴"等智能机器人系统都提供了与硬件配套的可视化、模块化编程环境。这便于我们学习控制机器人的传感器和行动装置，学习顺序、分支、循环等程序结构和并发计算，并在此基础上发挥我们的想象力和创造力，设计、搭建、开发出富有创意的作品。

（5）借助智能教学系统进行某个学科的深入学习。比如在数学方面，可以借助"乐学一百""可汗学院""数学盒子""洋葱数学"等智能学习平台，找到与本人知识阶段相应的内容；或者借助平台的自动推荐功能，深入学习代数、几何等某个领域的知识。通过平台的自测功能看到自己的进步与不足，甚至是具体形象的学科画像，然后继续学习系统推荐的微课或者阅读材料等内容，或者参与系统推荐的练习，直到自己牢固掌握这些知识为止。

（6）用适合自己学习风格的方式进行学习。学习风格作为影响学生学习的一种个性化要素，受到教育研究者广泛关注。不同学习风格的学习者，会对一定的学习媒体产生不同的偏好。智能教学系统会根据学习者的过程数据或者调查反馈结果，确定学习者的学习风格，并据此向学习者推荐合适的学习媒体、方法与路径。

1.3.7 STEAM 教育

1. 什么是 STEAM 教育

2016 年教育部出台的《教育信息化"十三五"规划》中明确指出，有条件的地区要积极探索信息技术在众创空间、跨学科学习（STEAM 教育）、创客教育等新的教育模式中的应用，着力提升学生的信息素养、创新意识和创新能力，养成数字化学习习惯，促进学生的全面发展，发挥信息化面向未来培养高素质人才的支撑引领作用。

STEAM 教育缘起于 STEM 教育。STEM 于 20 世纪 90 年代由美国国家科学基金会提出，旨在通过优先发展科学、技术、工程和数学这四门学科，提高劳动者的职业胜任能力和促进国家经济增长，然而由于效果不甚理想，STEM 教育亟须改造和重构。由于有学者发现将人文艺术与科学相整合可以提高学生在科学和数学方面的学业成就，于是在 STEM 教育中加入"艺术"（ART）成了解决上述问题的手段之一。随后，研究者发现人文艺术学科融入 STEM，有利于消除传统单一学科之间的界限，实现跨学科教学，并能够有效提升学生学以致用的能力。在此背景下，STEAM 这种教育形态正式形成。

STEAM 教育旨在培养学习者的综合素养，以便让其能够整体认识世界。综合素养主要包括科学素养（Scientific Literacy）、技术素养（Technological Literacy）、工程素养（Engineering Literacy）、艺术素养（Art Literacy）和数学素养（Mathematical Literacy）。它具有以下特征：

首先，STEAM 教育是一种跨学科整合的教育。STEAM 教育是在建构主义和认知科学理论的指导下，以科学、技术、工程、艺术和数学知识为基础对问题或项目进行探讨，因而跨学科整合是 STEAM 教育最根本的属性。可见，STEAM 教育并不是科学、技术、工程、艺术和数学知识的简单叠加，而是根据解决现实问题的需要，将来自这几个不同学科的零碎知识有效地整合成相互联系的统一整体。

其次，STEAM 教育是一种在做中学的教育。STEAM 教育相关的两种哲学观点是"整合"和"制作"，制作的重要意义就在于整合知识。也就是说，STEAM 教育以"做"贯穿于教学的全过程，引导学生在探索与创造的过程中主动发现知识，并运用所学的知识来解决实际问题。STEAM 教育"做中学"的特征与创客教育比较类似。

再次，STEAM 教育是一种基于项目与问题的教育。STEAM 教育以具体的项目或者问题为教学的中心，围绕具体的教学任务制定教学目标，并以此为基础实现有效的跨学科整合。换言之，STEAM 教育是针对某一具体的项目或者问题而开展的一系列教学活动，主要包含工具与资源设计、学习活动过程设计、支架设计以及评价设计四方面的内容。

最后，STESM 教育是一种提高创新意识的教育。STEAM 教育以跨学科整合的方式帮助学生更好地认识世界，并且支持学生以综合创新的形式改造世界，其目标是培养学生的问题解决能力与创新能力。需要注意的是，创新能力的培养并不是使每个学生都成为科学家，其意义在于让学生有创新意识。因此，STEAM 教育的开展以学生为中心，通过引导学生在解决问题的过程中积极探索，来激发学生的想象力与创造力。

STEAM 教育有助于推动学生把一个情境中学到的知识运用到另一个情境中。这种跨界、跨专业的运用,体现出来的就是知识迁移的能力。通过 STEAM 教育的整合,学生能可靠地把知识迁移到其他领域或未来的活动中。

STEAM 教育鼓励孩子在科学、技术、工程和数学领域的发展和提高,能够培养学生多视角看待问题,跨领域、创造性地解决问题的意识和能力,以整合性、跨学科性的教育特征引起了诸多国家教育机构及相关工作者的关注和重视。在我国,实施 STEAM 教育,既是国家教育改革和教育发展的需要,也是培养未来工程领军人才的迫切需要。

2. STEAM 研究过程

一个 STEAM 研究一般需要精心构建一个情境,能用于观察、测量和检验一定的观点和假设。这种情境就是大家所熟知的"实验"。绝大多数的实验都包括假设,一个能够被研究者所掌控的变量以及另一种能被观察、测量、计算和比较的变量。这些实验要尽可能地在可控的环境条件下完成。图 1-3-3 给出了一般的 STEAM 研究过程。

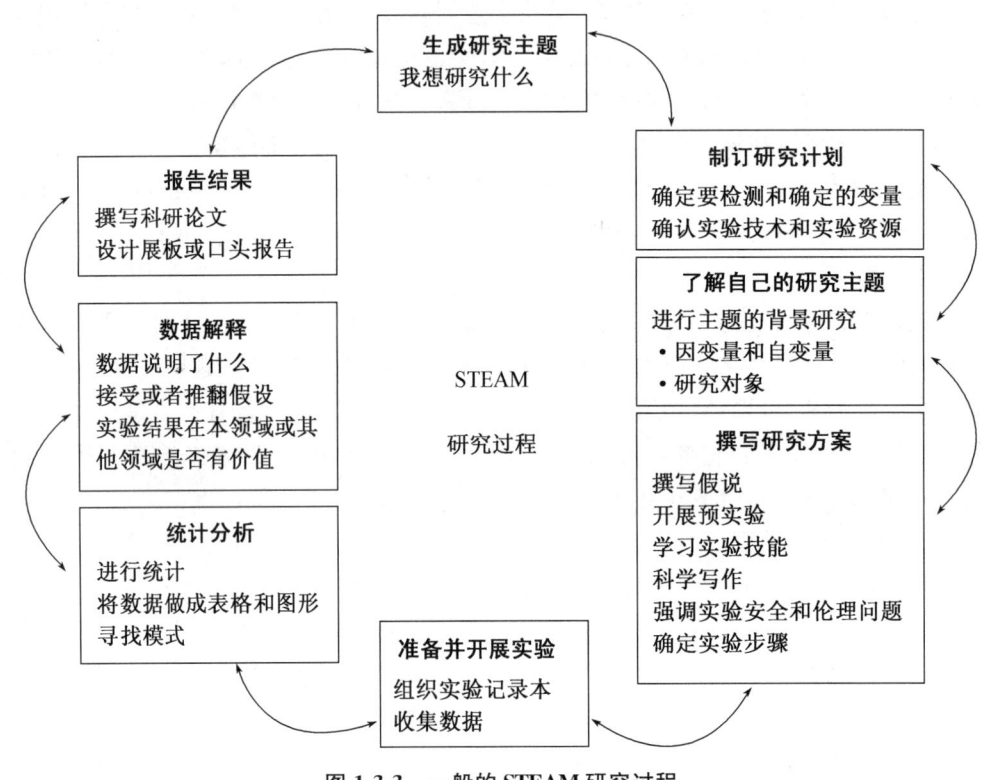

图 1-3-3 一般的 STEAM 研究过程

3. STEAM 研究结果评价

对学生开展的 STEAM 研究进行精准评价,有助于帮助学生产生成就感,促进学生在以后的类似活动中提高研究的质量。表 1-3-3 提供了一个可供参考的 STEAM 研究项目的评分表,这是评委对 STEAM 项目进行评价用的表格。教师在对学生的 STEAM 研究进行评价时,需要在此表的基础上,对部分指标进行细化,甚至创建一些专门的子表格,比如研究报告评价量规、口头报告评价量规等。

表 1-3-3　STEAM 研究项目的评分表

学科：	展板标号和题目：
学校名称：	指导教师姓名：

	不同意		同意	
引言(8 分)				
(1) 引言部分包括对于研究对象以及自变量和因变量的充分的背景研究。	1	2	3	4
(2) 文献引用在引言部分被大量使用。	1	2	3	4
方法和假设(12 分)				
(3) 选择的方法(研究设计)恰当地说明了假设和研究问题。	1	2	3	4
(4) 对研究设计的描述清晰，并清晰地说明了对照组和实验组的区别。	1	2	3	4
(5) 解释了额外变量是如何被保持不变或被监测的。	1	2	3	4
结果(12 分)				
(6) 数据的计算和组织恰当准确。	1	2	3	4
(7) 数据在文中表述准确。	1	2	3	4
(8) 展示结果的图表对于数据类型是恰当的，能使各组数据进行比较。	1	2	3	4
结论(24 分)				
(9) 实验结论是有逻辑的，并且是以数据研究为基础的。	1	2	3	4
(10) 对照假设解释了研究的结果。	1	2	3	4
(11) 很好地阐释了数据收集方面存在错误的可能性和研究设计上存在的局限性。	1	2	3	4
(12) 对自变量和因变量关系的结论推导得比较恰当。	1	2	3	4
(13) 把研究课题与可能的实际应用正确地联系起来，并提供了未来研究的可行思路。	1	2	3	4
(14) 文献引用在结论部分被大量使用。	1	2	3	4
语法、用语和构句(4 分)				
(15) 科学写作，语言清晰、简练。	1	2	3	4
参考文献(12 分)				
(16) 恰当引用参考文献。	1	2	3	4
(17) 参考文献目录中易于找到文中引用部分。	1	2	3	4
(18) 使用不同类型的参考资料，并且这些参考资料来源可靠。	1	2	3	4
视觉展示效果(8 分)				
(19) 视觉展示部分有逻辑。	1	2	3	4
(20) 展板在颜色、字体和图表使用方面有专业水准。	1	2	3	4
口头表达(20 分)				
(21) 学生表述清晰(保持眼神交流、很少用"嗯"等词)，运用恰当的科学语言。	1	2	3	4

	不同意		同意	
(22) 学生准备充分,语句完整,用词准确。	1	2	3	4
(23) 学生对所表述的内容有相关的知识基础。	1	2	3	4
(24) 学生概括了研究主题的关键点。	1	2	3	4
(25) 学生正确回答了所有问题。	1	2	3	4

4. STEAM教育与创客教育的辨析

STEAM教育与创客教育在实施过程中尽管很多方面比较相似,但是从其理念形成、社会参与、跨学科和项目来源等方面细细品味,两者还是有诸多不同之处的,如表1-3-4所示。

表1-3-4 STEAM教育与创客教育的区别

	STEAM教育	创客教育
理念形成	教育系统发起,社会参与	社会文化引起,教育参与
跨学科	强调跨学科	创作过程经常需要跨学科
项目来源	多数来自教师预设	学生自己发现问题
项目产出	并非必须	一定要有
数字化工具	并非必须	大部分情况下需要
素养品质	跨学科能力,解决问题所需的综合能力	创造能力,解决问题所需的综合能力
教师角色	设计者、组织者和讲授者	支持者
学生角色	参与者	创造者

理念形成方面:STEAM教育发启于教育领域,它主要是通过教育中学习者科学、技术、工程、艺术和数学等能力的发展,来提高劳动者的职业胜任能力和促进国家经济增长,因此它是教育系统发起,社会参与的。而创客教育是由非主流文化、车库文化和DIY文化演变而来的,因此它是社会文化引起的,教育参与的。

跨学科方面:STEAM教育本身就是科学、技术、工程、艺术和数学五个学科的融合,其在实施过程中需要将这几个不同学科的零碎知识有效地整合成相互联系的统一整体;而创客教育本身不强调跨学科,但是在创作过程中经常需要用到多个学科的知识。

项目来源方面,STEAM教育的教学情境一般都是真实的场景,联系生活,区别于传统的理论教学,都是由老师设定好一个相对复杂的情境问题,然后学生利用不同学科的知识从不同角度去分析;而创客教育同样是真实场景,但一般都是学生生活中遇到的问题或者是一些新颖的想法,由学生自己提出,然后利用相应的工具和知识去实现。

项目产出方面:STEAM教育注重的是用多学科的知识从多角度展开探究,关注学生动手实践的过程,但并不注重结果,所以STEAM教育是以过程为导向;而创客教育的目的是要解决学生自己提出的问题,过程没有限制,可以借用不同的工具和理论知识,但强调要有最后成品,所以创客教育是以结果为导向的。因此,STEAM教育不必非有实体产品产出,而创客教育则需要有生成性的产品。

数字化工具方面：STEAM教育没有必要使用智能化和开源化的数字化工具，在传统技术的支持下同样可以较好完成学习项目；而在创客教育中大部分情况下都需要数字化工具。目前国内创客教育三个最主要的数字化工具是智能机器人、3D打印技术和Scratch。

素养品质方面：STEAM教育除了培养学生综合解决问题的能力外，更强调培养学生跨学科的多元思维；而创客教育同样也培养学生综合解决问题的能力，但是更看重学生独立的创造思维的培养，学生需要有自己的创意，并努力将其转化为现实。

师生角色方面：在STEAM教育中，教师角色更多的是教学设计者、活动组织者、知识讲授者等。教师角色多元且需要不同教师相互配合，共同引导学生完成某个具体项目。学生则是积极的参与者，在过程中学习跨学科的综合知识。在创客教育中，学生更倾向于独立创造者的角色，他们需要有自己独特的想法，并借助有效的手段加以实现。教师则扮演着支持者的角色，不会过多干预学生的想法，不需预设太多具体的问题以及讲授固定的知识体系。

1.3.8 智慧教育

智慧是掌握知识的方式。它涉及知识的处理，确定有关问题时知识的选择，以及运用知识使我们的直觉经验更有价值。这种对知识的掌握便是智慧，是可以获得的最本质的自由。

对于智慧教育的认识，人们尚在不断地探索，不同研究背景的业界人士给出不同的观点。

1. 智慧教育的定义

在本章第一节中，我们介绍了黄荣怀、祝智庭给出的智慧教育的定义，还有不少学者也给出自己对智慧教育的认识，这在新事物的发展过程中是较为常见的现象。

曹培杰认为，智慧教育是指以"人的智慧成长"为导向，运用人工智能技术促进学习环境、教学方式和教育管理的智慧转型，在普及化的学校教育中提供适切的学习机会，形成精准、个性、灵活的教育服务体系，最大限度地满足学生的成长需要。

李泽亚、刘光余则认为，智慧教育是通过自然的、适切的和动态的教育体制、内容和方式，培养学生的认知能力、反思能力、实践能力和创新能力等21世纪所需要的关键能力，实现个体全面、自由和充分发展的过程。

对智慧教育的理论与实践，是一个螺旋的、渐近的过程。在探索智慧教育发展的道路上，不能说哪一种观点是完全正确的，或完全错误的。实践者们当前的论述，或多或少都有揭示智慧教育真面目的成分。人们会在不断汲取有益营养的基础上，一点点地在实践中推进智慧教育。也许数年后，回头反思我们的思考与实践时，我们会对智慧教育有一个开悟式领会。

2. 智慧教育的特征

智慧教育具有五个本质特征：

（1）感知。感知是指采用各种技术（如GPS、RFID、QRCode）、各类传感器（如温度、湿度、二氧化碳、光照等）以及各种量表（如学习评测量表、学习态度量表等）来感知外在的学习环境与人的内在学习状态。具体包括：① 实时检测室内的噪声、光线、温度、气味等参数，根据预设的理想参数，自动调节百叶窗、灯具、空调、新风系统等相关设备，将教室内声、光、温、气调节到适宜学生身心健康的状态；② 收集学生学习活动、学习场所、认知风格、知识背景等方面的信息，为"按需推送"提供基础。

（2）适配。适配是为达成"因材施教"的美好愿望，让教育资源能够根据学生个性化的需求而获取和使用，教与学可以按需开展。具体包括：① 按需推送资源。根据用户的学习偏好和需求，个性化推送学习资源或信息。② 按需推送活动。根据用户的现有基础、学习偏好以及学习目的，适应性地推送学习活动。③ 按需推送服务。根据用户当时的学习状态和需求，适时推送学习服务（如解决疑问、提供指导等）。④ 按需推送工具。根据用户的学习过程记录，适应性地推送用户学习所需的各种认知工具。⑤ 按需推送人际资源。根据用户的兴趣、偏好、学习的内容等，适应性地推送学伴、教师、学科专家等人际资源。

（3）关爱。关爱是一种尊重学生的态度，一般是指教师通过共情、关注、可依性、尊重、肯定等行为，在师生互动过程中与学生建立并维持的信任和支持关系。具体包括：① 关爱学生的学习，充分考虑学生的个体差异，因材施教；② 关爱学生的生活，尊重学生的个性、特长和爱好；③ 关爱学生的成长，为学生提供必要的未来规划。

（4）公平。追求更大程度和更高水平的教育公平已经成为当前世界教育改革的共同主题。这里的公平是指受教育者在受教育过程中在教育权利、教育机会、教育资源和教育质量方面享有平等权利。具体包括：① 入学机会公平，人人享有平等的受教育权利；② 教育过程公平，人人平等地享有公共教育资源；③ 教育结果公平，人人具有同等的取得学业成就和就业前景的机会。

（5）和谐。和谐是指教育系统有序运行以及内部各要素有序配置的状态，是人对教育的主观追求和美好理想，也是构建和谐社会的深厚动力。具体包括：① 城乡之间、地区之间、学校之间的和谐发展；② 教育系统内各级各类教育的和谐发展；③ 教育经费、设备、校舍等硬指标的和谐；④ 学生与教师自身的和谐发展；⑤ 学生德智体美的全面发展等。

3. 智慧教育/学习环境的创建

智慧教育/学习环境主要由学习资源、智能工具、学习社群和教学社群四大要素构成，而且学习社群与教学社群之间是相互关联的，同时智慧教育/学习环境要考虑学习者的学习方式和教师（设计者）的教学方式。见图1-3-4。换言之，智慧教育/学习环境的构成应与具体的教学方式和学习方式相关联，不存在统一的、放之四海皆准的智慧教育/学习环境。

智能工具在智慧教育/学习环境中的技术支撑作用集中体现在识别情境、记录过程、感知环境、联结社群四个方面，这也正是智慧教育/学习环境的四个主要特性。

目前支持智慧教育/学习环境的各类技术层出不穷，且日渐成熟，如支持识别情境的技术有认知建模、情感计算、认知工程等；支持记录过程的技术有学习分析技术、评测技术、编码技术等；支持感知环境的技术有物联网技术、传感器技术、GPS技术等；支持联结

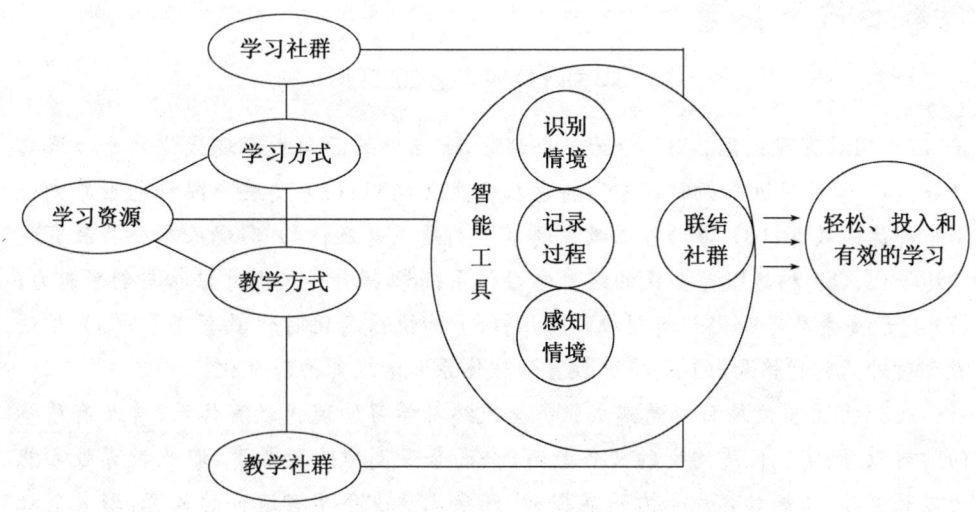

图 1-3-4 智慧教育/学习环境的构成与支撑作用

社群的技术有社会网络、移动互联网技术等。

合作学习(协作学习)、混合学习、泛在学习也都是当今现代教育技术研究与实践的热点,这里不再一一讲述,部分会在后面章节有相应介绍。

1.4 中小学教师教育技术能力建设

中共中央、国务院 2019 年印发了纲领性文件《中国教育现代化 2035》,绘制了中国教育现代化的伟大蓝图。文件指出要加快推进教育现代化、建设教育强国、办好人民满意的教育。文件重点部署了面向教育现代化的十大战略任务,其中第七条"建设高素质专业化创新型教师队伍"和第八条"加快信息化时代教育变革",突显了教师在教育现代化中的作用。第七条对教师队伍提出要求,第八条对教师担当的使命提出要求。对于这一点,《国家中长期教育改革和发展规划(2010—2020 年)》早已清楚指出:中国未来发展、中华民族伟大复兴,关键靠人才,基础在教育。要制定教育质量国家标准,建立健全教育质量保障体系。

我国一直重视教师在社会发展中的作用,加强教师队伍建设,提高教师整体素质。2004 年教育部启动了全国中小学教师教育技术能力建设计划,其宗旨被设定为以《中小学教师教育技术能力标准(试行)》为依据,全面提高教师教育技术应用能力,促进技术在教学中的有效运用,建立教师教育技术培训和考试认证体系,组织开展以信息技术与学科教学有效整合为主要内容的教育技术培训,全面提高广大教师实施素质教育的能力水平。

为构建教师队伍建设标准体系,全面提升中小学教师信息技术应用能力,促进信息技术与教育教学深度融合,教育部于 2014 年研究制定了《中小学教师信息技术应用能力标准(试行)》。此举对教师教育技术能力建设起到进一步的推动作用。

> **资料卡片**
>
> **中国教育现代化 2035**
>
> 《中国教育现代化 2035》分为五个部分,重点部署面向教育现代化的十大战略任务:(1) 学习习近平新时代中国特色社会主义思想;(2) 发展中国特色世界先进水平的优质教育;(3) 推动各级教育高水平高质量普及;(4) 实现基本公共教育服务均等化;(5) 构建服务全民的终身学习体系;(6) 提升一流人才培养与创新能力;(7) 建设高素质专业化创新型教师队伍;(8) 加快信息化时代教育变革;(9) 开创教育对外开放新格局;(10) 推进教育治理体系和治理能力现代化。
>
> 2035 年主要发展目标是建成服务全民终身学习的现代教育体系、普及有质量的学前教育、实现优质均衡的义务教育、全面普及高中阶段教育、职业教育服务能力显著提升、高等教育竞争力明显提升、残疾儿童少年享有适合的教育、形成全社会共同参与的教育治理新格局。

1.4.1 与教师教育技术有关的标准

1. 中小学教师教育技术能力标准(试行)

为提高广大中小学教师教育技术能力和水平,促进教师专业能力的发展,教育部于 2004 年制定了《中小学教师教育技术能力标准(试行)》,并依据该标准研究建立中小学教师教育技术培训、考试和认证体系,促进中小学教师教育技术培训与考核健康发展。

该标准分三部分,分别对教学人员、管理人员、技术人员提出要求。每个部分都包含这四个方面:意识与态度;知识与技能;应用与创新;社会责任。作为对此标准的执行,2005 年教育部发布了《全国中小学教师教育技术能力建设计划》,以进一步推进培训大纲、考试大纲、认证制度等相关工作的开展。

➢ 有关该标准的详细内容,请扫描本章二维码阅读《中小学教师教育技术能力标准(试行)》。

2. 中小学教师信息技术应用能力标准(试行)

为构建教师队伍建设标准体系,全面提升中小学教师信息技术应用能力,促进信息技术与教育教学深度融合,规范与引领中小学教师在教育教学和专业发展中有效应用信息技术,教育部于 2014 年研究制定了《中小学教师信息技术应用能力标准(试行)》。

该标准从"应用信息技术优化课堂教学""应用信息技术转变学习方式"两个层次,将信息技术应用能力区分为技术素养、计划与准备、组织与管理、评估与诊断、学习与发展五个维度,主要针对教师在学生具备网络学习环境或相应设备的条件下,利用信息技术支持学生开展自主、合作、探究等学习活动所应具有的能力提出相应要求。

➢ 有关该标准的详细内容,请扫描本章二维码阅读《中小学教师信息技术应用能力标准(试行)》。

3. 中、小学教师专业标准（试行）

为构建教师专业标准体系，建设高素质专业化教师队伍，引领教师专业发展，在教师〔2012〕1号文件中，教育部同时发布了《小学教师专业标准（试行）》和《中学教师专业标准（试行）》，对合格中小学教师设定基本的专业要求。在两个标准中均明确提到，教师必须能"将现代教育技术手段整合应用到教学中"。还有不少对教育技术的要求隐含于专业标准的文字里，如"具有适应教育内容、教学手段和方法现代化的信息技术知识""合理利用教学资源和方法设计教学过程"等，从不同侧面提出教师作为教育者应该具备的教育技术知识与能力。

▶有关该标准的详细内容，请扫描本章二维码阅读《中小学教师专业标准（试行）》。

1.4.2 与教师教育技术有关的培训

1. 我国教师有关教育技术的培训简况

教师的专业化水平直接影响了一个国家教育质量水平和可持续发展的能力，我国教育的发展，当然也离不开教师的专业发展与能力提高。没有信息化就没有现代化，以教育信息化引领和带动教育现代化，需要大量掌握信息技术基础知识、具备信息技术应用能力的教育信息化人才，其中教师是关键。加强对中小学教师信息技术能力培训，提高广大教师信息技术的应用能力是推进教育信息化的必然要求。

国家一直重视教育信息化人才的培养，在推进教育发展的过程中，教育部启动并实施了多轮面向教师的教育技术能力培训。培训的内容不一，方式多样，有全国性的，有区域性的，培训的对象主要是广大中小学、幼儿园教师。这里列出几个覆盖面较为广泛的培训。

(1) 从20世纪90年代开始，逐步加强对在职教师的计算机培训、现代教育技术培训。1999—2003年，教育部实施了"中小学教师继续教育工程"。全国大多数中小学教师通过多种途径，不同程度地接受了一轮计算机基础知识和基本操作技能的培训，大部分教师初步掌握了信息技术基础知识和基本操作技能，基本扫除了"计算机盲"。

(2) 从2001年开始，用5～10年时间在中小学普及信息技术教育。至2012年底，100%的高中、95%的初中、50%的小学都已开设信息技术必修课。

(3) 2003年全国农村中小学现代远程教育工程实施，5年时间，先后有80多万教师接受了较为系统的远程教育应用培训。

(4) 2004年起有计划地对全国中小学教师开展教育技术能力分级培训。至2012年底，已对600多万的中小学教师进行了培训。

(5) 2013年国家启动全国中小学教师信息技术能力提升工程。至2017年底已完成1 000多万名中小学、幼儿园教师的新一轮培训。

(6) 2010年起，国家"中小学教师国家级培训计划"（国培计划），对中西部地区中小学教师进行知识、技能培训，以提升其开展基础教育的专业能力。

另外，还有教育部与企业合作开展的各种教师培训，最近20年我国中小学教师的信息化水平获得较大提高,专业能力获得快速发展。

2. 国家层面开展的教师培训

鉴于国家开展的各种教师培训非常多,难以一一介绍。本书选择几个影响力较大的培训进行简单说明,以帮助读者了解我国教师教育培训,尤其是与教育技术相关的专业培训情况。

(1) 全国中小学教师教育技术能力培训

2005年全国教师教育工作会议上,教育部正式启动了《全国中小学教师教育技术能力建设计划》。该计划分两步走战略:一是2005年在部分省份先行开展实施;二是2006年全国各省(自治区、直辖市)均实施该计划。

该培训使用两套教材,一套由何克抗教授领衔,北京师范大学、中央电化教育馆等多家单位联合编写,高等教育出版社出版;另一套由祝智庭教授领衔,华东师范大学、南京师范大学等多家单位联合编写,北京师范大学出版社出版,教材名称都是《教育技术培训教程》,两套都分为多册,如教学人员(初级)、教学人员(中级)等。各省(市)可根据自身需要选择其中一套,用于本省(市)教师的培训。

教育部按照《中小学教师教育技术培训大纲》要求,利用多种途径和手段,组织全国中小学教师完成不低于50学时的教育技术培训,逐步将教师应用教育技术的能力水平与教师资格认证、职务晋升等挂钩,形成鼓励广大教师不断提高自身教育技术应用水平的机制。

全国中小学教师教育技术能力培训具有全体性和全面性两个特点。全体性就是全国中小学的教学人员、管理人员、技术人员都参加培训;全面性就是培训内容不仅包括技术,还有意识、知识、应用与社会责任等,是一个全方位的培训。通过全国中小学教师教育技术能力培训,全面提高了中小学教师教育技术应用能力,促进了信息技术在教学中的有效应用。

(2) 中小学教师信息技术应用能力提升工程

2013年国家启动全国中小学教师信息技术应用能力提升工程,简称"提升工程",到2017年底完成对全国1 000多万名中小学、幼儿园教师的新一轮提升培训。提升工程的核心是按照教师需求实施全员培训,将信息技术应用能力培训纳入教师和校长培训必修学时(学分)。

提升工程的重要保障,是将教师信息技术能力作为教师资格认证、资格定期注册、职务(职称)评聘和考核、奖励等必备条件,列入中小学办学水平评估、校长考评的指标体系。中小学校将信息技术应用成效纳入教师绩效考核指标体系,促进教师在教育教学中主动应用信息技术。

2018年,教育部启动《教育信息化2.0行动计划》,强化以能力为先的人才培养理念,将教育信息化作为教育系统性变革的内生变量,支撑引领教育现代化发展,推动教育理念更新、模式变革、体系重构,加快教育现代化和教育强国建设,使我国教育信息化发展水平走在世界前列,发挥全球引领作用,为国际教育信息化发展提供中国智慧和中国方案。

(3) 国培项目

"中小学教师国家级培训计划",简称"国培计划",作为落实教育规划纲要启动的第一个教育发展重大项目,是加强幼儿园、中小学教师队伍建设的一项重大举措,由教育部、财政部于 2010 年开始全面实施。

"国培计划"包括"中小学教师示范性培训项目"(简称"示范性项目")、"中西部农村骨干教师培训项目"(简称"中西部项目")和"幼儿园教师国家级培训计划"(简称"幼师国培")三项内容。

"示范性项目"由中央财政专项经费支持,教育部直接组织实施,培训对象主要为全国中小学学科骨干教师、幼儿园骨干教师、骨干班主任教师及骨干教师培训者等,主要包括培训团队高级研修、名师领航研修、紧缺领域教师培训、骨干校园长培训、网络研修创新等项目。

"中西部项目"和"幼师国培"由各省(区、市)负责组织实施,按照"国培计划"总体要求,对义务教育学科骨干教师,农村幼儿园园长、骨干教师、转岗教师等,进行有针对性的专业培训,主要包括乡村教师培训团队研修、送教下乡培训、教师工作坊研修、访名校培训、乡村校园长培训五类项目。

"国培计划"宗旨是示范引领、雪中送炭和促进改革,以农村教师为重点,通过对幼儿园、中小学教师的专项培训,提高广大教师的教育教学能力和专业化水平,示范带动各地教师全员培训工作的开展,大幅度提高教师队伍整体素质,为促进学前教育普及、义务教育均衡发展和提高基础教育质量提供师资保障。

3. 教育部与企业合作推进的教师培训

(1) 教育部—Intel"英特尔未来教育"项目

1998 年,面对信息技术迅速发展,英特尔公司在美国部分州的中小学实施了一项名为"ACE"(Application Computer in Education,"在教学中使用计算机")的教师信息技术培训项目,受到中小学教师的广泛欢迎。从 1998 年到 1999 年的两年中,英特尔的 ACE 项目在有英特尔公司设施的社区以及英特尔积极参与支持公立学校的社区培训了超过 3 300 名的教师。英特尔的 ACE 项目取得了非常大的成功。

项目的参与者制作出了 2 300 多个备课教案(单元教学计划),这些教案都很好地将技术整合到现有的教材与教学中。另外,在各个培训地超过 95% 的培训教师反映他们学到了新的可以直接使学生受益的技能。

2000 年,英特尔公司决定将这个项目在世界其他国家进行推广试验,正式命名该项目为"英特尔未来教育"(Intel Teach to the Future,ITF)。到 2010 年底,全世界已经有 50 个国家和地区、750 多万教师参加这项培训,在中国已有 170 万教师(包含部分师范生)参加了"英特尔未来教育"核心课程的培训,亿万学生从中受益。

2006 年,"英特尔未来教育"核心课程正式纳入教育部"全国中小学教师教育技术能力建设计划"。2006 年底启动"英特尔未来教育"基础课程项目。"英特尔未来教育"项目是我国引进的一个全新概念的教师培训项目,也是中国教育现代化进程中一个有着比较广泛影响的重要事件。

(2) 教育部—微软携手助学项目

2003年11月20日,教育部和微软(中国)有限公司在北京签署了"中国基础教育信息化合作框架"协议。根据该协议,在教育部的指导下,微软在随后五年内提供价值1 000万美元捐助,用以支持基础教育和师范教育,尤其是在农村和边远地区的教育。"携手助学"(Partners in Learning)项目目标:以创新的软件和实践,帮助师生实现潜能,尽可能地缩小由于地方经济发展的不平衡而带来的数字鸿沟。

项目内容包括:① 农村学校百间计算机教室建设;② "携手助学"项目支教活动;③ 中学信息技术学科教师培训;④ "携手助学"二期项目。2008年11月4日,教育部和微软公司在北京签署了"携手助学"二期的合作协议,继续支持中国教育事业,助力教育信息化、教育研究水平的发展及人才培养。"携手助学"二期的项目目标是以信息技术促进教育理念的改革和教学法的创新,推动中国基础教育信息化的变革,以创新的软件和实践,帮助师生共同实现学习、工作和生活的潜能。

(3) 教育部—IBM"基础教育创新教学"项目

IBM"重塑教育"(IBM Reinventing Education,RE)项目是美国IBM公司的公益捐赠项目,IBM全球"重塑教育"计划投入7 000万美元,应用IBM的技术和专业知识推动世界各地学校的进步。IBM公司在全球10个国家成功地开展了"重塑教育"计划,共有8万多名教师及800多万名学生从中受益。这些国家分别是美国、澳大利亚、巴西、意大利、爱尔兰、日本、墨西哥、新加坡、英国和越南。

2003年8月,教育部—IBM"基础教育创新教学"项目在中国启动,标志着中国加入了IBM全球"重塑教育"计划。这是中国教育部与美国IBM公司在"IBM高校合作项目""KidSmart小小探索者"儿童早期智力开发工程实施成功的基础上,共同商定在中国基础教育领域开展的合作项目。

该项目的主要特点是:① 引进了新型的信息技术支持工具——"IBM重塑教育变革工具包"来帮助教师;② 开展以校为本的教师行动研究,促进教师专业发展,同侪互教,基于网络环境和工具的协作;③ 项目的核心理念是开展因学施教——以学生为中心的课堂教学改革实验。

(4) 教育部中央电教馆与美国World Links组织合作项目

美国World Links(世界网络)项目组织是一个世界性的非营利组织,其宗旨是为缩小世界数字鸿沟搭建教育发展的桥梁。1997年由世界银行总裁James D. Wolfensohn倡议成立,为亚洲、非洲、拉丁美洲的26个发展中国家1 000所学校的1.8万多位师生提供了信息技术应用于教学的培训。2003年,在中国教育部的领导和支持下,美国World Links项目组织与中央电教馆开始合作实施教师信息技术培训项目。

第一期项目主题为"技术和课程整合"和"远程合作学习项目简介"。第二期项目重点是在教师培训的基础上,开展信息技术与课程整合的课题研究。World Links项目的教师培训包括6个模块的40学时的培训:① 教师培训;② 企业家/可持续性培训;③ 决策者培训。

在中国,World Links项目采取了本地化的发展策略,聘请中国教育技术专家领衔组织培训活动,项目采取"中央电教馆—各省市电教馆—各中小学校—参加课题项目研究"的管理方式进行组织,培训的内容由国内专家根据"信息技术与课程整合"的要求设计实施。在国内开展的教师培训的主要内容是:① 新课改理念下,信息技术与学科整合的理论分析、模式探索和相关案例;② 网络环境下远程合作学习的理论与实践;③ 信息技术环境下探究式学习的理论与实践;④ 应用信息技术的相关工具和资源,营造有利于学习和学生发展的环境;⑤ 应用信息技术培养学生合作精神和创新能力;⑥ 校内、校际、区域间和国际等多种形式的远程合作学习项目的开展;⑦ 探究式学习的开展及对学生学习能力提高的影响;⑧ 信息技术环境下的教学对于教师专业发展的影响等。

(5) 教育部—中国移动中小学骨干教师"网络学习空间人人通"专项培训

为大力推进"网络学习空间人人通",根据教育部与中国移动通信集团公司的战略合作框架协议,教育部启动并实施教育部—中国移动中小学骨干教师"网络学习空间人人通"专项培训。该培训持续时间为 2017—2020 年,采取集中培训方式,对全国 2 万名中小学骨干教师进行"网络学习空间人人通"专项培训,以加快推进中小学网络学习空间的建设和应用,促进信息技术与教育教学融合创新发展。

该项培训由教育部科技司负责总体统筹和组织协调,中国移动通信集团公司负责提供专项培训经费,各省分公司负责协调支持,中央电化教育馆负责培训的具体组织实施工作。培训内容重点围绕教师应用网络学习空间开展备课授课、家校互动、网络研修、学习指导等活动,依托信息技术变革传统教学模式与方法,形成线上、线下相衔接的新的教学形态等开展培训。

(6) 教育部—乐高"创新人才培养计划"创新学习项目

教育部与乐高共同签署"创新人才培养计划"合作备忘录,开展 2010—2014 年、2015—2019 年两期项目合作,结合我国教育实际,引入乐高教育理念,通过建设创新实验室、组织学生活动、开展课题研究等,构建探究学习环境,提高学生动手能力,培养学生创新意识,促进创新人才培养。

在教育部的指导下,乐高集团按照"全国中小学教师信息技术应用能力提升工程"的要求,建设了具有乐高特色的远程培训平台和教师培训基地。在高品质的创新教育培训内容和模式下,截至 2017 年底全国已经有超过 6 万名中小学校长和教师合格完成乐高专题培训。

(7) 其他培训项目

① 加强中国西部基础教育能力项目(CIDA)。这是中国和加拿大政府间的合作项目,项目周期为五年(2003—2007 年),由教育部中央电化教育馆和加拿大 Agriteam Canada 公司牵头的一些加方机构共同负责实施。这些加拿大机构包括卡尔加里大学、阿塞巴斯卡大学、阿尔伯塔省教育部、阿尔伯塔大学。该项目在四川、新疆、宁夏三个省区的六个少数民族县实施。项目利用远程教学,开展教师培训来加强县级地区的基础教育。

② 中国欧盟甘肃基础教育项目(EU-CHINA)。"中国欧盟甘肃基础教育项目"是中国政府与欧盟的欧洲委员会合作的教育扶贫项目,也是欧盟在中国实施的唯一大型的基础教育和教师培训项目。该项目由甘肃省人民政府负责执行。项目从 2001 到 2006 年,

为期五年半,分布在甘肃省41个国家级贫困县,提供1700万美元的项目经费支助。项目的基本理念是利用信息资源,促进教师发展,关注贫困地区,体现教育公平。

③ 中英甘肃基础教育项目(GBEP)。"中英甘肃基础教育项目(GBEP)"又称"英国联邦政府甘肃教育发展项目",是中国政府与英国政府签订的一项教育援助合作项目。项目由英国政府国际发展部(DFID)提供援助资金2000万美元,后又追加600万英镑,英国剑桥教育咨询公司(CEC)通过一支由国内和国际专家组成的专家队伍提供技术支持,帮助中国改善贫困地区的基础教育。项目从1999年至2005年,共计六年,由甘肃省教育厅负责管理,在甘肃省四个最贫困县实施,目的是提高贫困地区义务教育阶段的入学率,减少教育中的不公平。

④ 中国·联合国发展计划署"应用远程教育和ICT技术提高中国西部贫困地区教师质量"项目。该项目是教育部与联合国发展计划署合作,提供500万美元经费支助,面向中国西部地区,在四川、云南、甘肃三省实施的远程教育培训师资项目。该项目在省、县、乡三级建立教师学习资源中心,利用卫星IP广播和因特网技术,通过远程实时交互系统开展教师远程培训工作,少数教师集中到学习中心参加面授培训,大部分教师则集中在项目县的教师进修校,以远程方式同步参加培训。该项目主要培训内容是教师的计算机基础知识培训、小学骨干教师培训、小学校长培训、小学新课程学科教师培训和小学教师学历达标远程培训等。

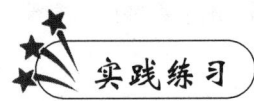

实践练习

1. 以"教育技术""教育媒体""学习资源""教育信息化"等为关键词,检索并阅读相关内容,进一步了解现代教育技术。

2. 检索"电化教育研究""中国电化教育""远程教育杂志"和"课程·教材·教法"的官方网站,进行阅读,截图并配上杂志介绍,做成一个Word文档。

3. 检索并阅读《中小学教师教育技术能力标准(试行)》。

4. 检索并阅读《**省**县(市、区)教育现代化建设主要指标》,了解现代教育技术在实现教育信息化、教育现代化中的作用。

5. 请自行选择本学科的一个主题,使用Xmind制作一个思维导图,要求内容丰富、形式多样。

第 2 章
熟悉信息化教学环境

微信扫码获取

微课视频、教学案例
课堂实验、学习拓展等

【学习目标】
1. 掌握现代教学媒体的基本知识;
2. 掌握现代教学媒体选用依据;
3. 了解现代媒体教学环境、校园网及智慧校园的功能和应用。

科学技术的进步让人类得以踏入信息化社会。作为信息载体的媒体,被广泛运用于各个领域。现代教学媒体为教育信息化提供了新的技术条件和技术支持,引发了教学内容、教学手段、教学方法、教学模式和学习方式的变革,推动了教育思想、教育观念、教学理论、教育体制的转变。

2.1 教学媒体

现代教育技术是由媒体技术、传播技术和教学设计技术三者构成的统一体,因此,教学媒体的选择和运用是现代教育技术必须考虑的问题。现代教育技术研究的主要对象是"教学过程"和"教学资源",而教学过程中资源的整合和利用要依靠相应的教学媒体来实现,由于其在教学活动中的重要性和特殊性,教学媒体及资源利用成为现代教育技术应用领域的一个重要研究方向,也是中小学教师教育技术能力的主要组成部分。

> **知识卡片**
>
> **媒体与信息传递**
>
> 信息源 → 媒体 → 受信者 → 信息
>
> 信息技术与课堂教学深度融合,实现信息化教学和信息化学习,以教育信息化促进教育现代化变革,创设完善的信息化教学环境和学习环境是实现教育信息化的基础和关键。

2.1.1 教学媒体的概念

现代教学媒体是教学过程中的一个重要因素。什么是教学媒体？为什么要运用教学媒体？如何选择与运用教学媒体？让我们一起走进丰富的教学媒体世界，一探究竟。

1. 媒体

"媒体"一词来源于拉丁语"Medium"，意为两者之间，对应于英文"Media"，指承载、加工和传递信息的介质和工具。媒体有两层含义：一是指承载信息的载体，如文字、符号、语言、声音、图形、图像等。二是指存储和传递信息的实体，如书本、挂图、投影片、计算机软件及其相关的播放、处理设备等。

2. 教学媒体

当某一媒体被用于教学过程中承载和传递教学信息以实现教学目的时，该媒体被称为教学媒体。媒体成为教学媒体要具备两个基本要素：用于承载与传递以教学为目的的信息，即载有教学信息；通过传递教学信息来支持教与学的活动。例如，普通的电视，当被赋予了明确的教学目的、教学内容，用于特定的对象，就成了教学媒体——教育电视。

3. 现代教学媒体

教学媒体根据发展先后和运用现代科学技术情况，可分为传统教学媒体和现代教学媒体。传统教学媒体主要有黑板、粉笔、挂图、模型、书籍等，这些媒体历史悠久，使用方便，是传递教学信息的重要媒体，在未来的教育教学活动中，仍将是不可或缺的工具。现代教学媒体主要有幻灯、投影、广播、电视、摄/录像机、影碟机、复读机、MP3播放器、多媒体投影机、实物展示台、音频功率放大系统、电子白板、计算机、网络、通信卫星及VR、AR等软硬件及其组成的系统，例如语言实验室、校园广播电视系统、多媒体教室、电子阅览室、微格教学、智慧教室、创客教室等。

相比于传统教学媒体，现代教学媒体使用时需要电源，这是现代教学媒体曾被称为电化教学媒体的原因。现代教学媒体具有形声性、再现性、先进性、高效性和普适性等特点。

知识卡片

现代教学媒体的分类

视觉媒体：呈现视觉信息的媒体，主要有幻灯机、投影机、数码照相机、视频展示台等设备以及相应的教学软件。

听觉媒体：呈现听觉信息的媒体，主要有收音、录音机、扩音机、MP3播放器、语言实验室等设备以及相应的教学软件。

视听媒体：同时呈现视觉信息和听觉信息的媒体，主要有电影机、电视机、摄像机、闭路电视系统、广播电视系统、卫星电视系统等设备以及相应的教学软件。

交互媒体：媒体与人之间能够相互作用、相互影响的媒体，如计算机网络教学系统、微格教学系统、交互电子白板系统及一体机、智慧教学系统等。

4. 现代教学媒体特征

（1）表现力。教学媒体表现客观事物的时间、空间、运动特征，以及表征声音、颜色特性的能力。

（2）重现力。教学媒体不受时间、空间的限制，将存储的信息随时重现的能力。有即时重现和事后重现之分。

（3）传播力。媒体把信息同时传递到接受者的空间范围，有无限接触和有限接触之分。

（4）参与性。应用教学媒体时，学生参与活动的机会，有行为参与和感情参与之分。

（5）可控性。教学媒体使用的难易程度。分为易控和难控。

2.1.2 常见的现代教学媒体

随着信息技术与经济的发展，教育条件不断改善，有些教学媒体如幻灯机、投影器已逐渐被多媒体投影仪和实物展示台所代替。下面我们一起来认识常用的多媒体投影机、实物展示台、电子白板、VR、AR、MR等现代教学媒体。

1. 多媒体投影仪

多媒体投影仪，简称为投影仪，有时也称多媒体投影机，它可以与摄录像机、影碟机、计算机、实物展示台等多种视音频信号输入/输出设备相连，可以将信号放大投影到银幕上，具有使用方便、操作简单、图像真实、色彩逼真、投影效果好等特点。多媒体投影仪已成为多媒体教室、会议室、报告厅等场所必备的装置。

目前多媒体投影仪主要有液晶显示（LCD）投影机、数字光路（DLP）投影机和激光（LDT）投影机。LCD投影机采用透射式投影技术，投影画面色彩还原真实鲜艳，色彩饱和度高，光利用效率很高，但对比度和分辨率不够高，黑色层次表现不足，明显可以看到像素结构。

DLP投影机采用反射式投影技术，图像灰度等级、图像信号噪声比大幅度提高，画面质量细腻稳定，尤其在播放动态视频时图像流畅，没有像素结构感，形象自然，数字图像还原真实精确。但在图像颜色的还原上比LCD投影机稍逊一筹，色彩不够鲜艳生动。

激光投影显示技术，它是以红、绿、蓝（RGB）三基色激光为光源的显示技术。从色度学角度来看，激光显示的色域覆盖率可以达到人眼所能识别色彩空间的90%以上，是传统显示色域覆盖率的两倍以上，实现人类有史以来最完美的色彩还原，使人们通过显示终端看到最真实、最绚丽的世界。

多媒体投影机的主要性能指标有亮度、对比度、分辨率、灯泡寿命、接口标准、投影距离与投影尺寸比等。

> **知识卡片**
>
> **多媒体投影机使用注意事项**
>
> （1）使用前详细阅读说明书，正确连接各种信号的输入、输出端口，输入信号的幅度符合要求。
>
> （2）使用投影机原装电缆、电线，使用接地可靠的电源插座提供电源，切忌突然断电。

（3）开机时观察电源指示灯显示是否正常,风扇声音是否平稳,关机时一定要先进入待机状态且待冷却风扇停转后再关掉电源开关,插拔电源插头,关机后要等5分钟以上进行再次开机操作。尽量减少开关机次数。

（4）保证通风口畅通,保持良好的通风散热条件,经常清理空气过滤网。

（5）投影机使用过程中不要随意移动,如需移动需要轻拿轻放。

（6）当异常指示灯亮时,应停机检查。

（7）投影机使用时远离热源、水或潮湿的地方,做好防尘工作。

（8）不可自行打开机体进行维修。

2. 视频展示台

视频展示台(又称实物展示台、实物演示仪、实物投影机),是通过 CCD 摄像机以光电转换技术为基础,将实物、文稿、图片等信息转换为图像信号输出到投影机、监视器等显示设备上的一种演示设备。它可以让使用者在课堂、会议室、报告厅中,简单方便地将印刷物、幻灯片以及立体实物等清晰、逼真地显示在电视屏幕或多媒体投影机上。它可以代替传统的投影仪、幻灯机等平面展示设备,体积更小,支持无线蓝牙连接,使用更方便。

视频展示台由摄像头和演示平台、辅助照明、视音频输入/输出、控制接口和控制面板等部分组成。其外观如图 2-1-1 所示。

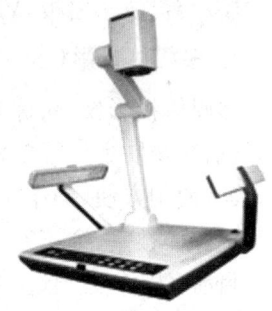

图 2-1-1 视频展示台外观

视频展示台的使用步骤

（1）正确安装视频展示台,连接监视器、录像机、影碟机和多媒体投影机等设备。

（2）开启电源,调节灯光。

（3）放置需要展示的资料、图片或实物,调整摄像头使之对准展示对象。

（4）选择手动/自动对焦,调节焦距使图像清晰。

（5）根据需要选择彩色/黑白/负片输出功能。

3. 交互式电子白板

交互式电子白板又称数码触摸屏、互动白板,是可以操作计算机和进行屏幕标注的投影屏,是具备电子书写板和触控功能的大型触摸屏。交互式电子白板可以和计算机进行信息通信,如通过 USB 接口与计算机相连,配合多媒体投影仪使用,以电子笔代替鼠标,以电子白板代替投影幕布,在电子白板控制系统软件支持下,通过触碰电子白板操作计算机,并能在计算机任何界面上直接进行标注操作。

交互式电子白板除交互功能外,还有实时记录、即时标注和资源管理等功能。这些功能具体通过笔迹书写、图形绘制、文字输入、文件调用、删除复制及保存图像、强调与遮挡、视频回放、直接打印等操作实现。运行特定的应用程序,配置交互式电子白板及高清摄像头,还可实现远程可视网络会议。

交互式电子白板根据定位技术的不同,分为电磁感应式、红外线感应式、压力感应式、超声波感应式、图像传感式等。目前,市场上采用压力感应技术的电子白板占据市场主导地位,其次是采用红外传感、超声波传感技术的电子白板。

交互式电子白板教学应用

1. 教学信息展示。交互式电子白板能够有效支持各种数字化资源的展示,它可以融合多种媒体,使教学更加灵活和多样化,在中小学各学科教学中,其丰富的呈现方式对学科教学起到了极大的促进作用。

2. 师生多向互动。在课堂教学中引入交互式电子白板,利用多媒体电子白板笔的奇特变化和引人入胜的白板特效功能,可以创设积极、有效、高质量的师生之间、学生之间、人与资源的多向互动时空平台。通过师生与媒介的交互,改变学习者认知方式,促进有效学习。

3. 教学资源再生和利用。电子白板具有的实时记录、即时标注和资源管理等功能,可以将课堂教学过程实时动态生成,把课堂教学过程与整合信息化资源的电子备课有机结合起来,使教师能够方便快捷地产生、保存和使用再生教学资源。教师可以将课堂教学呈现内容和板书记录、保存、打印或以发送电子邮件形式进行信息化处理,节省学生课堂记笔记的时间,使学生能够关注、参与教学过程,同时,为教师反思自己的教学、与同事交流教学经验提供了便利。

4. 教学资源管理。通过交互式电子白板,采用素材式、可视化和开放性的管理机制,教师可以使用更多类型的资源。教师使用和组织资源时,只需通过电子笔拖曳资源库中的资源即可,使得资源管理方便灵活。

4. 交互智能平板(一体机)

交互智能平板(一体机)集成了投影机、电子白板、幕布、音响、电视机、视频会议终端的多种功能,能通过触控技术对显示在显示平板(LCD、LED、HLD等)上的内容进行操控和实现人机交互操作的一体化设备,融入了人机交互、平板显示、多媒体信息处理和网络传输等多项技术,多媒体交互白板工具为应用核心,提供云课件、素材加工、学科教学等多种备课、授课的常用功能,通过交互教学软件与人性化的触控操作,可便捷调用多媒体素材资源,为课堂教学提供优秀的大屏幕显示互动授课效果。

交互智能平板

交互智能平板(一体机)将电脑主机、显示器、触摸屏、电视、音箱通过高端技术整合成为一体,具有丰富的多媒体输入输出接口,连接有线、无线网络,方便广大教师轻松自如地开展多媒体教学,丰富教学手段,拓展教学表现形式,让常态课堂教学富有动感,激发学生的学习兴趣与互动参与,提升课堂教学的质量与效率。

5. VR/AR 技术

VR 即虚拟现实,是一种可以创建和体验虚拟世界的计算机仿真系统,利用计算机生成模拟环境,是多源信息融合的、交互式的三维动态视景和实体行为仿真系统。虚拟现实技术主要包括模拟环境、感知、自然技能和传感设备等方面。模拟环境是由计算机生成的、实时动态的三维立体逼真图像;感知是指 VR 能够具有人体所具有的感知能力,如视觉、听觉、触觉、力觉、运动等感知,甚至嗅觉和味觉等,也称为多元感知;自然技能是指虚拟人的头部转动,眼睛、手势或其他人体行为动作,由计算机来处理与参与者的动作相适应的数据,并对用户的输入做出实时响应,反馈到用户的五官;传感设备是指三维交互设备。

虚拟现实应用于教育是教育技术发展的一个飞跃。它能营造"自主学习"的环境,由传统的"以教促学"的学习方式转变为学习者通过自身与信息环境的相互作用来习得知识、技能的新型学习方式。

AR 即增强现实技术,是将真实世界信息和虚拟世界信息融合集成的新技术,把原本在现实世界由于时间、空间限制无法体验到的实体信息(视觉、听觉、味觉、触觉信息等),通过模拟仿真后再叠加,将虚拟的信息应用到真实世界,被人类感官所感知,从而达到超越现实的感官体验,使真实的环境和虚拟的物体实时地叠加到同一个画面或空间。AR 系统具有三个突出的特点:真实世界和虚拟的信息集成、具有实时交互性、在三维尺度空间中增添定位虚拟物体。

AR(增强现实技术)的教育应用

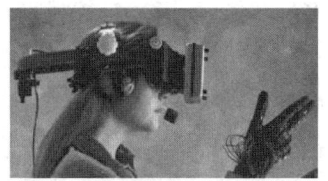

AR 教育应用,主要体现在可以构建虚拟学习环境、虚拟实验基地,能创造虚拟学习伙伴,可以建立虚拟仿真校园,做虚拟实验等,具有真实性、互动性、情节化等特点。

VR/AR 融入教育内容,通过对物体及场景进行模拟仿真,再投射到现实场景中,让很多抽象难懂的概念内容都变得直观、清晰。利用人机自然的交互性和教学内容的虚拟展示方式,借助 VR/AR 所产生的可视化效果,可以更形象、全面地呈现了所要学习的知识。对于学生来讲,沉浸感更强,代入感也更加深刻,在加强学生对抽象概念和不可见现象的感知层面有巨大优势。VR/AR 的真实感和生动性提供浸入式的体验环境,其模拟操纵让虚拟世界变得可反馈和可控,可在线实时反馈,通过语音及视觉信号唤起学生的临场感,让其参与到其中拥有更深刻的记忆,大大增强教学的真实性,以培养学生创新精神和动手能力,把学生从被动接受教育的身份转化为创造者,为其提供自由发挥想象力的空间,让其置身于虚拟但又"真实"的场景中,自己动手完成他们感兴趣并和他们生活相关的学习内容。

VR/AR 技术在教育中的深度广泛应用,将彻底改变教育的时空场景和供给水平,将实现信息共享、数据融通、业务协同、智能服务,推动教育整体运作流程改变,使规模化前提下的个性化和多元化教育成为可能,进而构建出一种新的灵活、开放、终身的个性化教育生态体系。智能技术对教育行业的渗透打破了传统教育系统的固有生态,使其开始向智能教育的新形态迈进。

2.2 信息化教学环境

信息化教学环境是利用信息技术和信息资源构建的学生赖以生存的条件,是运用现代教育理论和现代信息技术所创建的教学环境。这种教学环境包含在信息技术条件下直接或间接影响教师"教"和学生"学"的所有条件和因素,主要由硬件环境、软件环境、时空环境、文化心理环境等构成。

信息化教学环境将过去静态的、二维的教材转变为由声音、文字、动画、图像构成的动态的、三维甚至四维教材;网络教学的运用,又将教学内容从书本扩展到社会,丰富和扩展了书本的知识,学生在规定的教学时间内可以学得更多、更快、更好。

教育信息化环境改变了传统教学过程。教学过程由传统的知识归纳、逻辑演绎式的讲解式教学过程转变为创设情境、协作学习、自主学习、讨论学习等新的教学过程。

信息化教学环境改变了学生学习方式。学生由被动地接受知识,转变为主动地学习知识,利用各种学习资源,主动建构知识。学生不仅要学习知识,还要掌握"如何学"的能力。学生必须有自主学习能力、自我管理能力、创新能力、协作能力、协调能力等。学生将成为知识的探索者和学习过程中真正的认知主体。

信息化教学环境对教师提出了更高的要求。教师由传统的知识讲解者、传递者、灌输者变成学生学习的指导者、帮助者、促进者;教师不再是唯一的知识源,不能再把传递知识作为自己的主要任务和目的,而是要把精力放在如何教学生"学"的方法上,为建构学生的知识体系创设有利的情境,使学生"学会学习",如图 2-2-1 所示。

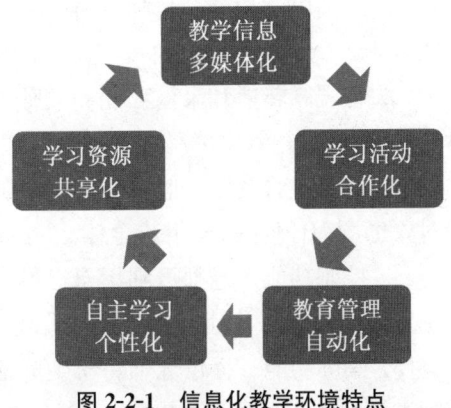

图 2-2-1　信息化教学环境特点

多媒体教室除了黑板、模型、书本等传统媒体外，还包括大屏幕投影仪、多媒体计算机、录像机、录音机、扩音器、话筒、调音台、实物视频展台等媒体设备，以利于教师与学生运用现代教学媒体开展教与学活动。

1. 演示型多媒体教室

演示型多媒体教室主要由多媒体计算机、多媒体投影机、实物展示台、投影屏幕、功率放大器、中央控制器等设备组成。

演示型多媒体教室是目前最常见和最典型的多媒体教学系统。它能使教师或学生方便、灵活地应用多种媒体，实施多媒体教学或学习，使整个教与学的过程更具形象性、直观性、自主性，使教学过程更加符合学生的认知、理解和记忆规律，从而提高教学效率。

典型的多媒体教室中控面板如图 2-2-2 所示，可以实现系统的开关、投影的开关、银幕的升降、信号的选择切换、音量的控制以及提供多个外来信号接口等功能。

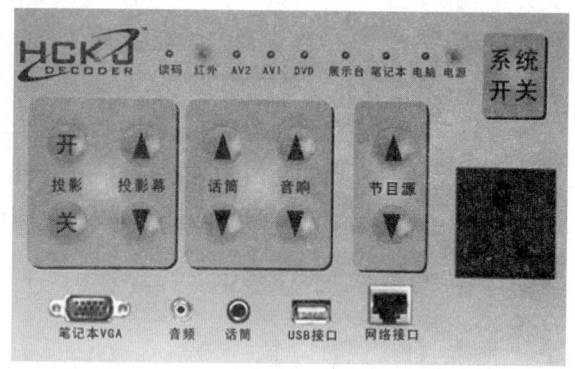

图 2-2-2　多媒体教室中控面板

2. 网络型多媒体计算机教室

网络型多媒体计算机教室也称为多媒体网络教学系统，是指利用网络技术和多媒体计算机及相关的网络设备互联成一个小型局域网并具备教学功能的教室，它集计算机机房、语音室、视听室、多媒体演示教室等功能于一体。

网络型多媒体计算机教室集成了多媒体技术和网络技术，通过网络及控制系统，师生之间可以方便地进行音视频的实时交换，教师可以监控和指导每个学生的学习情况，进行学生的远程管理，及时响应学生反馈等；既能呈现出形式多样的教学内容，又能提供各类丰富的学习资源，能够支持学生的自主、合作、探究性学习活动。

网络型多媒体计算机教室通常有以下功能：

（1）广播教学功能。教师可将自己屏幕上的画面或声音，立即广播给某个、数个、群组或全体学生。执行广播时可将学生的键盘和鼠标锁住。

（2）音视频转播和录播功能。教师可将任何一个学生的屏幕画面及音频转播给其他学生机，并可进行教学屏幕的录制及回放。

（3）屏幕监看及语音监听功能。老师可监看任何一个学生的屏幕及监听其语音。监看对象也可为任何人、群组或全体。

（4）控制功能。老师可利用自己的键盘控制单人、群组或全体学生的键盘、鼠标，包括键盘的使用控制及锁定、文件传输、载入、键盘输入、远程命令及远程管理等功能。

（5）黑屏功能。提供老师将学生屏幕变黑的功能，并中断学生键盘的操作，以便注意老师讲解及制止学生不当操作。

（6）学生反馈。学生在遇到问题时，可以通过键盘电子举手，老师通过屏幕和耳机立刻得知，直接与学生进行双向沟通、讲解；学生可以向教师发送消息进行上课的及时反馈；学生可以进行作业提交，将课堂作业提交至教师机上。

（7）分组教学。教师将学生分成几组，在每一组中选择一位学生作为组长，将教学控制权限交给每组组长，由组长对本组进行教学、学习、讨论或娱乐等活动。

（8）多路视频。可以同时对两路以上的学生进行不同的多媒体教学，在向一路学生播放教师机音、视频的同时，可向另几路学生播放外部引入的音视频（如电视、VCD）。

（9）网上学习。网络教室与校园网相连，并连接到互联网上，学习可以利用网上资源进行学习，还可以利用在线交流工具开展交流合作学习等。

（10）资源共享。提供文件服务器、打印等各类信息资源的共享。

（11）联机考试、分析和管理。利用题库中的资料对学生进行当堂考试，并能进行实时阅卷、批改和分析，可以进行签到等管理工作。

3. 交互式多媒体教室

交互式多媒体教室由多媒体教室、交互电子白板（交互智能平板）和相应的软件组成。伴随着多媒体教学的兴起，交互电子白板（交互智能平板）逐渐走进高校及中小学教室，尤其是中小学应用电子白板辅助教学的案例越来越多，交互电子白板（交互智能平板）系统成为沟通传统教学方式与现代化多媒体教学仪器的最佳桥梁。交互电子白板（交互智能平板）系统最大的特色是既能如传统的黑板一样在其上面自由板书，还能随时显示、处理各种数字化教学内容，随时保存在交互电子白板（交互智能平板）上的操作，形成教学资源库，便于课后备课、学习和复习，提高教学资源的再利用和优质教学资源的共享。

典型的交互式电子白板教学系统结构如图 2-2-3 所示。在这一系统中主要包括以下设备：交互式电子白板、投影机、教学电脑、视频展示台、多媒体讲台、中央控制器、DVD、调音台、无线话筒、功放和音箱等。

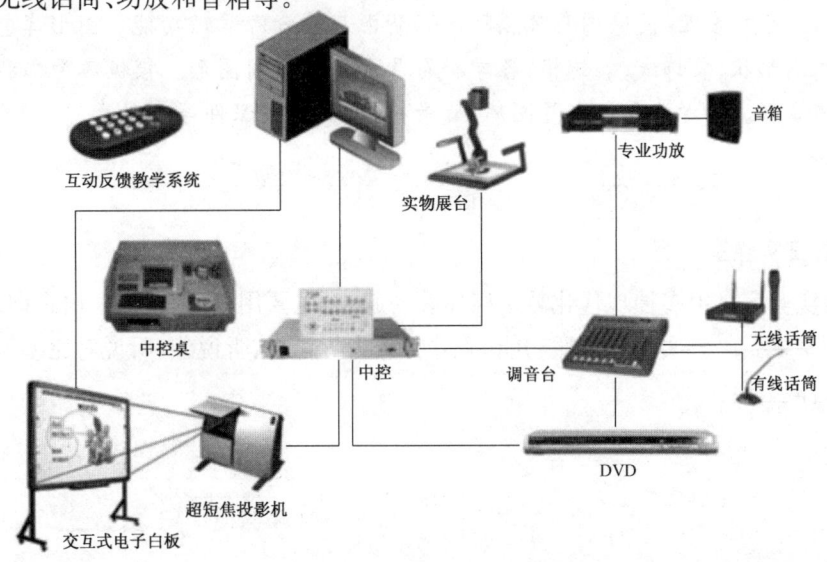

图 2-2-3　交互式电子白板系统

交互式电子白板是系统的主体,将交互式电子白板连接到计算机,并利用投影机将计算机上的内容投影到电子白板屏幕上,在专门应用程序的支持下,它既是感应笔(具有书写笔和计算机鼠标的双重功能)书写与操作的界面,又是计算机的显示器和投影器的幕布。

> **知识卡片**
>
> ### 交互式电子白板系统的主要功能
>
> 1. 鼠标操作:用手指或电子笔在电子白板上实现鼠标单击和双击功能。
> 2. 书写笔:有调节颜色、笔画粗细、透明度等各种效果的铅笔、钢笔、毛笔、排笔、彩虹笔等功能书写笔工具。
> 3. 板擦:有大小不同的圆形、方形板擦,可实现区域擦除、对象擦除、闭合区间擦除和全部擦除等功能。
> 4. 绘图:可实现各种二维线条、圆、多边形、任意图形的绘制功能和三维几何图形的构造功能。
> 5. 标注:可实现线段的尺寸标注和扇形线段的角度标注。
> 6. 手写识别:可实现将混合连续输入中英文、标点符号和数字的手写字符识别为文本。
> 7. 文字编辑:实现文本、表格、图表的输入、编辑和排版等操作。
> 8. 多媒体编辑:支持各类图片、音视频的插入和插播功能。
> 9. 屏幕录制与播放:自动记录电子白板板书的书写过程和对象物件移动的过程等,并可以重现。
> 10. 文件保存和导出:电子白板可以新建、打开、生成各种图片文件、文本文件、网页文件及相关工程文件。
> 11. 资源管理:提供图形库、模板库、资源库等资源管理功能。图形库包括丰富的基本形状、装饰线、装饰框、各学科符号和日常常用图形。模板库为工程文件的模板资源。资源库包括矢量图库、背景模板、视音频课件等各种资源,可覆盖各个学科。

4. 语言实验室

语言实验室是由多种现代化教学媒体装备起来,主要用于语言教学、语音训练的现代教育应用系统。语言实验室按照功能的不同,分为听音型、听说型、听说对比型、视听对比型和多媒体型五种。

> **知识卡片**
>
> **语音教室的适用范围**
>
> 1. 语音教室主要用于语言技能的训练。
> 2. 教师可面向全班、小组或个人讲话;全班学生可以学习同一内容,也可按小组学习不同的内容,所以,语音教室既可进行集体教学,又可进行个别教学。
> 3. 语音教室能为个别指导和因材施教提供条件,因而在一些知识讲授课中也有广泛用途。

听音型语言实验室是最简单、仅能提供听力训练的语言实验室。在听音型语言实验室播放教师准备好的教材,学生通过耳机听取播放的节目,师生之间、学生之间不能对话,是一种单向的语言教学设施。一般用于听力、听写训练和听力测试。

听说型语言实验室在听音型的基础上,增加了教师控制台上音源和通话控制功能,增加了学生桌上的话筒、呼叫按钮。教师播放或讲解教材时,允许学习提问,可以响应学生呼叫,回答学生问题,学生可以根据学习需要呼叫教师,提出问题。师生之间、学生之间可以进行对话,是一种双向型的语言教学设施。可用于听音、听写、语音、语调、句型、会话、口头翻译等多种功能的训练。

听说对比型语言实验室在教师控制台上增加了双人练习、小组练习等功能控制,在学生桌上增加具有跟读功能的双声道双轨或双声道四轨录音机。学生不仅可以录下教师控制台播放的教学内容,还可以录下自己跟读或对话的内容,并可重复播放进行对比,是一种能进行听音对讲训练以及录音对比的语言设备系统。

视听对比型语言实验室是在听说对比型语言实验室的基础上,增加视觉设备而形成的视听媒体系统。通常配有投影器、录像机、投影电视等。学生可以通过投影电视看到图像,做到视听同步教学,提高教学效果。

多媒体型语言实验室是在视听对比型语言实验室的基础上,以网络技术为基础、以多媒体计算机为核心的视听媒体系统。教师控制台配置多媒体计算机,学生桌上配置计算机显示器。多媒体语言实验室除具备上述各类语言实验室功能外,还具有音频、视频广播教学;自主循环播放、自主跟读及点播教学;实时课堂录音形成教学资源;学生点名、签到等管理;测试、考试管理以及教材编制管理等功能。可以安装学习反应分析和考试系统,能进行测验、统计、分析课堂学习的效果,可以进行客观题考试,及时统计分析教学问题,使教学达到理想化、最优化。

5. 微格教学系统

微格教学又称微型教学、小型教学,它是一种利用现代化教学技术手段来培训师范生和在职教师教学技能的系统方法。微格教学是一个缩小的、可控制的实践系统,它使师范生或在职教师有可能集中解决某一特定的教学行为,或在有控制的条件下进行学习。它是建筑在教学理论、视听理论和技术基础上，系统培训教师教学技能的方法。微格教学实际上是提供一个练习环境，使日常复杂的课堂教学得以精简，并能使练习者获得大量的及时反馈意见。

微格教学系统主要包括主控室和微格教室两部分。主控室可以控制任一微格教室中的摄像云台和镜头，可以监视和监听任一微格教室的图像和声音。主控室的主要设备包括计算机、主控机、摄像头、录像机、VCD、监视器、监控台等。微格教室中的设备主要包括分控机、摄像头及其他教学设备。微格教室中可以控制本室的摄像系统，录制本室的声音和图像，以便对讲课情况进行分析和评估。

随着计算机技术的发展，微格教学系统也由原来的模拟微格教学系统逐步发展为数字微格教学系统。数字微格教学系统采用当前先进的数字化传输、数字化存储和网络应用方案，是集微格教学、多媒体编辑、影音制作、多媒体存储中心、视频点播中心、数字化现场直播中心为一体的网络系统。

典型的数字微格教学系统由一个总控室和若干个微格教室组成。系统采用先进的网络控制方式进行系统的控制和管理，用户可通过系统分控软件控制各摄像机的动作，选择观看各微格教室的现场教学情况。在微格教室的电脑上可以显示和控制整个系统，也可以非常方便地将各种音视频信号切换到大屏幕电视机上，并控制各种设备的各种动作。整个系统采用以太网络交换机进行网络连接，网络传输速率达到1 000兆，并可与校园网络有效连接，用户通过校园网可直播，也可点播服务器的视频内容。系统采用数字化存储与录像存储两种方式保存微格教学内容，数字化存储采用Mpeg的标准压缩格式将教学内容录制在服务器上。现场录像既可由微格室自行控制，也可由总控制室来控制。系统采用先进的视频流播放系统，为网络提供稳定和连续的图像传输质量。网络传输方式为网络视频数据流提供可调的网络传输速率和传输质量。

6. 校园网

随着教育信息化进程的加快，网络成为学校教育必不可少的信息化教学与管理的基础平台。由教育网络、教育资源和基于网络的教育活动组成的网络教育系统在学校得到了广泛的推广和应用。

网络教育系统从组织形成上分为远程网络教育系统和校园网络教育系统。远程网络教育系统主要包括高校网络教育学院、广播电视大学、中学网校和专业网校等。

教育部从2001年开始实施的"校校通"工程，使全国多数中小学校的校园网与互联网、中国卫星宽带网、中国教育科研网（CERNET）联通，能共享网上教育资源。

校园网络教育系统主要由校园网、教育教学资源和网络教育应用组成。在校园网络教育系统中，校园网是基础，教育教学资源是核心，网络教育应用是途径和目的。

广义的校园网是学校范围内的计算机网络系统、卫星电视系统和有线广播电视系统的总称。狭义的校园网是学校范围内的计算机网络系统的总称，是用于教学、科研、学校管理、信息资源共享和远程教育等方面工作的局域网。

通常，校园网是指这种狭义的校园网。校园网一般由学校内的多个局域网组成，同时又通过防火墙与学校外的计算机网络（如Internet、China Net等）相连。校园网是

Internet 技术在学校中的一种典型应用,同时也成为 Internet 的组成部分。

校园网由硬件系统和软件系统组成。校园网的硬件系统通常有服务器、工作站、网络互联设备、传输介质等。软件系统主要有网络管理系统和网络服务应用系统。

校园网的功能主要体现在教学应用、科学研究、信息管理和信息服务等方面,具体如下:

(1) 教学应用。校园网在教育中的应用改变了传统的"口传身授"的课堂教学模式,促进了教学模式的多样化和个性化,加强了学生与教师之间、教师之间和学生之间的联系。校园网教学应用由网络教学支持平台提供教学支持,网络教学信息资源库作为信息来源实现资源共享,运用网络工具与课堂教学整合完成教学任务。在网络教学支持平台和视频点播系统中,网络教学信息资源库是其重要组成部分,主要包括多媒体素材库、教案库、课件库、试题库、教学视频库等,可以提供检索、编辑、上传和下载等功能。

(2) 科学研究。通过校园网可以方便用户共享各类计算机的软件、硬件资源及学术信息资源,从而提高科研的效率,降低科研的成本。科研人员可以通过校园网方便地交流设计思想和设计方案,利用校园网络的对外联网,检索世界各地的科学研究信息资料,及时了解学科领域的最新研究动态。目前,校园网为科学研究提供的服务,主要有数字图书馆、学术交流信息、科研项目申报、科研成果信息管理等,部分高校能提供远程计算服务,实现软件硬件资源共享。其中,中国知网(CNKI)是科研工作的得力助手之一。

(3) 信息管理。建立在校园网络基础上的学校管理信息系统可以为学校在招生就业、教务管理、日常办公、人事管理、财务管理、资产管理等方面,提供一个先进的分布式管理系统。可以使原有的管理模式从纵向、单通道的,主要依靠个人的经验、判断和决策的简单模式,发展成为多向的、多通道的、网络状的复杂模式,从而提高管理效率,达到事半功倍的效果。其主要应用有教务管理系统、行政办公系统、招生就业系统、财务管理系统、图书管理系统等。

基于校园网的信息管理系统能及时地收集、统计、分析学校的各种信息,大大提高原有人工管理或单机管理系统的效率,便于学校的行政管理和教学管理,有利于充分发挥学校的整体功能,更好地为教育工作服务。

(4) 信息服务。校园网不仅能提供学校内教育资源传输、共享和存贮等信息服务功能,还能实现与因特网的连接,实现基于因特网的,在教育部门、学校、家庭之间进行的资源访问、传输、共享和存贮的信息服务功能。例如信息发布、DNS 服务、WWW 服务、MAIL 服务、NAS 服务、BBS 服务、一卡通自助服务、VPN 等网络信息服务。

2.3 智慧教学环境

信息化不仅改变了人们的生产生活方式,而且改变了学习方式,促进了教育的全面变革。灵活、个性化的信息化学习环境,开放的教育资源服务平台,以及自主网络学习模式,对促进教育改革和发展、构建学习型社会有重大意义。智慧教育是依托物联网、云计算、大数据、移动通信、增强现实等新一代信息技术所打造的物联化、智能化、感知化、泛在化的教育信息生态系统,旨在提升现有数字教育系统的智慧化水平,实现信息技术与教育主流业务的深度融合(智慧教学、智慧管理、智慧评价、智慧科研和智慧服务),促进教育利益相关者(学生、教师、家长、管理者、社会公众等)的智慧养成与可持续发展。

2.3.1 智慧教学环境概述

智慧环境通常包括智慧终端、智慧教室、智慧校园、智慧实验室、智慧教育云等多种范型;智慧教学法通常包括差异化教学、个性化学习、协作学习、群智学习、入境学习和泛在学习。

1. 智慧教学环境

智慧教学环境能通过"云"将教室中的电子白板、电子课本、电子课桌等终端设备进行连接,与学习资源、智力资源(教师和学生)等结合形成一个开放的"云端一体化"学习环境,智能学科工具、智能互动方式、智能教学评测等成为教学活动的新型要素。经过这一过程,教室教学环境实现了内容呈现、环境管理、资源获取、及时互动和情境感知等多个方面的创新。同时,课堂教学不仅实现了物理环境的创新,而且实现了教学理念的变革。

面对信息技术快速发展的新时代,应利用云计算、大数据、物联网、移动互联网、人工智能等信息技术,不断改善高校信息技术基础设施,营造网络化、数字化、个性化、泛在化的智慧教育环境,促进信息技术与高校人才培养、科学研究、文化传承与创新、社会服务等方面的深度融合和创新应用,提高教育教学质量和科研服务水平,提升科学决策和教育治理能力,培养具有较高思维品质和较强实践能力的创新型人才。

> **知识卡片**
>
> **智慧校园大支撑**
>
> 1. 基础设施通:硬件(智能手机或平板电脑),无线网络(寝室、餐厅、教室、体育馆、图书馆处处连接)。
>
> 2. 教学资源平台:课堂辅助资源、试题库……教师备课无忧。
>
> 3. 立体化教材:课前学习+课堂学习,文本材料+视频+交互动画,让教材生动起来。
>
> 4. 视频课程:微课、MOOC,学生学习形成新模式。
>
> 5. 自主学习平台:自主学习、终身学习,视频、文档、动画、测试、讨论……完成自我知识建构。

2. 智慧校园

智慧校园指的是以物联网为基础的工作、学习和生活一体化的环境。这个一体化环境以各种应用服务系统为载体,将教学、科研、管理和校园生活进行充分融合,实现无处不在的网络学习、融合创新的网络科研、高效透明的校务治理、丰富多彩的校园文化、方便周到的校园生活。

知识卡片

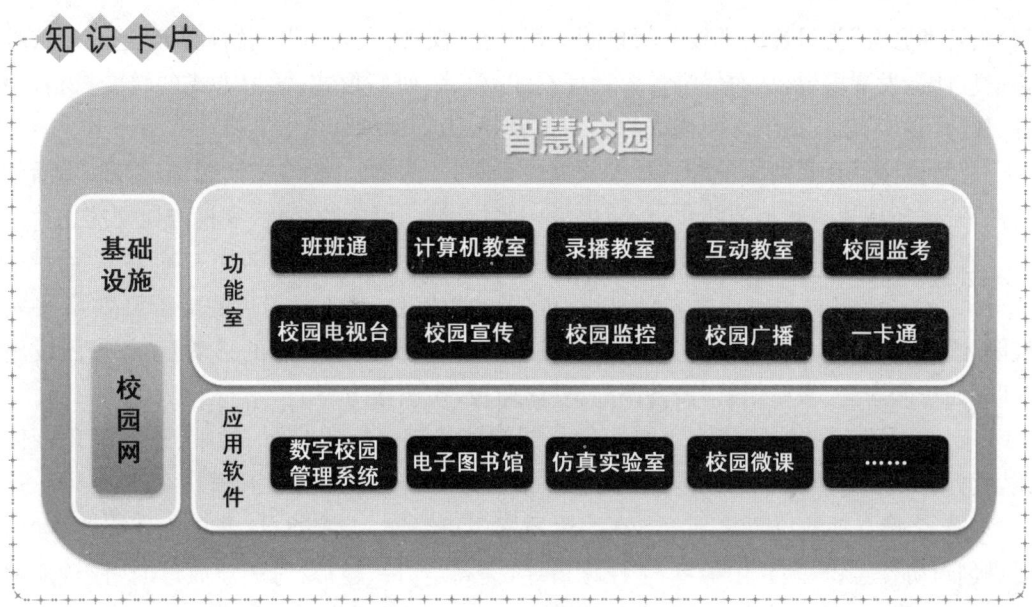

3. 智慧教室

智慧教室以教学为中心,通过移动互联,以 PAD 为媒介,以云平台为重要的技术和服务支撑,将课前、课中和课后的学习无缝衔接。

智慧课堂将课堂由课内延伸到课外,由物理环境延伸到网络虚拟环境,形成了智慧学习空间。智慧学习空间包括物理空间和虚拟空间,网上个人学习空间是连接他人指导与自主学习的"中间结构",允许学习者在任何设备上以任何形式接入,随时可获得学习所需要的各种服务。它还能够感知学习情境,通过深入发掘与分析记录的学习历史数据,给予学习者科学合理的评估,推送真实情境下的优质学习资源和最适配的学习任务,从而帮助学习者进行正确决策,促进学习者思维品质的发展、行为能力的提升和创造潜能的激发。

智慧教室环境下电子书包、平板电脑、智能手机等移动终端将成为课堂教学的常规载体,课堂教学组织灵活多样,教师和学生从关注技术逐步转变到关注教学活动本身。智慧教室秉承"开放共享"理念,学习者可随时获取任何适合自己的教育资源。它是通过网络将学校、家庭、社区、博物馆、图书馆、公园等各种场所连接起来的教育生态系统,让课堂变得简单、高效、智能,有助于开发学生自主思考与学习能力。

2.3.2 智慧教学环境构建

1. 智慧校园的构建

智慧校园应满足当前"三通两平台"建设的要求,能够提升全校教育信息化管理水平,促进教育教学资源的共享,办公空间与师生网络学习空间的互联互通,从而满足整个学校日常办公、管理、教学和学习的需要。智慧校园应充分应用云计算、移动互联、物联网等先进技术,满足计算机、手机、平板等不同终端设备使用,搭建全校性的,以"网络聚合、资源整合、管理融合"为目标的学校智慧校园应用平台,实现"人人通"云教育服务,适应现代教育信息社会发展需要,从而促进教育管理、教学模式、研修形式、学习方式的转变,为管理者、教师、学生、家长提供方便快捷的一站式服务,为管理决策提供支持。

智慧校园以互联网为基础,以"大数据＋云服务"为核心,融合校园教学、管理、生活软硬件平台,实现校园管理智能化、校园生活一体化、校园设施数字化、家校沟通便捷化。

通常,智慧校园具备以下功能:

(1) 全面感知的校园环境。以智慧校园平台为核心,基于一卡通的电子班牌①、平安校园、红外测温、电子图书馆;覆盖教学设备、校园场馆到周边设施的移动互联;校园设施互联,如校园考勤、教室门禁、设备调配、安防监控、疾病预防等。

(2) 协同高效的校园管理。完善的校园智能管理,校务、教务、教学、班级管理一体化,教务管理和课堂教学如选排课、学业诊断、成绩分析等数据互联互通。

(3) 个性互动的校园学习。丰富的优质资源班班通、人人通;培养自主探究式学习,促进创新协作意识;差异化学习、个性化指导,提高学习兴趣;及时的学业诊断,让教师和学生有针对性地开展教学反思和学习改进。

(4) 轻松便捷的校园生活。学生通过一卡通校园卡即可完成校园内考勤、消费、借阅、交流等所有校园内的生活互动。

(5) 便捷高效的家校沟通。可将学生报到考勤、学习表现、学生课堂表现、作业情况、出入轨迹、校园生活等及时通知家长,可实现校园穿衣指数、学生学业改进点等智能提醒,见图2-3-1。

智慧门户	智慧管理	智慧教学		智慧生活	智慧环境		
学校帮客户端	校园OA	课前导学	同步备课	门禁考勤	班班通	电子书包	智能手环
微信企业号	智能选排课	互动课堂	在线检测	校园消费	一卡通	电子班牌	……
Web门户	多维成绩分析	课后作业	空间服务	教室申请	红外测温	电子图书馆	创客空间
微门户	学业诊断	校本资源	……	校园监控	校园广播	录播教室	学科教室

图2-3-1 智慧校园应用平台

智慧校园应用平台能实现利用信息技术以及科学规范的管理对校园内的教学、科研和管理等所有信息资源进行整合、集成,构成统一的用户管理、统一的资源管理和统一的权限控制。通过组织和业务流程再造能够推动学校进行制度创新、管理创新,最终实现教育信息化、决策科学化和管理规范化。

---

① 电子班牌就是安装在教室门口,用来实时显示学校通知、班级通知,可设置集中分布式管理,自由控制每个终端;显示班级全面的基本信息,包括天气、班名、课程表、值日表等教学信息的液晶显示设备。

2. 智慧教室的构建

智慧教室提供完善教室智能化的功能，拓展教育资源的应用，整合多媒体资源、延伸阅读等教育资源，使教师可以方便灵活地进行备课、授课等，调动学生主动学习的积极性，促进师生交流，促进不同班级教师、不同班级学生交流，推进教育现代化的进程、提升教学质量和体验；提供智能管理集中控制，并拓展智能平板的功能应用。

（1）智慧教室硬件环境

① 交互智能平板。它是集成大屏高清显示、交互式电子白板、电脑、电视、音响和网络传输等多项功能于一身的多媒体教学演示与操作平台。通过搭配的交互教学软件与人性化的触控操作，可便捷调用多媒体素材资源，为课堂教学提供大屏幕互动授课体验。并且，交互智能平板可被远程集中管理，升级扩展方便。

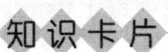

智慧教室师生互动

"师生互动"是课堂上有利于学生全面掌握知识的重要方式。在师生互动过程中，教师是观察的记录者，学习的引导者、促进者、研究者，是学生的交往者和合作者。

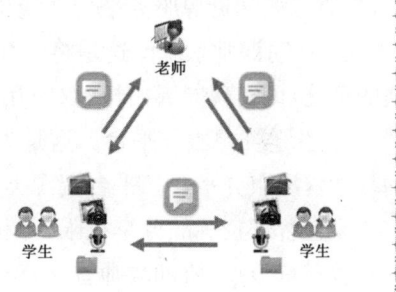

② 教师移动授课终端。教师专用的移动授课智能终端，具备无线扩音、高清拍摄、实物展台、移动控制等教学功能，内置移动系统，采用手持式设计，防划、防摔、防尘，能有效扩大教师的授课空间，提升教学灵活性，营造师生互动交流的教学氛围。

③ 智能笔。智能笔是一款配套智能平板使用的简易附件，既能实现书写批注、触摸点选，又能通过无线方式实现多种智能平板快捷功能操作，辅助教师更高效地使用平板设备。

④ 学生智能终端。学生用的互动课堂设备，配备大尺寸液晶屏，带电容书写笔，结合互动课堂软件，实现课堂上的互动学习。

⑤ 无线功放设备。无线功放是配套智能平板及移动授课终端扩音的专用设备，能实现无线扩音的接收，并且能叠加外部输入的有线、无线音源信号，将声音放大输出到外置音箱。通过与交互智能平板、教师移动授课终端的搭配，实现多媒体教室"视""听"应用完美融合。

⑥ 便携式实物展台。便携式实物展台通过 USB 线与交互智能平板对接，实现高清影像拍摄实时投影到大屏幕上，且结合多媒体交互式白板工具实现即时的批注讲解。实物展台可配备双摄像头，方便教师进行微课的双路画面录制。

⑦ 校园中心控制台。作为校园集控管理系统和校园音视频直播系统的控制端，通过校园局域网络对校内各个交互智能平板进行控制及广播，实现一站式校园信息化集中管理。

⑧ 系统及网络配套设备。如系统服务器、交换机、路由器、无线 APP。

⑨ 其他教室配套设备。如推拉式黑板、多功能讲台、多媒体音箱、无线键鼠。

(2) 智慧教室软件环境

① 多媒体交互式白板工具。它是基于交互智能平板的备授课一体化白板教学软件，集资源采集、书写擦除、图形绘制、多点操作等诸多功能于一体。教师可通过该软件调用与编辑文字、图像、视频、动画等多媒体素材，借助软件内置的学科工具和丰富资源库，进行极富生动性与启发性的教学授课，营造互动高效的课堂体验。

② 无线互联软件。通过无线互联，可以使用移动终端控制智能平板，可实现同步PPT、移动展台、远程鼠标、无线文件传输等功能，轻松进行移动授课，扩大教师授课范围，提高教师上课效率。

③ 微课采编一体化工具。支持全屏和区域录制微课，也支持通过外部摄像设备进行录制，录制后视频文件可多轨编辑。微课文件保存便利，可本地导出或一键上传至云平台，并通过教学资源服务平台在线浏览、分享。

④ 互动课堂系统。这是将交互智能平板、教师智能终端和学生智能终端进行统一互联的系统，可实现同屏白板、双向互动、即时测评、课堂管理、资源互传等功能。

⑤ 教学资源服务平台。这是为教师提供资源的浏览、上传、下载、共享、管理等服务的教学资源服务平台。平台资源类型丰富，包含微课、课件、试题和教学素材，教师可以自定义设置管理资源的分享权限，并和其他教师共享优秀资源。平台提供教学进度关联，精确到教材章节点，协助教师智能、精准、快速地筛选出所需资源。

⑥ 教室集控管理系统。这是对智能平板进行集中管理的系统，可以方便地对批量的交互智能平板进行集中管理，实现远程监控、定时开关机、通道切换、触摸开关控制等功能。同时该系统具备信息发布功能，可以将文本、图片、视频、音频和混排多媒体等内容推送到每台平板上进行展示。

3. 录播教室的构建

录播教室是对教师课堂教学过程进行全程自动或半自动录制的专用场所，一般由三部分构成：教室环境、数字化录播系统和网络传播平台（环境、硬件和软件）。录播教室能录制课堂教学实况，实现资源的存储、共享和交流，便于开展以课堂教学为主体的教研活动，进行教学反馈、评价，实现远程网络教学，召开家长会或视频会议。录播系统能与学校数字化校园资源平台对接，整合学校数字图书馆、数字成品资源库，学校、教师可以自建视频资源、课件、教案，并上传至校内动态资源库；能按照学校实际情况建立资源分类并能对现有资源进行导入。

录播教室应选择位置相对安静的教室或专用教室（最好不要临街或靠近操场、音乐教室等），高度一般不低于 3.2 米，录播教室分为教学区、控制区，有条件的学校可增设观摩区；录播教室吊顶应使用吸声孔的矿棉板或其他吸音装饰，门窗进行隔音处理，可加装中空玻璃窗，地面使用 PVC 材质的静音塑胶或地毯，教室四周墙体进行吸音处理，室内安装低噪音空调，使用演播室专用三基色灯光。

录播教室

录播教室要求系统可靠、操作简单,满足教学互动、管理方便和过程常态化的要求,可在手动、半自动、全自动模式下实现摄像系统自动跟踪目标拍摄,授课教师能直接应用录播系统查看录像并导出录像文件,支持前台在线编辑或后台非线性编辑。

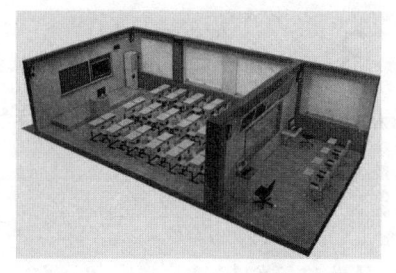

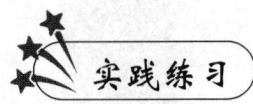

1. 以"媒体""现代教育媒体""智慧校园""电子白板""多媒体教室""智慧教室"、AR、VR 等为关键词,检索并阅读相关内容,进一步熟悉信息化教学环境、各种新型教学媒体的应用。

2. 练习使用多媒体教室、交互式电子白板系统、智慧教室。

3. 根据所学专业,选择几所相关中小学、高等学校的校园网,浏览体验校园网提供的课程教学资源、网络课程资源及数字图书馆等服务功能。

4. 检索"数字博物馆",了解全国各大博物馆的藏品数字化展示。

5. 浏览现代教育技术博物馆主页(http://xjbwg.ntu.edu.cn/xdjyjsbwg/gcjs/gcjs.html),了解现代教学媒体的发展及其不同阶段的实物。

第 3 章 信息化教学设计

【学习目标】
1. 阐释教学设计的含义；
2. 掌握教学设计的一般过程与方法；
3. 理解信息化教学设计的概念与特点；
4. 熟悉信息化教学设计的过程和关键环节；
5. 学会信息化教学设计方案的编写；
6. 阐述信息化教学模式，掌握常见的信息化教学模式。

微信扫码获取

微课视频、教学案例
课堂实验、优秀作品等

信息化教学是与传统教学相对而言的一种现代教学形态，它以信息技术的支持为显著特征，以现代教育教学理念为指导。信息技术的不断发展，为教师开展信息化教学设计提供了条件，也对教师在信息化教学环境下进行教学设计提出了更高的要求。教师不仅要学会使用媒体工具，还要在观念上向现代教育教学理念转变。因此，教师需要针对教学主题，充分利用信息化教学环境，开展信息化教学设计，促进教学过程的优化。

3.1 教学设计

信息化教学设计是在传统的教学设计基础上发展起来的，为更好地了解信息化教学设计，我们先来了解教学设计的知识。教学设计是 20 世纪 60 年代首先在国外发展起来的一门新兴的实践性很强的科学。教学设计的根本目的是通过对学习过程和学习资源所做的系统安排，创设各种有效的教学系统，以促进学习者的学习，它是教育技术学的核心内容。20 世纪 90 年代以来，随着信息技术和教学理论的发展，教学设计理论和实践的视野越来越广阔。

3.1.1 了解教学设计

教师在进行教学时，首先要对即将进行的教学活动开展周密的计划和安排，考虑"为什么教""对谁教""教什么""如何评价"等一系列问题，这就涉及教学设计，它是教学活动中的重要环节。教学设计是依据教学目标对教学活动进行系统规划与决策的过程，它使教师对教学活动的基本过程有个整体的把握，根据教学需要和学情特征确定合理的教学目标,保证教学活动的顺利进行。教学设计有利于教学工作从经验走向科学,有利于教学理论与教学实践的结合与相互促进,有利于整个教学过程的规范运行,有利于提高教学效率和教学效果,有利于促进教师专业发展,因此学习教学设计具有重要的意义。

1. 教学设计的含义和特点

教学设计也称为教学系统设计,它是运用系统方法分析教学问题和确定教学目标,建立解决教学问题的策略方案、试行解决方案、评价试行结果和对方案进行修改的过程。它以优化教学效果为目的,以学习理论、教学理论和传播学理论、系统理论为理论基础。教学设计把课程设置计划、教学大纲、单元教学计划、课堂教学过程、媒体教学材料看成不同层次的教学系统,把教学系统作为它的研究对象。

教学设计具有目的性、系统性、灵活性、预演性、操作性、创新性等特点。教学设计是为了实现一定的教学目标,完成一定的教学任务服务的。教学是一个由多种教学要素组成的复杂系统,教学设计则是对诸多要素的系统安排与组合。教学设计有一定的设计流程,在具体开展时应根据不同的情况和要求,因地制宜地进行规划设计。教学设计带有较强的预演性和生动的情境性,有助于教师对教学过程进行预先规划,从而保证教学活动的顺利开展。此外,教师在进行教学设计时要综合考虑到预达成目标、具体教学内容以及学生差异性等因素,因此教学设计往往也是个性化和充满创造性的。

> **资料卡片**
>
> **教学设计的概念**
>
> 学者们对教学设计的概念有不同的理解:
>
> 1. 教学设计是系统计划或规划教学的过程。教学设计大师加涅曾在《教学设计原理》说道:教学设计是一个系统化规划教学系统的过程。教学系统本身是对资源和程序做出有利于学习的安排。任何组织机构,如果其目的旨在开发人的才能均可以被包括在教学系统中。
>
> 2. 教学设计是创设和开发学习经验和学习环境的技术。梅瑞尔在《教学设计新宣言》一文中指出:教学是一门科学,而教学设计是建立在这一科学基础上的技术,因而教学设计也可以被认为是科学型的技术。教学设计的目的是创设和开发促进学生掌握知识技能的学习经验和学习环境。
>
> 3. 教学设计是一门设计科学。帕顿在《教学设计》一文中提出:教学设计是设计科学中的一员,是对学业成绩问题的解决措施进行策划的过程。

2. 教学设计的原则

(1) 系统性原则。教学设计是一项系统工程,它是由教学目标和教学对象的分析、教学内容和方法的选择以及教学评估等子系统所组成,各子系统既相对独立,又相互依存、相互制约,组成一个有机的整体。在诸子系统中,各子系统的功能并不等价,其中教学目标起指导其他子系统的作用。同时,教学设计应立足于整体,每个子系统应和整个教学系统协调一致,做到整体与部分辩证地统一,系统的分析与系统的综合有机地结合,最终达到教学系统的整体优化。

(2) 程序性原则。教学设计是一项系统工程,诸子系统的排列组合具有程序性特点,即诸子系统有序地成等级结构排列,且前一子系统制约、影响着后一子系统,而后一子系统依存并制约着前一子系统。根据教学设计的程序性特点,教学设计中应体现出其程序的规定性及联系性,确保教学设计的科学性。

(3) 可行性原则。教学设计要成为现实,必须具备两个可行性条件。一是符合主客观条件。主观条件应考虑学生的年龄特点、已有知识基础和师资水平;客观条件应考虑教学设备、地区差异等因素。二是具有操作性。教学设计应能指导具体的实践。

(4) 反馈性原则。教学成效考评只能以教学过程前后的变化以及对学生作业的科学测量为依据。测评教学效果的目的是为了获取反馈信息,以修正、完善原有的教学设计。

3. 教学设计的层次

教学设计是一个问题求解的过程,根据教学问题的范围和大小的不同,教学设计也相应地有不同的层次。教学设计一般有以下三个层次:

(1) 以"系统"为中心的设计。这一层次的设计通常包括系统目标的确定,实现目标方案的建立、试行和评价、修改等。这里的系统特指比较大、比较综合和复杂的教学系统。如一所学校或一门新专业的课程设置、某行业职业教育中的职工培训方案等。

(2) 以"课堂"为中心的设计范围多指课堂教学,它是根据教学大纲的要求,针对一个年级的学生,在固定教学资源的条件下进行的教学系统设计,是对一门课程或一个单元、一节课的教学过程进行设计。

(3) 以"产品"为中心的层次,把教学中需要使用的媒体、材料、教学包等当作产品来进行设计。

人物卡片

梅瑞尔

戴维·梅瑞尔(David Merril,1937—),美国教育家、教学技术与设计理论家、教育心理学家、国际知名的教育技术学者,是以加涅为代表的第一代教学设计理论的主要代表人物之一,又是第二代教学设计理论公认的学术领袖,进一步推进了加涅开创的教学设计研究,继续丰富了教育技术,尤其是教学设计的理论体系。

3.1.2 教学设计过程的一般模式

教学是由若干要素组成的一个有机系统,这个系统包括教学目标、学习者、教学内容、教学方法与策略、教学媒体、教学评价等要素。在考察教学过程时,不能只是孤立地研究教学中的各要素,应该把各要素放到整个系统中去考察,研究各要素之间的相互作用关系,从而使系统功能达到最优。教学设计是一个有计划的过程,用系统方法来分析研究、探索教学系统中各个要素间的本质联系,并通过一套具体的操作程序来协调、配置,使各个要素有机结合,共同完成教学活动的过程。在教学设计的实践中,逐渐形成了教学设计过程的一般模式,它是教学设计理论的简化形式。教学设计过程的一般模式如图 3-1-1 所示。

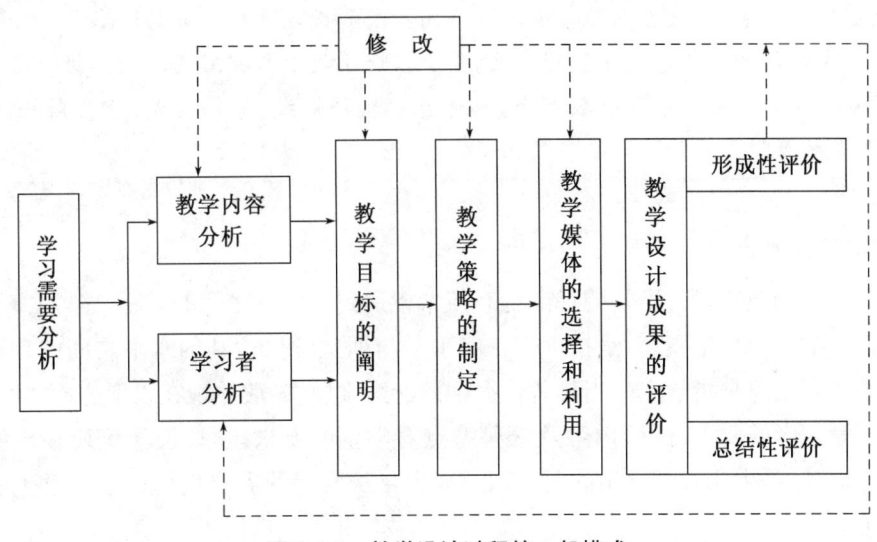

图 3-1-1　教学设计过程的一般模式

第一,首先从学习需要分析开始,了解教学中存在的问题、学生的实际情况与期望水平之间的差距,解决"为什么教"的问题。

第二,对具体的教学内容和学生特征进行分析,考虑课程、单元、课时及教学内容的选择和安排,考察学生的初始能力及对所学内容的醒悟和态度,明确具体的教学目标,解决"教什么"的问题。

第三,确定教学策略,考虑实现教学目标的途径,解决"怎么教"的问题,其中应考虑教学媒体的选择和应用,根据不同的情况来选择应用教学媒体。

第四,对教和学的行为进行评价,提供教学效果的反馈信息以审视教学方案如何,从而对设计模式中的所有步骤进行重新审查,特别应检验目标和策略方面的决定。

在教学设计过程中,学习者特征分析、教学目标的阐明、教学策略的制定、教学评价是最为基本的四大要素。在实际设计工作中,要从教学系统的整体功能出发,保证各个要素的一致性,使各个要素相辅相成,产生整体效应。另外应认识到教学是一个开放的系统,教学过程是一个动态的过程,教师利用教学设计模式进行教学时,要针对不同的实际问题,决定设计步骤,创造性地进行教学设计工作。

> **资料卡片**
>
> **教学设计模式**
>
> 　　模式是再现现实的一种理论性的简化形式。教学设计模式是在教学设计的实践过程中逐步形成的,是教学设计过程的简约形式,是教学设计过程的一种形象表征,用图形的方式表示了各个要素及其相互关系。它作为参加教学设计的人员相互交流的有效手段,及管理教学设计过程的指南和设计过程决策的依据。
>
> 　　教学设计理论与实践发展到今天,至少出现了数十本有影响的教学设计专著,关于教学设计的模式也已有数百个,如迪克—凯利模式、肯普模式、史密斯—雷根模式、乔纳森模式等。

1. 学习需要分析

"需要"一词被表述为事物的目前状态与希望达到的状态之间的差距。学习需要则是教学设计中的一个特定概念,是指学生目前水平与期望学生达到的水平之间的差距。期望达到的学习状况是指学生应当具备什么样的能力素质,一般体现在以下方面:社会发展变化对于学习者的要求;课程内容及学科特点对学生的要求;学校及学生所在班级的要求。除此之外,学生家长对学生的要求以及学生自身发展的需要也构成了对学生能力素质的要求。

学习需要的分析方法一般包括内部参照分析法和外部参照分析法。内部参照分析法是由学习者所在组织机构内部,使用已经确定的教学目标与学习者目前学习状态的比较,找出两者之前的差距,从而鉴别学习需要的一种分析方法。外部参照分析法,是指根据教育机构外,即社会的要求(或职业要求)来确定学习者的期望值,以此为标准来衡量学习者的学习现状,找出差距,从而确定学习需要的一种分析方法。在实际运用时,可采取内部参照分析法和外部参照分析法相结合的方法,根据社会需求调整、修改已有的教学目标,并以修改后目标提出的期望值与学习者的现状相比较找出差距。

2. 教学内容分析

内容分析指对学生从初始能力转化为教学目标所规定的终点能力所需要学习的从属先决知识、技能和态度及其关系进行详细剖析的过程。教学内容分析需要明确所需学习的教学内容的范围、深度和揭示教学内容各组成部分的联系及教学顺序。教学内容分析常用的方法有归类分析法、图解分析法、层级分析法、信息加工分析法等。

(1) 归类分析法。归类分析法主要用于对教学内容有关信息的分类。确定分类的标准后,把实现教学目标需要学习的知识归纳成若干方面,从而确定教学内容的范围和知识体系。

(2) 图解分析法。图解分析法是利用直观的图表的形式揭示教学内容的要素以及相互联系的分析方法。图解分析的结果是简明扼要、提纲挈领地从内容和逻辑上高度概括教学内容的一套图表或符号。这种方法的具体步骤是列出与教学目标相关的教学事实、概念、原理等;把所列内容按逻辑顺序排列;用线条把各要素连接起来;图解成型后,全面核查内容的完整性、要素之间的逻辑性并补充或修改;提供实例,撰写教学建议。

（3）层级分析法。层级分析法是用来揭示教学目标所需要掌握的从属知识和技能的内容分析方法。层级分析法是一个逆向分析的过程,首先从教材内容的最终知识技能出发,考虑学生要获得的最终知识技能,他们必须具有哪些次一级的从属知识技能,而要获得这些次一级的从属知识技能,又需要具备哪些再次一级的从属知识技能,这样依次分析下去,直到学生可以直接接受初始知识技能为止。教学内容实施时与层级分析的方向相反,从学生的初始技能开始。

（4）信息加工分析法。信息加工分析法是加涅提出的,是将教学目标要求的学习者心理操作过程揭示出来的内容分析方法,这种方法揭示了学习者在学习或解决问题时所进行的思维活动过程。这种分析法将学习内容分解为学生为完成学习任务、实现教学目标而必须执行的步骤。

人物卡片

加 涅

罗伯特·加涅（Robert Mills Gagné，1916—2002），美国教育心理学家,为科学心理学和教育的结合做出了突出的贡献,是心理学、教学论、教育技术学等多个研究领域公认的大师级的人物。加涅的主要著作有《学习的条件》《教学设计的原理》《知识的获得》等。

3. 学习者特征分析

学习者特征分析的目的是了解学习者的学习准备情况（包括学习者的初始能力和一般特征的分析）及学习风格。由于教学设计的一切活动都是为了学习者的学习,因此学习者分析为教学设计后续的一系列活动提供了基点。

（1）确定学习者的初始能力。学习者的初始能力是指学生在学习某一特定的课程内容时,已经具备有关知识与技能的基础,以及他们对这些学习内容的认识和态度。确定初始能力有助于我们确定教学起点,其内容包括技能与态度等方面,前者分为预备技能和目标技能。确定初始能力的方法有一般性了解和预测两种方法。后者包括了解学生对特定课程内容的学习有无思想准备、是否感兴趣、是否畏难等。对学习者态度的了解常用态度量表、观察、会谈等技术。

（2）了解学习者的一般特征。学习者的一般特征是指学生在学习过程中影响学生的心理、生理和社会的特点,包括年龄、性别、年级、认知成熟度、智力才能、学习动机、个人对学习的期望、生活经验、文化、社会、经济等因素。学生的一般特征信息可以通过访谈、观察、问卷调查、查阅学生的档案或记录等方式获得。

（3）分析学习者的学习风格。学习风格是指对学习者感知不同刺激，并对不同刺激做出反应这两个方面产生影响的所有心理特性。学习者的学习风格可以通过日常观察、测量量表、征答表等来了解。

4. 教学目标的阐明

教学目标是学生预期的学习结果。教学目标的阐明是在前期分析的基础上，对学习者通过教学后所要达到的结果性或过程性目标进行明确化和具体化的过程。教学目标的阐明为编制评价试题、制定教学策略、实施形成性评价提供了依据。

> **人物卡片**
>
> **布鲁姆**
>
> 本杰明·布鲁姆（Benjamin Bloom，1913—1999，有不少文献将其译为本杰明·布卢姆），美国著名的心理学家、教育家，国际教育评价协会评价和课程专家。20世纪50年代，布鲁姆因教育目标分类的系统学说而闻名，著有《教育目标分类学》；60年代，他提出关于"人类特性"的理论，著有《人类特性和学校学习》；70年代，他又提出"掌握学习"的学校教学理论，著有《我们的儿童都能学习》《掌握学习理论导言》。
>
>

（1）教学目标的分类

教学目标的分类是运用分类学理论把教学目标分成多层次系统的过程，是实现教学目标系列化、细目化和可操作化的基本途径。目前影响较大的教学目标分类理论为布鲁姆的教学目标分类理论，该理论把教学目标分为认知领域、动作技能领域和情感领域。

在认知领域方面，布鲁姆借鉴生物学上动植物分类学的理论将教育的认知目标分成六大主类，从低到高依次为知道、领会、运用、分析、综合和评价六个层次。

① 知道。指回忆学过的知识材料的能力。这些知识材料包括对具体事实、方法、过程、理论等的回忆。知道所要求的心理过程主要是记忆。

② 领会。指把握知识材料意义的能力，具体表现为能抓住事物的实质，把握材料的中心思想。可以通过三种形式看出学生是否已经领会了知识材料的意义。一是转换，即学生能够用自己的语言或其他方式来表达所学的内容；二是解释，即对一项所学内容加以说明或概述；三是推断，即预测事物的发展趋势。

③ 运用。指把学到的知识应用于新的情境，它包括概念、原理、方法和理论的应用。

④ 分析。指把复杂的知识分解成各个独立的部分，并使各部分之间的相互关系更为明确，各相关层次更为清楚的一种能力。

⑤ 综合。指把所学的各部分知识重新组织成一个新的知识整体的能力。如能总结出课文的中心思想，写出结构完整的论文纲要。综合强调的是创造能力和形成新的知识

结构的能力。

⑥ 评价。指根据已有的知识或已经给定的标准进行判断和鉴赏的能力。如能判断出一篇文章的论点、论据是否合理，这是最高水平的认知学习目标。

认知领域目标分类新发展

自 1994 年起，由认知心理学者、课程理论家和教学研究者以及评量专家组成的修订小组，历经 6 年研究，于 2001 年推出新的认知领域目标分类。该分类将教育分类中的领会和综合两类进行重新命名，以了解和创造分别取代旧版的领会和综合。

新的认知领域分类包括这六个层次：记忆、了解、应用、分析、评价和创造。创造指向将各要素加以组织，以形成具有整合性和功能性的整体；重组各要素为新的模型或结构。它包括建立通则（以符合某些规准为基础形成新假设或建立新通则）；设计（设计某种程序以达成某种任务）；创作（发明某产品）。

在动作技能领域方面，动作技能涉及骨骼和肌肉的使用、协调与发展。动作技能领域教学目标分为七个等级：

① 知觉。指运用感官获得与动作技能有关的知识、性质和作用等信息，以便指导动作。

② 准备。指为适应有关动作技能的学习做好心理上、身体上和情绪方面的准备。知觉和准备两个阶段构成了动作技能学习的认知阶段。

③ 有指导的反应。这是学习复杂动作技能的早期阶段，包括模仿和尝试错误。通过教师或一套适当的标准可判断操作的适当性。

④ 机械动作。指学生的反应已经变成了习惯，达到自动化水平，能熟练、自信地完成动作。这一阶段的学习结果涉及各种形式的操作技能，但动作模式并不复杂。

⑤ 复杂的外显反应。指包含复杂动作模式的熟练动作操作。操作的熟练性以精确、迅速、连贯协调和轻松稳定为指标。学生不仅能够按照动作要领准确地做好基本动作，而且能把各种基本动作连贯起来，娴熟地完成整套动作。

⑥ 适应。指技能的高度发展水平，学生能修正自己的动作模式以适应特殊的装置或满足具体情境的需要。学生在熟练地完成动作的同时，能够审视和调整自己的动作。

⑦ 创新。指创造新的动作模式以适合具体情境。强调以高度发展的技能为基础的创造能力。学生能根据自身的条件创造出新的动作，以便更大限度地挖掘自己的潜力，创造出好成绩。

在情感领域方面，情感是一种内心体验，是个体对自身需要与客观事物之间关系的态度的反应，表现为对外界刺激的肯定、否定，如喜欢、厌恶等。情感教育可以帮助学生培养对学习或事物的兴趣，形成正确的态度，提高鉴赏能力，更新价值观念等。按照价值标准内化的程度，情感从简单到复杂可以分为五个等级：

① 接受（注意）。接受指学习者愿意注意某特定的现象或活动，例如静听讲解、参加班级活动、意识到某问题的重要性等。学习结果包括从意识到其事物存在的简单注意、愿意接受、有控制的或有选择的注意。

② 反应。反应指主动参与某种活动，并以某种方式积极做出响应，同时表现出较浓厚的兴趣。例如积极完成老师布置的作业，比安静地听老师讲课又进了一步。反应包括默认、愿意反应或表示出满意。

③ 价值判断。价值判断是用一定的价值标准对特定现象、行为或事物进行判断，自发地表现出某种兴趣和关注。如欣赏文学作品，在讨论问题中提出自己的观点，学习某学科非常刻苦用功等。

④ 组织。组织是当多种价值观念并存时，愿意把它们组织成体系，然后进行比较，以便确定它们的相互关系，并按照重要性排序，从中接受自己认为重要的价值观，进而形成个人的价值观体系。如学生形成了一种与自身能力、兴趣、信仰相协调的生活方式。这种建立起来的价值观体系，往往会因为新观念的介入而发生改变。

⑤ 价值与价值体系的性格化。这一层次指向通过对价值观体系的组织，逐步形成个人的品性。在这个等级中各种价值的层级关系已经确定，它们处于一种内在的和谐状态。个人言行完全受本人所确定的价值观体系支配，观念、信仰和态度融为一体，最终表现在个人世界观的形成，这一阶段的行为具有普遍性、一致性和可预测性。如好的饮食习惯、在团队中表现合作精神等。

从这个分类体系可以看出，情感的教学实际上是一个价值标准不断内化的过程，对于学生来说，教师所讲的或教科书上所介绍的价值标准都是外来的，必须经历上述五个持续内化的过程，才能把它们转化成自己的内在价值。

综观三个领域的分类，其目标都是从简单到复杂逐级递增的，每个目标都建立在已经达到的前一个目标的基础之上。大多数学习都同时包含了三个领域的目标成分，只不过具体到某一门课程或某一节课，其中某一领域的目标有所侧重。

资料卡片

学习结果的分类

教学目标分类影响较大的有布鲁姆的教学目标分类理论和加涅的学习结果分类。加涅在《学习的条件》一书中对学习结果进行了分类，分为5类：言语信息、智力技能、认知策略、动作技能和态度。① 言语信息包括记忆诸如事物的名称、符号、地点、时间、定义，对实物的描述等具体的事实，能够在需要时将这些事实陈述出来。② 智力技能是指学习者通过学习获得了使用符号与环境相互作用的能力。③ 认知策略是学习者借以调节他们自己的注意、感知、记忆和思维等内部心理过程的技能。④ 动作技能亦称运动技能，是一种习得能力，以此技能为基础的行为结果表现为身体运动的迅速、准确、力量或连贯等方面。⑤ 态度是人们对于事情的看法和采取的行动。

(2) 教学目标的编写

根据马杰等人的研究,一个规范的教学目标应包括四个要素:对象(Audience)、行为(Behavior)、条件(Condition)、标准(Degree),而它们的英文单词的第一个字母正好是 A,B,C,D,所以简称为 ABCD 法。

人物卡片

马 杰

罗伯特·马杰(Robert Mager),美国心理学家,于 1962 年出版了《准备教学目标》一书,系统论述了用行为术语陈述教学目标的理论和方法。

A—对象,阐明教学对象。它指明了教学目标所要求的对象。教学目标中的行为主体是学生,所描述的是学生学习以后的行为。

B—行为,说明学习以后,学习者应能做什么和应达到的能力水平。

C—条件,说明上述行为是在什么样的条件下产生的。它说明了学生应该在什么样的情境中完成目标所规定的行为,也说明了应该在什么情况下评价学生的学习结果。

D—标准,它表明了行为合格的最低标准。这个要素使教学目标有了可以测量的特点,教师可以依据标准评估学生完成目标所规定的行为的质量,学生则可以用它来判断自己的行为是否达到了学习目标。

教学目标编写时,对象、条件和标准可以省略,行为的表述是最基本的成分。描述行为的基本方法是使用一个动宾结构的短语。其中行为动词说明学习的类型,宾语说明学习的内容。针对不同的学习领域,教师可以参考使用一些动词。认知领域、情感领域常用的动词如表 3-1-1、3-1-2 所示。

表 3-1-1 编写认知教学目标可供选用的动词

教学目标层次	特征	可供选用的动词
知道	对信息的回忆	为……下定义、说出(写出)……的名称、复述、排列、背诵、辨认、回忆、选择、描述、标明、指明
领会	用自己的语言解释信息	分类、叙述、解释、鉴别、选择、转换、区别、估计、引申、归纳、举例说明、猜测、摘要、改写
运用	将知识运用到新的情境中	运用、计算、示范、改变、阐述、解释、说明、修改、订计划、制定……方案、解答
分析	将知识分解、找出各部分之间的联系	分析、分类、比较、对照、图示、区别、检查、指出、评析
综合	将知识各部分重新组合,形成一个新的整体	编写、写作、创造、设计、提出、组织、计划、综合、归纳、总结
评价	根据一定标准进行判断	鉴别、比较、评定、判断、总结、证明、说出……价值

表 3-1-2　编写情感教学目标可供选用的动词

教学目标层次	特征	可供选用的动词
接受(注意)	愿意注意某事件或活动	听讲、知道、看出、注意、选择、接受、赞同、容忍
反应	学习者主动参与,积极反应,表现出较高的兴趣	陈述、回答、完成、选择、列举、遵守、记录、听从、称赞、欢呼、表现、帮助
价值判断	对现象或行为做价值判断,从而表示接受、追求某事,表现出一定的坚定性	接受、承认、参加、完成、决定、影响、支持、辩论、论证、判别、区别、解释、评价、继续
组织	把许多不同的价值标准组成一个体系并确定它们之间的相互关系,建立重要的和一般的价值	讨论、组织、判断、使联系、确定、建立、选择、比较、下定义、系统阐述、权衡、选择、制订计划、决定
价值与价值体系的性格化	通过对价值观体系的组织,逐渐形成自己的品性	修正、改变、接受、判断、拒绝、相信、继续、解决、贯彻、要求、抵制、认为……一致、正视

5. 教学策略的制定

教学策略是对教学顺序、教学活动程序、教学组织形式、教学方法和教学媒体进行总体考虑和选择。教学策略的制定属于"如何教"的教学环节,是教学设计研究的重点。教学策略的制定是一项系统考虑诸多要素,总体上择优的富有创造性的决策工作。教学策略指向具体的教学目标,有效的教学需要多种策略配合才能达到不同的教学目标。对于教学来说,没有任何单一的策略适用于所有的情况,最好的教学策略是在一定情况下达到特定目标的最有效的方法论体系。

教学策略的分类

1. 根据信息控制者的不同,教学策略按其性质分为替代型教学策略和生成型教学策略。替代型教学策略强调教师在学生学习过程中的指导作用,倾向于替学生处理信息,为学生提供学习目标、选择教学内容、安排教学顺序以及教学活动等。生成型教学策略是让学生作为学习的主要控制者,学生自己形成教学目标,自己对教学内容进行组织和加工,安排学习活动的顺序,并鼓励学生自己从教学中建构具有个人特有风格的学习。

2. 按照教学策略的工作对象划分,教学策略可分为教学组织策略、教学内容传递策略和教学资源管理策略。教学组织策略是指如何组织教学过程,安排教学顺序,以及如何呈现特定的教学内容,具体就是对教学顺序和教学活动的安排。教学内容传递策略是指教学信息以什么样的媒体形式、按照什么样的顺序传递给学习者。教学资源管理策略是将教学组织策略和教学内容传递策略协调起来的策略,包括时间的安排与组织、教学的资源分配等。

典型的教学活动程序有传递—接受程序、引导—发现程序、示范—模仿程序、情境—陶冶程序等。

传递—接受程序的基本过程是激发学习动机—复习旧知识—讲授新知识—巩固运用—检查,这种方式是学习新知识效率最高的形式。

引导—发现程序的基本过程是提出问题—建立假说—验证—总结提高,这是一种以问题解决为中心,注重学生独立活动,着眼于创造性思维能力培养的教学程序。

示范—模仿程序的基本过程是定向—参与练习—自主练习,这种教学程序适用于动作技能领域的教学目标。

情境—陶冶程序的基本过程是创设情景—参与活动—总结转化,这种教学程序适用于情感领域的教学目标。

教学方法是教师和学生为了达到教学目标,由教学原则指导,借助教学媒体而进行的师生相互作用的一整套行为方式,它既是教师教的行为,又是学生学的行为。采用教学方法的直接目的在于引起学生学习的准备,维持他们的兴趣和注意,以学生可接受的方式呈现教材,强化和调节学生的行为,解决学生的学习问题。常用的教学方法有讲授法、演示法、讨论法、提问法、练习法、实验法、个别指导法、合作学习法、案例教学法、游戏法、发现法等。教学组织形式主要有集体授课、小组讨论和个别化学习三种形式,每种形式各有所长,应根据具体情况进行相应的选择。

6. 教学媒体的选择和利用

选择什么样的教学媒体,怎样运用这些教学媒体,才能使教学更为有效,这是教学设计工作的重点和难点。各种现代教学媒体具有不同教学特性和优势,同时也存在一定的不足。尽管不存在一种万能的超级媒体,但是对某一个特定的教学目标来说,存在使用某一种媒体的教学效果明显优于其他媒体的情况。因此,在教学过程中要合理选择和利用各种现代教学媒体,以达到预期的教学目标。

(1) 教学媒体的选择依据

① 依据教学目标。每节课都有一定的教学目标,为达到不同的教学目标常需要使用不同的媒体去传递教学信息。如要使学生知道某个概念,或理解某种原理,或掌握某项技能等,可选择图表、实物或三维动画等;为了激发兴趣、升华情感可选取音频和视频媒体;让学生获得切身的情境体验,可选择 VR/AR/MR 等技术。

② 依据教学内容。各门学科的性质不同,适用的教学媒体会有所区别;同一学科内各章节内容不同,对教学媒体的使用也有不同要求。如在语文、历史等学科教学中,可以借助录像等视听媒体向学习者提供一定的情境,如图片、风光片、故事片等视听媒体,使学习者有身临其境的感受,以加深对课文的理解和体会。在数学、物理、化学等学科教学中,可提供实物模型、图表、动画等媒体。

③ 依据教学对象。不同年龄阶段的学生对事物的接受能力不一样,选用教学媒体时必须顾及他们的年龄特征。如对于小学生,可多选择动画、投影、视频等媒体。

④ 依据教学条件。教学中能否选用某种媒体,还要看当时的办学条件,其中包括资源状况、经济能力、师生技能、使用环境、管理水平等因素。

(2) 教学媒体的选择程序

选择程序可以分为三个步骤：

① 媒体使用目标的确定。按其职能分类，可以把目标分为事实性、情景性、示范性、原理性、探究性等几类。

② 媒体类型的选择。媒体类型可以根据学习类型与媒体功能关系二维矩阵中的功能大小进行选择。对于不同的学习内容和学习类型，不同媒体所产生的功能大小是不同的。这必须通过大量的教学实践试验探索其规律。

③ 媒体内容的选择。媒体内容的选择通常包括画面资料、画面的组合序列、教师的活动、语言的运用和刺激强度等的选择。

(3) 教学媒体的选择方法

选择教学媒体时，除了要考虑上述四个依据，还要考虑各种教学媒体自身的特点，根据它们各自的功能特性择优选择。选择教学媒体一般有如下四种方法：

① 效益/成本计算法。选择媒体的方法必须遵循低成本、高效能原则。美国传播学家施拉姆(Wilber Schramm)提出的决定媒体选择几率的公式，是选择媒体的可借鉴的一个依据。

$$媒体选择的几率(P) = \frac{媒体产生的功效(V)}{需付出的代价(C)}$$

② 问卷选择法。将有关媒体选择的问题作为问卷，通过问卷的回答，发现适用于一定教学情境的教学媒体。

③ 流程图选择法。将教学媒体选择过程分解成一套按序排列的步骤，并以框图的形式呈现，教师根据回答"是"或"否"而进入不同的分支，最终确定最适用的教学媒体。

④ 矩阵选择法。矩阵法通常是将各种教学媒体与学习类别用二维形式排列，从中找出在特定教学要求下媒体的最佳效果。

7. 教学设计成果的评价

教学设计的目的是为了实现有效的教学，通过评价来判断教学的效果如何，是人们采取的基本方法，并进而根据评价结果对教学设计成果进行修改。教学设计成果的评价包括制定评价计划、选择评价方法、试用设计成果和收集资料、归纳和分析资料以及报告评价结果等几项工作。对于教学设计成果评价主要运用形成性评价和总结性评价。

其一，形成性评价。形成性评价一般在教学过程中实施，它是评价的主要形式，目的是了解教学的效果，了解学生学习的情况或存在的困难，以便及时调整或改进教学。形成性评价的方法有测验、调查、观察三种评价方法。通过形成性评价，教师可以比较多次评价的结果，可以得到学生学习变化的信息，为师生提供必要的反馈。

其二，总结性评价。总结性评价一般是在一个完整的教学过程结束之后对学生进行的评价，如一个科目学期结束时，目的是评价教学目标的达成程度，判断教师所用的教学方法是否有效，并全面评价学生的学习效果。总结性评价可以为以后教和学的活动指明努力方向，它的概括性水平较高，评价的内容包括的范围较广。

3.2 信息化教学设计的一般过程

多媒体计算机和网络的普及,促使教师在教学设计中更加注重信息资源的利用,从以"教师"为中心的教学设计逐步发展到以"学生"为中心的教学设计。在教育信息化建设浪潮中,出现了一大批具有启示性的信息化教育应用模式,信息化教学设计格外受到教师的关注。

3.2.1 信息化教学

21世纪是信息化时代,以计算机技术、通信技术、多媒体技术、网络技术为标志的现代信息技术迅速被应用到各个领域,科技进步日新月异,互联网、云计算、大数据、人工智能等现代信息技术改变着人类的思维、生活学习方式,信息技术在教育中的应用促进了教育的变革和创新,促进了教育信息化。

2018年4月教育部发布了《教育信息化2.0行动计划》,其明确指出"教育信息化进入了融合创新时代"。所谓教育信息化是指在教育领域全面深入地运用现代化信息技术来促进教育改革和教育发展的过程,其结果必然是形成一种全新的教育形态——信息化教育。

信息化教学是信息化教育的主体和核心,它是与传统教学相对而言的一种教学形式,较为注重现代教学媒体在教育中的应用。信息化教学是在现代教育思想和理论的指导下,通过现代信息技术的运用,来实现开发教育资源,优化教学过程,培养学生信息素养和提高学生信息能力的新型教学方式。信息化教学体现了许多新的特性,如目标制定的多元性、学习的自主性、学习过程的个性化、反馈的及时性及充分运用信息技术来支持学习等。

> **信息化教育**
>
> 信息化教育是指以现代化信息技术为基础的教育形态,教育信息化看作追求信息化教育的过程。从技术层面上看,信息化教育的基本特点是数字化、网络化、智能化和多媒化。从教育层面上看,信息化教育具有教材多媒化、资源全球化、教学个性化、学习自主化、活动合作化、管理自动化、环境虚拟化和系统开放化等特点。

3.2.2 信息化教学设计

信息化教学设计是在传统教学设计基础上发展起来的,其出现的根源在于信息技术发展引起的教学环境和教学活动的变化。信息化教学设计的目的是为了帮助教师在课堂教学中充分利用信息技术和信息资源，培养学生的信息素养、创新精神和问题解决能力，从而增强学生的学习能力，提高学业成就，并使他们成为具有信息处理能力的、主动的终身学习者。

1. 信息化教学设计的含义

信息化教学设计是充分利用现代信息技术和信息资源，科学安排教学过程的各个环节和要素，为学习者提供良好的信息化学习环境，实现教学过程优化的系统方法。我们可以从以下几个方面去认识信息化教学设计：第一，信息化教学设计的基本理论是素质教育理论，建构主义和人本主义学习理论，系统理论和现代教育评价理论。第二，信息化教学设计的指导思想是系统科学方法论。第三，信息化教学设计的任务是提出解决问题的最佳设计方案。第四，信息化教学设计的依据是对学习需求的分析。第五，信息化教学设计的内涵有四个方面，即调查、分析教学中的问题和需求；确定教学目标，创设情境以及建立解决问题的步骤；选择相应的教学活动和提供学习资源；评价其结果(学习成果)。第六，信息化教学设计的目的是使教学效果最优化。

信息化教学设计的实质就是依据现代学习理论，应用系统科学理论和方法，调查、分析教学中的问题和要求，确定学生的学习目标，建立解决学习问题的策略步骤。

信息化教学设计和传统的教学设计相比在教学目标、教学内容、教学策略等方面有着根本性的区别，如表 3-2-1 所示。需要指出的是，虽然信息化教学设计充分利用了现代信息技术和信息资源，但并不排斥传统教学技术的应用。在现实的教学活动中，课堂教学技术的综合运用是一种普遍的、必然的现象。

表 3-2-1　信息化教学设计与传统教学设计的区别

	传统教学设计		信息化教学设计
教学目标	认知知识的掌握	学习目标	知识的意义建构
教学内容	严格按照课本，学科知识	学习内容	不拘泥于课本、人文、自然、社科等交叉学科知识，专题学习
教学资源	主要来源于课本	学习资源	多媒体(图、文、声、像)及网络资源
教学模式	讲授为主、模拟、演示、辅导等	学习模式	合作学习、研究性学习
教学周期	课时	学习周期	专题学习，时间灵活多样(星期、月、学期)
师生角色	以教师为中心，教师是权威、专家；学生依赖心理严重；关系不平等	师生角色	教师是主导，是帮助者、引导者、促进者、发起人、合作伙伴；学生是学习的主体；关系平等、民主
教学评价	主要是定量分析，注重结果与分数	学习评价	定量分析与定性分析相结合，对学生、小组进行全面评价
设计成果	以教案为主	设计成果	教案、学习环境设计、学生作品、网站资源建设

2. 信息化教学设计的原则

(1) 以学为中心,注重学习者学习能力的培养。教师是作为学习的促进者,帮助和评价学生的学习进程。学生承担着自主学习的责任,通过协同作业、自主探究的方式进行主动的、有意义的知识建构。

(2) 充分利用各种信息资源来支持学习。在信息化教学设计中,教师要关注信息技术运用方式的变化,技术的关键任务不是以操练的形式来呈现信息,而是提供问题空间和探索问题的工具。除书本、网络多媒体所提供给学习者的共享资源外,作为学习的组织者,教师必须充分挖掘学校、社区等特有的信息资源以及自然、文化等资源来支持学生的学习。

(3) 以"任务驱动"和"问题解决"作为学习和研究活动的主线,在相关的有具体意义的情境中确定和教授学习策略与技能。任务驱动的教学策略,就是以师生讨论为载体,以贯彻问题设计为引线、以学生自主和分组协作相结合为具体实施方式进行的教学。

(4) 强调"协作学习"。这种协作学习不仅指学生之间、师生之间的协作,也包括教师之间的协作,如实施跨年级和跨学科的基于资源的学习等。在学习过程中,每个学习者都担当一定的角色,承担一定的任务,学习者之间相互协作,共享他人的知识和背景,共同实现组织目标。

(5) 强调针对学习过程和学习资源的评价。信息化教学设计是一个连续的、动态的过程,在学习过程中,教师通过不断的研究和质量评估,收集数据,使用过程性评价达到改进设计的目的。同时,由于信息化学习资源种类繁多,为了有效地利用信息化学习资源,也必须对资源进行优化选择。

3. 信息化教学设计的评价标准

评价一个信息化教学设计是否成功,可从以下几个方面着手:

(1) 是否有利于提高学生的学习效果:学习目标是否明确,表述是否清楚;是否所有的学习目标都符合相关的教学大纲要求。教学设计中是否考虑到学生的个体差异,并明确说明如何调整成效标准以适合不同的学习者。教学设计是否能激发学生的兴趣,符合学生的年龄特征,并有利于学生的学习以及高级思维能力的培养;是否有利于学生在信息处理能力方面的培养。

(2) 技术与教学的整合是否合理:技术的应用和学生的学习之间是否有明显的关联。技术是不是使教学计划成功的必不可少的一部分。把计算机作为研究、发布和交流的工具是否有助于教学计划的实施。

(3) 教学计划的实施是否简单易行:教学计划是否可以根据具体教学情况的差异很容易地进行修改,以便应用到不同的班级。教师是否可以比较轻松地应用教学计划中所涉及的技术,并获得相应的软硬件支持。

(4) 是否能够有效评价学生的学习:教学计划中是否包括一些评价工具,用于务实的评价和评估。学生的学习目标和学习成果评估标准之间是否有明确的关系。

3.2.3 信息化教学设计典型模式

信息化教学设计模式则是信息化教学环境中教学系统设计的理论与实践框架。信息化教学设计典型模式并不意味着最佳模式或唯一模式,但由于模式融合了现代的教学理念、系统的设计方法和结构化的评价手段,因此典型模式体现了信息化教学设计的基本原则,也代表了信息化教学的发展方向。典型模式如图 3-2-1 所示。

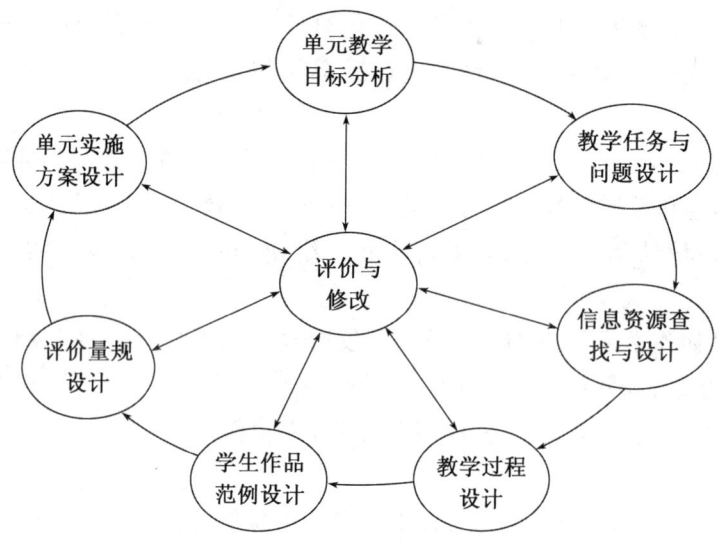

图 3-2-1 信息化教学设计典型模式

1. 单元教学目标分析

在分析学习者特征、教学内容特点的基础上确定单元学习目标,确定学生通过教学应该达到的水平或获得的能力。

2. 教学任务与问题设计

教学任务与问题的设计由教师与学生共同协商制定。根据阶段性目标,设计真实的任务和有针对性的问题。

3. 信息资源查找与设计

在信息化时代,学习资源异常丰富,学生可以轻而易举地通过网络、图书馆等找到自己所需的信息。然而信息的无限丰富性又给学生的学习带来一些不良的影响,其中一个比较突出的弊端是给学生的信息查找带来一定的困难。教师在这方面应提供一定的帮助,如给学生提供一些寻求资源的方法,学生根据学习内容、学习地点、学习方式确定最恰当的寻找资源的途径。如果需要,教师还可以根据情况就某一个学习主题做一个资源列表,学生根据这一列表进行资料收集、分析与整理目标、寻求解决问题的方法,从而最终完成学习任务。

4. 教学过程设计

学生在教师指导下,对自己的学习方式、学习途径、学习过程进行设计。信息化教学强调学生的自主设计能力对学生的有效学习起着关键作用。

5. 学生作品范例设计

在教学过程中,如果要求学生以完成电子作品的方式进行学习,教师应事先做出电子作品的范例。有了教师展示的范例,学生浏览后就会对自己将要完成的任务有一个感性的认识。但呈现范例时,又要注意避免给学生造成定势,否则会扼杀学生的个性,使成果变得千篇一律。

6. 评价量规设计

在评价信息化学习,特别是其产生的电子作品时,结构化的评价工具——量规提供了较为科学的方法,对其进行认真设计将提高评价的可操作性和准确性(量规具体内容在本书第七章"信息化教学评价"会有更多的介绍)。量规是一种结构化的定量评价标准,往往是从与评价目标相关的多个方面详细规定评级指标。量规的设计应该考虑到整个学习过程以及最后的电子作品等多方面的因素。在信息化教学中,学习评价量规是学生学习的参照和向导,大致包括学习过程、学习态度、协作能力、目标完成情况等几个因素。

7. 单元实施方案设计

对教学的具体实施方案进行设计,包括实施时间表、分组方法、上机时间分配、实施过程中可能用到的软硬件(如不具备,应采取什么方法解决)以及其他必要的文档准备等。

8. 评价与修改

由于学习过程中各因素的复杂变化性,在教学设计过程中,评价修改需要随时进行,并伴随设计过程的始终,只有对教学各环节进行合理调控才能获得理想的教学效果。

信息化教学设计过程呈现动态、循环的特征,在每一个设计步骤中,都强调学习者作为学习主体的地位,让学生参与到整个设计过程之中,提高学生的自我意识以及对自身学习过程的反思与调节能力。

3.2.4 信息化教学设计的一般过程

信息化教学设计的宗旨是创设适应学习者内在学习需求的外部条件,以促进学习者有意义学习的发展。根据已有的教学设计实践和理论,提炼出具有普遍指导意义的信息化教学设计一般过程,具体如下。

1. 教学内容分析

教学内容是教学目标的知识载体,教学目标要通过一系列的教学内容才能体现出来。教学内容是否会体现教学目标,如何来体现,这需要我们对学习内容做深入分析,明确所需学习的知识内容、知识内容的类型及知识内容的结构关系。教学内容分析需要简要描述主题来源、概述教学内容、本教学内容在教材中的位置,概述这节课的价值以及教学内容的重要性。

2. 学习者特征分析

对于学习者的分析,主要目的是设计适合学生能力与知识水平的学习问题,提供适合的帮助和指导,设计适合学生个性的情境问题与学习资源。教师要认真研究学生的初始能力,了解学习者的一般特征和学习风格。学习者特征分析也可以对智力因素(知识基础、认知结构变量、认知能力)和非智力因素(动机水平、学习风格)等进行分析。

3. 教学目标分析

对整门课程及教学单元进行教学目标分析,是为了选出当前所学知识中的基本概念、基本原理、基本方法和基本过程作为当前所学知识的主题。分析教学目标首先要考虑学习者这一主体,还应考虑学习主题本身的逻辑体系,对该主题预计达到的教学目标做出一个整体描述,包括学生通过本节课的学习将学会哪些知识和能力、会完成哪些创造性产品以及潜在的学习结果,增强哪些方面的情感态度与价值观。教学目标一般包括知识目标、能力目标和情感目标。

4. 教学模式与教学策略的选择和设计

根据对教学内容和教学目标、学习者等的分析,选择和设计有助于达到预期目标、符合学习内容特点,与学习者特征相适应的教学模式和教学策略。

5. 教学媒体、资源和情境设计

设计学习者可用于完成学习任务的教学媒体、资源和情境。如可获得的学习环境(多媒体教室、网络教室或实地考察环境等);文本、图片或音视频资料,可用的多媒体课件,参考的网址,为学生提供的认知工具;教学情境(真实情境、问题情境、协作情境等)。

教学情境

教学情境是指教师在教学过程中创设的教学环境和氛围。根据创设的情境的作用和方法,情境可以有:真实情境、故事情境、问题情境、模拟真实情境、协作情境等。

(1) 真实情境。让学生亲临现场,在工厂、田间等真实的生活与工作场景中学习知识、运用所学知识解决实际问题。

(2) 故事情境。通过各种信息技术和信息资源,以"故事"的形式展现给学生,尽可能多地调动学生的视听觉感官,进而理解和建构知识。

(3) 问题情境。创设问题情境是在教学内容和学生求知心理之间设置疑问,将学生引入一种与问题有关的环境。

(4) 模拟真实情境。设计与主题相关的尽可能接近真实的实验条件和实验环境,然后利用各种信息资源实现,这样可以解决实验条件不足带来的困惑。

(5) 协作情境。协作情境与外部世界具有很强的类似性,有利于高级认知能力的发展、合作精神的培养和良好人际关系的形成。

6. 教学过程设计

教学过程的设计以上述各教学设计要素的分析和设计结果为基础,综合考虑教师的活动、学生参与的活动、教学内容的组织、教学媒体资源的运用及它们之间的关系,指对具体的教学过程进行设计。为了形成最佳的课堂教学结构,可借助图形符号,设计课堂教学结果流程图作为实施课堂教学活动的蓝图。

7. 教学评价设计

根据预期的学习结果形式,设计评价。评价设计要符合学习目标、主题任务、学习者学习水平。信息化教学评价要改变以往单一评价主体、过分重视总结性评价的教学评价方法,强调多元评价主体、过程性评价。

3.2.5 信息化教学设计的成果

信息化教学设计的成果是一系列的材料。其中包括:

(1) 信息化教学设计方案(单元教学计划):具体描述单元主题、教学目标、教学资源、教学过程等。其中的学习活动和学习资源在很大程度上是由信息技术支持的,因此这种教学计划可称为信息化教学设计方案。

(2) 教学支持材料:为支持学生有效进行学习活动准备的各类辅助性材料,如软件工具、资料光盘、在线参考资料、参考书、教师用电子讲稿等。

(3) 学生作品:给学生提供参考用的作品。

(4) 单元实施方案:包括教学活动时间安排、学生分组方法、社会支持措施等。

3.2.6 信息化教学设计方案的编写

信息化教学设计方案主要有两种编写格式,即叙述式和表格式。不管哪种格式的教学设计方案都包括教学内容分析、学习者特征分析、教学目标分析、教学模式与教学策略的选择、教学媒体和教学资源的选择与设计、教学过程等方面的描述。表 3-2-2 是表格式信息化教学设计方案的一个格式参考。编写教案时可以混合使用叙述式和表格式两种形式,也可以根据具体要求制定教学设计方案内容。

表 3-2-2 表格式教学设计方案

| 设计者:_____ 执教者:_____ |
| 时　间:_____年_____月_____日　所教学校班级:_____ |
| 一、教学内容分析 |
| 二、学习者特征分析 |

(续表)

三、教学目标

四、教学重点、难点及解决措施

五、教学方法

六、教学媒体、资源准备

七、教学过程

教学过程流程图

| ☐ 教学活动与教师的活动 | ⬭ 媒体的运用 | ▱ 学生的活动 | ◇ 教师进行逻辑选择 |

⬯ 开始/结束

教学环节	教师活动	学生活动	设计意图

八、板书设计

九、教学反思及修改意见：

3.3 信息化教学模式

信息化教学模式是新时代条件下教学模式的新发展,是基于技术的教学模式或数字化/信息化学习模式。信息化教学模式多种多样,如基于资源/问题/项目/案例的学习、协作学习、操练与练习、个别授导、教学测试、教学模拟、教学游戏、情境化学习、探究型学习、虚拟学社、微型世界、协同实验室、计算机支持讲授等,有的重教,有的重学,共同构成了信息化教学的多元化形式。

3.3.1 信息化教学模式概述

1. 教学模式的含义和特征

教学模式是在一定教学思想或教学理论指导下建立起来的较为稳定的教学活动结构框架和活动程序。它是将学习环境设计理论转化为具体教学活动结构和操作程序的中介,是将学习环境设计理论与实践框架同具体教学情境相结合的结果。教学模式是联系教学理论和教学实践的"中介"。它是教学理论的具体化,又是教学经验的一种系统概括。它既要有理论做指导,又要为教学实践提供操作性策略。"教学活动结构"反映了教学模式应体现教学活动系统中各要素之间的关系。"活动程序"反映了教学模式的可操作性,这是模式的本质特征之一。我国教育界从开始重视教学模式的研究以来,在教学实践中逐渐形成一系列较有影响的教学模式,如:传递—接受教学模式,自学—辅导教学模式,探究—发现教学模式,情境—陶冶教学模式,示范—模仿教学模式,目标—导控教学模式,等等。

由于教学活动的复杂性和多样性,教学模式不可能是单一的,但多种多样的教学模式一般具有如下一些共同的特征:

(1)指向性。由于任何一种教学模式都围绕着一定的教学目标设计,而且每种教学模式的有效运用也需要一定的条件,因此不存在对任何教学过程都适用的普适性的模式,也谈不上哪一种教学模式是最好的。最好的教学模式的评价标准是在一定的情况下达到特定目标的最有效的教学模式。选择教学模式时必须注意不同教学模式的特点和性能,注意教学模式的指向性。

(2)操作性。教学模式以简明扼要的语言、象征的符号或图示来概括其结构和操作体系。它是对教学实践的抽象概括,采用理论性的简化表现形式,易于人们理解和操作,为教学活动提供具体指导,突出表现在模式的操作程序上。

(3)完整性。教学模式是由理论依据、教学目标、操作程序、实现条件、评价方式五个要素组成的,本身具有比较完整的结构。要完整地理解教学模式,必须从各种要素间的相互关系来认识。

(4)稳定性。教学模式形成后较为稳定,只要基本条件具备,不同的教师采用同一种教学模式组织教学活动,教学活动会显现出某种共同的特点,不会因教师的不同而发生质的变异。

(5) 灵活性。作为并非针对特定的教学内容教学,体现某种理论或思想,又要在具体的教学过程中进行操作的教学模式,在运用的过程中必须考虑到学科的特点、教学的内容、现有的教学条件和师生的具体情况,进行细微的方法上的调整,以体现对学科特点的主动适应。

2. 教学模式的结构

一般来说,教学模式包含五个基本组成部分:

(1) 理论依据。理论依据指教学模式得以建立的教学理论或教学思想。不同的教育观往往产生不同的教学模式。研究理论依据,可以深刻地把握教学模式的实质意义。

(2) 教学目标。教学模式是为了完成特定的教学目标而设计创立的。教学目标应具有显性和隐性、层次化和个性化、动态生成性等特征。目标体系也应整合到一个完整的教学活动序列中,应用目标来导向教学。

(3) 操作程序。操作程序指教学在时间上展开的逻辑步骤以及每个步骤的主要做法等。每种教学模式都具有一套独特的操作程序。由于教学活动的复杂性和特殊性,操作程序只能是基本的和较为稳定的。研究操作程序,是为了更科学地从多维角度描述教学活动过程。

(4) 实现条件。实现条件指促使教学模式发挥效力的各种条件的最佳组合和最好的方案。条件包括的内容很多,有教师、学生、教学内容、教学媒体、教学环境、教学时间等。教师在应用教学模式的时候要对各种条件进行优化组合,按照一定的原则、方法和操作要领开展教学。

(5) 评价方式。评价主要是为了检查模式是否达到目标,是否能改进实践教学,以便进一步完善和发展模式。模式的评价方式主要指评价标准和评价方法。不同的教学模式完成的教学目标不同,程序和实现的条件不同,其评价方式亦有所不同。

3. 信息化教学模式

在信息技术不断普及和广泛应用的背景下,教育领域出现了一大批新型的教学模式。这些教学模式是在现代教育思想与观念指导下形成的新型教学模式,又依托现代信息技术构建教学环境,这些教学模式统称为信息化教学模式。信息化教学模式,是指技术支持的教学活动结构和教学方式,是有丰富技术参与的教学环境,是直接建立在学习环境设计理论与实践框架基础上,包含相关教学策略和方法的教学模型。作为信息化教育的具体表现形态,信息化教学模式具有信息化教育的一般特征,它的表层特征是信息技术的应用,深层特征涉及人才观、教育观、学习观、教学观、技术应用观、评价观等方面的系列变化,是自觉适应信息/知识时代需求的必然选择。

信息时代呼唤新型的学习方式,学习走向创新性学习、自主学习、个性化学习、基于技术的学习。信息化教学模式通过变革学习方式(包括教学方式、信息内容呈现方式、师生互动方式、评价方式等),促进学习者发展适应信息时代所需的知识、能力和素质。信息化教学模式较为关注学习者高阶能力,尤其是高阶思维能力的发展。信息技术可以作为多样化的学习工具,如效能工具、信息工具、情境工具、交流工具、认知工具和评价工具。信息化教学模式根据时代对人才素质的需要,充分运用信息技术的功能,变革传统的学习方式,以有效促进学习者高阶能力的发展。

祝智庭教授从模式的教学组织形式及其在教学过程中所表现特点的角度对信息化教学模式进行了分类,如表 3-3-1 所示。信息化教学模式应用多样化,从接受型教学模式向探究型教学模式发展,本书选取富有广阔发展前景的三种教学模式即基于项目的教学模式、基于问题的教学模式、基于概念图的教学模式进行探讨。

表 3-3-1 信息化教学模式的分类

类型	典型模式	特点
个别授导类	个别指导、操练与练习、教学测试、智能导师	计算机作为教师,内容待定,高度结构化
合作学习类	计算机支持的合作学习、协同实验室、虚拟学伴、虚拟学社	计算机与网络作为虚拟社会,一定程度的情境、信息、学习工具的集成
情境模拟类	教学模拟、游戏、微型世界、虚拟实验室	计算机产生模拟的情境,可操纵、可建构
调查研究类	案例研习、探究性学习、基于资源的学习	计算机提供信息资源与检索工具,低度结构性资源的利用
课堂授导类	电子讲稿、情境演示、课堂作业、小组讨论、课堂信息处理	计算机作为教具及助教,信息播送、搜集与处理
远程授导类	虚拟教师,包括实时传递、异步学习、作业传送、课堂信息处理	网络作为传播工具,一定程度的信息与学习工具集成
学习工具类	效能工具、认知工具、通信工具、解题计算工具	计算机作为学习辅助工具,多种用法
集成系统类	集成学习环境、电子绩效支持系统、集成教育系统	授递、情境、信息资源、工具之综合

3.3.2 基于项目的教学模式

基于项目的教学模式是一种以实践为导向,基于建构主义学习理论的教学模式。这种模式对当前我国中小学研究性学习的开展和综合学习课程的开设均具有较大的借鉴意义,值得我们进行深入的研究。基于项目的教学模式指在教学内容中选择典型问题或主题设计为项目,以进行项目研究的方法进行合作学习,通过师生共同实施项目进行教学活动。这种教学模式对促进学生各方面能力的发展发挥着重要作用,在现在盛行的创客教育、STEAM 教育、信息化教育中,项目学习都是一个相当不错的协作学习方式,对学生的个性化发展起着积极的作用。

1. 基于项目的教学模式的内涵

项目就是以制作作品并将作品推销给客户为目的,借助多种资源,并需在一定时间内解决多个相互关联问题的学习任务。基于项目的教学模式(Project-Based Learning,PBL)是以学习/研究某种或多种学科的概念和原理为中心,在真实世界中借助多种资源开展探究活动,并在一定时间内解决一系列相互关联问题的一种教学/学习模式。

基于项目的教学模式主要由内容、活动、情境和结果四大要素构成。

（1）内容：学科的核心观念和原理。PBL模式的主要学习内容是在现实生活和真实情境中表现出来的各种复杂的、非预期性的、多学科知识交叉的问题。学习内容是值得学生进行深度探究、学生有能力探究的知识。内容应该与个人的兴趣一致。

（2）活动：生动有效的学习策略。PBL模式的活动主要是指学生采用一定的技术工具和一定的研究方法对问题求解所采取的探究行动。活动具有一定的挑战性、建构性，应该与学生的个性一致。通常开展这种活动的顺序是给学生呈现有一定难度的问题；学生通过各种途径搜寻资料，如实地调查研究、上网搜索、采访相关专家等；对所掌握的资料进行相应的处理、加工并生成一定的信息，从而找到问题的答案。

（3）情境：支持学生进行探究学习的环境。情境可以是物质实体的学习环境，也可以是借助信息技术条件所形成的虚拟环境。PBL模式注重促进学生之间的合作学习，同时也支持学生的个别化学习。PBL模式中的情境作用主要表现在促进个人与个人之间以及个人和社会团体之间的合作；鼓励学生使用并掌握技术工具。

（4）结果：丰富的学习成果，指在学习过程中或学习结束时学生通过探究活动所学会的知识或技能，如小组合作学习技能、生活技能、自我管理技能等。PBL模式能够促进学生的高级认知技能和问题解决策略的形成，促进学生学会学习。

2. 基于项目的教学模式的特征

（1）有一个驱动或引发性的问题。问题是用来组织和激发学习活动的，学生围绕问题开展实践探究。

（2）有一个或一系列最终作品。学生之间要就作品制作进行交流和讨论，从而在交流和讨论中得出结论和产生一些新的问题，活动结束后产生一个或一系列作品。

（3）多种学科知识的交叉。问题来源于现实生活，是一种多学科交叉的问题，解决问题需要运用多种学科的知识。在学习过程中，面对现实生活中的问题，学生需要综合运用多种学科知识来理解和分析。

（4）强调学习活动中的合作。教师、学生以及该项目的其他人员相互合作，形成学习共同体，为完成任务而共同努力，成员之间是一种密切合作的关系。

（5）学习具有一定的社会效益。基于项目的学习能促使师生与广大的社区进行联系，学生的作品包括文献资料及最终作品能够与教师、家长以及商业团体进行交流和分享，具有一定的社会效益。

（6）学习是在现实生活中进行探究。要求学生对现实生活的问题进行探究，通过探究学生获得学科知识的核心概念和原理，并掌握一定的技能。

（7）学习过程中需运用到多种认知工具和信息资源。在学习过程中，学生使用各种认知工具和信息资源来表述观点，支持学习。

3. 基于项目的教学模式的操作程序

PBL模式强调的是以学生为中心，强调小组合作学习，要求学生对现实生活中的真实性问题进行探究。其操作程序分为选定项目、制订计划、活动探究、作品制作、成果交流和活动评价六个步骤,如图 3-3-1 所示。

(1) 选定项目。PBL 中项目的选定是项目学习开展的基础,影响着学生的参与度和积极性。项目的选定要依据学生的兴趣,同时也要符合学生的认知水平,体现"最近发展区"理念;要综合学生自身能力,能够提高学生解决问题的能力,可以灵活运用于生活实际;项目内容具有探索价

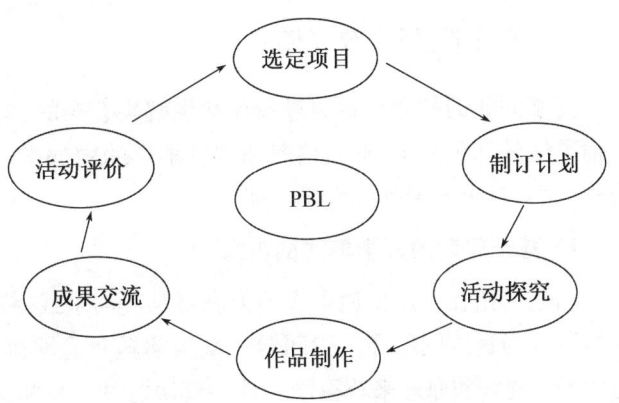

图 3-3-1 基于项目的教学模式操作程序

值;项目应该丰富,值得学生进行至少长达一周时间的探究。教师在此过程中要充当好指导者的角色,对学生选定的主题进行评价,看学生所选择的项目是否具有研究价值,学生是否有能力对该项目进行研究,给予学生参考建议。根据评价情况,如果有必要,对选定的项目进行适当的调整或建议学生对项目进行重新选择。

(2) 制订计划。制订计划,即要对学习时间进行详细安排和制订活动计划。时间安排是指对项目学习所需的时间做总体规划和详细流程安排。活动计划是指对项目学习中所涉及的活动进行规划安排,如采访哪些专家、人员的具体分工、用什么方法获取资料等。

(3) 活动探究。这一阶段是项目教学模式的核心或主体部分。学生大部分知识和技能学习是在这一过程中完成的。在活动探究中,学生开展小组合作。学习小组通过这一环节切身体会地进行实地调查研究,对必要的地点、对象或事件进行研究。在项目考察的过程中,学生对活动内容以及自身感受进行记录,提出解决问题的假设,然后借助一定的研究方法和技术手段来搜集信息,对搜集到的信息进行整理加工,对提出的假设进行验证演绎,最终得出问题解决的方案。

(4) 作品制作。作品制作是基于项目的教学区别于一般教学的重要特征,也是重要的环节之一。在作品制作过程中,学生运用在学习过程中所获得的知识和技能来完成作品的制作。作品的形式不定,可以是研究报告、实物模型,也可以是图片、音频、视频片段、电子幻灯片、网页或者戏剧表演等。学习小组通过展示他们的研究成果来表现他们在项目学习中所获得的知识和所掌握的技能。

(5) 成果交流。作品制作出来之后,各学习小组要相互交流学习经验和体会,分享作品制作的成功和喜悦。成果交流的形式可多样化,如举行展览会、报告会、辩论会、小型比赛等。在成果交流中,参与的人员可以多元化,如校长、专家、家长等。

(6) 活动评价。项目学习的活动评价注重定量评价和定性评价、形成性评价和终结性评价、对个人的评价和对小组的评价、自我评价和他人评价之间的良好结合。评价的内容有项目的选择、学生在小组学习中的表现、时间安排、结果表达和成果展示等方面。对结果的评价强调学生的知识和技能的掌握程度,对过程的评价强调对实验记录、各种原始数据、活动记录表、调查表、访谈表、学习体会等的评价。

3.3.3 基于问题的教学模式

基于问题的教学模式通过指导学生解决复杂的、实际生活中的问题,使学习者建构宽广而灵活的知识基础,从而培养和激发学生的内部学习动机,发展有效的问题解决能力、合作能力、自主学习和终生学习能力。

1. 基于问题的教学模式的内涵

问题是指在一定情境中人们为满足某种需求或完成某一目标所面临的未知状态。问题可以分为良构问题和劣构问题。良构问题具有明确的已知条件,并在已知条件范围内运用若干规则和原理来获得同一性的解决方法。良构问题有正确的、统一的答案,有可知的、可理解的解决方法,有一个最佳的、特定的求解过程。劣构问题具有多种解决方法、途径或者没有公认的解决方法,具有多种评价解决方法的标准。基于问题的教学模式是把教学置于复杂的、有意义的问题情境中,通过让学生以小组合作的形式共同解决复杂的、实际的或真实的问题,来学习隐含于问题背后的科学知识,发展解决问题能力的一种教学模式。

基于问题的教学模式主要由问题情境、学生、教师三大要素构成。

(1) 问题情境:在基于问题的教学模式中,合适的问题是决定其能否成功的重要因素。问题是一种情境,这种情境是实际的或接近于实际的,也常称作问题情境。问题没有明确的结构,没有简单、固定和唯一的答案,能吸引并维持学生的学习兴趣,激起学生探索解决方法的欲望。问题的设计贴近学生的学习经验,学习知识的情境与以后应用知识的情境具有相似性,能够促进知识的提取和解决问题能力的迁移。问题是劣构的,可以有多种解决方案和解决途径。

(2) 学生:学生是问题求解者,他们主动地参与学习,寻求问题求解的方法,探求、理解问题的现实意义。

(3) 教师:教师是学生解决问题过程中的指导者、帮助者,监控学习,鼓励激发学生的思考,使学生持续参与;积极创造一种开放性的探究学习环境,调控小组的驱动力,使学习进程顺利进行。

2. 基于问题的教学模式的特征

(1) 它是一种以学生为中心的教学方法。

(2) 以问题为中心组织教学并作为学习的驱动力,问题不是用来检测学生的学习情况,而是用来帮助发展学生的技能。

(3) 问题是真实的、劣构的,问题的解决方法不是唯一的,只给学生怎样解决问题的线索,没有解决问题的固定的程式。

(4) 以学生小组为单位的学习形式。

(5) 真实的/基于绩效的评价,重过程甚于结果。

(6) 教师是支持者和帮助者。

3. 基于问题的教学模式的操作程序

基于问题的教学模式从问题出发开展学习。其操作程序分为创设情境,提出问题;界定问题,分析问题,组织分工;探究、解决问题;展示结果,成果汇总;评价、反馈五个步骤。

(1) 创设情境,提出问题。认识并明确地提出问题是解决问题的第一阶段。发现问题是解决问题的起点和动力。提出的问题要与学生密切相关,能够引起学生的学习兴趣;有一定的难度,足以综合原有的知识。

(2) 界定问题,分析问题,组织分工。学生对所提出或呈现的问题情境仔细思考,进行分析,在小组内进行讨论,分析问题的实质,清楚阐述所要研究的问题,对所要研究的问题进行目标设定,将每个目标任务分配给每个小组成员;对整个研究过程进行描述,描述可以段落文章形式,也可以分布概述或其他形式。根据学生的兴趣和能力,进行异质分组。小组明确任务后,成员对所要研究的主题进行讨论,设计小组的进程和规则,为小组成员分配任务。小组提出可能的行动、建议或解决方案,列出可能的资源。

(3) 探究、解决问题。查找、搜集信息,通过各种途径搜集与主题相关的信息,充分利用信息技术的搜索工具获取相关资料。教师在这一阶段,提供相关的资源和指导性资料,以便学生自行寻找,搜集所需信息。小组成员对搜集到的信息进行归类、整理、分析,相互交流,形成解决方案。

(4) 展示结果,成果汇总。小组以适当的形式来陈述小组对解决问题的建议、推论和合适的解决方法。小组展示的成果具体内容包括小组成果展示,小组活动的计划、任务安排,小组各成员是如何完成任务的,小组是怎样开展协作活动的。

(5) 评价、反馈。对小组之间共享创建的解决方案进行评价,并评价他们在整个问题解决过程中的表现,教师对整个学习过程进行总结性的评价。对基于问题的学习评价采用自评、互评、师评相结合,以过程评价为主,总结评价为辅。

4. 基于问题的教学模式应用实例

(1) 单元标题:地心探险。

(2) 框架问题:

基本问题:人类能够利用科学实现自己的梦想吗?

单元问题:人类能够到达地心吗?你的地心探索方案是怎样的?你怎样看待人类对地心进行探测这个问题?

内容问题:地球的内部结构是怎样的?目前科学家通过什么方式知道地球的内部结构?

框架问题的三种类型

1. 基本问题:反映了学科基本的概念、指向规律的核心。

2. 单元问题:在内容范畴提出的重要问题,是开放性的,没有单一的、明显的正确答案,需要进行一定的思考,能够激发学生的兴趣。

3. 内容问题:直接支持学习内容和学习目标,有特定的明确答案。

（3）单元概述：本单元旨在通过对地心进行探险这一活动让学生了解地球的内部结构，学习科学方法，并在已有基础上提出相应的问题解决方案，提高解决问题的能力和推断能力；学生在制定探险方案的过程中充分利用网络资源和媒体资源进行探究，形成个人对待地心探测问题的价值取向，树立可持续发展的观念；通过对人类探索地心的历史进行学习，培养科学的探究态度；在学习过程中，对学习成员进行分组，让大家充分利用网络协作学习、开展头脑风暴，并且把自己的学习成果通过演示文稿或网页的形式发布。

（4）关键词：地心、地球结构、探险。

（5）学科领域：地理、物理、历史、信息技术。

（6）实施年级：初中。

（7）学习目标：学生能够知道地球形状、大小以及内部结构。明白地球所含物质的物理特性。能够根据目前掌握的知识去探究相应的问题解决方案。能够提出进行探究活动的大致思路，能区分什么是假设，什么是事实。通过个人的分析能够对特定的事物做出自身的价值判断，树立可持续发展的观念。培养科学的探究态度，反对伪科学。学会利用网络查找相关资料，利用网络日志来记录自己的学习过程和成果并且与学习成员共同分享和交流，能够使用电子邮件与学习成员进行信息交流。能够使用演示文稿或网页制作工具来制作作品。

（8）教学过程：

【课时一】 引出本单元的基本问题和单元问题：利用凡尔纳的科幻小说，引发学生们思考和讨论，我们过去认为不可能的东西有什么实现了？其中科学的作用有多大？最终引出我们的基本问题：人类能够利用科学实现自己的梦想吗？

最近著名教授史蒂文森在《自然》杂志上发表的用核弹打开通往地心之路的设想，可以说将实现凡尔纳在《地心游记》一文中提出的幻想，于是引出本单元的单元问题：人类可以到达地心吗？

分组：建议每五人一组组成地心探索分队，组队方式采用做游戏的方法，每个组推选出组长，并给自己小组拟定自己有个性的分队名称。

【课时二】 预备技能的培养：教师作为所有分队的总负责人，首先需要对全体探险队员进行集体所需技能的培养，通过组织观看《地球故事》视频，让学生对地球形成一个基本的认识。

【课时三、四、五】 各分队围绕以下内容问题展开研究：地球的内部结构是怎样的？目前科学家通过什么方式知道地球的内部结构？并思考解决单元问题：你的地心探索方案是怎样的？各分队利用网络查找相应的网络资源，制作出关于地球内部结构的网页，在了解关于地球内部结构的基础上，再从多方面了解科学家进行科学探究的方法，最后尝试制定分队自己的探险方案，制作成演示文稿对自己的探险方案进行演示。组织各分队进行展示交流，广泛讨论各个方案的可行之处和闪光之处，并对自己的方案进行相应的修改。

【课时六】 针对各个同学的探险方案，让大家思考他们的方案是否考虑了地球的环保问题，他们的方案是否对地球的生态环境形成了破坏，提出第三个问题：你是怎样看待地心探测问题的？针对这个问题组织一场辩论赛，对"进行地心探测是利大于弊还是弊大于利"进行辩论,从而树立大家可持续发展的观念。

【课时七及课外活动】 社会实践:带领学生走出学校,参观相关的地理研究院,与相关专家进行交流,树立科学探索精神。最后让学生从多个角度思考基本问题:人类能够利用科学实现自己的梦想吗?结合前面探索和学习展开讨论,把个人讨论结果和感想发布在自己的网络日志上。

3.3.4 基于概念图的教学模式

1. 概念图的含义和构成

概念图是一种用节点代表概念、连线表示概念间关系的图示法。它是 20 世纪 60 年代美国康乃尔大学的诺瓦克(Joseph D. Novak)教授根据奥苏贝尔的有意义学习理论提出的一种教学技术。运用概念图可以直观而形象地表达出概念的特征及彼此之间的关系,梳理所学的知识,进而建立良好的知识结构。它可以用作教学工具、学习工具、评价工具,也是人们产生想法及交流复杂想法的手段。

概念图,作为组织和表征知识的工具,是围绕特定主题创建知识结构的一种视觉化表征,是人们将某一领域内的知识元素按其内在关联建立起来的一种可视化语义网络。它通常将某一主题不同级别的概念置于圆圈或方框之中,然后用连线将有关的概念连接,连线上用词语标明两个概念之间的意义关系。

概念图的构成通常包括节点、连线和连接词三部分。节点是置于圆圈或方框中的概念,连线表示概念间的联系,连线可以没有方向,也可以是单向或双向。位于连线上方的连接词反映了概念间的意义关系。层级结构是概念的展现方式,一般情况下,最有概括性、最一般的概念置于概念图的最上层,从属的概念安排在下层。

有些概念图还会用连接词来连接位于不同分支上的概念,这称为交叉连接,是一种横向联系。交叉连接显示了概念之间更为复杂的内在联系,是产生创造性思维的关键所在。若利用计算机绘制概念图,某一领域的知识还可以考虑通过超链接提供相关的文献资料和背景知识。

2. 概念图的教学功能

在构建概念图的过程中,学习者将概念通过横向、纵向、回溯等联系构成阶层化的、由高级到低级或由大到小,逐渐分化的图形,高度浓缩知识,将各种概念及其关系以类似于大脑对知识储存的层级结构形式排列,清晰地提示了意义建构的实质,学习者可以随时对概念地图进行补充、修改,充实发展自己的知识结构,从而进行有意义的学习。概念地图对教学有以下功能:促进有意义学习,作为问题解决工具,作为超文本设计工具,辅助交流合作,思维创造工具,作为反思与评价工具,作为学习工具,作为教学计划工具,作为知识管理工具。

3. 概念图的制作

制作概念图的方法有很多,教师和学生可以利用画图的方法来制作概念图。如用纸笔描绘,在黑板上用粉笔画。目前也出现了许多专门制作概念图的计算机软件,如

Inspiration、MindMapper、Xmind 和 MindManager 等,它们具有便于操作、动态链接、易于转换和便于交流的特点。概念图有星状图、网状图、鱼刺图、树形图、对比图等形式。

制作时,第一步,选取一个知识领域,最好选取学生试图理解掌握的某一单元、某篇文章或是某个实际问题。第二步,确定关键概念和概念等级,把关键概念一一列出来。然后对这些概念进行排序,可以按照从一般到具体,概括性由大到小的顺序排列。第三步,初步拟定概念图的纵向分层和横向分支,拟定概念图的分布。第四步,建立概念之间的连接,用线条(或箭头)把概念连接起来,并在连线上用连接词标明两者之间的关系。第五步,不断修改和完善,有了初步的概念图以后,加以反思和完善,随着以后学习的深入,不断增加概念网络。

4. 基于概念图的教学模式操作程序

基于概念图的教学模式基本操作程序主要有五个步骤:教学准备、构思框架、精细绘制、成果展示、反思评价。

(1) 教学准备。包括课前的准备及课堂中概念图任务的安排。教师制定教学目标,准备教学内容,创设教学情境,激发学生兴趣,设计教学形式,提供资源信息。

(2) 构思框架。教师提供活动形式,学生交流研讨,加工处理信息,找出关键概念,形成命题层级,找出横向联系,构思概念图框架。

(3) 精细绘制。教师选择提供平台,指导学生绘制概念图,先把概念图的结构描绘出来,再根据设计原则、美学观点,重新整理反思概念图结构。

(4) 成果展示。在教师组织下,将编制好的概念图以一定形式呈现出来,进行展示。

(5) 反思评价。教师组织反思评价,总结反馈作品。

5. 基于概念图的教学模式应用实例

概念图的应用,将富有层次感的文章清晰、明了地展现在学生面前。我们以《从百草园到三味书屋》为例来谈一谈基于概念图的教学模式在教学中的具体应用。《从百草园到三味书屋》是七年级的精读课文,以空间为顺序安排材料,描写了作者在百草园和三味书屋的生活。课文的主要教学目标是体会作者在百草园和三味书屋里的生活,体会作者对童年入学前的快乐生活的特殊感情;学习课文多角度,多层次,井然有序写景的特点;揣摩学习课文运用准确生动的词语描写景物、表述动作、叙事写人的方法;了解鲁迅先生童年快乐的生活和学习环境,结合自己的亲身经历,更珍惜现在的美好生活和良好的学习环境。教学中整合概念图工具,培养学生能够运用概念图的思想方法来呈现自己的思维过程,理解文章的结构,并进行交流合作,充分展示自己的探究成果和体验成功的快乐。课时安排为3节课,教学主要过程如下:

(1) 主题引入。播放百草园和三味书屋的影片,让学生直接置身于景色中。导入新课,介绍作者。布置任务,初读文章段落,理清文章的思路,是以什么为顺序安排材料的。让学生说说百草园美在哪? 文章是怎样描写景物美、传说美、游戏美的? 在学生回答后进行总结,学习重点字词。

(2) 深层分析。分析在百草园的生活"我儿时的乐园",对于乐景、乐闻部分体会作者描写自然景物时的有序,多角度。乐事部分,分别总结在春、夏、秋、冬发生的事。然后,引导学生观察三味书屋的环境,从文章中找到鲁迅先生在三味书屋生活的片段,与自己的经历对比,从而体会作者对童年趣事的怀念。

(3) 编制概念图。由于学生从没有接触过概念图,课前对学生进行有关概念图制作方法的简单培训。课上布置任务,学生组成小组,在纸上将文章的描写绘制成概念图。小组从描写的范围、描写的对象、描写的顺序、观察的角度等来分析研究,体会文章的脉络和作者描写景物、表述动作、叙事写人的方法。

(4) 成果展示。小组将绘制好的概念图在班级中展示,小组内和小组间积极交流看法,教师评价学生的手绘作品,给予肯定,进行修订和汇总,总体把握课文知识,理解文章主题。最后教师展示自己制作的概念图(本书提供了部分概念图,见图3-3-2),和学生一起研究,相互补充,深化课文的学习。

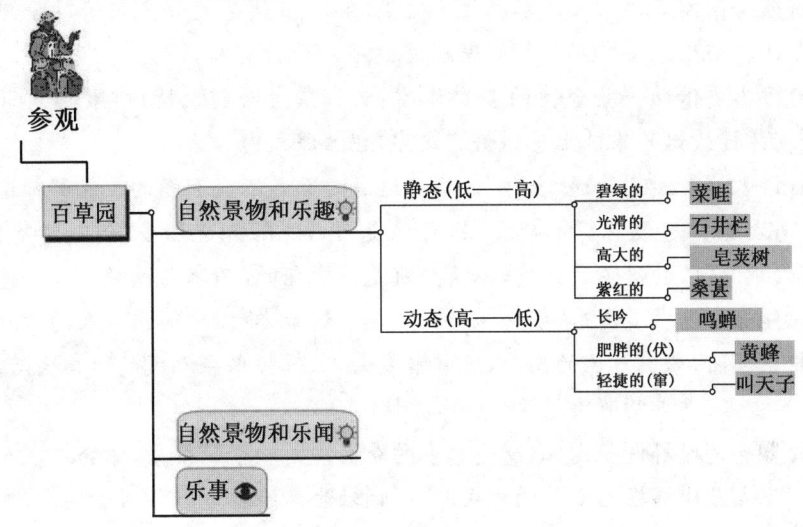

图 3-3-2　百草园自然景物和乐趣的概念图(部分)

(5) 练习提升。学习课文表达方法,教师指导学生课后进行写作练习,模仿课文第二段,描写自己童年的一个"乐园";仔细品味雪地捕鸟的过程,写一种游戏的过程,准确用上一系列动词;用形象的语言,描写一位自己熟悉的老师。写作时,利用概念图工具展开想象,多角度、有序地进行构思写作,拓展课上所学知识技能,提高自己的语言表达能力。

3.4　信息化教学设计案例

3.4.1　小学语文《水乡歌》教学设计

本案例来自江苏省淮阴师范学院第一附属小学,获2015—2016年年度全国中小学"一师一优课,一课一名师"部级优课。

设计执教:孙静;教材:二年级第21课。

一、教学目标

1. 能正确、流利、有感情地朗读课文和背诵课文。学会本课生字新词,理解生字组成的词语,重点写好"荡""箩"等字。

2. 理解诗歌内容,感受水乡的秀丽风光和繁忙景象,体会水乡人民幸福美好的生活,激发热爱家乡、热爱生活的思想感情。

3. 能够根据本诗的句式特点,调动生活经验进行仿写创编。

二、学习者分析

从一年级开始,学生就已经学习了好几篇诗歌,可以说对诗歌体裁并不陌生,对诗歌的节奏感、韵律美的感受也有一定的学习基础。但因为二年级的孩子生活经验较少,理解能力还是有些薄弱,再加上都生活在城市,平时几乎接触不到有关渔民的生活,因此,尽管我们这儿有着全国闻名的四大淡水湖之一的洪泽湖,但是绝大部分孩子对于课文中描写的景物还是比较陌生。要在字里行间理解关键字词进行赏析,还是有难度的。对一些内容较深的地方需要借助一些合适的多媒体,或者联系生活创设情境,激起孩子的学习兴趣,让孩子在感性认识的基础上感悟语言文字,理解课文内容。

对这首诗歌,学生在"读通、会背"的目标达成方面是不成问题的。能够知道水乡的水多,但不容易发现水美,分不清什么是渠,什么是河。能够知道船多,但不清楚什么是驳,对"飘满湖面飘满河"的帆不太注意,不清楚帆是指代船的,不容易感受水天一色的美景下船的忙碌。能够知道歌多,但不明白为什么歌会装满箩,难以理解水乡人的幸福多。凭借语言文字想象画面,读出自己的感受,欣赏水乡的美,体验水乡人民的幸福生活。

三、教学重点、难点及解决措施

本课的重点是理解诗歌内容,感受水乡的秀丽风光和繁忙景象,体会水乡人民幸福美好的生活。难点是能够根据本诗的句式特点,调动生活经验进行仿写创编。

针对本课问答式的特点和学生的实际情况,我打算这样推进:先初读课文,让学生对水乡有一定的印象。在此基础上指导学生读通课文、学生字,看图认识"渠""驳""箩",理解它们在生活中的用处。在随后的教学中主要通过引导学生反复诵读、想象画面,让学生入情入境,由境生情,将朗读和理解词句融于一体,逐渐丰富意象,体会诗歌鲜明的节奏感和韵律美,帮助学生进入诗歌境界。接着比较全诗的三个小节,让学生自己发现段式结构的相同。最后是由《水乡歌》联系到自己的家乡,通过图片的出示,以及"学做小诗人"的仿创环节,赞一赞自己的家乡,使学生热爱大自然,热爱生活的思想感情得到升华。

四、教学资源准备

白板课件、移动终端、智能交互大屏等。

五、教学过程

教学环节	环节目标	教师活动	学生活动	媒体作用及分析
常规积累	充实语言素材。	出示描写自然风光的词语	读词语	通过相关词语的积累,调动学习积极性。

(续表)

教学环节	环节目标	教师活动	学生活动	媒体作用及分析
一、揭题导入	问题导入，引发期待。	1. 揭示课题。 2. 你知道什么样的地方称之为"水乡"吗？ 3. 出示水乡图片 总结：看，就是家屋前后到处都是水的地方，依水为生的地方，称之为水乡。看来，水乡歌，就是歌颂赞美水乡的。	1. 齐读课题 2. 汇报：河多、水多的地方俗称"水乡"。	使用白板的隐藏功能，在需要揭题的时候，通过擦拭功能显现出课题，能有效吸引学生的注意。 在理解课题"水乡"的时候，使用多幅图片，创设情境，引发学习动机。
二、落实初读	夯实字词句，加强整体感知。	1. 提出初读要求：课文中的水乡是什么样的呢？自由轻声地读诗，要求读准字音，读通诗句，读不好的地方多读几遍。 2. 拖移出生字词，检查朗读反馈；指名读课文，评价、正音。 3. 指导概括主要内容。	1. 按要求自读课文。 2. 读生字词。 及时上台圈画需要注意的地方。 分自然段读课文。 3. 交流诗歌大意。	在检查初读效果时，运用电子白板的文字输入、幕布、勾画、交互等功能，为学生强化了难点字词，突出重点。 这一环节里，电子白板最常用的自由书写、圈划功能在此得到了充分体现，同时也消除学生对文本的畏难心理。
三、研读诗句	理解诗句内容，体悟诗人情感，学习诗歌形式。	（一）朗读感悟第一节（教结构） 1. 谁来把写水多的这一节读一读？指名读。 2. 指导读好问句。 3. 请大家看，这一节的第三句话具体向大家介绍了水乡的水多。请大家打开书，自由读一读第三句话，边读边想，哪些词语让你感觉到水乡的水很多呢？可以拿出笔圈一圈。 4. 反馈： 千、万 一个连一个 处处 荡清波 5. 看视频。 6. 练习朗读。 （二）朗读感悟第二三节（用结构） 1. 刚才，我们一起学习了课文的第一节，注意到了一些关键的词语，小朋友们还能读着	1. 读第一节，读好问句和答句。 2. 自读，找一找写水多的词语。 3. 交流，借助画面，想象说话，体会水乡的水多，水美。 4. 不同形式的朗读体会。 1. 三节比较，发现共同点(结构)。 2. 用学习第一节的方法学习第二、三节。 3. 交流：关键词语，想象说话。 4. 练习朗读和背诵。	借助电子白板的资源库和视频播放功能可以创设情境，实现视、听、动多感官的联合，引起学生情感的共鸣，感受水乡到处是水的情境。 在交流环节，采用了白板特有的探照灯扫视、拉伸板块等功能，把聚焦的问题或画面突出呈现，强化学生的问题意识，使得主题的提炼进一步生成。

(续表)

教学环节	环节目标	教师活动	学生活动	媒体作用及分析
		想着,想着再读着,感受了水乡的水多、水美。现在,老师将这首诗的三节都放在了一起,请大家自由读一读、看一看,你有什么发现呢? 2. 学着我们刚才学习第一节的样子,先自己学习第二、三节。 第二节 组际交流:相机点击"千、万、片片、飘满",指点:(1)白帆怎么像云朵呢?(2)水乡这么多的船会忙些什么呀? 第三节 指点:(1)歌怎么装满一箩又一箩呢?(2)这歌可能会是一首什么样的歌呢? 3. 练习背诵。 4. 说话:水乡除了水多、船多、歌多,还有什么多呢?	圈画出写船多、歌多的词语。再同桌读一读,边读边想,并将自己感受到的画面说给同桌听一听。 交流自学第二、三节的收获与发现。 想象画面、情景,体会歌满箩的意思。 自己练习,同桌互说,班内展示。	白板中的文本是活动的,可以随意放置,而这样一种随机性,正好与培养学生发散思维、多端考虑的精神相吻合。 电子白板的音效功能,可以让学生们在愉悦的氛围中跟上朗读,轻松走进文本,走进作者的内心世界,同时畅谈自己的真情感。
四、创作仿写	运用诗歌形式,进行言语实践创作。	1. 介绍:其实,我们的家乡淮安,也是座名副其实的水乡呢,京杭运河、盐河、淮河、古黄河穿城而过,所以我们淮安又被称为鱼米之乡、运河之都。 那我们的家乡除了水多、船多、歌多,还有什么多呢?让我们来看看(调用资源,视频、图片)。 2. 创作:让我们也来做做小诗人,学着诗中的样子,说一说自己的家乡。	1. 欣赏家乡的美,说说看到了什么。 2. 同桌合作,口头创作,评价。	调用各类资源,为学生的写作形成了更多、更深的体验,也让他们的创作资源更丰富。 采用白板现场书写功能,让优质诗句及时呈现、固化在课堂中,激发学生将新学知识与已有经验进行有效勾连。

(续表)

教学环节	环节目标	教师活动	学生活动	媒体作用及分析
五、指导写字	正确、美观地进行汉字书写。	1. 出示"荡""箩",指导观察字形和笔画位置。 2. 范写。 3. 巡视。大屏反馈。	1. 观察字形和笔画位置并交流。 2. 写字。	用移动终端及时拍下书写漂亮的作业,上传到大屏,全班共享,放大亮点资源,让更多人的优秀得以展示,激发学生写好字的信心。
六、总结延伸	课内链接课外生活,培养善于发现美的心。	总结:今天我们学习了美妙的诗歌,感受到水乡的美丽,水乡人民的幸福。只要你留心观察,会发现更多美妙的事物呢!也一定会写出更美妙的小诗! 出示课后"小点心"。	作业:1. 背诵《水乡歌》。 2. 继续创作《淮安歌》并念给爸爸妈妈听。	采用白板拖拉移动方式,出示作业,并局部放大重点词语,强化学生课后学习印象。

【板书设计】

```
              水          美
    水乡歌    船   多    忙
              歌          乐
```

【教学反思】

本课采用了白板中的大部分功能,比如拖移功能,使得全班同学会在头脑里对诗歌的结构形成一个整体的模式图。还有最常用的自由书写、圈划功能得到了充分体现,多种感官参与,这对于语言文字的学习有极大的帮助,起到事半功倍的效果,同时也消除学生对新文本的畏难心理,强化了他们的信心。白板中特有的探照灯扫视、局部放大、拉伸板块等功能,把聚焦的问题或画面突出呈现,则是强化学生的问题意识,使得诗歌主题的提炼进一步生成。视频的链接播放、移动终端的拍摄上传、成果的多屏互动等,以多种多样的方式展现大量的信息,采取互动的方式让学生参与到课程建设与学习中来,让学生以愉悦和充满乐趣的方式吸收着更多的知识和体验,加强学习的效果,提升了学习的能力。

总而言之,新媒体操作工具中的拖移功能、照相功能、隐藏功能、拉幕功能、涂色功能、匹配功能、即时反馈功能等,更加有利于激发学生的学习兴趣,调动学生多元智能积极参与学习过程。这样,老师教得轻松,学生学得愉快,教学目标集中,重难点易于突破。

【分析点评】

本课相对于传统的教学,白板的效果,比如色彩、隐藏、动画等多种教学功能,能够极大地吸引学生的注意力,并利用多元智能理论,帮助学生更好地理解和掌握知识。尤其是涉及一些比较生疏的生活知识和概念时,比如驳船、箩筐等,白板资源为学生提供了多种学习策略、方法和思路。再加上移动终端、大屏互动,更有利于调动学生在课堂上主动学习的积极性和参与性,提高了学生的学习质量、学习动力和学习自信心。总之,本课采用新技术圆满地完成了既定的教学任务,为学生继续深度阅读与创作开拓新的道路,很好地培养了学生的语文素养。

3.4.2 小学数学《用方向和距离确定位置》教学设计

本案例来自江苏省淮阴师范学院第一附属小学,本案例获2015—2016年度全国中小学"一师一优课,一课一名师"省级优课;2016年新媒体新技术教学应用研讨会暨第十届全国中小学创新(互动)课堂教学实践观摩活动二等奖。

设计执教:吴鲲;教材:六年级第五单元第一课时。

一、教学目标

1. 在具体情境中初步理解北偏东(西)、南偏东(西)的含义,会用方向和距离描述物体的位置,初步感受用方向和距离确定物体位置的科学性。

2. 经历用方向和距离描述物体位置的方法的探究过程,进一步培养学生观察、识图和有条理地进行表达的能力,发展空间观念。

3. 进一步体验数学与生活的密切联系,增强用数学的眼光观察日常生活现象和解决日常生活问题的意识。

4. 增强学生对于祖国大好河山的热爱与保卫祖国的决心,提升学生的民族自豪感。

二、学习者分析

学生在二年级下册已经认识了东、南、西、北以及东南、东北、西南、西北等方向,在四年级下册学会用数对表示具体情景中物体的位置,以及有关角的知识。在六年级又已经了解比例尺的意义及其应用。本课的教学内容就是在此基础上,利用学生已有的知识经验,学习用方向和距离描述物体的位置。

三、教学重点、难点及解决措施

本节课的教学重难点就是初步掌握用方向和距离确定物体位置的方法,能根据给定方向和距离在平面图上确定物体的位置。教学中通过三个层次进行推进。第一层次:创设情境,引发冲突,引发学生对于方位新的表示方法的需要。第二层次:自主探究使学生认识到只有同时使用两个量才能确定一个物体在平面上的位置。第三层次:多层练习,巩固内化,引导学生逐步掌握确定方向和确定距离的关键环节。

四、教学资源准备

希沃课件、教学平板、安卓WPS、问卷星。

五、教学过程

教学环节	环节目标	教师活动	学生活动	媒体作用及分析
一、创设情境,导入课题	通过学生们日常喜欢的"自拍"回顾了已经学习的一些确定位置的方法,激发了学生学习本节课的兴趣,也突出了新旧知识的内在关联。	让学生对照现场拍摄的照片说出某一同学的位置,回顾之前所学确定位置的方法,并引出本节课的教学内容。	1. 学生迅速站成三排拍照。 2. 说出某一同学在照片中的位置。	利用平板电脑中的照相机功能,并把照片立即呈现在白板中。现场生成资源,为后面的新旧知识的比较、沟通、总结做好准备。

(续表)

教学环节	环节目标	教师活动	学生活动	媒体作用及分析
二、视频激趣，引发冲突	引导学生发现利用已有的知识经验无法解决海盗船位置的确定问题，激发了对新知了解的需求。	1. 通过中国地图与视频导入，了解活动的现实背景。 2. 通过演示，让学生知道只说"东北"是无法找到海盗船的。	1. 学生观看视频。 2. 学生尝试用已有的确定位置的知识寻找海盗船。	利用白板放大、视频播放和图片拖移功能。 利用放大功能把本节课的资源定位在中国南海区域；通过视频让学生了解目前南海存在海盗威胁；通过图片拖移，让驱逐舰按照学生所说的方向去寻找，及时呈现引发了认知冲突。
三、自主探究，提炼建模	使学生在初步掌握"北偏东""北偏西"等表达方法的基础上，认识到这些表达方法有进一步量化的必要性；使学生认识到只有同时使用两个量才能确定一个物体在平面上的位置。	1. 给学生确定海盗船位置的必要条件。 2. 学生尝试用这些条件再次描述海盗船的位置。 3. 教学"北偏东"等新的表示方向的方法。 4. 写出驱逐舰在海军基地的方位。 5. 明确确定位置的几个要素。	1. 小组交流：尝试寻找确定位置所需的条件。 2. 学生在平板电脑中巩固刚学习的方位名词。 3. 学生在平板电脑中写出驱逐舰在海军基地的位置。	利用白板中的放大、拖动、激光笔和量角器工具，平板电脑中的拖动与打字功能。在学生第一次见到"北偏东"这个新的方位词后使用激光笔的闪烁功能给学生视觉上一些刺激，加深了印象。 利用白板中量角器工具让学生更加直观地看到了角度的偏转，便于理解。 学生在平板中使用拖移和打字功能，通过大屏的即时呈现，加深了对新知的理解。
四、多层练习，巩固内化	练习设计注意从模仿到独立的过渡，引导学生逐步掌握确定方向和确定距离的关键环节，体现了针对性和层次性。同时，也注意相关知识的联系和综合，为后续学习留出必要的空间，有利于培养学生的应用意识，促使学生更加主动地参与数学知识的拓展和应用。	1. 准确描述永兴岛中景点的位置。 2. 雷达显示屏实际运用。 3. 根据提示寻找渔村美食广场和酒店的位置。	1. 学生独立在平板中写出永兴岛景点的位置。 2. 学生在平板中将二号与三号飞机拖移到正确的地点。 3. 学生通过平板中的扫码工具，选择酒店与渔村美食广场的位置。	利用白板中写字工具、量角器工具、放大、拖移功能；学生平板中拖移、打字功能与扫二维码后做选择题功能；"问卷星"网站提供统计结果。 白板中上述功能让学生更直观地理解练习的内容，利于掌握本课的重难点。 教师利用学生在平板上的扫二维码答题后的统计结果可以了解学生的学情，清楚问题所在，从而找到解决问题的方法。
五、反思小结，拓展延伸	培养学生概括、比较、应用等能力，提高学生的数学素养。	总结全课，让学生将本课所学内容应用到实际生活中。	学生交流本节课收获。	通过白板的拖移功能完善了板书，让学生对于本节课有了整体的认识。

【板书设计】

	确定位置	
在海军基地的	北偏东 30°方向 120 千米处。	
	北偏西 55°方向 90 千米处。	
观测点	方向(角度)	距离
面	线	点

【教学反思】

1. 应用新媒体新技术及其效果

本节课应用了交互式电子白板的缩放、视频播放、拖移、画图功能,使学生更好地掌握了新知识。特别是用手拖动驱逐舰进行航行,让学生直观地感受到确定位置过程中需要的必要条件。白板中探照灯、激光笔与量角器工具,分别给学生设置了悬念,加深了印象,简化了理解,起到了辅助教学的作用。在操作方面,学生在移动终端(平板)上不仅可以拖动图片,而且能打字答填空题,学生完成速度也比较快。另外在选择题中本课创新地使用了扫二维码后再答题,可以通过"问卷星"网站统计题目的正确率,从而找到问题出现的原因,有利于帮助学生解决问题。

2. 新技术应用于教学的创新点及效果思考

(1) 人人操作,课堂参与率高。学生练习环节,在"写出旅游景点位置"和"寻找飞机"的过程,每个学生都在移动教学终端上操作,每个人都积极参与其中,激发了学生的学习兴趣,提高了课堂的教学效率。

(2) 性能优越,资源即时呈现。课中无论是哪个学生,还是哪个环节的操作,教师都可以通过教师平板实时监察,发现有价值的资源再通过多维信联极域电子书包课堂管理系统予以即时呈现,让学生直观迅速准确地找到问题发生的原因,加深了对知识的理解。

(3) 数据证明,了解学生学情。数据是最有力量的证明,课中教师利用问卷星的统计结果,可以了解学生的学情,清楚问题所在,从而找到解决问题的方法。

【分析点评】

认知的发生源自人与外部世界的交互作用。新媒体新技术提供的丰富支架,使原本不可能发生、或者没办法实现的内容在课堂上逐一发生、呈现,抽象的画面变得具体化、枯燥的语言变得形象化,丰富了学生对概念的感知,培养了学生的学习兴趣,激发起学生的学习热情。

《用方向和距离确定位置》一课中,对于北偏西等方向特别是再加上角度的认识,对学生来说,这样抽象的方向概念光靠简单的语言表述,是没办法很好地理解的。因此,教学中,老师们想方设法,有实际演示的,有生活中寻找的。其实,不管是怎样的思考和实践,都是想让学生建立的概念更加有科学性、更加严谨。本节课老师通过和学生一起摆放量角器,利用量角器中的射线准确地找到北偏东 30°,学生对这个研究的难点豁然开朗,不由地发出了原来如此的感叹。

以往的教学,基本上都是课前预设的学习进程,学习活动、师生对话以串联的方式呈现,学生亦步亦趋,故有填鸭式之说。新技术视域下,学生学习的情境是动态发展与变化着的,学生既是信息的接收者,又是信息的传递者、生成者。此时的学习情境是同伴、师生共同生活于其中的,是当下的,正在行进中的一种状态,这种支架对于学生个体的认知发展和知识获得是非常重要的,在这样的生态环境中,学生的认知得以深层发展,内化建构。

再如让学生寻找景点的位置,教师借助新技术优势,先让学生自己观察,自主选择,不同的学生取得了不同的收获。反观以前的教学,很难做到尊重学生的随机表达,课堂少了许多灵动,预设没有条件,生成更是单薄。而这节课中,正因为新媒体搭建的支架,才使得课堂呈现出勃勃生机和盎然的活力,这样的课堂才充满生长的味道。

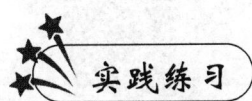

1. 什么是教学设计?教学设计一般过程有哪些步骤?
2. 什么是信息化教学设计?试比较信息化教学设计和传统教学设计的异同之处。
3. 信息化教学设计方案包括哪些内容?请结合自己的学科,选择一主题编写教学设计方案。
4. 什么是教学模式?教学模式有哪些组成要素?
5. 什么是信息化教学模式?阐述三种常见的信息化教学模式。
6. 阅读学科教学设计优秀案例,试分析点评。

第 4 章 信息化教学素材资源准备

微信扫码获取

微课视频、教学案例
课堂实验、优秀作品等

【学习目标】
1. 掌握信息资源检索的一般方法;
2. 熟练掌握信息化教学素材的获取途径和方法;
3. 熟练掌握文本、图片、声音、视频和动画素材的加工和处理。

信息化教学素材资源的获取和加工是信息化教学的一个十分重要的环节,特别是在制作多媒体教学课件的过程中。如果没有高质量的多媒体教学素材,再好的多媒体创作工具也难以创作出高质量的多媒体课件。信息化教学素材包括文本、图形、图像、声音、视频、动画等。不同的素材,需要采用不同的获取和处理方法。因此,对于多媒体课件的制作者来说,不仅要学会获取各种素材的途径方法,更重要的是,正确掌握运用软件对获取的素材进行加工和处理的方法,从而使多媒体素材具备更加优良的效果和表现力,满足课堂教学的需要。

4.1 信息化教学资源的获取

通常认为,"信息化教学资源"属于信息资源的范畴,这是狭义理解上的一种特殊的信息资源,是经过选取、组织、使之有序化的,适合学习者发展自身的有用信息的集合。本书所讨论的信息化教学资源,主要指蕴含了大量的教育信息、能创造出一定的教育价值、以数字信号的形式在互联网上进行传输的信息资源。

4.1.1 信息化教学资源的分类

由于分类标准的不同,信息化教学资源可以有不同的分类方式。首先,从学科角度进行分类,信息化教学资源可分为语文、数学、英语、物理、化学、历史、地理、生物、政治等学科教学资源;其次,从语种角度进行分类,可以分为中文、英语、法语、俄语等不同语种的教学资源;再次,从资源的作用角度进行分类,可分为课件、模拟演示、教案、操作与练习等。

根据《CELTS-31:教育资源建设技术规范》,我国目前可建设的信息化资源主要包括九大类,分别是媒体素材、试题库、试卷、课件与网络课件、案例、文献资料、常见问题解答、资源目录索引和网络课程。另外,还可根据实际需求,增加其他类型的资源,如电子图书、工具软件和影片等。

1. 媒体素材

媒体素材是传播教学信息的基本材料单元,可分为文本类素材、图形(图像)类素材、音频类素材、视频类素材、动画类素材五大类。

2. 试题库

试题库是按照一定的教育测量理论,在计算机系统中实现的某个学科题目的集合,是在教学模型基础上建立的教育测量工具。

3. 试卷

试卷素材是指各个学科有典型意义的试卷集合。

4. 课件与网络课件

课件与网络课件是对一个或几个知识点实施相对完整教学的软件,根据运行平台划分,可分为网络版的课件和单机运行的课件。网络版的课件需要在标准浏览器中运行,并且能通过网络教学环境被大家所共享。单机运行的课件可通过网络下载后在本地计算机上运行。

5. 案例

案例是指有现实指导意义和教学意义的代表性的事件或现象。

6. 文献资料

文献资料是指有关教育方面的政策、法规、条例、规章制度,对重大事件的记录、重要文章、书籍等。

7. 常见问题解答

常见问题解答是针对某一具体领域最常出现的问题给出的全面的解答。

8. 资源目录索引

资源目录索引是指某一领域中相关的网络资源地址和非网络资源的索引。

9. 网络课程

网络课程是通过网络表现的某门学科的教学内容及实施的教学活动的总和,它包括两个组成部分:按一定的教学目标、教学策略组织起来的教学内容和网络教学支撑环境。

以上这些信息化教学资源可以概括成三大类型:

一是素材类教学资源,主要包括文本、图形图像、音频、视频和动画等媒体素材。

二是集成型教学资源,这些资源一般是根据特定的教学目的和应用目的的,将多媒体素材和资源进行有效的组织,是一种"复合型"的资源。按照这些资源的实际应用形态,又可以将其分为以下类别,即课件与网络课件、案例、操作与练习型、虚拟实验型、教育游戏类、电子期刊类、教学模拟类、教育专题网站、研究性学习专题、问题解答型、信息检索型、联系测试型、认知工具类等。

三是网络课程,包括教学内容和网络教学支撑环境,其中网络教学支撑环境特指支持网络教学的软件工具、教学资源以及在网络教学平台上实施的教学活动。

为了深入研究信息化资源的收集和处理，本书关于信息化教学资源的界定主要采用狭义的信息化教学资源概念界定，特指素材类教学资源，即文本、图像、视频、音频和动画资源。

4.1.2 信息化教学资源的检索

随着信息技术的发展，互联网上的信息越来越纷杂，获取有用的信息越来越难，所以需要一种优异的搜索服务，将网上繁杂的内容整理成为可随心所用的信息。搜索引擎是用来查找明确信息的最佳手段。

1. 信息化教学资源检索的途径

信息化教学资源检索一般有两种途径。一是通过专业网站或专题网站进行检索，二是通过搜索引擎进行检索。

为了实现信息化教学资源共享，教育部成立了基础教育资源中心，建立了国家基础教育资源网(http://so.eduyun.cn/national/index)，为基础教育提供优质的教学资源。一些机构和个人也建立了大量的资源库。如K12中国中小学教育教学网站(http://www.k12.com.cn)、新思考网站的(http://www.cersp.com)、资源互动平台(http://ls.cersp.com)等。

➢扫描本章二维码查看上述资源库。

搜索引擎按其工作的方式分为两类：一类是基于关键词的检索，用户可以用逻辑组合方式输入各种关键词，计算机根据这些关键词寻找用户所需资源的地址，然后根据一定的规则反馈给用户包含此关键字词信息的所有网址和指向这些网址的链接；另一类是分类目录型的检索，把因特网中的资源收集起来，根据资源的类型而分成不同的目录，再一层层地进行分类，人们可按它们的分类一层层深入，最后就能找到自己想要的信息。

常用的搜索引擎主要有百度、360搜索、搜狗、必应等。

2. 信息化教学资源检索的常见方法

（1）完全匹配搜索。在查询词的外边加上双引号""。如"化学课件"，注意引号是不分中英文的，那么搜索的结果就是带有化学课件的，而不是分别带有"化学"或"课件"的网页。

（2）使用空格。如果一个陌生人突然走近，问道："北京"，我们会怎样回答？大多数人会觉得莫名其妙，然后会再问这个人到底想问"北京"哪方面的事情。同样，如果我们在搜索引擎中输入一个关键词"北京"，搜索引擎也不知道我们要找什么，它也可能返回很多莫名其妙的结果。因此我们要养成使用多个关键词搜索的习惯，当然，大多数情况下使用两个关键词搜索已经足够了，关键词与关键词之间以空格隔开。

比如，我们想下载"小马过河"的课件，就输入"小马过河"，这样才能获取与"小马过河"有关的信息。如果使用空格，在空格后面再加上"课件"，那就能找到有关"小马过河"的课件了。

（3）"＋、－"号的使用。在不想搜到的词前加上减号"－"，减号前要加一空格，减号后不加空格。搜索结果中就不会包含减号后的词，含有这个词的网页会被去掉。如：唐代诗人 －李白。在想要搜到的词前面加上加号"＋"，加号前要加一空格，加号后不加空格。搜索结果中就一定会包含加号后的词。如：唐代诗人 ＋李白。

(4) 使用通配符。"追求品*",表示搜索前三字为"追求品"的短语,末尾的*为任何字符。比如搜索的结果可以是追求品质、追求品相好……

(5) 搜索范围限定在标题。在查询词前加上 intitle:xx。这里的 xx 就是要搜索的词,冒号为英文的冒号。如:intitle:化学课件。

(6) 搜索范围限定在指定网站。在查询词后输入 site:网站名。网站名就是要查的资料或信息来源网站,这里的冒号为英文冒号。如:户口 site:www.beijing.gov.cn,得到的网页一定都来自北京政务门户网站。

(7) 搜索范围限定在 url 中。在查询词前加上 inurl:xx。这里的 xx 是查询词,冒号是英文符号。如:人民日报 inurl:video,那么得到的网页的网址中一定包含 video 这个词,搜索的结果就是与人民日报有关的视频内容。

(8) 搜索范围限定在指定格式。我们经常会碰到这样的情况,上网搜索下载文件,会搜索出海量的结果,在茫茫结果中再查询筛选自己想要的东西,费时费力,但是,学会使用高级搜索指定文件 FileType,就能达到事半功倍的效果。例如,要下载小学语文"庐山的云雾"这一课的 PPT 课件,可以在百度的搜索框中输入"庐山的云雾 FileType:PPT",这时找到的就是文件格式为 PPT 的"庐山的云雾"课件。

"FileType:"后可接的文件格式有 DOC、XLS、PPT、PDF、RTF、ALL。其中,ALL 包含所有文件类型。使用关键词 FileType 进行指定类型文件的搜索,除了百度外,其他的如 Google、Bing、搜狗等搜索引擎同样适用。

(9) 百度快照。在搜索时,如果没法打开搜索结果的链接网页,或者打开的速度特别慢,可使用百度快照。每个被收录的网页在百度上都存有一个纯文本的备份,称为百度快照。百度上链接文件打开速度较慢时,我们可以通过快照快速地浏览页面上的内容。但是百度快照只保留文本内容,图片、音乐、视频等非文本信息将无法显示。

4.1.3 文本素材的常见格式与获取

在各种媒体素材中,文本素材是最基本的素材,是指以文字为媒介的素材,主要是文字、字母、数字和各种功能符号的集合。学习内容的表达,如概念、定义、原理的阐述和问题的表达等都离不开文本,文本是传递教学信息最重要的媒体元素。

1. 文本素材的格式

文本素材一般包括 TXT、DOC、RTF、WPS、PDF、CAJ 等格式,不同格式的文件用不同的扩展名加以区分。

(1) TXT 文件。TXT 文件格式是微软在操作系统上附带的一种纯文本格式,主要用于保存文本信息。这种格式具有体积小、存储方便、易查看、通用性好、格式简单等优点。纯文本格式除了换行和回车外,不包含任何格式化的信息,即文件中没有任何有关文字的字体、大小、颜色、位置等格式化信息。利用这个特点,我们可以方便地实现去格式信息的操作。如从网页上下载的文字资料一般都包含格式控制,若直接下载到 Word 等字处理环境中,往往会带有一些不需要的格式符号,如超链接、表格等格式。如果我们通过"记事本"工具,将下载的文本资料转换为纯文本后再导入到 Word 中,会使排版更轻松。

（2）DOC 文件。DOC 文件是办公软件 Word 生成的文档格式。Word 是 Microsoft 公司出品的一个文字处理应用程序，它是常用的一种办公用文字处理工具，高版本时扩展名为 DOCX。

（3）WPS 文件。WPS 文件是国内金山公司出品的文字处理软件 WPS 的文档格式，其中包含特有的换行和排版信息，它们被称为格式化文本，只能在特定 WPS 编辑软件中使用。WPS 软件文字支持 DOC、DOCX、DOT、DOTX、WPS、WPT 等文件格式的打开，包括加密文档。利用 WPS 文字软件"文件"菜单下的"另存为"命令，可以实现 WPS 格式和 Word 格式的互换。

（4）RTF 文件。RTF 文件是 Rich Text Format 的缩写，意为丰富的文本格式。它不仅包含传统的文字及其格式信息，还可包含图像、图形等多种媒体信息。这是一种类似 DOC 格式的文件，有着很好的兼容性，许多软件都能够识别这种格式的文件，如写字板、Word、WPS 文字、Excel 等。

（5）PDF 文件。PDF 文件全称为 Portable Document Format，是便携文档格式的简称，是由 Adobe 公司开发的独特的跨平台文件格式。PDF 文件可把文档的文本、格式、字体、颜色、分辨率、链接及图形图像、声音、动态影像等所有的信息封装在一个特殊的整合文件中。它在技术上起点高，功能全，大大强过了现有的各种流行文本格式，现已成为新一代电子文本的行业标准。

（6）CAJ 文件。CAJ 文件是一种同 PDF 文件类似的文件格式。网络上的许多电子图书文献均使用这种格式让广大用户浏览，如中国学术期刊网全文数据库中的文档是 CAJ 格式和 PDF 格式。CAJ 文档的读取程序为 CAJ 阅读器，它支持中国期刊网的 CAJ、NH、KDJ、PDF 等格式文件，其打印效果可以达到与原版显示一致的程度。

2. 文本素材的获取

（1）键盘输入。键盘是计算机操作者最熟悉的工具，通过键盘使用合适的输入法可以很轻松地输入自己想要的文字。输入法图标一般位于计算机操作系统界面右下角的指示栏中，用户可以根据需要选择适合自己使用的一种输入法。我们在编辑文档时，常常需要输入一些特殊符号，不同的字处理软件中有不同的实现方法。其实，我们使用中文输入法的"软键盘"，就可以快速输入一般的特殊符号。

知识卡片

软键盘

软键盘的具体使用方法是，我们将输入法切换到中文输入状态，右击，会出现软键盘，再对软键盘按钮右击，将会弹出软键盘的快捷菜单。

快捷菜单中包含的类型有 PC 键盘、希腊字母、俄文字母、注音符号、拼音字母、日文平假名、日文片假名、标点符号、数字序号、数学符号、单位符号、制表符以及特殊符号十三种，使用完毕后关闭软键盘即可。

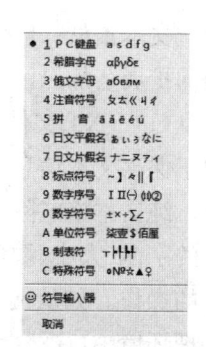

(2) 扫描仪+OCR 识别输入。OCR 技术是光学字符识别技术的英文缩写,扫描仪+OCR 识别输入就是将印刷品类纸张上的文字以图像的方式扫描到计算机中,再使用 OCR 软件将图像中的文字识别出来,并转换为数字化的文本格式的文件。这种方法省时省力,与人工键盘录入相比更快捷,缺点是必须要有原文稿,最后还得靠人工进行核对编辑。在各类扫描仪中,平板式扫描仪由于扫描精度高、速度快,在家用及电脑办公中很流行。市场上销售的扫描仪基本上都附带了 OCR 软件,而 OCR 软件种类众多,如清华 TH-OCR、汉王 OCR、尚书 OCR、蒙恬 OCR 等识别软件都具有较高的识别率。

(3) 手写输入。手写识别输入系统是用手写笔在与计算机相连的一块手写板上写字,用压敏或电磁感应等方式将笔在运动中的坐标输入计算机,计算机中的识别软件根据采集到的笔迹之间的位置关系和时间关系信息来识别所写的字,并把结果显示在屏幕上。其中,识别率是手写输入系统的最重要的指标,字体不同或字迹潦草将影响系统的识别率。手写输入的优点是对录入者不要求掌握文字输入法,只要会写字即可。但由于要求录入者写字规范,还需要从很多的重码中选择,所以正确率不高,录入速度较慢,适合少量文本的输入。

(4) 语音输入。利用声音建立计算机文本应该是最自然、最方便的输入方式。只需要面对与计算机相连的话筒,将要输入的文字用规范的读音读出,由相应的软件将声音转换成文本保存起来。尽管语音输入具有不需要学习汉字输入法和无须动手等特点,但由于语音识别率受到话筒质量、录入者的语音、语调及节奏等因素的影响,识别率会受到一定的影响,因此,这种输入方式还不是很普及。随着技术的不断进步,语音输入的方式也将越来越普及,现在手机都具有语音输入短信的技术。技术发达的国家非常关注语音交互技术的研究,我国的科大讯飞在语音合成和语音识别方面发展迅速,已经实现了人机语音交互,使人与机器之间沟通变得像人与人沟通一样简单。

4.1.4 图形图像素材的常见格式与获取

1. 图形与图像

图形和图像作为重要的多媒体素材,既可以反映外观,也可以表达思想。利用其对真实场景、道具、人物等很强的表现力与感染力来表达比较抽象、难以理解的知识内容,可以渲染气氛,加强多媒体的教学效果。数字图像是以 0 或 1 的二进制数据表示的,其优点是便于修改,易于复制和保存。数字图像分为矢量图和位图两种形式,所对应的就是我们经常说的图形和图像。

(1) 图形。图形是指由外部轮廓线条构成的矢量图,使用专门的软件将描述图形的指令转换成屏幕上的形状和颜色。由于图形文件包含相互独立的分离图形,因此可以无限制地重新组合。它的特点是文件占用内存空间较小,放大后不会失真,与分辨率无关。适用于描述轮廓不太复杂、色彩不太丰富的对象,如几何图形、工程图纸、标志设计、版式设计等。

图形通常使用 CorelDraw、Illustrator、Flash 等软件进行编辑修改。

(2) 图像。图像是由数码相机、扫描仪、摄像机等输入设备捕捉实际的场景画面或以数字化形式存储的任意画面。它在空间和亮度上表现为离散,由数字阵列信息组成。阵列中的各项数字用来描述构成图像的各个点(称为像素点)的强度与颜色信息,与显示器上的点一一对应,故也称之为位图映射图形。

图像的优点是色彩显示自然、柔和、逼真,适用于表现含有大量细节(如明暗变化、场景复杂、轮廓色彩丰富)的对象。缺点是将其进行放大或缩小时,会产生失真或产生锯齿,且随着图像精度的提高或尺寸的增大,所占用的内存空间也急剧增大。

图像通常使用 Photoshop、Paint、光影魔术手、美图秀秀等软件进行编辑修改。

2. 图形图像素材的常见格式

(1) BMP 格式。BMP(Bitmap 的缩写)图像文件是几乎所有 Windows 环境下的图形图像软件都支持的格式。这种图像文件将数字图像中的每一个像素对应存储,一般不使用压缩方法,因此 BMP 格式的图像文件都较大,特别是具有 24 位图像深度的真彩色图像更是如此。由于 BMP 图像文件的无压缩特点,在多媒体节目制作中,通常不直接使用 BMP 格式的图像文件,只是在图像编辑和处理的中间过程使用它保存最真实的图像效果,编辑完成后转换成其他图像文件格式,再应用到多媒体项目制作中。

(2) JPG 格式。JPG/JPEG 图像文件格式采用的是较先进的压缩算法。这种算法在对数字图像进行压缩时,可以保持较好的图像保真度和较高的压缩比。这种格式的最大特点是文件非常小,用户可以根据自己的需要选择 JPG 文件的压缩比,当压缩比为 16∶1 时,获得的压缩图像效果几乎与原图像难以区分;当压缩比达到 48∶1 时,仍可以保持较好的图像效果,仔细观察图像的边缘可以看出不太明显的失真。因为 JPG 图像的压缩比很高,所以非常适用于要处理大量图像的场合。JPG 图像格式是目前应用范围非常广泛的一种图像文件格式。

(3) GIF 格式。GIF 格式是一种连续色调的无损压缩格式,压缩比约为 50%,几乎所有的图像软件都支持它。GIF 文件最多支持 256 种色彩,占用的空间较小,适合于网络传输,常用于存储动画效果图片。GIF 文件的另一个特点是,在一个 GIF 文件中可以存放多幅彩色图像,若逐帧读出,则构成一种最简单的动画。

(4) PNG 格式。PNG(Portable Network Graphics)图像文件格式提供了类似于 GIF 文件的透明和交错效果。它支持使用 24 位色彩,也可以使用调色板的颜色索引功能。可以说 PNG 格式图像集中了最常用的图像文件格式(如 GIF、JPEG)的优点,而且它采用的是无损压缩算法,保留了原来图像中的每一个像素。PNG 格式图片因其高保真性、透明性及文件体积小等特性,被广泛应用于网页设计、平面设计中。

(5) PSD 格式。PSD 格式是 Photoshop 软件中使用的一种标准图像文件格式,可以保留图像的图层信息、通道蒙版信息等,以便于后续的修改和特效的制作。建议在使用 Photoshop 软件制作和处理图像时存储为该格式,以最大限度地保存数据信息,待图像全部制作完成后,再转换成 JPG、PNG 等其他图像文件格式进行输出。

(6) TIFF 格式。TIFF 格式是常用的位图图像格式。TIFF 图像可具有任何大小的尺寸和分辨率,常用于打印、印刷输出的图像存储格式。

3. 图形图像素材的获取

(1) 利用软件制作。利用图形图像处理软件，如 CorelDraw、Illustrator、Flash、画图、Photoshop 等都可以用来绘制各种图形或图像。

(2) 屏幕捕捉：

① 键盘捕捉。在 Windows 系统中，标准的键盘上都有一个"Print Screen"按键。一般情况下，直接按下此键，即可将整个屏幕上的内容捕捉到剪贴板中；若同时按下"Alt＋Print Screen"组合键，可将当前活动窗口的内容捕捉到剪贴板中。想要保存复制到剪贴板中的图像，可以打开一个图形图像处理软件，然后使用"粘贴"命令即可将剪贴板中的图像粘贴，最后将它保存为图像文件。

② 抓图软件捕获。我们也可以利用专门的屏幕抓图软件截取图像，实现大小和形状的自由选择性截取，如 SnagIt、Hyper Snap-DX、Print Key、Capture Profession 等，另外腾讯 QQ 等聊天工具也提供了屏幕截图功能。

③ 在视频播放软件中捕获。常用的视频播放软件（如暴风影音）中有一项专门的截屏功能。在播放视频文件时，将光标放置在播放屏幕上，然后单击鼠标右键，在弹出的快捷菜单中，选择"高级选项"选项卡，在打开的"高级选项"对话框中，选择"截图设置"，将截屏后的文件保存到预设或自定义的存储目录下。

(3) 扫描仪扫描。扫描仪能将照片、图片等转化成数字图像输入计算机，这是获取数字图像的一种比较简单的方法。高分辨率的扫描仪可以得到高质量的图像，但其文件也会相应增大。扫描后的图像还可以运用图像处理软件进行编辑处理，但是扫描仪只能读取平面图像。

(4) 利用数码相机/手机拍摄。利用数码相机或手机可以把看到的景物或现象转化为数字信号，直接输入计算机中，这也是图像获取的一种重要途径。

(5) 网络下载。网络上有着越来越丰富的信息资源，这是获取图像的最有效途径。常用的图库有百度图库、淘图网、站长网、摄图网、千库网、素材中国等，这些图库当中有些是免费网站，有些是商业网站。

在下载图片时特别要注意：通过图库找到所要下载的图片之后，人们往往选择右击直接保存，下载后会发现图片比较小，不太适合使用。原因是网页上显示的是该图片的缩略图，往往不是高分辨率的图片。想获得高分辨率的图片，建议点开图片之后再进行保存。

4.1.5 声音素材的常见格式与获取

在多媒体产品的开发过程中，适当地运用声音，能起到文字、图像、动画等媒体形式无法替代的作用。当然，声音作为一种信息载体，其更主要的作用是直接、清晰地表达语意。

1. 声音素材的常见格式

在制作多媒体作品时，经常会遇到需要处理各种音频文件格式。计算机中广泛应用的音频文件格式有 WAV、MP3、WMA、MIDI、CDA、RA 等。

(1) WAV 格式。WAV 格式的文件是采集各种声音的机械振动而得到的音频格式文件,也叫波形文件格式。它是微软公司开发的一种声音文件格式,被 Windows 平台及其应用程序广泛支持。标准的 WAV 格式文件和 CD 格式文件一样,都是 44.1k 的取样频率,16 位量化数字,WAV 格式声音的质量和 CD 格式相差无几。该格式文件支持多种音频压缩算法以及多种音频位数、采样频率和多声道,不过这种文件格式的数据量比较大,多用于存储简短的声音片段。

（2）MP3 格式。MP3 格式的文件采用了音频压缩技术,被设计用来大幅度降低音频数据量,其全称是动态影像专家压缩标准音频层面 3（Moving Picture Experts Group Audio Layer Ⅲ）,简称 MP3。MP3 是利用人耳对高频率声音信号不敏感的特性,将时域波形信号转换成频域信号,并划分成多个频段,对不同的频段使用不同的压缩率,对高频加大压缩比,对低频信号使用小压缩比,保证信号不失真。这样一来就相当于抛弃人耳基本听不到的高频声音,只保留能听到的低频部分,从而将声音用 1:10 甚至 1:12 的压缩率进行压缩。对于大多数用户来说,重放的音质与最初的不压缩音频相比没有明显的下降。MP3 形式存储的音乐就叫 MP3 音乐,播放 MP3 音乐的播放器就叫 MP3 播放器,目前 MP3 拥有比较大的用户群。

（3）WMA 格式。WMA 格式文件的全名是 Windows Media Audio,它是微软公司推出的与 MP3 格式齐名的一种新的音频格式。WMA 格式文件在压缩比和音质方面都超过了 MP3 格式的文件,更是远胜于 RA 格式的文件,即使在较低的采样频率下也能产生较好的音质。WMA 格式的文件是移动数码播放器最常用的音频格式,目前所有的移动播放器都支持 WMA 格式音乐的播放。

（4）MIDI 格式。MIDI(Music Instrument Digital Interface)格式是计算机数字音乐接口生成的音频文件格式。数字音乐接口是 20 世纪 80 年代初为解决电声乐器之间的通信问题而提出的。MIDI 文件传输的不是声音本身的波形数据,而是音符、控制参数等指令,它指示 MIDI 设备要做什么,怎么做,如演奏哪个音符、多高音量等。

（5）CDA 格式。CDA 格式的文件是 CD 音轨(Compact Disc Audio Track)的文件后缀标准,它是标准的光盘文件格式。CD 格式的文件是 44.1 k 的采样频率,88 kbps 的速率,16 位的量化位数。CD 音轨可以说是近似无损的,因此它的声音基本上是忠于原声的。对于一个音响发烧友,CD 应该是首选,它会让人感受到天籁之音。

CD 光盘可以在 CD 唱机中播放,也能用电脑中的各种播放器播放。一个 CD 音频文件的后缀名是 *.CDA,这只是一个索引信息,并不是真正地包含声音信息,所以不论 CD 音乐的长短,在电脑上看到的 *.CDA 文件都是 44 字节长,不能直接复制 CD 格式的 *.CDA 文件到硬盘上播放,需要使用 Windows Media Player 或格式工厂把 CD 格式的文件转换成 WAV 格式文件。

（6）RA 格式。RA 格式文件是 RealAudio 文件格式的简称,它采用了流媒体技术,是一种可以在网络上实时传送和播放的音频文件。RA 文件压缩比高,可以随网络带宽的不同而改变声音质量。适合在网络传输速度较低的互联网上使用。

2. 声音素材的获取

声音素材的获取方法包括如下六种。

（1）利用 Windows 系统自带的录音机或第三方录音软件采集声音。将麦克风插入计算机标有 MIC 的接口上，选择 Windows 系统自带的程序"附件"中的"录音机"选项，点击"开始录制"即可进行录音，录制完毕，点击"停止录制"按钮就结束录音，最后保存文件。

（2）利用声卡软件采集声音。通过计算机中的声卡，从麦克风中采集语音合成 WAVE 波形文件。

（3）利用电子乐器数字接口采集声音。通过计算机中声卡的 MIDI 接口，从带 MIDI 输出的乐器中采集声音，形成 MIDI 文件；或者用连接在计算机上的键盘创作音乐，形成 MIDI 文件。

（4）利用声音编辑软件制作声音。目前有不少专门用于声音编辑的软件，如 Adobe Audition、Sound Forge、Wave Edit、Gold Wave、Cool Edit 等。它们可以录制声音，也可以编辑声音。

（5）从网上下载声音。网络上的声音资源越来越丰富，无论是音乐还是其他学习资源，都可以为我们所用。常用的音频下载网站如下：① 千千音乐。千千音乐（百度音乐）是中国第一音乐门户，里面有海量的正版高品质音乐。② 站长素材。该网站中的音效是一大特色。③ 爱给网。该网站既有音效、配乐资源，也有相应的音效、视频、3D 作品。④ 绘艺素材网。该网站的音效比较全面，而且除了音效，还有其他一些素材可供我们使用。⑤ 包图网。该网站是一个商业网站，使用时需注册成为会员，才能够下载。

（6）利用专门的声音素材库。一些公司将音乐、效果声等制作成光盘进行销售，购买这些素材库光盘是最直接最方便的方法。

4.1.6　视频素材的常见格式与获取

视频图像简称视频，是指拍摄、记录和再现真实人物、事物和景物的电视、电影画面，它具有很强的表现力与感染力。合理地使用视频是增强多媒体课件教学效果的重要途径。

1. 视频素材的常见格式

视频文件的格式与视频压缩技术、视频编辑处理技术有关，目前视频一般分为适合本地播放的本地影像视频和适合在网络上播放的网络流媒体影像视频两大类。例如 AVI、MPG 等格式的文件，画质清晰，播放稳定，但是体积比较大，一般只适合本地播放。随着网络技术的发展，出现了越来越多的网络流媒体影像视频，如 ASF、FLV、3GP、RM 等。它们虽然画质不是特别好，但是体积小，易于传播，正被广泛应用于视频点播、网络演示、远程教育、网络视频广告等互联网信息服务领域。

（1）AVI 格式。AVI(Audio Video Interleaved)文件是音频、视频交叉记录的数字视频文件格式，是不需要专门硬件参与就可以实现大量视频压缩的视频文件格式。它调用方便，图像质量好，压缩标准可任意选择，是应用最为广泛的格式。

（2）MP4 格式。MP4 是一套用于音频、视频信息的压缩编码标准，由国际标准化组织(ISO)和国际电工委员会(IEC)下属的"动态图像专家组(Moving Picture Experts Group)"制定。MPEG4 于 1999 年初正式成为国际标准，它是一个适用于低传输速率应用的方案。与 MPEG1 和 MPEG2 相比，MPEG4 更加注重多媒体系统的交互性和灵活性，主要用于网上流媒体、光盘、语音发送（视频电话），以及电视广播。由于其对于不同的对象可采用不同的编码算法，从而进一步提高压缩效率，允许在不同的对象之间灵活分配码率，对重要的对象可分配较多的字节，对次要的对象分配较少的字节，从而能在低码率下获得较好的效果。另外，它还可以方便地集成自然音视频对象和合成音视频对象。

（3）MOV 格式。MOV 文件是 Macintosh 计算机上使用的影视文件格式，与 AVI 文件格式一样，也是采用了 Intel 公司的 Indeo 视频有损压缩算法。MOV 视频的默认播放器是 QuickTime。

（4）ASF 格式。ASF（Advanced Streaming Format，高级流格式）文件是 Microsoft 为了和 Real Player 竞争而发展出来的一种可以直接在网上观看视频节目的文件压缩格式。ASF 使用了 MPEG4 的压缩算法，压缩率和图像的质量都很不错。

（5）WMV 格式。WMV 文件是一种独立于编码方式的在 Internet 上实时传播多媒体的技术标准，Microsoft 公司希望用其取代 QuickTime 之类的技术标准以及 WAV、AVI 之类的文件扩展名。WMV 文件的主要优点在于可扩充的媒体类型、本地或网络回放、可伸缩的媒体类型、多语言支持、扩展性高等。

（6）3GP 格式。3GP 是一种 3G 流媒体的视频编码格式，主要是为了配合 3G 网络的高传输速度而开发的，是 MPEG-4 Part 14（MP4）格式的一种简化版本，也是目前手机中最为常见的一种视频格式。3GP 是 3G 移动设备标准格式，应用在手机、MP4 播放器等便携设备上，其优点是文件体积小，移动性强，适合移动设备使用。缺点是在 PC 机上兼容性差，支持软件少，分辨率低、帧数低。

（7）FLV 格式。FLV 是 Flash video 的简称，FLV 流媒体格式是一种新的视频格式。它形成的文件极小，加载速度极快，使得网络观看视频文件成为可能。它的出现有效地解决了视频文件导入 Flash 后，导出的 SWF 文件体积庞大，不能在网络上很好地使用的缺点。

（8）F4V 格式。F4V 文件格式是 Adobe 公司为了迎接高清时代的到来，继 FLV 格式后推出的支持 H.264 的流媒体格式。它和 FLV 文件格式的主要区别在于，FLV 格式采用的是 H.263 编码，而 F4V 格式则支持 H.264 编码的高清视频，码率最高可达 50 Mbps。主流的视频网站（爱奇艺、土豆、酷 6）等都开始用 H.264 编码的 F4V 文件。在相同文件大小的情况下，H.264 编码的 F4V 文件，清晰度明显比 H.263 编码的 FLV 文件要高。土豆等网站发布视频格式是 F4V，但下载时后缀为 FLV。作为一种更小更清晰，更利于在网络传播的格式，F4V 格式已经逐渐取代了传统的 FLV 格式，这与 F4V 格式为主流播放器所兼容，可以直接播放而不需要转换格式有着直接关系。

2. 视频素材的获取

视频作为多媒体素材的一种，在多媒体系统中占有非常重要的地位。它本身可以由文本、图形图像、声音、动画中的一种或多种组合而成，利用其声音与画面同步、表现力强的特点，能大大提高直观性和形象性。

在数字视频中，影响视频质量的几个重要的技术参数是帧速、分辨率、颜色数以及压缩比。帧速通常包括25帧/秒和30帧/秒两种,帧速越高,数据量就越大,质量越好。视频的分辨率也与数据量和质量成正比,视频的分辨率越高,数据量越大,质量就越好。颜色数指的是视频中最多能使用的颜色位数。颜色位数越多,色彩越逼真,但数据量也越大。压缩比较小时,对图像的质量不会有太大的影响,当超过一定的倍数后,将会明显看出图像质量下降。而且压缩比越大,在回放时花费在解压上的时间越长。

(1) 利用摄像机拍摄。用数字摄像机拍摄的信号可以直接用数据线或者读卡器将素材传输到计算机中,因此能利用视频编辑软件对其进行编辑。

(2) 利用光盘中的视频素材。光盘中,特别是VCD、DVD中大量丰富的视频素材,利用合适的软件可以从中截取所需要的视频片段,转换成视频素材文件。常用的视频截取软件有格式工厂、视频截取专家等。

(3) 屏幕视频捕捉。运用屏幕视频捕捉软件,如SnagIt、HyperCam、SreenCam、Camtasia等,对计算机操作过程中的屏幕变化情况进行实时捕捉,其中可包括鼠标的移动轨迹与音效等,并保存成视频格式。

(4) 从网络上下载。有些网站上的视频只需安装这些视频网站上的客户端软件就可以直接下载,用户经安装客户端、注册、登录的操作后就可以下载该网站上提供的视频。

也有一些网站上的视频可以直接通过迅雷等软件下载。当某些网站上的视频只能在线播放,不能直接下载时,可利用一些小软件来解决问题。例如UUme FLV、FVD Download、硕鼠FLVCD、维棠等下载器。

还可以利用IE浏览器或360浏览器缓存的方法来下载视频。下面以360浏览器为例,详细介绍利用该浏览器进行页面提取视频的方法。

- 运行360浏览器,打开一个视频网页,右键点击视频页面空白处(不要在视频的位置),在弹出的选项框中,选择"审查元素"。
- 在视频页面中找到"Network"并单击。
- 刷新页面,单击"size"后,图片、视频就会按照从小到大排列。
- 找到视频文件,右击,选择"Open link in new tab"。
- 打开一个新的页面播放视频,在视频页面中右击,在弹出的选项框中选择"视频另存为",就会出现下载任务对话框,随后即可成功下载。

4.1.7 动画素材的常见格式与获取

动画不仅能再现现实中的现象,而且能表现现实中肉眼看不到的物体和景象。动画表现力丰富,直观,易于理解且能吸引学生注意力。出色的动画能够提高多媒体课件的整体质量,因此,计算机动画已成为多媒体课件中不可缺少的组成部分。

1. 动画素材的常见格式

(1) GIF格式。一个GIF格式文件中可以存储多幅彩色图像,如果把多幅图像数据逐幅读出并显示到屏幕上,就可构成一种最为简单的动画。

(2) SWF格式。SWF格式是Adobe公司的Flash矢量动画格式形式,是基于Shockwave技术的流式动画格式。因此,在观看SWF动画时,可以一边下载一边观看,而不必等到动画文件全部加载到计算机硬盘上再观看。

（3）FLIC 格式。FLIC 格式是 Autodesk 公司在其出品的 Autodesk Animator/Animator Pro/3D Studio 等 2D/3D 动画制作软件中采用的动画文件格式。FLIC 文件采用行程编码算法和 Delta 算法进行无损数据压缩，因此可以得到很高的数据压缩率。它被广泛应用于动画、计算机辅助设计和计算机游戏程序中。

2. 动画素材的获取

（1）常规多媒体软件制作。利用多媒体软件中的动画制作功能模块制作动画素材，例如 PowerPoint 中的自定义动画可设定对象为飞入、飞出、淡入、淡出等几十种动画效果；也可以采用 Authorware 制作能让屏幕对象以直线或曲线方式运动，从而形成动画素材。

（2）专业动画软件制作。专业动画软件能根据教学要求以及创作对象的不同，制作出形象、生动而又逼真的动画，尤其是表现复杂运动的动画效果。动画制作软件分为二维动画制作软件和三维动画制作软件两类。当前最为流行的二维动画制作软件有 Adobe 公司的 Flash、Autodesk 公司的 Autodesk Animator 等。三维动画制作软件有 Autodesk 公司的 3ds Max 和 Maya 等，它们都是世界上相当优秀的三维动画制作软件。

（3）从素材光盘或网上获得。我们可以直接从现成的素材光盘中寻找所需的动画素材，也可以在互联网上去搜寻更多的动画素材。IE 浏览器的缓存查找素材和 360 浏览器提取视频的方法同样适用 SWF 动画的下载。需要说明的是，从素材光盘和互联网中获取动画素材时，要注意版权问题。

4.2 信息化教学素材的加工

4.2.1 文本素材的加工

在多媒体作品中，文本是最基本也是最常用的素材。一些说明、介绍、作品中的文字资料都会用到文本，作为多媒体系统的组成元素，它和其他素材同样重要。文本素材处理包含文本的采集、录入、编辑等加工处理，本节将介绍利用 Word 处理文本素材的相关知识。

1. 格式与样式

无论是制作教案、试卷，还是论文排版，都需要将全文中标题和正文的格式批量修改。例如，"空白文档"模板的"正文"样式是"5 号宋体"格式，如果希望将文档中的"正文"都改为"小 4 号楷体"，正确的方法只需要修改"正文"样式的相应字体"格式"就可以了，全文就会自动改为"小 4 号楷体"。使用"样式"只需修改一次，全文自动改成新的设置。

2. 使用格式刷

使用格式刷可以将选定文本的字符格式方便地复制并应用到文档的其他部分，减少很多重复工作。"格式刷"的操作如下：

先对一处的格式进行修改,改好后将光标置于其上方,然后选择格式刷按钮,这时鼠标指针变为格式刷的形状,表明可以进行字符格式复制。将"刷子"从需要复制字符格式的文本上"刷"过,则完成了字符格式复制,鼠标指针又恢复原状。

如果需要将格式复制到多个位置的文本,那么将光标置于已修改的文本上方之后,用鼠标左键双击"格式刷"按钮,这样格式刷便可以反复使用,直到用户再次单击"格式刷"按钮或按"ESC"键为止。

3. 查找与替换文本

查找与替换是 Word 中一种高效便捷的操作。Word 所提供的查找和替换功能,不仅可以替换普通的文本,而且还可以替换带有格式的文档,可以使用通配符和代码来扩展搜索。灵活地使用格式的替换功能,可以快速地修改或删除文档中具有相同文本的内容或者具有相同格式的文档内容。

(1) 一篇长文档中多个地方含有"减肥"一词,现在要求把该词全部设置为带下划线的红色粗体字。操作方法如下:

① 打开文档,先在一个地方选中"减肥"一词,然后按组合键 Ctrl+F 打开 Word 的"查找和替换"对话框。

② 在"查找和替换"对话框的"替换"选项卡上,"减肥"一词已自动输入"查找内容"文本框中。接着,在"替换为"方框中也输入"减肥"。

③ 下面为"替换为"方框中输入的文本内容设置格式。把光标定位在"替换为"文本框中,单击"高级",单击"格式",在弹出的菜单中选择"字体"后打开"字体"对话框。在该对话框上,"字形"选择"加粗","字体颜色"选择"红色","下划线线型"选择"细下划线",最后单击"确定"回到"查找和替换"对话框。

④ 在"查找和替换"对话框的"替换"选项卡上,上一步设置的查找和替换选项会显示在"查找内容"和"替换为"文本框的下方,如果在"替换为"文本框的下方显示"加粗""下划线""红色",说明上面的设置正确,最后单击"全部替换"按钮。

(2) 文档中含有多个书名,要求将书名(即包含在书名号之间的文本)统一设置为黑体、红色。操作方法:使用通配符查找书名,然后将找到的文本用上文介绍的方法全部替换为黑体、红色的文本。具体如下:

① 按组合键 Ctrl+F 打开 Word 的"查找和替换"对话框,单击"高级"打开隐藏的查找和替换选项,选择"使用通配符",然后在"查找"文本框中输入"《*》"。

② 将光标定位在"替换为"文本框中,不要输入任何内容,单击"高级",单击"格式",在弹出的菜单中选择"字体"后打开"字体"对话框。在该对话框上,"字体"选择"黑体","字体颜色"选择"红色",最后单击"确定"关闭"字体"对话框。

③ 在"替换"选项卡上检查上面设置的查找和替换选项,确定无误后单击"全部替换"。

(3) 替换文本间多余的空格符。操作方法如下:

① 选择需要替换的文本或整个文档。

② 单击"编辑→替换"命令,打开"替换"对话框。

③ 把光标定位在"查找内容"中,单击"特殊字符"按钮,在弹出的菜单中选择"空白区域"选项,或直接在其中输入"^w"。

④ 将光标定位在"替换为"框中,不输入任何内容。

⑤ 单击"全部替换"按钮,出现一个替换内容的提示框。

⑥ 单击"否"按钮,返回"替换"对话框。

⑦ 单击"关闭"按钮,完成替换操作。

(4) 查找并替换多余的回车符。操作方法如下:

① 先打开整个文档,打开"替换"对话框。

② 把光标定位在"查找内容"框中,单击"特殊字符"按钮,在弹出的菜单中选择"段落标记"选项,再次单击"特殊字符→段落标记"选项,或直接输入两个回车符。

③ 将光标定位在"替换为"框中,然后单击"特殊字符→段落标记"选项,或直接在输入框中输入一个回车符"^p"。

④ 单击"全部替换"按钮。

4. 使用公式编辑器输入公式

如果要在 Word 中创建数学公式,首先单击要插入公式的位置,再单击"插入"菜单中的"对象"命令,然后单击"新建"选项卡。选择"对象类型"框中的"Microsoft 公式 3.0"选项(见图 4-2-1)。单击"确定"按钮,则 Word 进入公式编辑器状态,原来的菜单栏被替换成公式编辑器的菜单栏,同时在窗口中出现一个公式工具栏,并且在原来插入点所在位置上出现一个公式编辑框(见图 4-2-2)。

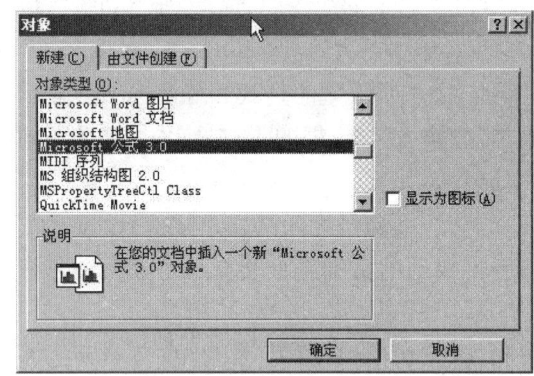

图 4-2-1 Microsoft 公式 3.0

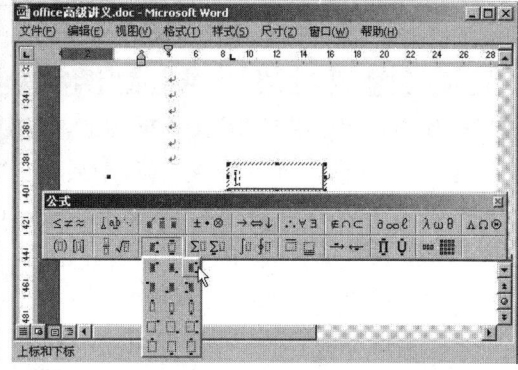

图 4-2-2 Microsoft 公式编辑器状态

如果将鼠标指针移动到"公式"工具栏的任意一个按钮上,则窗口状态栏中会显示出当前鼠标指针所在位置按钮的功能,如果将鼠标指针多停一会儿则会弹出一个消息框说明当前按钮的功能。单击"公式"工具栏中的任意一个按钮,则会弹出相应的选项面板,将鼠标指针移动到选项面板上任意一个按钮,则在状态栏中也会显示相应符号或公式模板的功能说明。

"公式"工具栏中包含两类按钮:上半部分是公式符号类按钮;下半部分是公式模板类按钮。

(1) 公式符号类按钮：公式符号类按钮从左至右依次为关系符号、间距和省略号、修饰符号、运算符号、箭头符号、逻辑符号、集合论符号、其他符号、希腊字母（小写）以及希腊字母（大写）。

(2) 公式模板类按钮：公式模板类按钮从左至右依次为围栏模板、分式和根式模板、下标和上标模板、求和模板、积分模板、底线和顶线模板、标签箭头模板、乘积和集合论模板以及矩阵模板。

5. 使用域代码

域是 Word 中的一种特殊命令，它由花括号{}、域名（如 EQ、DATA 等）及域开关构成。域代码类似于公式。域选项开关是 Word 中的一种特殊格式指令，在域中可触发特定的操作。域是 Word 的精髓，它的应用是非常广泛的。Word 中的"插入对象、页码、目录、索引、求和、排序、拼音指南、双行合一、带圈字符"等，都使用了域的功能。

(1) 设置"提示域"。当我们在制作一个 Word 模板时，为了让使用者清楚各部分应输入的内容，可采用"MacroButton"域编制"提示域"，这样使用者的输入能自动替换掉提示信息。例如，有下面一个 Word 生成的模板，见图 4-2-3：

个人信息
姓名：[请输入你目前正使用的名字！]
年龄：[请输入你的周岁！]
籍贯：[请输入你的出生地！]

图 4-2-3　提示语

模板中的姓名、年龄、籍贯后面的文本是提示语，提示用户该输入什么样的内容。这是由域代码生成的，用户单击提示语时，整个提示语都被选中，用户输入的文字会直接替换掉提示信息。

具体的操作：在"姓名："后，点击"插入"菜单下的"文档部件"，在其中找到"域…"单击。在随后出现的对话框中的"域名"下选择 MacroButton，在右侧"显示文字"下输入提示信息，比如"[请输入你目前正使用的名字！]"，单击"确定"，则完成一条提示语的设置。

(2) 插入目录。Word 提供了以域的形式插入目录，插入的目录，可以根据内容中的标题文字、页码变化，可以通过"更新域"的方式，随时更新，为用户减少编辑长文档时，花费于目录整理方面的时间。

插入目录可分两个步骤：

① 设定目录中显示的文字的级。选择文字，在"引用"菜单中（见图 4-2-4），点击"添加文字"中的"1 级"。比如本书的"第四章信息化教学素材资源准备"，需要设置为"1 级"。类似的，"4.2 信息化教学素材的加工"应该设置为"2 级"，"4.2.1 文本素材的加工"设置为"3 级"。用这样的方式，为整篇文档中需要显示在目录中的文字设置相应的级。

② 在目录应该出现的地方，单击"引用"菜单中的"目录"下面的"自动目录 1"，则三级目录立刻生成。见图 4-2-5。

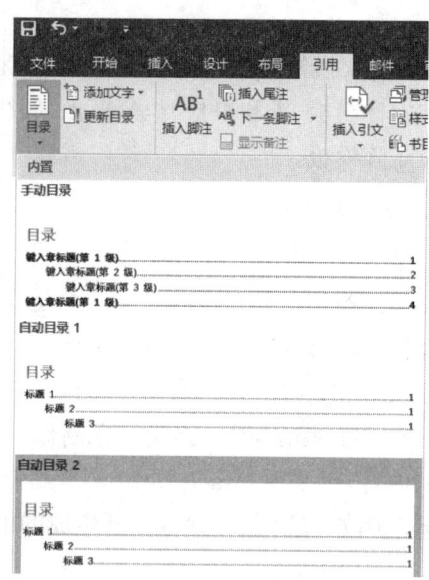

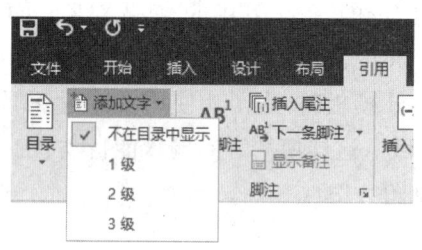

图 4-2-4　设置级　　　　　　　　图 4-2-5　生成目录

4.2.2　图形图像素材的加工

图形图像是教学信息中最常见的一种信息表达形式，可以形象、生动、直观地表现教学信息。通过各种途径获取的图像，往往不能直接使用，如图片上有不需要的文字等，这就需要进行特殊处理。

本节将介绍利用 Photoshop 处理图片素材的相关知识。

1. Photoshop 软件基础教程

Adobe 公司出品的 Photoshop 是一个功能强大、用途广泛的图像处理软件，常用于广告、艺术、平面设计等创作。下面以 Photoshop CS 版本为例。

（1）Photoshop 的工具栏

图 4-2-6 中①为选框工具，包含矩形、椭圆、单行和单列选框工具；②为套索工具，包含套索、多边形和磁性套索工具；③为裁剪工具；④为修复工具，包含修复画笔工具、修补工具和颜色替换工具；⑤为仿制图章工具，包含仿制图章工具和图案图章工具；⑥为橡皮擦工具，包含橡皮擦工具、背景橡皮擦工具、魔术橡皮擦工具；⑦为模糊工具，包含模糊工具、锐化工具和涂抹工具；⑧为移动工具；⑨为魔棒工具；⑩为吸管工具；⑪为画笔工具，包含画笔工具和铅笔工具；⑫中包含历史记录画笔工具和图案图章工具；⑬中包含渐变工具和油漆桶工具；⑭中包含减淡工具、加深工具和海绵工具。

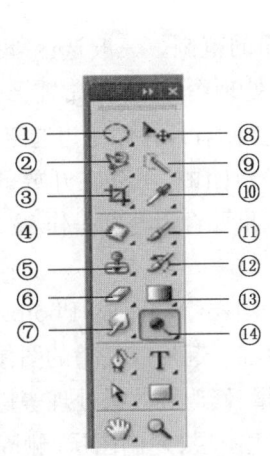

图 4-2-6　Photoshop 的工具栏 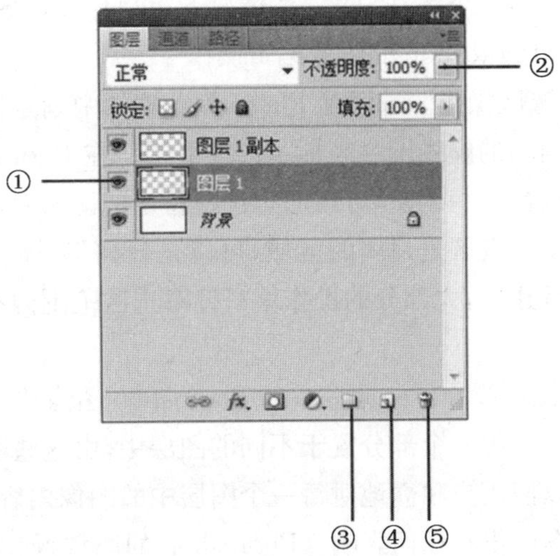　　　　图 4-2-7　Photoshop 的图层

(2) Photoshop 的图层

① 图层就像一张张叠在一起的胶片，最上层的图像挡住下面的图像，使之不被看见。

② 上层图像中没有像素的地方为透明区域，通过透明区域可以看到下一层的图像。

③ 图层是相对独立的，在一个图层编辑时，不影响其他层。

④ 每次只能在一个图层上工作，不能同时编辑多个图层。

图 4-2-7 中①为显示/隐藏图层，②为调节不透明度，③为新建图层组，④为新建图层按钮，⑤为删除图层按钮。

(3) Photoshop 的图层蒙版

① 使用蒙版可保护部分图层，该图层不能被编辑。蒙版可以控制图层区域内部分内容可隐藏或是显示。更改蒙版可以对图层应用各种效果，不会影响该图层上的图像。

② 图层蒙版是灰度图像，因此用黑色绘制的内容将会隐藏，用白色绘制的内容将会显示，而用灰色色调绘制的内容将以各级透明度显示。

③ 添加蒙版后，我们所做的操作是作用在蒙版上，而不是图层上。

④ 图层蒙版常用于图像的合成中，让两个图像无缝地合成在一起。

(4) Photoshop 的文件操作

① 新建或打开图像文件。Photoshop 启动后，并不会自动新建或者打开一个图像文件。执行"新建(打开)"图像文件的方法："文件→新建(打开)"或者按 Ctrl＋N 键，如果当前 Photoshop 中已经存在一个图像文件，则可以右击图像文件的标题栏，在弹出的快捷菜单中选择"新建文档"即可。

② 存储图像文件。执行"存储"图像文件的方法："文件存储"或者按 Ctrl＋S 键，如果当前 Photoshop 中已经存在一个图像文件而且您从未保存过该文件或者保存过该文件后又对其进行了修改，则可以直接单击该文档标题栏上的标记 X，关闭该文档，此时在弹出的对话框中可根据需要选择是否保存该文件。Photoshop 源文档的后缀名有两个，一个

是.PDD，另一个是.PSD，一般情况下，我们使用PSD后缀名。Photoshop也简称为PS。

（5）Photoshop的图像编辑操作

① 选区操作。选区是Photoshop软件中划定图片操作的范围。一般选区外围会形成一圈闪动的虚线围绕来标示选区范围。在Photoshop中处理图像时，经常需要针对局部效果进行一些调整，可以通过选择特定的区域对该区域进行编辑，并保持为选定区域不会被改动。选区是封闭的区域，可以是任何形状，但一定是封闭的，不存在开放的选区。选区一旦建立，大部分的操作就只针对选区范围内有效。如果要针对全图操作，必须先取消选区。

② 图层操作。一幅完整的Photoshop图像往往由多个图层组合而成，Photoshop可以将图像的每一个部分置于不同的图层中，由这些图层叠放在一起形成完整的图像效果。图层可以使用户独立地对每一个图层中的图像内容进行编辑、修改和效果处理等操作，而对其他图层没有任何影响。Photoshop的图层操作包括创建图层、复制图层、删除图层、移动图层和链接图层等。输入文字、粘贴剪贴板的内容将自动产生新图层。

③ 文字操作。Photoshop的文本工具内含四个工具，它们分别是横排文本工具、竖排文本工具、横排文本蒙版工具、竖排文本蒙版工具，这个工具的快捷键是字母T。

（6）Photoshop的图像基本操作

① 复制图像。单击"Edit→Copy"命令或按下Ctrl＋C组合键复制区域中的图像。执行此命令后，Photoshop会在不影响原图像的情况下，将复制的内容放到Windows的剪贴板中，用户可以多次粘贴使用，当重新执行Copy命令或执行了Cut命令后，剪贴板中的内容才会被更新。

② 移动图像。通常使用的方法是用工具箱中的移动工具或使用菜单命令进行移动。

③ 变换图像。复制过来的图像，若位置或大小不合适，则需要进一步调整。Photoshop提供了丰富的调整工具来完成这些工作，如缩放、旋转、拉伸图像等。

④ 裁切图像。裁切就是将图像四周没有用的部分去掉，只留下中间有用的部分，并不是简单地删除图像内容，所以裁切后图像的尺寸将变小。Photoshop提供了一个既方便又好用的工具——裁切工具。使用裁切工具不但可以自由控制裁切的大小和位置，而且可以在裁切的同时对图像进行旋转、变形，以及改变图像分辨率等操作。

⑤ 调整图像文件大小。一幅图像的画面质量跟图像的分辨率和尺寸大小是息息相关的，同样尺寸大小的图像，其分辨率越高，图像越清晰。当尺寸固定而增加分辨率时，Photoshop必须在图像中增加像素数目；反之，当尺寸固定而减少分辨率时，则会删除部分像素。这时Photoshop就会在图像中重新取样，以便在失真最少的情况下增减图像中的像素数目。

2. Photoshop基础实例

要想熟练掌握Photoshop操作，首先要多上机多练习，并理解每一步操作的意义。此外，还要留意各种广告设计、期刊封面、招贴海报、软件界面等方面的案例，借鉴其配色和构图技巧，从中积累经验，启发灵感。

【操作1】羽化效果

任务说明：请对图4-2-8a进行羽化，最终效果如图4-2-8b。

a. 羽化素材　　　　　　　　　　　　b. 羽化效果

图 4-2-8　羽化

羽　化

羽化的作用就是虚化选区的边缘，这样在制作合成效果的时候会得到较柔和的过渡。羽化半径可以根据图像文件的大小以及选区和边缘的距离进行估计。

参考步骤：

① 打开"山水.jpg"，切换到椭圆选框工具，设定羽化大小为50像素，拉出一个椭圆选区（椭圆尽量不要接近图像边缘）。

② 按 Ctrl＋C，拷贝选区中的内容。

③ 按 Ctrl＋N，新建图像（见图4-2-9）。

④ 按 Ctrl＋V，粘贴图像。

⑤ 按 Ctrl＋Shift＋S，保存图像。

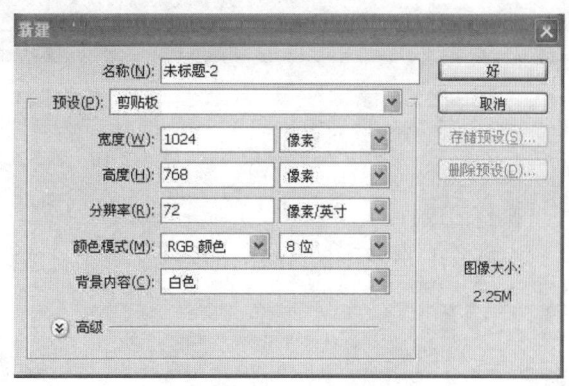

图 4-2-9　"新建"对话框

选框工具使用技巧

用矩形选框工具或椭圆选框工具建立选区时：按Shift键是正（圆、正方形）选区；按Alt键，以中心向四周建立选区；按Alt＋Shift键，以中心向四周建立正选区;按 Space 键,可移动正在建立的选区;精确建立选区,使用"固定大小"选项;建立特定长宽比的选区,使用"约束长宽比"选项;建立柔化选区,使用前设置"羽化"。

【操作2】汽车海报

任务说明:把图 4-2-10a、b 的素材进行合成,最终效果如图 4-2-10c 所示。

参考步骤:

① 用套索工具沿着汽车的轮廓建立一个选区(离汽车轮廓约 30 个像素左右)。

② 给选区追加约 30 个像素的羽化。

③ 用移动工具将汽车拖至老鹰图片上。

④ 按住 Ctrl 键的同时按"-",可以减小图像显示比例,按"+"可以增大显示比例。

⑤ 按 Ctrl+T 对汽车进行自由变换,按住 Shift 调整大小,双击鼠标(或按回车键)确认自由变换。

要点总结:Ctrl+、Ctrl- 可以改变画面显示的比例。Ctrl+T 可以对当前图层中的内容进行缩放操作,注意放大时不宜过大,否则图像会失真。

a. 汽车素材

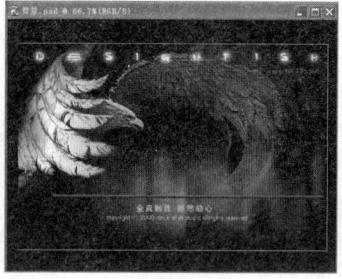
b. 老鹰素材

c. 最终效果

图 4-2-10 汽车海报

【操作3】婚礼

任务说明:把图 4-2-11a、b、c 中的 3 个素材进行合成,最终效果如图 4-2-11d 所示。

a. 背景素材

b. 新娘素材

c. 新郎素材

d. 最终效果

图 4-2-11 婚礼

参考步骤:

① 对新娘进行抠图。用磁性套索工具沿着新娘素材的轮廓移动,该工具会自动建立锚点,在没有明显边缘的地方需单击左键手工建立锚点,如锚点位置不对可按 Delete 键删除,双击鼠标可以闭合选区。

② 对新郎进行抠图。用魔棒工具对新郎进行抠图,先用魔棒选中新郎以外的白色背景。可以观察到新郎的右侧领子由于也是白色,所以亦被选了进来。这时可以切换到套索工具,按住 Alt 键将右侧领子从当前选区中去掉。同理可以去除右侧袖口处多选的部分。再用魔棒工具按住 Shift 键选中袖子和身体夹缝间的白色。按 Ctrl+Shift+I 进行反选,完成对新郎的抠图。

③ 用移动工具分别将新娘和新郎的图像拖至背景图像,按 Ctrl+T 分别对其进行缩放。

要点总结:扩大选区按 Shift 键(即添加到选区),减少选区按 Alt 键(即选区减去)。按 Alt+Shift 键取相交选区(即交选)。也可以结合选项栏调板来建立新选区、添加选区、缩小选区、相交选区;设置选区的羽化、模式、消除锯齿。

【操作4】 邮票效果

任务说明:在图 4-2-12a 的基础上,制作出如图 4-2-12b 所示的效果。

a. 老虎素材　　　　　　　　　b. 最终效果

图 4-2-12　邮票效果

参考步骤:

① 打开老虎素材,右键单击标题栏,将画布大小改为 11 cm * 7.5 cm。

② 用魔术橡皮擦工具单击老虎背景中的白色,去除背景。

③ 在老虎图层下方建立两个图层,底层用白色填充,中间层画一个绿色的矩形。

④ 选中绿色矩形图层,切换到橡皮工具,打开画笔调板,调整笔头的大小和间距,按住 Shift 键的同时沿着绿色矩形的四周擦出邮票的锯齿。

⑤ 在绿色矩形图层上添加投影样式。

⑥ 在顶层用文本工具插入文本。

要点总结:画布大小和图像大小不同,前者增减绘图的区域,不改变图像大小;后者会对整个图像文件进行缩放操作。

4.2.3 音频素材的加工

在利用多媒体课件进行教学的过程中，针对学生的特点，可以在课件中添加背景音乐，使学生在轻松、愉快的环境中进行学习，利于学生保持长久的注意力，从而提高学习效果。对于背景音乐的制作处理，我们可以通过很多的软件工具来完成，面对这些软件工具，我们怎样来选择，怎样来处理我们的声音素材，从而制作出优美动听的背景音乐呢？

1. 声音软件比较

表 4-2-1　常用的声音软件比较表

常用软件	功能特点
Windows 录音机	Windows 自带工具，功能简单易用。
CoolEdit Pro	一个集录音、混音、编辑于一体的多轨数字音频编辑软件，操作界面简单，功能较全面，对音频文件进行编辑处理支持多种声音文件格式，可进行多种声音素材处理。
WaveStudio	使用简单、方便，用来制作 MIDI 的声音素材。
GoldWave	相当优秀的数码录音及编辑软件，简单的共享软件，能创立、保存、转换 AU 文件。如果 CD-ROM 是 SCSI 形式，它可以不经由声卡直接抽取 CD-ROM 中的音乐来录制编辑。GoldWave 是一个"环保"的工具。
SoundForge	专业音频创作工具，具有较好的专业声音编辑与效果创立工具，能方便、直观地实现对音频文件和视频文件声音部分进行处理。主要是针对 Flash 用户而言。

表 4-2-1 列举了几种常用的声音处理软件，并做了简要的分析，每一种软件都有自己的功能特点、自己的使用范围。对于课件中常用的背景声音的制作处理，上述软件基本上都能够完成，大家可以根据自己的知识掌握情况，选择自己喜欢的软件进行背景音乐的制作。本节将介绍利用 GoldWave 处理音频素材的相关知识。

2. GoldWave 音频编辑软件

GoldWave 是一个功能强大的数字音乐编辑器，可以对声音进行播放、录制、编辑以及转换格式等处理。

GoldWave 具有的特性，一是直观、可定制的用户界面，使操作更简便；二是可以同时打开多个文件，简化了文件之间的操作；三是允许使用多种声音效果，如混响、回音、时间扭曲、淡入淡出等，以及可以使用精密的过滤器（如降噪器和突变过滤器）帮助修复声音文件；四是批转换命令可以把一组声音文件转换为不同的格式和类型，该功能可以转换立体声为单声道，转换 8 位声音到 16 位声音，或者是文件类型支持的任意属性的格式。

（1）GoldWave 界面

刚进入 GoldWave 时，窗口是空白的，而且 GoldWave 窗口上的大多数按钮、菜单均不能使用，需要先建立一个新的声音文件或者打开一个声音文件。GoldWave 窗口右下方的小窗口是设备控制窗口。设备控制窗口的作用是播放声音以及录制声音，窗口各部分的作用如图 4-2-13 所示。

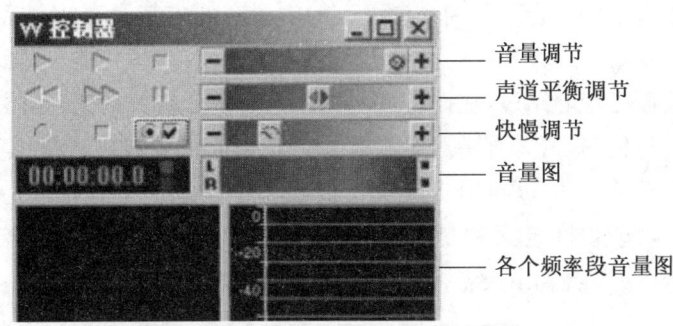

图 4-2-13　控制器窗口

(2) 打开一个已有的声音文件

使用文件菜单中的打开命令或使用工具栏上的打开按钮都可以打开一个声音文件。打开波形文件之后会看到,GoldWave 的窗口中显示出了波形文件的声音的波形。如果是立体声,GoldWave 会分别显示两个声道的波形,绿色部分代表左声道,红色部分代表右声道。而此时设备控制面板上的按钮也变得可以使用了(即由黑白变为彩色)。点击设备控制面板上的 Play 按钮,GoldWave 就会播放这个波形文件。播放波形文件的时候,在 GoldWave 窗口中会看到一条白色的指示线,指示线的位置表示正在播放的波形。与此同时,在设备控制面板上会看到音量显示以及各个频率段的声音的音量大小(见图 4-2-14)。

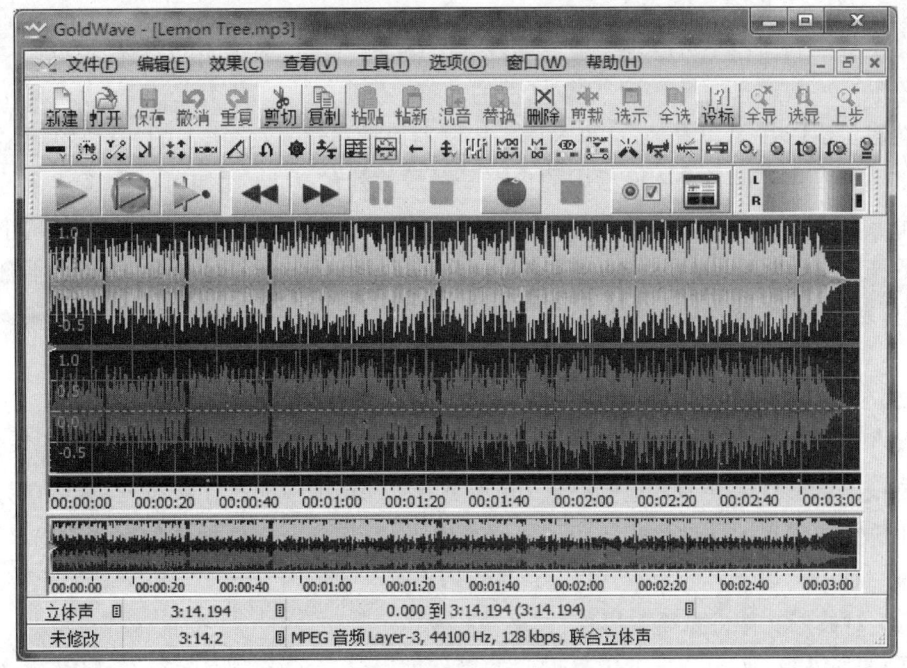

图 4-2-14　GoldWave 程序窗口

在播放波形文件的过程中可以随时暂停、停止、倒放、快放播放进度,使用方法与普通的录音机一样。在设备控制面板上还有一个录音按钮,你可以用它录制自己的声音,甚至可以把自己的声音录制到一个已有的声音文件中与原有的声音混合,或者把原有的声音覆盖。也可以在设备控制面板上调整音量、左右均衡和播放速度。

前面已经介绍过,在设备控制面板上有两个播放按钮,即播放和自定义播放按钮。使用播放按钮时,总是播放全部波形(在 GoldWave 中,声音是用波形来表示的);如果使用自定义播放按钮,就可以自己决定播放选中的波形、未选中的波形等操作。通过属性按钮,可以定义自定义播放按钮的功能。用鼠标点击设备控制面板上的属性按钮,GoldWave 就会弹出设备控制属性窗口(见图 4-2-15)。

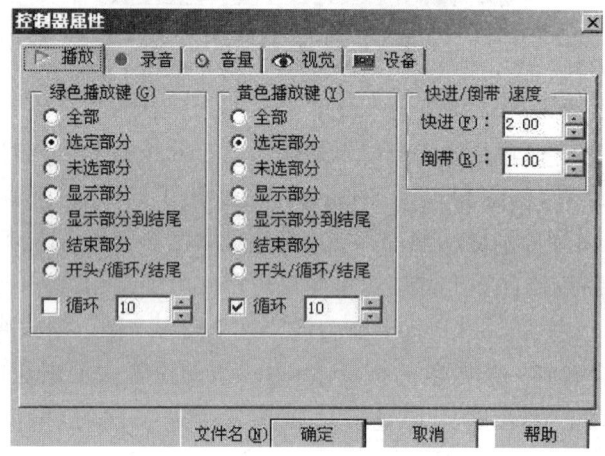

图 4-2-15　控制器属性设置

在设备控制窗口中可以调整播放属性、录音属性、音量、显示图的内容以及声卡设备,在这里不一一叙述,只介绍一下播放属性的调整。

在图 4-2-15 中可以看到,一进入设备控制器属性窗口,首先出现的是播放属性窗口。在这里你可以定义设备控制面板中的自定义播放按钮的功能,比如可以定义这个按钮播放整个波形、选中的波形(这时功能与普通播放按钮一样)、未选中的波形、在窗口中显示出来的波形、从波形开始处播放到选中部分的末尾处和从波形开始处播放,或者循环播放(次数可定)选中的波形,以及播放到波形的末尾处。另外,你还可以调整快放和倒放的速度。

(3) 保存波形文件

保存文件的方法和打开文件的方法相似,最简单的方法是使用工具栏上的保存按钮。如果要把声音文件保存为其他的格式,就要使用文件菜单中的另存为命令,然后在另存为窗口中选择要保存的文件格式。为了便于交流,建议将声音文件格式保存为 WAV、MP3 中的某一种。

(4) 对波形文件进行简单操作

① 选择波形。GoldWave 中最重要的操作就是选择波形。因为在 GoldWave 中,我们所进行的操作都是针对选中的波形。所以,在处理波形之前,要先选择需要处理的波形。选择波形的顺序是:在波形图上用鼠标左键确定所选波形的开始(见图 4-2-16a);在波形图上用鼠标右键确定波形的结尾(见图 4-2-16b)。这样,我们就选择了一段波形,选

中的波形以较亮的颜色并配以蓝色底色显示,如图所示;未选中的波形以较淡的颜色并配以黑色底色显示。然后我们可以对这段波形进行各种各样的处理了。

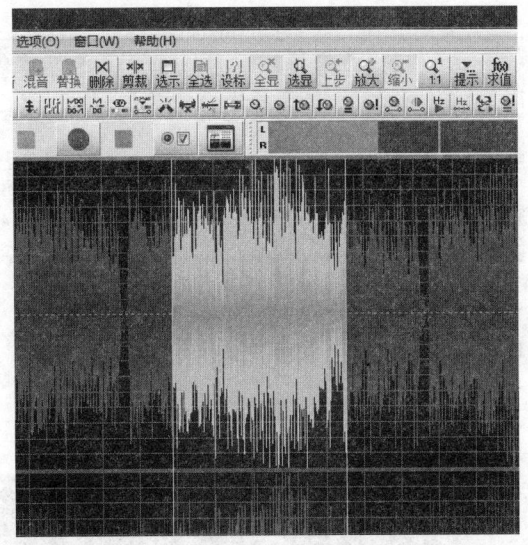
a. 开始

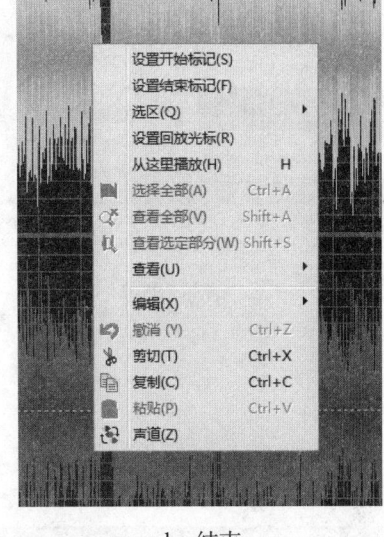
b. 结束

图 4-2-16　选择波形

② 拷贝、剪切、删除、裁剪波形段与其他 Windows 应用程序一样。拷贝分为复制和粘贴两个步骤:首先,选择波形段以后,按下工具栏上的 Copy 按钮,选中的波形即被复制;然后,用鼠标选择需要粘贴波形的位置(配合使用鼠标左键和右键来选择插入点);最后,用鼠标点击工具栏上的粘贴按钮,刚才复制的波形段就会被粘贴到所选的位置了。剪切波形段与拷贝波形段的区别是:拷贝波形段是把一段波形复制到某个位置,而剪切波形段是把一段波形剪切下来,粘贴到某个位置。剪切波形段与拷贝波形段的操作方法一样,只是拷贝的时候所用的按钮是 Copy,而剪切的时候所用的按钮是 Cut。删除波形段的后果是直接把一段选中的波形删除,而不保留在剪贴板中。

(5) 声音的效果处理

① 调整音量。点击菜单"效果→音量→更改音量"命令,出来一个对话框(见图 4-2-17)。

② 降噪处理。用话筒等录音往往有一定的背景噪音,在 GoldWave 中有一个降噪命令,可以过滤掉一些噪音。用鼠标拖动的方法选中一段杂音,然后点菜单"编辑→复制"命令,再点击工具栏上的"全选"按钮,选中所有音波,也就是对所有音波进行降噪处理;点击菜单"效果→滤波器→降噪(R)…"命令,出来一个面板(见图 4-2-18a);在面板的左侧,点下方的"剪贴板",然后点"确定"按钮回到窗口中(见图 4-2-18b);从窗口中的波形里可以发现,那些锯齿杂音都没了,点右边控制器里的绿色播放按钮,可以听到很清晰的语音了。

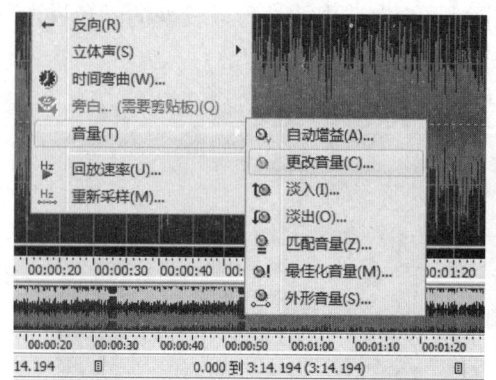 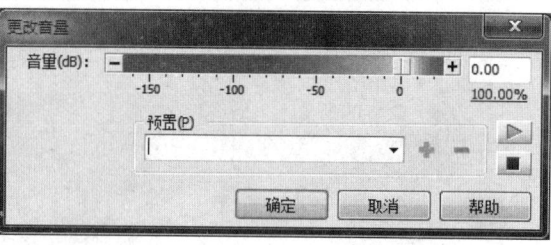

a. "音量"菜单　　　　　　　　　　　b. 设置参数

图 4-2-17　更改音量

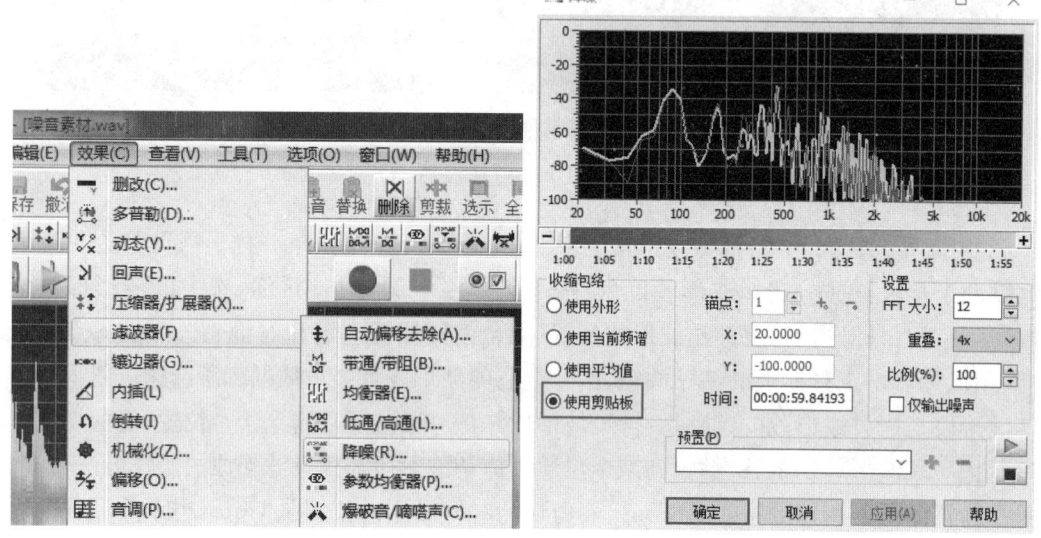

a. "降噪"菜单　　　　　　　　　　　b. 使用剪贴板

图 4-2-18　降噪

4.2.4　视频素材的加工

在我们制作多媒体课件时,有一种重要的媒体元素——视频。视频能够把画面、配音、音乐和文本有机结合起来,具有很强的表现力和感染力,在渲染课堂气氛、创设问题情境和进行情感教育方面具有独特的优势。在制作多媒体课件时,可以直接从网上下载所需要的视频文件,也可以利用软件进行素材整合,自行制作符合教学需要的视频文件。

本节将介绍如何利用 Ulead VideoStudio(会声会影)来编辑视频素材。

1. Ulead VideoStudio(会声会影)简介

会声会影是一套操作简单,功能强大的 DV、HDV 影片剪辑软件。不仅具有完全符合家庭或个人所需的影片剪辑功能,甚至可以挑战专业级的影片剪辑软件。会声会影具有创新的影片制作向导模式,只要三个步骤就可快速做出 DV 影片,即使是入门新手也可以在短时间内体验影片剪辑乐趣;从捕获、剪接、转场、特效、覆叠、字幕、配乐,到刻录,让您全方位制作出专业级的个人电影。

会声会影还具有成批转换功能与对捕获格式的完整支持,让剪辑影片更快、更有效率;画面特写镜头与对象创意覆叠,可随意制作出新奇百变的创意效果;配乐大师与杜比 AC3 支持,让影片配乐更精准、更立体;同时酷炫的影片转场、视频滤镜、各种标题动画等丰富效果,让影片精彩有趣。

2. 运用 Ulead VideoStudio(会声会影)进行视频素材编辑

(1) Ulead VideoStudio(会声会影)的工作界面

单击"开始"—"程序"—"Ulead VideoStudio"—"会声会影"命令,进入 Ulead VideoStudio 工作窗口,单击"会声会影编辑器"按钮,打开 Ulead VideoStudio 的工作界面(见图 4-2-19)。

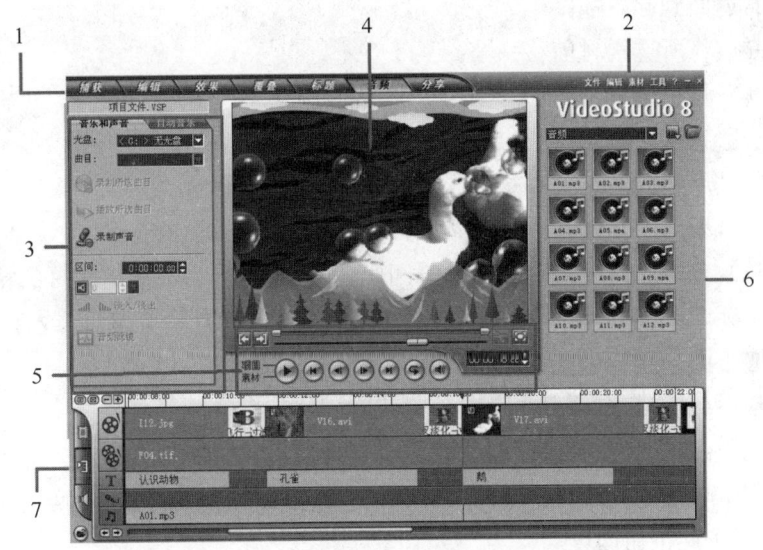

图 4-2-19　Ulead VideoStudio 的工作界面

1—步骤面板:包含视频编辑中七个不同步骤所对应的按钮。单击不同的菜单栏目,将进入相应的操作步骤。

2—菜单栏:包含四个不同命令集的菜单。

3—选项面板:包含用于对所选素材定义设置的控件、按钮和其他信息。此面板的内容会根据您所在的步骤而有所变化。

4—预览窗口:显示当前的素材、视频滤镜、效果或标题。

5—导览面板:导览面板可用于预览和编辑项目中使用的素材。用导览控件可以浏览所选的素材或项目。用修整栏和飞梭栏可以编辑素材。

6—素材库:保存和管理所有的媒体素材。

7—时间轴:显示项目中包含的所有素材、标题和效果。

(2) 导览面板各按钮的作用

导览面板上按钮作用如图 4-2-20 说明。

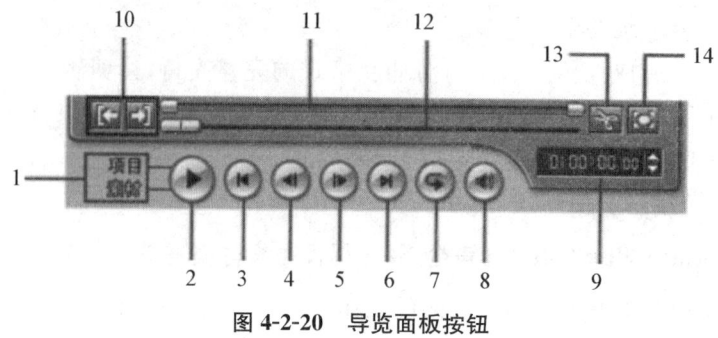

图 4-2-20　导览面板按钮

1—播放模式:选择预览整个项目还是仅预览所选的素材。

2—播放:播放、暂停或继续当前的项目或所选的素材。

3—起始:返回到起始帧。

4—上一帧:将所选素材前移一帧。

5—下一帧:将所选素材后移一帧。

6—终止:移到终止帧。

7—重复:循环回放。

8—系统音量:单击并拖动此滑动条,可以调整电脑扬声器的音量。

9—时间轴:允许您通过指定确切的时间码,直接跳到项目或选定素材的特定位置。

10—开始标记/结束标记:用这些按钮可以在项目中设置预览范围,或标记要修整素材的起始和终止点。

11—修整栏:允许您在项目中设置预览范围或修整素材。

12—飞梭栏:允许您在项目或素材上拖曳。

13—分割视频:将所选的素材修剪成两半。将飞梭栏放到前一半的终止和后一半的起始处,然后单击此按钮即可。

14—扩大预览窗口:单击它,可以放大预览窗口。在放大预览窗口后,仅可以预览素材,不能编辑。

(3) 项目时间轴

位于会声会影编辑器窗口下半部分的项目时间轴是编辑影片项目的地方。有三种类型的视图可用于显示项目时间轴:故事板、时间轴和音频视图。单击项目时间轴左边的相应按钮,可以在不同的视图间切换(见图 4-2-21)。

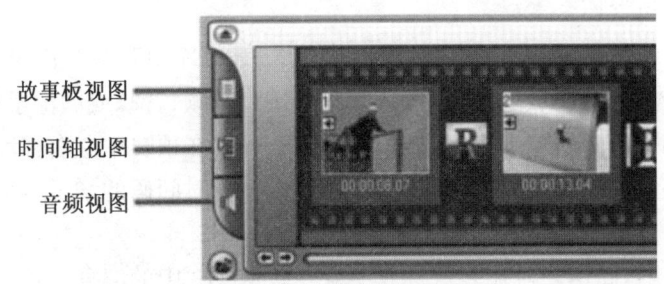

图 4-2-21　项目时间轴

故事板视图：将视频添加到影片的最快捷方法。故事板中的每个略图代表影片中的一个事件，事件可以是素材或转场。略图可以按时间顺序显示事件的一些画面。每个素材的区间显示在每个略图的底部（见图 4-2-22）。

图 4-2-22　故事板视图

时间轴视图：可以最清楚地显示影片项目中的元素。它根据视频、覆叠、标题、声音和音乐将项目分割成不同的轨。时间轴视图允许您对素材执行精确到帧的编辑。各部分的名称及其作用见图 4-2-23。

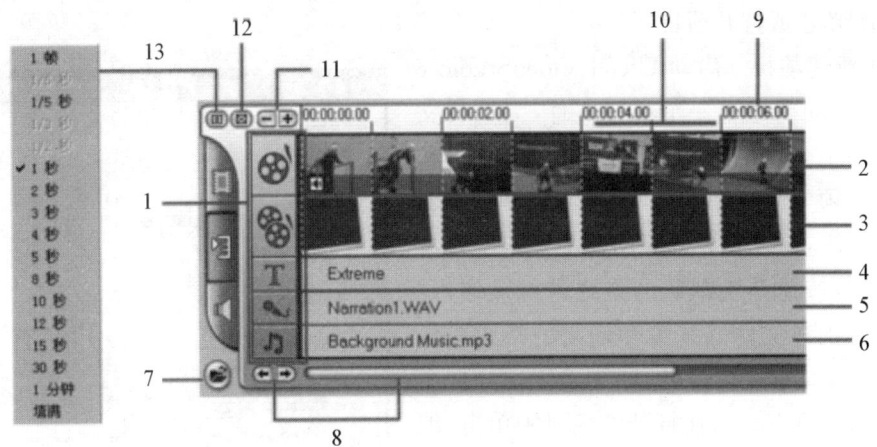

图 4-2-23　时间轴视图

1—轨按钮：单击相应的按钮，可以在不同的轨之间切换。
2—视频轨：包含视频/图像/色彩素材和转场。
3—覆叠轨：包含覆叠素材，它们可以是视频、图像或色彩素材。
4—标题轨：包含标题素材。

5—声音轨：包含声音素材。

6—音乐轨：包含从音频CD录制或「自动音乐」素材库中获取的音乐素材。

7—插入媒体文件：显示一个菜单，允许您直接将视频、音频或图像素材放到项目中。

8—项目滚动控件：用左右按钮或拖动滚动条，可以在项目中左右移动。

9—时间轴标尺：以"时：分：秒：帧"的形式显示项目时间码的增量，可以帮助您决定素材和项目的长度。

10—所选范围：此色彩栏代表素材或项目被修整或选中的部分。

11—缩放控件：增加或减少显示在时间轴中的帧数量。

12—将项目调到时间轴窗口大小：将整个项目调整到时间轴窗口的大小。

13—缩放到：修改时间轴标尺中时间码的增量。

(4) Ulead VideoStudio 的视频编辑工作流程

在较高版本的 Ulead VideoStudio 程序中，视频编辑工作流程分为以下七个步骤：

① 捕获：可以直接将视频录制到电脑的硬盘上。

② 编辑：在此可以整理、编辑和修整视频素材，还可以将视频滤镜应用到视频素材上。

③ 效果：可以在项目的视频素材之间添加转场。

④ 覆叠：在一个素材上叠加另一个素材，创建画中画效果。

⑤ 标题：可以创建动态的文字标题或从素材库的各种预设值中选择。

⑥ 音频：可以从一个或多个连接在电脑上的 CD-ROM 驱动器中选择和录制音乐文件。在此步骤中，您还可以为视频配音。

⑦ 分享：创建用于在网络上分享的视频文件或将影片输出到磁带、DVD 或 CD。

(5) 新建或打开项目

① 新建项目。启动 Ulead VideoStudio 8 后，系统自动新建了一个项目文件，为项目文件选择一个合适的模板。在视频素材采集和编辑中必须先设定好模板，这样在采集和编辑视频文件时，系统才会按照用户的设定进行编辑。否则，按照系统默认的方式进行操作，这样会影响视频文件的采集和输出的格式或导致无法采集、编辑和输出。单击菜单栏的"文件→项目属性"命令，在打开的窗口中单击"编辑"按钮，进入图 4-2-24 所示的项目选项窗口，在"压缩"选项中的媒体类型中设定一种模式后，其他的选项均按这个模式进行设定。单击"确定"按钮即可。

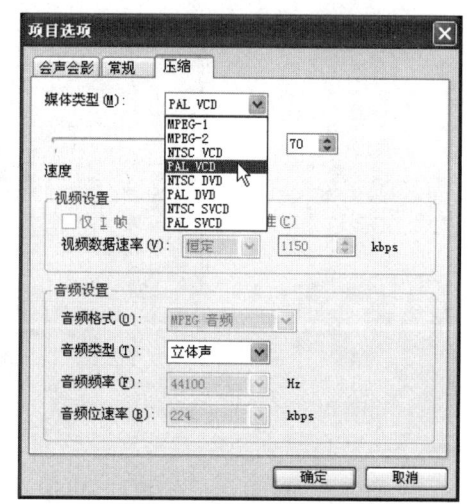

图 4-2-24　项目选项窗口

② 打开项目。单击菜单栏"文件→打开项目"命令，则会弹出"打开"对话框。在对话框中，选择一个已有的 VSP 格式文件，单击"打开"按钮，即可将其调入。

(6)添加和编辑素材

添加和编辑素材主要是指向项目添加各种视频、图像和色彩素材及滤镜效果;调整素材播放顺序;修整视频素材等。

前面我们介绍了"故事板视图模式"和"时间轴视图模式",它们在编辑素材过程中的作用各不相同。"故事板视图模式"是添加影片的最快和最简单的方式,其中包含许多略图,它们按时间顺序排列,每个略图代表影片中的一段视频、一幅图像、一个转场效果等。"时间轴视图模式"包括视频轨、覆叠轨、标题轨、声音轨和音乐轨,单击相应的轨按钮,可切换到它们所代表的轨道,以便选择和编辑相应的素材。

通常,用户先在"故事板视图模式"中排好场景,再切换到"时间轴视图模式"进行效果微调,并针对个别素材进行精确到帧的修整和编辑。

添加素材和滤镜的步骤:

① 在切换到"故事板视图模式"后,视频素材库处于打开方式。

② 添加素材库中的视频素材,先单击视频素材库中的视频略图,使其显示在预览窗口中,并单击"播放"按钮,预览视频内容(见图4-2-25)。

图 4-2-25　预览视频素材

③ 若对所预览的视频素材满意,则在该视频素材缩略图上按下鼠标左键,将其拖放在故事板中,释放鼠标后,该视频素材被自动插入到第1个略图位置,并显示第一帧画面(见图4-2-26)。

图 4-2-26　插入视频素材

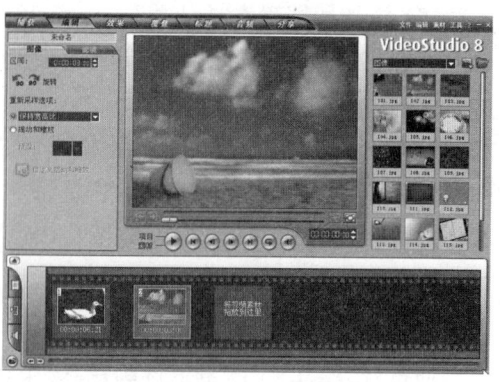
图 4-2-27　插入图像素材

④ 如果需要添加素材库的图像素材，先单击素材库右上角处的"文件夹"按钮，在弹出的下拉菜单中选取"图像"选项，切换到图像素材库中，然后从中选择图像素材拖放到故事板中（见图 4-2-27）。

⑤ 如果需要添加素材库的色彩素材，先单击素材库右上角处的"文件夹"按钮，在弹出的下拉菜单中选取"色彩"选项，切换到色彩素材库中，然后从中选择色彩素材拖放到故事板中（见图 4-2-28）。

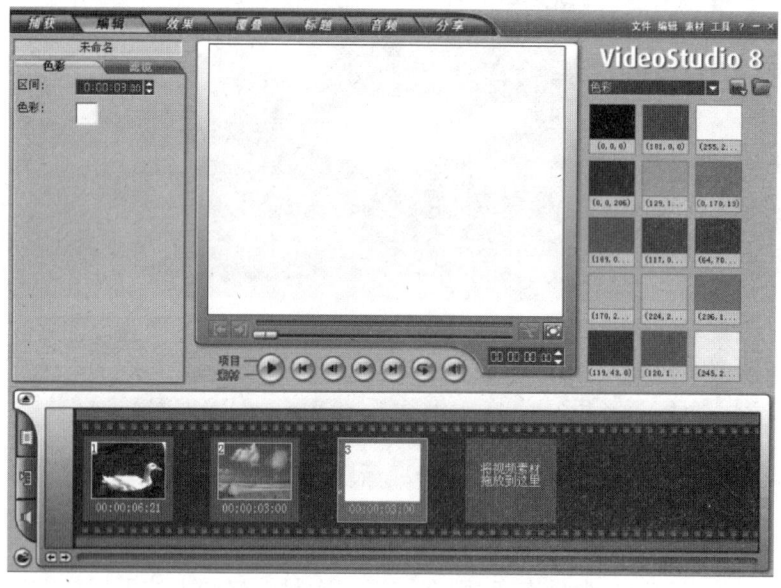
图 4-2-28　插入色彩素材

⑥ 如果需要把素材库外的素材加入素材库，先单击素材库右上角处的"加载视频"或"加载图像"或"加载色彩"按钮，在弹出的窗口中选择需要打开的文件即可；如果要把素材库外的素材直接加载到时间线上，而不加入素材库中，则单击"故事板"左下角的"将媒体文件插入时间轴"按钮，从弹出的菜单中选择"插入视频"或"插入图像"选项，然后在弹出的对话框中选择所需要的素材导入即可。

⑦ 如果需要给故事板中素材添加滤镜效果，则单击素材库右上角处的"文件夹"按钮，在弹出的下拉菜单中选取"视频滤镜"选项，切换到视频滤镜效果库中，然后从中选择一种滤镜效果拖放到故事板中的指定素材上（见图4-2-29）。使用同样的方法可以向故事板中多次添加其他素材。注意在每次插入素材时，视频轨中将有一个竖线表示当前素材的插入位置。

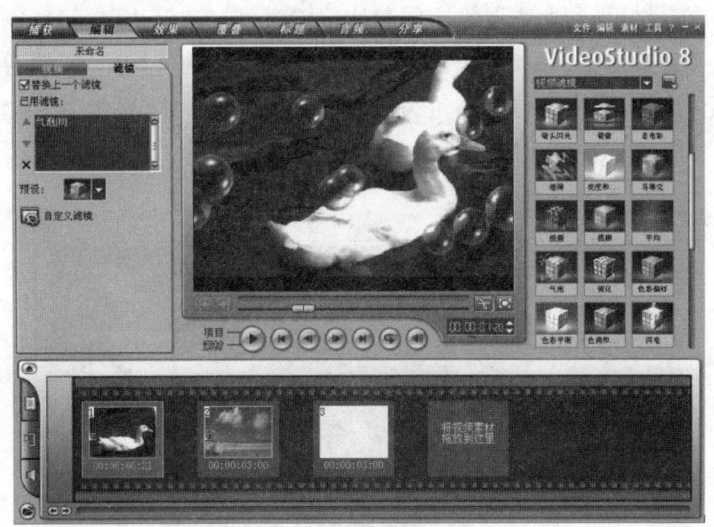

图 4-2-29 "气泡"视频滤镜效果

编辑素材的步骤：

① 改变素材的顺序。用鼠标直接在故事板中拖动素材，当竖线到达指定位置，释放鼠标左键，则素材被调整到故事板中的新位置。

② 删除素材。单击故事板中的素材，按"Delete"键，或在选中的素材上单击鼠标右键，在弹出的菜单中选择"删除"选项，即可删除所选素材。如果要删除素材库中的素材，也是同样的方法。

③ 快速修改素材。先切换到时间轴视图模式，再选中要修改的素材，用鼠标拖动素材两端的黄色标记，即可改变素材长度（见图4-2-30）。但视频素材的最大长度不能超过源文件的长度。

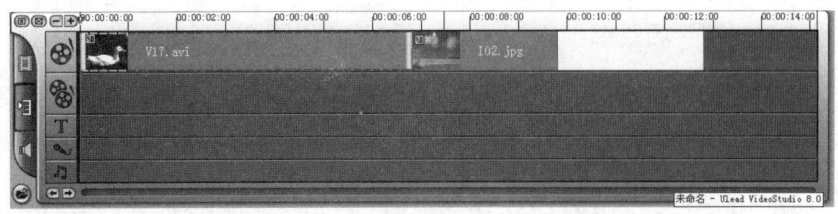

图 4-2-30 在时间轴视图模式下修改素材

④ 精确修改素材片段的播放时间。在故事板中选中所要修改的素材，用选项面板中的视频、图像和色彩区间修改素材，在时间格上直接输入数值即可。

⑤ 利用修整栏修整视频素材。在故事板中选中所要修改的素材，然后用鼠标向右拖动修整栏左侧滑块，调整素材片段的开始位置，再用鼠标向左拖动修整栏右侧滑块，调整素材片段的结束位置。在拖动过程中可以预览窗口中当前位置的视频效果，因此可以精准确定素材片段的起始和结束位置。

⑥ 利用预览栏修整视频素材。在故事板中选中所要修改的素材，单击预览栏下方的"播放"按钮播放素材，当到达需要设定的起始位置时，单击"停止"按钮。也可以根据需要适当单击"上一帧"按钮、"下一帧"按钮精确调整素材片段的开始位置，然后单击预览栏左侧的"开始标记"按钮，则当前位置被定为开始标记点。再单击"播放"按钮继续播放，到需要设置结束位置时，单击"停止"按钮，然后单击预览栏左侧的"结束标记"按钮。修改效果见图 4-2-31。

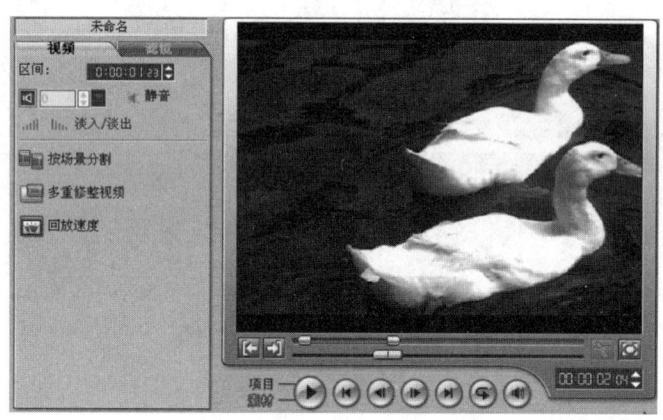

图 4-2-31　利用修整栏或预览栏修改素材

⑦ 将视频素材分割成多个文件。在故事板中选中所要修改的素材，拖动飞梭栏内的"飞梭"到需要分割的位置，单击修整栏右侧的"分割视频"按钮，则所选素材在"飞梭"停止的位置被分为两段。如果要场景分割，可直接单击选项面板中的"按场景分割"按钮，则系统自动按场景分割选定的素材。

⑧ 设置视频素材的音量和音效。选中视频素材，单击选项面板上的"音量控制"下拉列表框右侧的三角按钮，从中选取一个百分比值，可以设置调整后的音量。单击"淡入""淡出"按钮可以设置声音的淡入淡出效果。

（7）设置和应用转场效果

转场效果就是在影片素材添加完成后，在各素材之间添加转换效果，使得场景在切换时显得不是很生硬。Ulead VideoStudio 提供了 13 类共 110 多种转场效果。下面以"擦拭分类中的方块过渡效果"为例说明应用转场效果的步骤。

单击"效果"步骤后，单击效果库右上角处的"文件夹图标"按钮，在弹出的下拉菜单中选取"擦拭"类效果，则效果库中将演示不同的动态效果（见图 4-2-32）。

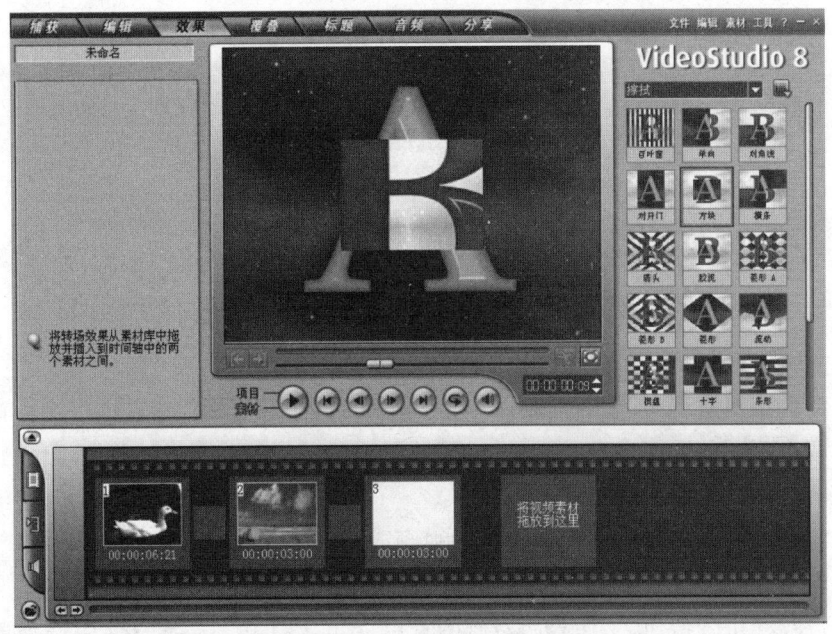

图 4-2-32 "方块转场效果"工作界面

单击效果库中的"方块"转场效果,点击预览栏下方的"播放"按钮可预览选择的转场效果。用鼠标拖动转场效果到故事板中两个素材中间位置后释放鼠标,单击"播放"按钮可预览选择的转场效果(见图 4-2-33)。

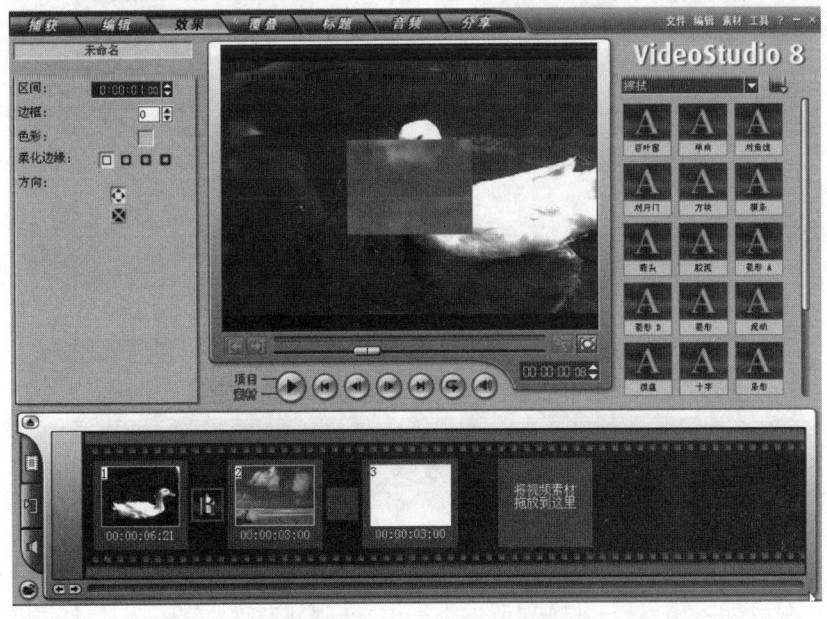

图 4-2-33 "方块转场效果"预览

每一个转场效果都可以在左侧选项面板中设置一些选项,使其效果更加形象生动(见图 4-2-34)。

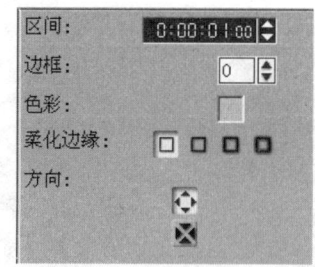

图 4-2-34 "方块转场效果"选项面板

(8) 叠加视频和图像素材

在视频的编辑过程中,有时需要两个素材透明叠加,有时则要求在同一个窗口中显示一大一小两个不同的画面内容,即"画中画"效果。通过视频和图像的叠加,可以轻松地实现这些功能。

所谓"覆叠"是指将添加在覆叠轨上的视频或图像素材与项目中已有的其他素材进行叠加组合。覆叠轨上的素材可以设置为动态和透明效果,也可以使用视频滤镜。

单击"覆叠"步骤按钮,工作界面右侧的素材库再次打开。从素材库中选择要添加的视频或图像素材,将其拖动到覆叠轨上,即完成一个覆叠素材的添加(见图 4-2-35)。具体的操作和编辑方法与在故事板中的方法相同。

图 4-2-35 在覆叠轨上添加素材

添加素材并编辑结束后,在选项面板中单击"动画和滤镜"选项(见图 4-2-36)。

可以在"方向/样式"选项中选择覆叠素材运动方向;在"透明度"选项中设置覆叠素材的透明度值,数值越大,透明度越高;在"边框"选项中可以为覆叠素材设置一个色彩边框,在此可以设置框的线宽和色彩;滤镜的添加和设置与在故事板中使用滤镜的方法相同;覆叠素材的窗口大小可在预览窗口中直接调节(见图 4-2-37)。

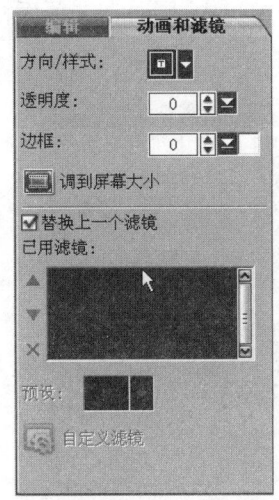

图 4-2-36　覆叠面板中"动画和滤镜"选项　　图 4-2-37　调整覆叠素材的窗口大小

单击"播放"按钮,可以预览效果。使用同样的方法,可以在覆叠轨上添加其他的视频和图像素材。

(9) 添加标题和字幕

"标题"主要用于为视频添加标题文字和字幕,也可以设置文字的运动效果。用户可以用 Ulead VideoStudio 提供的若干种预设标题和自行创建新标题两种方法来建立标题或字幕。工作界面如图 4-2-38 所示。

图 4-2-38　"标题"工作界面

【操作1】修改预设标题

在素材库中选中一个标题模板,其效果即显示在预览窗口中,同时在选项面板上也将显示其相关的参数设置(见图4-2-39)。

图 4-2-39　选中预设标题

单击预览窗口下方的"播放"按钮,观看效果。如果合适,可以把选中的标题直接拖动到标题轨上(见图4-2-40)。

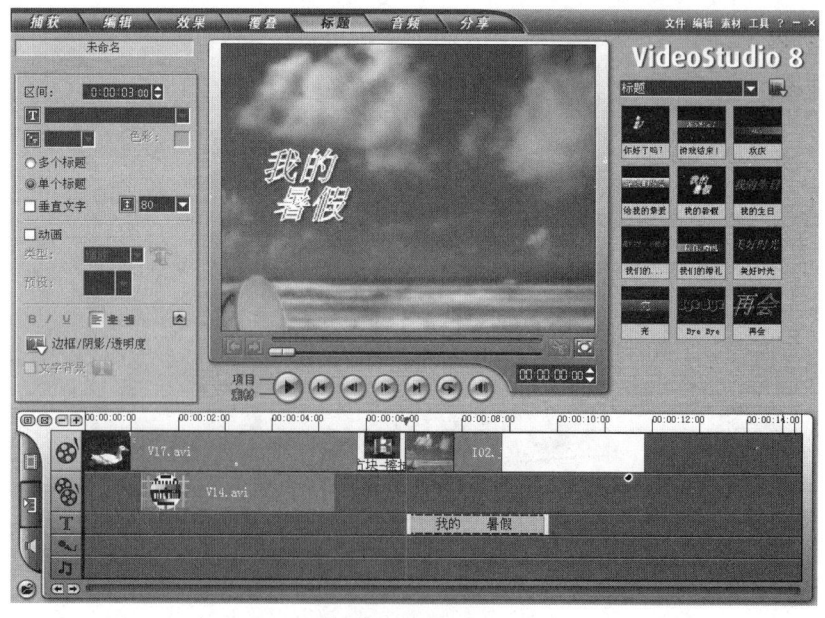

图 4-2-40　添加预设标题

如需对预设标题进行修改,可以在预览窗口内单击预设标题文字,进入编辑状态,分别修改标题的内容,设置字体、字号、样式、行距、标题长度等,满意后,效果自动应用(见图4-2-41)。

图 4-2-41　编辑修改后的标题

【操作 2】创建新标题

单击"标题"菜单后,在预览窗口中双击鼠标后将显示一个文本输入框,在光标闪烁的位置输入标题文字,如果输入多行文字可以按"Enter"键换行,这时在选项面板中所使用的是"单个标题"选项(见图 4-2-42)。

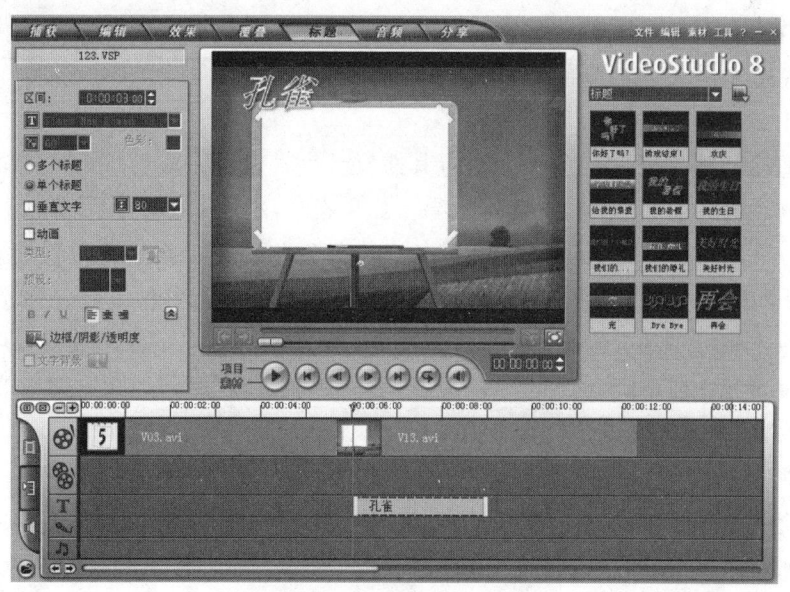

图 4-2-42　创建单个新标题

拖动鼠标选中文字,在选项面板中设置字体为华文行楷、字号100,样式为加粗和倾斜,颜色为蓝色,单击"边框/阴影/透明度"按钮,从对话框中设置白色边框,宽度为3,设置完成后,新标题就自动地添加在标题轨上了(见图4-2-43)。

图 4-2-43　设置文本属性

在选项面板中的"动画"前单击鼠标,则出现一个"√",表示要对选中的标题设置动画。从弹出的菜单中选择"飞行",单击自定义动画属性按钮(见图4-2-44),图中设置进入位置为从左侧飞入,离开位置为窗口中间,其他为默认,则标题文字从屏幕左边水平飞入,到屏幕上原静止时设定的位置停止。

图 4-2-44　"飞行动画"对话框

适当拖动标题两端的黄色标记,设置其播放长度。设置完成后,单击"播放"按钮,可以观看标题动画应用到影片中的实际效果。如果在选项面板中选择了"多个标题",则添加标题的方法略有不同,在预览窗口中的任意位置双击鼠标左键,在此位置上就建立一个文本框,用户可以用上面介绍的方法对该文本框内的标题进行各种设置;在预览窗口中另一个位置双击鼠标左键会建立另一个文本框,用户同样可以输入文字,其设置可以与上一个文本的设置相同或不同,两个文本的设置相对独立。这样就可以建立多个文本同时运动,但运动方式又不同的字幕效果。

【操作3】调整标题的长度和位置

① 标题播放时间的调整:在标题轨上单击需要调整的标题,然后调整选项面板中"标题区间"的数值,即可修改所选标题的播放时间。或适当拖动标题两端的黄色标记,设置其播放长度。

② 调整标题的位置:在标题轨上拖动鼠标左右移动标题位置,可调整标题播放截止

时刻。

(10) 添加声音和音乐

Ulead VideoStudio 提供了添加旁白,在声音轨上可以添加即时录制的声音文件,也可以将声音素材从素材库中拖动到声音轨上的功能。由于本章前一节已经介绍声音编辑软件的使用方法,声音的录制和编辑方法均可在声音编辑软件中进行,只要将其编辑结果添加到 Ulead VideoStudio 声音轨上即可。下面只介绍如何把声音文件添加到声音轨的方法。

① 单击"音频"步骤后,工作界面右侧的音频素材库自动打开。

② 与前面讲过的添加视频素材的方法近似,如果需要从素材库中添加声音和音乐素材,先单击素材库要添加的音频略图,此时在预览窗口中将显示一个声音图标。单击"播放"按钮,可以试听声音效果,如果满意,则从素材库中拖动选定的声音素材到声音轨或音乐轨上即可。

③ 如果需要将素材库外的声音素材添加进素材库,先单击素材库右上角处的"加载音频"按钮,在弹出的窗口中选择需要打开的文件即可;如果要把素材库外的素材直接加载到时间线上,而不加入素材库中,则单击"故事板"左下角的"将媒体文件插入时间轴"按钮,从弹出的菜单中选择"插入音频"到"声音轨或音乐轨"选项,然后在弹出的对话框中选择所需要的素材导入即可。

④ 调整音频素材的播放时间。单击选中音频素材,适当拖动其两端的黄色标记,设置其播放长度;在选项面板中直接更改"音频区间"时间格上的数值,从而改变素材的长度;利用修整栏调整,同前面编辑视频素材的方法相同,单击"播放"按钮,在起始位置设置开始标记,在终止位置设置结束标记,即可完成声音素材长度的修整。

(11) 渲染和输出影片

将您的项目渲染为视频文件格式,然后将渲染好的文件导出为网页、多媒体贺卡或通过电子邮件发送给亲朋好友。所有此类操作均可在「会声会影」的"分享"步骤中完成。我们这里只介绍将项目文件渲染成视频文件的方法。

单击"分享"步骤后,打开分享步骤选项面板(见图 4-2-45)。

创建视频文件:创建视频文件项目。

图 4-2-45　分享步骤选项面板

创建光盘:打开 DVD 制作向导,让您可以将项目刻录成 DVD、SVCD 或 VCD 格式。

项目回放:清除屏幕内容并在黑色的背景上显示整个项目或所选取的片段。如果您的系统连接了 VGA 转电视的转换器或录像机,还可以将项目输出到磁带上。您还可以在录制时手工控制输出设备。

导出:为您提供了多种导出和分享视频文件的方法。视频文件可以导出到网页、转换为可运行的贺卡以及通过电子邮件发送。项目还可以导出到 Ulead DVD-VR 向导,来刻录 DVD-RAM。您还可以直接将项目文件导出到 DV 摄像机,将它录制到 DV 磁带上。只有在创建了视频文件之后,才可以导出项目。

创建声音文件：允许您将项目中的音频片段保存为声音文件。

下面具体介绍"创建视频文件"的方法：

① 单击"创建视频文件"选项，打开影片模板的选择菜单(见图4-2-46)。

② 用户可以根据自己的需要选择模板，如果在项目文件建立时已经设置了项目的属性，则直接选择"与项目设置相同"选项，否则在下面8个选项中选择一个或选择自定义模板。此时会打开一个"创建视频文件"对话框(见图4-2-47)。

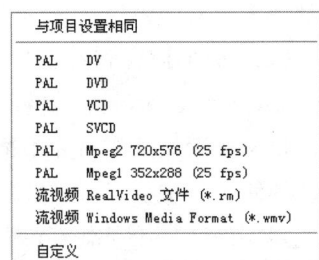

图 4-2-46　影片模板的选择菜单

③ 如果选择的是自定义模板，则在打开的"创建视频文件"对话框中选择一种文件格式(见图4-2-48)，输入一个文件名，单击保存即可。

④ 渲染后的影片将在预览窗口内自动播放。

➤扫描本章二维码，可深入学习有关视频制作的案例。

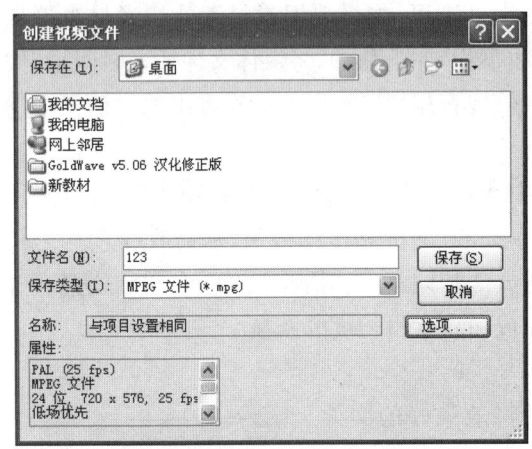

图 4-2-47　"创建视频文件"对话框

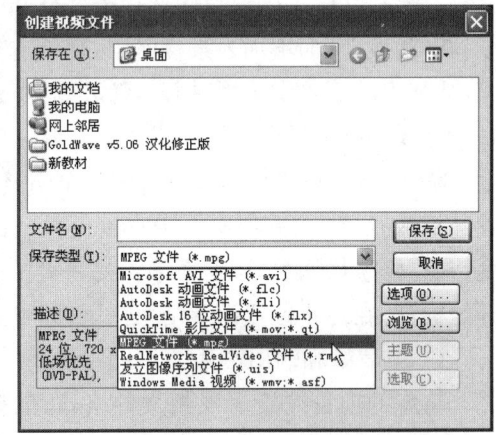

图 4-2-48　更改保存类型

4.2.5　动画素材的加工

动画作为一种老少皆宜的艺术形式，具有悠久的历史，比如民间的走马灯和皮影戏等古老的动画。当然，真正意义上的动画是在摄影机出现以后才发展起来的，并且随着科学技术的不断发展，又注入许多新的活力。

1. Flash 简介及基础知识

Flash 动画是一种交互式动画格式，通过计算机与动画开发软件相结合制作而成。它也是目前网络上最流行的动画软件之一。

动画是利用人的"视觉暂留"特性，连续播放一系列画面，给视觉造成连续变化的图画，如图4-2-49所示。它的基本原理与电影、电视一样，都是视觉暂留原理。

图 4-2-49　连续画面

所谓"视觉暂留"特性是指人的眼睛看到一幅画或一个物体后,在 1/24 秒内不会消失。利用这一原理,在一幅画消失前播放出下一幅画,就会给人造成一种流畅的视觉变化效果。

(1) Flash 动画及特点

Flash 以流控制技术和矢量技术等为代表,能够将矢量图、位图、音频、动画和交互动作有机地、灵活地结合在一起,从而制作出美观、新奇、交互性强的动画效果。

较传统动画而言,Flash 提供的物体变形和透明技术,使得创建动画更加容易,并为动画设计者的丰富想象提供了实现手段;其交互设计让用户可以随心所欲地控制动画,赋予用户更多的主动权。因此,Flash 动画具有以下特点:

一是动画短小。受网络资源的制约,Flash 动画一般比较短小,但其绘制的画面是矢量格式,无论把它放大多少倍都不会失真。

二是交互性强。Flash 动画具有交互性优势,可以通过单击、选择等动作决定动画的运行过程和结果,这是传统动画所无法比拟的。

三是具有传播性。Flash 动画由于文件小、传输速度快、播放采用流式技术的特点,因此适合在网上供人欣赏和下载,具有较好的广泛传播性。

四是轻便与灵巧。Flash 动画有崭新的视觉效果,成为新时代的一种艺术表现形式,比传统的动画更加轻便与灵巧。

五是人力少,成本低。Flash 动画制作的成本非常低,使用 Flash 制作的动画能够大大地减少人力、物力资源的消耗。同时,也会大大减少制作时间。

知识卡片

人的"视觉暂留"特性与动画的帧频

由于人类眼睛的"视觉暂留"特性,电影采用了每秒 24 幅画面的速度拍摄播放;电视采用了每秒 25 幅(PAL 制)(中央电视台的动画就是 PAL 制)或 30 幅(NSTC 制)画面的速度拍摄播放。如果以每秒低于 24 幅画面的速度拍摄播放,就会出现停顿现象。

（2）Flash 动画的应用范围

随着 Flash 动画软件版本的逐渐升级，其强大的动画编辑功能及操作平台更深受用户的喜爱，从而使得 Flash 动画的应用范围越来越广泛。其应用范围主要体现在以下几个方面：

一是产品广告。用 Flash 制作出来的广告，主题色调要鲜明、文字要简洁，较美观的广告动画能够增添网站的可看性，并且容易引起客户的注意力而不影响其需求，如图 4-2-50 所示。

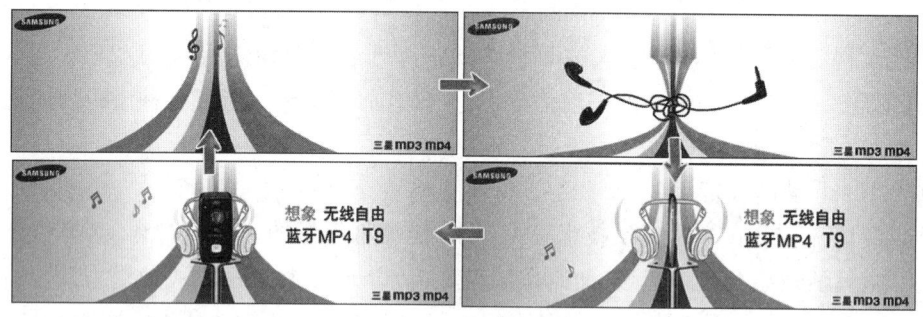

图 4-2-50　网络广告动画

二是网站建设。Flash 网站的优势在于其良好的交互性，能给用户带来全新的互动体验和视觉享受。通常，很多网站都会引入 Flash 元素，以增加页面的动态性来提高网站的宣传效果，比如网站中的导航菜单、Banner、产品展示、引导页等，有时也会通过 Flash 来制作整个网站。

三是交互游戏。Flash 交互游戏，其本身的内容允许浏览者进行直接参与，并提供互动的条件。Flash 游戏多种多样，主要包括棋牌类、冒险类、策略类和益智类等多种类型。

四是音乐 MTV。MTV 是动画短片的一种典型，是用歌曲配以精美的画面，将其变为视觉和听觉相结合的一种崭新的艺术形式。制作 Flash MTV，要求开发人员具有一定的绘画技巧，以及丰富的想象力，如图 4-2-51 所示。

图 4-2-51　Flash MTV

五是教学课件。教学课件是在计算机上运行的教学辅助软件,是集图、文、声为一体,通过直观生动的形象来提高课堂教学效率的一种辅助手段。而 Flash 恰恰满足了制作教学课件的需求。图 4-2-52 展示了一首诗的 Flash 课件,通过单击按钮来控制课件的播放。

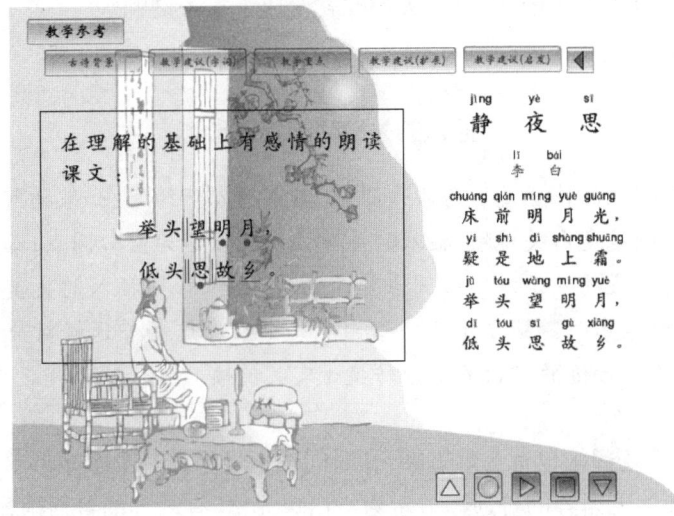

图 4-2-52　Flash 教学课件

(3) Flash 基础知识

① 时间轴。时间轴是 Flash 的一大特点,通过对时间轴上的关键帧的制作,Flash 会自动生成运动中的动画帧,节省了制作人员的大部分时间,也提高了效率。在时间轴的上面有一个红色的线,那是播放的定位磁头,拖动磁头可以实现对动画的观察,这在制作当中是很重要的步骤。

② 帧。在时间轴中,使用帧来组织和控制文档的内容。不同的帧对应不同的时刻,画面随着时间的推移逐个出现,就形成了动画。

帧是制作动画的核心,它们控制着动画的时间和动画中各种动作的发生。动画中帧的数量及播放速度决定了动画的长度。Flash 中帧分为关键帧和普通帧两大类,其中关键帧分为实关键帧和空白关键帧。

一是关键帧。制作动画过程中,在某一时刻需要定义对象的某种新状态,这个时刻所对应的帧称为关键帧,如图 4-2-53 所示。关键帧是变化的关键点,如补间动画的起点和终点,以及逐帧动画的每一帧,都是关键帧。关键帧数目越多,文件体积就越大。所以,同样内容的动画,逐帧

图 4-2-53　关键帧

动画的体积比补间动画大得多。插入关键帧的快捷键为F6。

实心圆点是有内容的关键帧,即实关键帧。无内容的关键帧,即空白关键帧,用空心圆点表示。插入空白关键帧的快捷键为F7。每层的第1帧被默认为空白关键帧,可以在上面创建内容,一旦创建了内容,空白关键帧就变成了实关键帧。

> **知识卡片**
>
> **新插入的关键帧的表现形态**
>
> 插入的关键帧的位置是否为实心圆点,需遵循以下约定:如果插入关键帧的位置左边最近的帧是空白关键帧,插入的关键帧同样显示为空心圆点;如果插入关键帧的位置左边最近的帧是以实心圆点显示的实关键帧,则插入的关键帧以实心圆点显示,插入的空白关键帧显示为空心圆点。如果在这些普通帧对应的舞台上添加了对象,则左边最近的空白关键帧转换为实关键帧。

二是普通帧。普通帧也称为静态帧,在时间轴中显示为一个个矩形单元格,插入普通帧的快捷键为F5。无内容的普通帧显示为空白单元格,有内容的普通帧显示出一定的颜色。例如,静止关键帧后面的普通帧显示为灰色。

关键帧后面的普通帧将继承该关键帧的内容。例如,制作动画背景,就是将一个含有背景图案的关键帧的内容沿用到后面的帧上。如图4-2-54所示,位于"图层2"上的风车的支杆可以通过普通帧来延续,一直显示到结束。

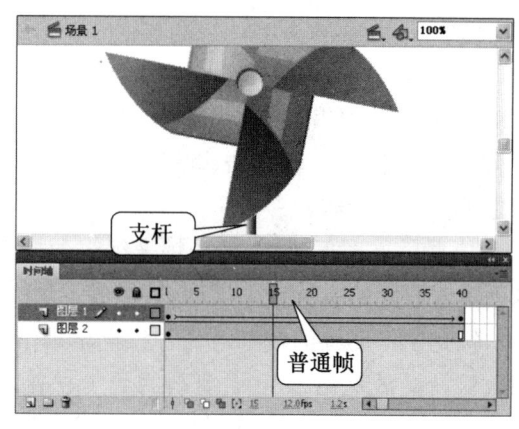

图4-2-54 添加普通帧

三是过渡帧。过渡帧实际上也是普通帧。过渡帧中包括了许多帧,但其中至少要有两个帧:起始关键帧和结束关键帧。起始关键帧用于决定动画主体在起始位置的状态,而结束关键帧则决定动画主体在终点位置的状态。

在Flash中,利用过渡帧可以制作两类过渡动画,即运动过渡和形状过渡。不同颜色代表不同类型的动画,此外,还有一些箭头、符号和文字等信息,用于识别各种帧的类别,可以通过表4-2-2所示的方式区分时间轴上的动画类型。

表4-2-2 过渡帧类型

过渡帧形式	说明
	补间动画用起始关键帧处的一个黑色圆点指示;中间的补间帧为浅蓝色背景

(续表)

过渡帧形式	说明
	传统补间动画用起始关键帧处的一个黑色圆点指示;中间的补间帧有一个浅紫色背景的黑色箭头
	补间形状用起始关键帧处的一个黑色圆点指示;中间的帧有一个浅绿色背景的黑色箭头
	虚线表示传统补间是断开的或者是不完整的,例如丢失结束关键帧时
	单个关键帧用一个黑色圆点表示。单个关键帧后面的浅灰色帧包含无变化的相同内容,没有任何变化,在整个范围的最后一帧还有一个空心矩形
	出现一个小 a 表明此帧已使用【动作】面板分配了一个帧动作
	红色标记表明该帧包含一个标签或者注释
	金色的锚记表明该帧是一个命名锚记

各种帧在时间轴上如图 4-2-55 所示。

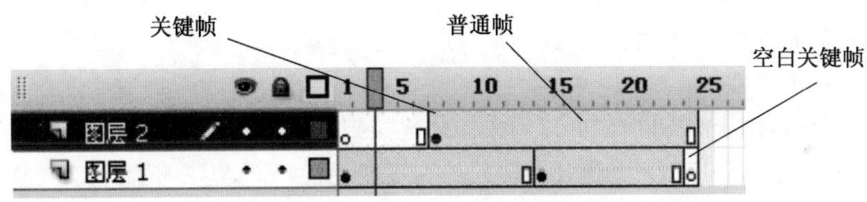

图 4-2-55　关键帧、空白关键帧及普通帧

③ 图层。图层是 Flash 中一个非常重要的概念,灵活运用图层,可以帮助用户制作出更多包含精彩效果的动画。

图层类似于一张透明的薄纸,每张纸上绘制着一些图形或文字,而一幅作品就是由许多张这样的薄纸叠合在一起形成的。它可以帮助用户组织文档中的插图;用户可以在图层上绘制和编辑对象,而不会影响其他图层上的对象。

图层具有独立性,当改变其中任意一个图层的对象时,其他两个图层的对象保持不变。在操作过程中,不仅可以加入多个层,并且可以通过图层文件夹来更好地组织和管理这些层。如图 4-2-56 所示,可以根据每个层的具体内容,重新命名层的名称。

在创建动画时,层的数目仅受计算机内存的限制,增加层不会增加最终输出动画文件的大小。另外,创建的层越多越便于管理及控制动画。Flash 包括两种特殊的图层,分别是引导层与遮罩层。

④ 元件。元件是 Flash 中一种比较独特的、可重复使用的对象。在创建动画时,利用元件可以使创建复杂的交互变得更加容易。在 Flash 中,元件分为三种类型:图形元

图 4-2-56　图层

件、影片剪辑元件和按钮元件。

其一，图形元件。

图形元件可用于静态图像，并可用来创建连接到主时间轴的可重用动画片段。图形元件与主时间轴同步运行。与影片剪辑元件和按钮元件不同，用户不能在动作脚本中引用图形元件。

图形元件的对象可以是导入的位图图像、矢量图像、文本对象以及用 Flash 工具创建的线条、色块等。用户可以执行"创建新元件"命令，打开"创建新元件"对话框。在"名称"文本框中输入元件名称，在"类型"区域中选择"图形"单选按钮，单击"确定"按钮。然后，进入绘图环境用工具箱中的工具来创建图形，如图 4-2-57 所示。

其二，影片剪辑元件。

影片剪辑元件就是大家平时常说的 MC(Movie Clip)，是一种可重用的动画片段，拥有各自独立于主时间轴的多帧时间轴。用户可以把场景上任何看得到的对象，甚至整个时间轴内容创建为一个 MC，而且可以将这个 MC 放置到另一个 MC 中。用户还可以将一段动画(如逐帧动画)转换成影片剪辑元件。

例如，每当看到时钟时，其秒针、分针和时针一直围绕中心点，按一定间隔旋转。因此，在制作时钟时，应将这些针创建为影片剪辑元件，如图 4-2-58 所示。

在 Flash 中，创建影片剪辑元件的方法同图形元件的创建方法相似，只需在"创建新元件"对话框中选择"影片剪辑"类型，然后将绘制好的影片剪辑元件拖至舞台中即可。

用户可以将多帧时间轴看作嵌套在主时间轴内，它们可以包含交互式控件、声音甚至

图 4-2-57　添加图形元件

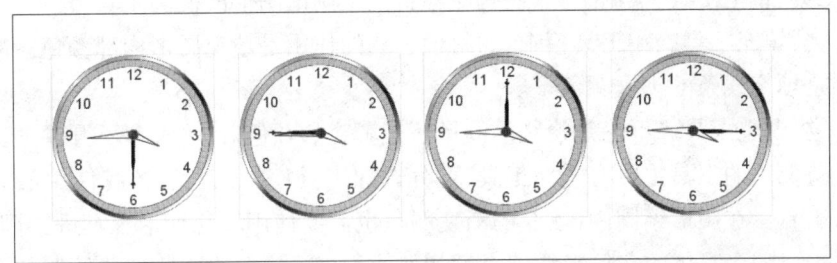

图 4-2-58　时钟指针旋转

其他影片剪辑实例；也可以将影片剪辑实例放在按钮元件的时间轴内，以创建动画按钮。此外，用户可以使用 ActionScript 对影片剪辑进行改编。

其三，按钮元件。

使用按钮元件可以创建用于响应鼠标单击、滑过或其他动作的交互式按钮。可以定义与各种按钮状态关联的图形，然后将动作指定给按钮实例。

按钮实际上是 4 帧的交互影片剪辑。当为元件选择按钮行为时，Flash 会创建一个包含 4 帧的时间轴。前 3 帧显示按钮的 3 种可能状态，第 4 帧定义按钮的活动区域，即所谓的热区。时间轴实际上并不播放，它只是对指针运动和动作做出反应，跳转到相应的帧，如图 4-2-59 所示。

按钮元件的时间轴上的每一帧都有一个

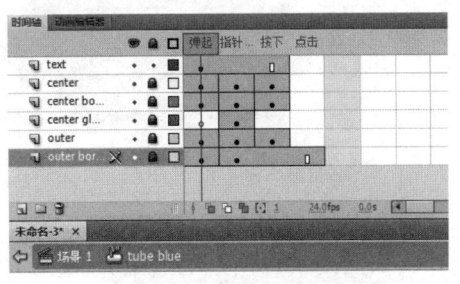

图 4-2-59　按钮元件的时间轴

特定的功能。
- 第1帧是弹起状态,代表指针没有经过按钮时该按钮的状态。
- 第2帧是指针经过状态,代表指针滑过按钮时该按钮的外观。
- 第3帧是按下状态,代表单击按钮时该按钮的外观。
- 第4帧是点击状态,定义响应鼠标单击的区域。此区域在 SWF 文件中是不可见的。

2. 绘制动画场景

Flash 具有三大基本功能,即绘图和编辑图形、补间动画和遮罩动画。这三大基本功能是整个 Flash 动画设计知识体系的基础,也是最重要的内容。

绘图和编辑图形不但是创作 Flash 动画的基本功,也是进行多媒体创作的基本功。Flash 中的每幅图形都开始于一种形状。形状由两大部分组成:笔触和填充,前者是形状的轮廓线,后者是形状里面的颜色。

Flash 包括多种绘图工具,可将其分为三类。

第一类:构图工具。要画出物体,一般先绘制出其外形轮廓。构图工具包括直线工具、铅笔工具、钢笔工具、笔刷工具,还有能够直接绘制出图形的椭圆工具、矩形工具。

第二类:填充工具。在工具箱中,颜料桶工具的作用是填充图形内部颜色。墨水瓶工具的作用是填充线条的边框颜色。

第三类:调整工具。不论是绘制的图形还是填充的颜色,几乎都离不开调整。对线条和图形进行调整的工具主要有选择工具、部分选取工具、套索工具,还有使用最为频繁的任意变形工具。在图形绘制中,填充的渐变颜色也需要使用填充变形工具进行调整。

接下来以一个具体的实例来详细讲解如何使用 Flash 中的这些工具绘制如图 4-2-60 所示的动画场景。

图 4-2-60　绘制动画场景

(1)新建一个影片文件,设置文件的尺寸为 550 像素 * 200 像素。为了快速而方便地制作出如图 4-2-60 所示的效果,现将参考图复制到 Flash 中,以便进行颜色的选取。

(2)在第一个图层中绘制一个无边框的矩形,并将其填充成水平渐变色,分别为深蓝色与天蓝色的过渡,使用"渐变变形"工具将其调整为上下方向的颜色过渡。背景层绘制好后可直接进行锁定。

(3)在第二个图层中绘制花朵,花盘是两个对齐的圆,直接用"椭圆"工具绘制,并进行对齐。对齐时使用"对齐"面板(快捷键 Ctrl+K),均以舞台为参考进行上下左右居中对齐,形成同心圆。花瓣的基本形状为椭圆,因此使用"椭圆"工具绘制一个花瓣的基本形状,按 Alt 键结合"选择"工具调型,将两端的圆弧调尖。用"任意变形"工具将花瓣的中心点调整到花盘的中心。打开"变形"面板,设置旋转值为 60 度,复制出其他 5 个花瓣,这样就完成了第一组花瓣的制作。接着,将所有的花瓣选中,复制出另一组,并旋转调型,再重复复制与旋转操作步骤。绘制完后进行组合(快捷键:Ctrl+G),缩小(快捷键:Q)。

(4) 接下来绘制枝和叶。使用"线条"工具,将线条的笔触大小设置成 5,绘制出花枝。使用"椭圆"工具绘制出两片叶子,并旋转移动到合适位置。将整朵花再次组合,并复制出其他花朵。

(5) 云朵的绘制。使用"椭圆"工具,将椭圆的笔触设置为黑色,填充为白色,绘制几个椭圆组成云朵的大致形状,然后双击删除边框,将云朵填充为白色到蓝色的渐变色,并调整为上下方向的渐变。一朵云绘制好后,复制出另一朵,使用"任意变形"工具调整第二朵云的形状。云朵应位于花的后面,因此将云朵层移动到花朵的下面图层。绘制完成后的场景如图 4-2-60 所示。该实例用到的工具包括矩形工具、填充工具、渐变变形工具、椭圆工具、选择工具、任意变形工具、变形面板、线条工具等。

3. 逐帧动画

Flash CS6 提供了多种在文档中创建动画和特殊效果的方式,如时间轴特效、逐帧动画、补间动画,以及通过 ActionScript 3.0 编辑代码所形成的动画。

任何随着时间而发生的位置或者形象上的改变都可以称为动画。Flash 动画的类型主要有逐帧动画和补间动画两种。

逐帧动画是最基本的动画形式。它最适合于每一帧中的图像都在更改,而并非仅仅简单地在舞台中移动的动画,因此,逐帧动画增加文件大小的速度也比补间动画快得多。

逐帧动画就是对每一帧的内容逐个编辑,然后按一定的时间顺序进行播放而形成的动画,它可以描述对象细节上的动态变化。如图 4-2-61 所示的小狗完成一个跳跃的动作需要绘制它的 7 个动作画面,每一个动作画面占据一帧。

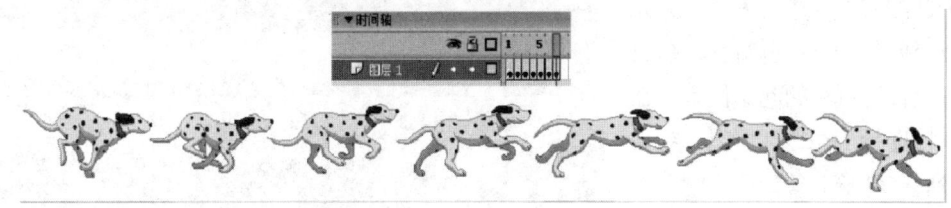

图 4-2-61 逐帧动画

下面详细地来讲解该动画的制作。为了降低难度,我们以 7 张图来表现。事先准备好小狗的 7 张连续动作位图,现将这 7 张图在 Flash 中做成逐帧动画。

(1) 新建一个影片文件,设置文件的尺寸为 1 300 像素 * 300 像素,选择"文件→导入→导入到舞台"按钮,找到第一张小狗的位图,打开时,系统提示"此文件看起来是图像序列的组成部分,是否导入序列中的所有图像?",选择"是"按钮。

(2) 图层中自动生成了 7 个关键帧,而且按照图片的顺序,每一帧对应一张小狗的不同动作的图片。

(3) 按 Ctrl+Enter 键测试效果。若速度过快,可利用增加普通帧的方法,在每一个关键帧后增加 5 个普通帧。若速度还是太快,也可以修改一下文件的帧频。

4. 补间动画

补间动画不同于逐帧动画,它只需要定义动画的起始和结束两个关键帧的内容,而这两个关键帧之间的过渡帧则由 Flash 自动生成。Flash 就是凭借补间动画这个特色,才使得动画文件尤其小。补间动画是从一个帧到另一个帧之间对象变化的一个过程,编辑补间动画后,Flash 将会自动计算这两个关键帧之间属性的变化值,并改变对象的外观效果,使其形成连续运动或变形的动画效果。Flash CS6 支持三种不同类型的补间以创建动画,分别是传统补间、补间形状和补间动画。在这里我们详细介绍传统补间动画和补间形状动画。

(1) 传统补间动画

当需要在动画中展示移动位置、改变大小、旋转、改变色彩等效果时,就可以使用该类动画。在制作传统补间动画时,只需要对最后一个关键帧的对象进行某些改变,然后在中间的任意帧上右击,在弹出的快捷菜单中选择"创建传统补间"命令,中间的变化过程即可自动形成。传统补间动画主要描述的是对象的整体动态。

Flash CS6 传统补间动画制作的条件如下:第一,对象必须是元件,包括影片剪辑元件或图形元件,不能是分离的形状对象;第二,至少需要两个关键帧,且两个关键帧中的对象必须是同一对象;第三,两个关键帧中的对象必须有一些变化(诸如:位移、大小、色调、透明度 alpha 等),否则没有动作变化的效果。

下面以"行驶的大巴车"实例来讲解传统补间动画的制作。

① 新建一个影片文件,打开"库"面板,在"库"面板的下拉式列表中选择已打开的示例文件(素材中的"行驶的汽车.fla"),将其中的背景元件拖动到新文件的舞台上。缩放背景的大小,并锁定该层。

② 新建汽车图层,还是选择示例文件的"库",将其中的汽车元件拖动到当前文件的舞台中,缩放大小,设置好汽车的起始位置。在第 90 帧选择背景层和汽车层,插入普通帧,延长对象到第 90 帧,再选择汽车层的第 90 帧,插入关键帧,将汽车移动到舞台的左边,确定好汽车的结束位置,最后在汽车层的中间普通帧的任意位置右击,选择"创建传统补间"命令。

③ 测试动画并保存。完成后的效果如图 4-2-62 所示。

图 4-2-62　完成后的传统补间动画效果

(2) 补间形状动画

补间形状动画主要用于需要改变对象的形状的动画。其原理是通过在两个具有不同形状的关键帧之间制定形状补间，以表现中间变化过程的方法形成动画。补间形状动画可以实现两个图形之间的颜色、位置、大小、形状的变化。

Flash CS6 补间形状动画制作的条件如下：第一，起始帧和结束帧中的运动对象只能是分离的图形，当运动对象是文字或组合体时，必须先将对象分离（快捷键：Ctrl＋B）；第二，至少需要两个关键帧；第三，两个关键帧中的对象必须有一些变化（诸如：位移、大小、颜色、形状等），否则没有动画变化的效果。

知识卡片

图形对象的判断方法

当鼠标单击所选择的对象时，对象由一个个小圆点覆盖，则为图形对象。若由一个矩形包围则可能是组合对象，也可能是元件，如果是组合对象，需要使用分离命令（快捷键 Ctrl＋B）将其分离成图形对象。

下面以"进度条的制作"实例来讲解补间形状动画的制作。

① 新建影片文件，绘制一个矩形作为整个舞台的背景，并将背景的颜色填充成中间为白色，四周为淡蓝色的放射状渐变。

② 新建进度框图层，绘制一个小矩形，并填充上颜色（浅蓝色）。

③ 新建进度条图层，绘制一个无边框的矩形，并填上不同的颜色（深蓝色）。分别制作起始状态和结束状态，起始帧矩形的长度很短，结束帧矩形的长度覆盖进度框。在进度条层的中间普通帧的任意位置右击，选择"创建补间形状"命令。

④ 测试动画并保存。

完成后的效果如图 4-2-63 所示。

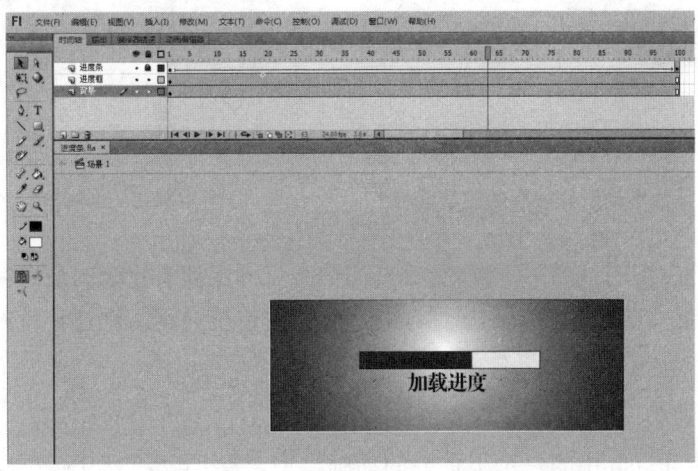

图 4-2-63　完成后的进度条动画效果图

5. 引导层动画

为了在绘画时帮助对象对齐，可以创建引导层，然后将其他层上的对象与引导层上的对象对齐。引导层中的内容不会出现在发布的 SWF 动画中；可以将任何层用作引导层，它是用层名称左侧的辅助线图标表示的。

还可以创建运动引导层，用来控制运动补间动画中对象的移动情况。用户不仅仅可以制作沿直线移动的动画，也能制作出沿曲线移动的动画。

创建运动引导层动画的条件如下：第一，至少需要使用两个图层，一个是用来绘制固定路径的运动引导层，一个是运动对象的图层；第二，运动引导层在运动对象层的上面；第三，运动对象必须是元件对象；第四，运动对象的中心点必须绑定在路径上。

下面将以实例来讲解引导层动画的制作。

① 打开素材文件"引导层动画源文件.fla"，将"库"面板中的"春天"位图拖曳到舞台，打开"变形"面板，勾选"约束"按钮，将宽度和高度设置为 30％，即刚好充满整个屏幕。

② 选中位图，将"属性"面板中的 X 设置为 0，Y 也设置为 0。

③ 新建一个图层 2，将"库"面板中的"bird"元件拖曳到舞台。

④ 选中图层 2，单击"图层"面板中的"添加运动引导层"按钮，给图层 2 中的对象添加运动路径层，具体如图 4-2-64 所示。

⑤ 在引导层上绘制一条小鸟运动的路径，选中三个图层的第 40 帧，按 F5 键插入普通帧，再选中图层 2 的第 40 帧，按 F6 键将普通帧转化为关键帧。

⑥ 选中图层 2 的第 40 帧，按下工具面板中的 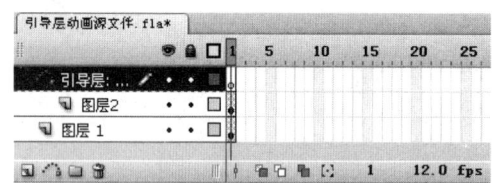 按钮，然后将小鸟的中心点绑定到引导线的最左端，效果如图 4-2-65 所示。

图 4-2-64　添加运动引导层后的图层面板　　　图 4-2-65　鸟绑定后的舞台

⑦ 同理，选中图层 2 的第 1 帧，将小鸟的中心点绑定到引导线的最右端。

⑧ 选中图层 2 的第 1 帧，在"属性"面板中选择"传统补间"，创建传统补间动画，保存文件，按 Ctrl+Enter 组合键进行动画效果浏览。

6. 遮罩层动画

遮罩动画是 Flash 中的一个很重要的动画类型，很多丰富的动画效果都是通过遮罩动画来完成的。在 Flash 的图层中有一个遮罩图层类型，为了得到特殊的显示效果，可以在遮罩层上创建一个任意形状的"视窗"，遮罩层下方的对象可以通过该"视窗"显示出来，而"视窗"之外的对象将不会显示。

在Flash动画中,"遮罩"主要有两种用途:一是用在整个场景或一个特定区域,使场景外的对象或特定区域外的对象不可见;二是用来遮罩某一元件的一部分,从而实现一些特殊的效果。

一个遮罩层下可以包括多个被遮罩层,不过按钮内部不能有遮罩层,也不能将一个遮罩应用于另一个遮罩。

创建遮罩层动画的条件如下:第一,至少需要使用两个图层,一个是遮罩图层,一个是被遮罩图层;第二,遮罩图层在被遮罩图层的上面;第三,遮罩层如同一个窗口,通过它可以看见其下被遮罩层中的区域对象,而被遮罩层区域以外的对象将不会显示。

下面将以实例来讲解遮罩层动画的制作。

① 创建一个新文档,将文档大小调整为1230像素*500像素。

② 导入素材图片"水墨画.jpg",打开"库"面板,将"水墨画.jpg"拖曳到舞台中央,并将该层命名为"画"。

③ 在"画"图层下,新建"画底"图层,用矩形工具绘制一个灰色的矩形,作为该画的底纹。

④ 新建"画轴1"图层,用矩形工具绘制画轴,画好后填充成渐变色。

⑤ 复制"画轴1"图层,将名字改成"画轴2",并移动到画轴1的右边。

⑥ 在"画"图层的上方新建"遮罩层",将"画底"图层中的灰色矩形复制到该层。这几层的对象位置关系如图4-2-66所示。

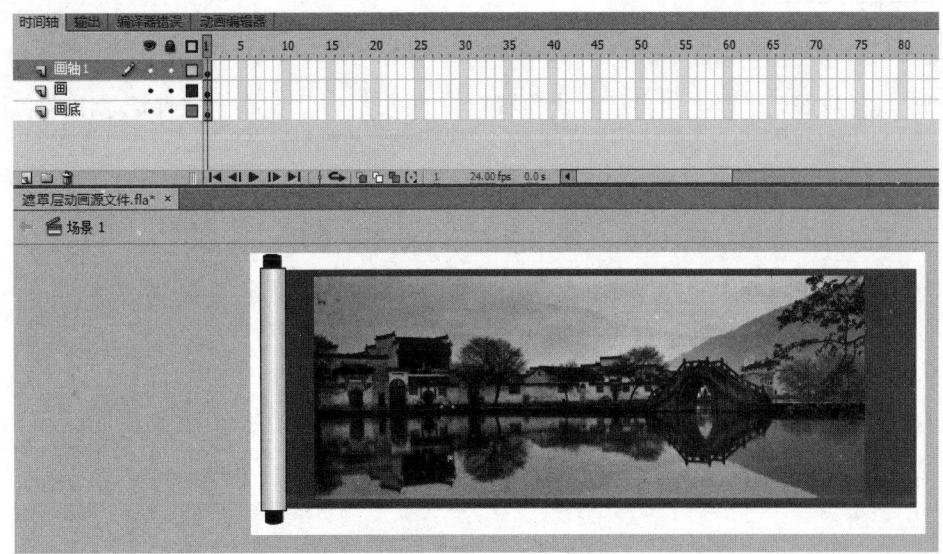

图 4-2-66　各图层间的关系

⑦ 选中所有图层,并在第90帧处插入普通帧,将所有的图层进行延长显示。

⑧ 在遮罩层和画轴2图层的第90帧插入关键帧,并分别制作动画,遮罩层为补间形状动画,表现为矩形由小变大的动画。画轴2为传统补间动画,表现为从左到右位移的变化动画。

⑨ 最后选择"遮罩层"进行右击，将其设置为遮罩层，并且将"画底"图层拖曳成被遮罩层（选择该层往右上角拖曳），"图层"面板最终效果如图 4-2-67。

图 4-2-67　最终的图层面板

⑩ 按 Ctrl＋Enter 组合键进行动画效果浏览。

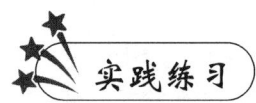

1. 上网搜索五个以上与自己专业领域相关的网站，并用记事本软件记录下来名称和网址。
2. 尝试音频、动画、视频素材的下载。
3. 按照范例文档，对给出基本文本的学位论文进行编辑。
4. 完成一张自选主题的海报图片设计与制作。
5. 对一段自己朗读的声音素材进行编辑与配乐处理。
6. 完成一段自选主题视频的编辑。
7. 利用 Flash CS6 制作一个自定主题的动画。

5 第 5 章
CHAPTER 信息化教学课件设计与制作

【学习目标】
1. 了解多媒体课件设计与制作的原理与流程；
2. 掌握PowerPoint制作教学课件的方法与技巧；
3. 掌握电子白板软件的基本教学功能和操作方法；
4. 掌握交互式电子白板课件制作的一般流程；
5. 熟悉电子白板软件中应用工具的使用方法。

微信扫码获取

微课视频、教学案例
课堂实验、优秀作品等

信息化教学，是指在教学中应用信息技术手段，使教学的所有环节数字化，从而提高教学质量和效率，以现代教学理念为指导，以信息技术为支持，应用现代教学方法的教学。在信息化教学中，要求观念、组织、内容、模式、技术、评价、环境等一系列因素信息化。信息化教学课件设计是运用系统方法，强调以学为中心，通过学生的学习方式的转变，从而促进学习者综合能力的提高。本章将介绍PowerPoint多媒体课件与交互式白板课件的设计与制作。

5.1 PowerPoint多媒体课件设计与制作

5.1.1 多媒体课件概述

多媒体课件是根据教学大纲的要求，经过教学目标确定，教学内容和任务分析，教学活动及界面设计等环节而制作的课程软件。它可以生动、形象地描述各种教学问题，增加课堂教学气氛，提高学生的学习兴趣，拓宽学生的知识视野，近年来被广泛应用于中小学教学。使用多媒体课件教学是现代教学发展的必然趋势，制作多媒体课件也是每位教师的必备技能。

多媒体课件具有以下主要作用：

1. 激发学生的学习兴趣

传统的教学手段枯燥无味，没有直观的形态供学生了解，使用多媒体课件能把语言文字所描绘的情境直观形象地展现出来，使古板变生动、抽象变形象、深奥变浅显、沉闷变愉悦，有利于激发学生的学习兴趣，更有利于学生理解其意义。

157

2. 转变教师的观念

随着信息化教学日益普及,教育工作者逐渐树立起终身教育的观念。教师接受继续教育,对提高教师本身的教学水平有很大帮助。互联网创造出的各种条件,让教师有了学习、实践、创新的机会,也能让学生接受更好的教育。

3. 提高教师的教学水平

将多媒体课件运用到教学中,加上教师生动的语言,会使得学生对知识的掌握更加容易,有利于提高学生的学习效率与教师的教学水平。

PowerPoint 是当前使用较多的一种课件制作软件,这是因为对于制作自用教学课件的大多数教师来说,对软件的要求一方面是无须特别安装,几乎所有计算机里都有 Office 软件;另一方面,设计与制作起来要简单易学,方便实用,而且效果也能满足教学需要。

5.1.2 多媒体课件设计与制作流程

多媒体课件也是一种软件产品,它的设计、制作与发行过程都必须按照软件工程的一系列规范来进行。但是,多媒体课件同时又是用于教学领域的一种特殊软件,它必须符合规律,才能最大限度地发挥自身的优越性,获得最大的教学效益。下面是多媒体课件设计与制作的一般流程,如图 5-1-1 所示。

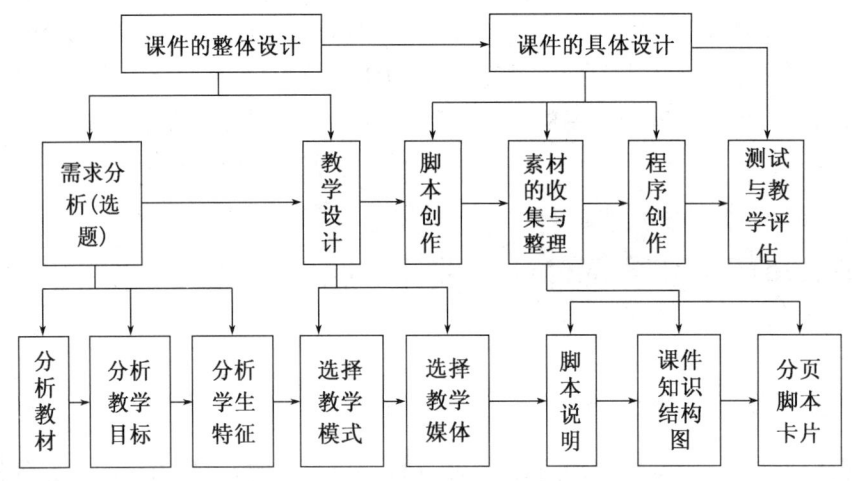

图 5-1-1 课件制作流程图

1. 确定教学目标

确定教学目标是教师根据教学目的、内容及学生实际而制定的一种具体要求和标准,它是教学目的的具体化,是课堂教学的方向,是一堂课的灵魂,是判断教学是否有效的直接依据,所以在制定教学目标时必须明确具体。制作多媒体课件应根据教学大纲的要求,首先明确教学目的、要求,以及教材的重点、难点,明确详细的教学目标及学生学习之后要到达的"目的地"。准确、科学的教学目标,是实施课堂教学的前提和基础,所以设计课件,其内容的选取要以教材为蓝本,从实现教学目标、完成教学任务的需要出发,但又不能为课本所束缚,要充分增加课件的含金量。

2. 教学设计

教学设计就是运用系统科学的观点和方法,以教学目标和教学对象的特点为出发点,从而以教学效果最优化为目的来规划、实施和评价教学活动的全过程。教学设计的核心在于采用最优化的教学方法,取得最优化的教学效果。其主要设计步骤如下:① 讨论总体教学目的,列出所有课题,并陈述各课题的教学目的。② 细化教学目的。③ 列举各学习目标对应的学习内容。④ 列出学生年龄、心理特点和个性特征。⑤ 预估学生对本课题已具备的基础知识、基本技能和表达水平。⑥ 选择教学活动和教学资源。⑦ 协调所提供的服务。

3. 脚本设计

脚本也称为"稿本",脚本的设计阶段是课件开发过程中从面向教学策略的设计到面向计算机软件实现的一个过渡,是沟通课件的设计者和制作者的一个桥梁。多媒体课件的脚本分为文字脚本和制作脚本。

(1) 文字脚本是指多媒体课件教什么、如何教、学什么、如何学的文字,它包括教学目标分析、教学内容和各知识点的获取、学习者特征、课件模式的选择、教学策略的指定、媒体的选择等,一般由学科教师完成。

(2) 制作脚本是在文字脚本的基础上,给出课件制作的具体方法,如页面的元素与布局、人机交互、跳转、色彩配置、文字信息的呈现、音乐或音响效果、解说词、动画及视频的要求等。

4. 素材的选择与设计

多媒体素材有声音、图像、动画、视频、文字等。使用时的选用顺序是视频、动画、图像、声音和文字。素材的选取应依据授课内容而决定,滥用素材会适得其反。例如,使用与教学无关的图形或者在非重点处应用动画,有可能分散学生的注意力;有时逼真的图画反而有碍学生对特殊部分的了解;红色会对人产生强烈的刺激,影响注意力的集中;课件中滥用音乐,也会分散学生的注意力。

5. 实践应用

课件制作的目的就是应用,在初次制作的课件中可能会存在这样或那样的问题,如制作者在设计课件颜色时做到了色彩搭配协调,但是在利用投影放映时,发现颜色不是制作时的颜色,颜色搭配没有预想的效果好等。再如,出现制作时的字体在应用时比例不协调;跳转功能在使用时不能正常跳转;出现错误字等情况。所以在制作好课件后要在使用中反复修改以达到最好效果。

6. 测试评估

使用课件后,要积极征求学生和老师的意见,对课件中的不足和错误进行修改,以便课件在今后使用中发挥最好的效果。

5.1.3 PowerPoint 课件中的文字处理技术

1. PPT 课件中文字处理的常见问题

（1）文字过多

有些人习惯在一张幻灯片上放很多的内容，但在演示时，幻灯片的停留与切换时间又很短，学习者无法从幻灯片中获得预期的信息，也影响界面美观。

一张幻灯片上放多少文字合适？有的资料中提到一些处理方法，如使用"5×5 规则"，即每张幻灯片上的文字不超过 5 行，每行不超过 5 个关键字；内容文字的大小为 22 磅，标题文字在 36 磅以上，要有意识地控制文字内容，让学习者能在较短的时间里看完幻灯片上的内容。

文字"满"的问题本质在于"有限的空间"想要表达的内容太多，从而导致不明确所要表达的核心内容是什么。因此解决"满"的问题并不能只是依赖 PPT 中对文字的排版，更多的是对"内容的简化"，概括出信息表达的"核心"。如果可以将一段话概括成一句话，或一个词，则可以解决"满"的问题。

另一种解决办法是将"文字"的内容转换成为"图"或"表"的形式，图表更易吸引视觉注意，如图 5-1-2 与图 5-1-3 所示。

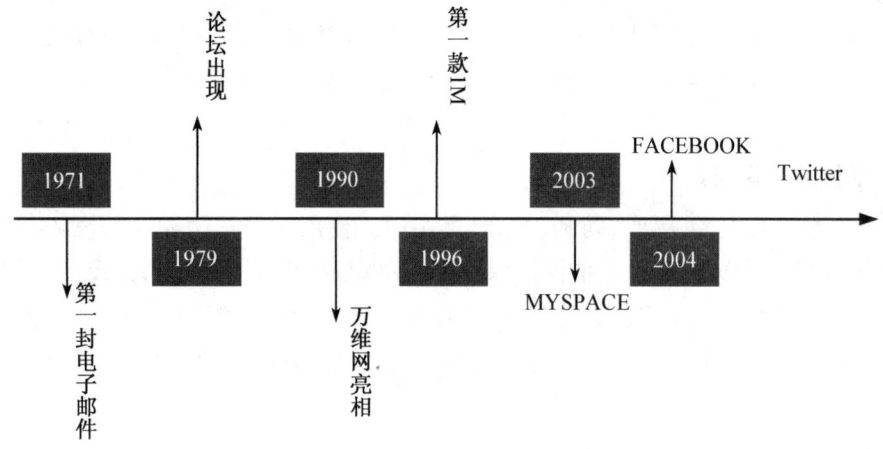

图 5-1-2 社会交流媒体时间线

	优势	劣势
网络购物	种类丰富	信誉问题
	价格便宜	配送问题
	容易查找	支付问题
	没有时间限制	网络安全

商品在网上畅销与否受网络购物的特点影响很大。按照重要性先后排序，网络购物优越之处在于：网络商店中的商品种类多而新、价格低、网络购物没有时间限制、商品容易查找、网络商店服务的范围广等。网络购物的不利之处主要有：信誉度问题、配送问题、支付问题、网络安全问题等。

图 5-1-3 网络购物优劣势的两种表现形式

(2) 文字过乱

在一些幻灯片上我们看到了不同的字体、不同的颜色、不同的排版方式,但我们并没有从这些不同中获取要强调的信息,反而让人感觉页面不统一,比较乱。

解决文字排版混乱问题,最简单的方法就是尽可能使用统一的字体(并不是一种字体),使用统一的颜色(并不是一种颜色),注意对齐和统一,如图 5-1-4 所示。很多人喜欢在课件中使用艺术字,但艺术字在很多情况下与课件文字内容的风格并不协调,需要慎重考虑。在内容编排上,要让标题与同层级内容之间有不同的区别和缩进,做到层次分明,能有效降低视觉上的"乱",标题与内容要区分,但标题与标题之间、内容与内容之间形式要统一。

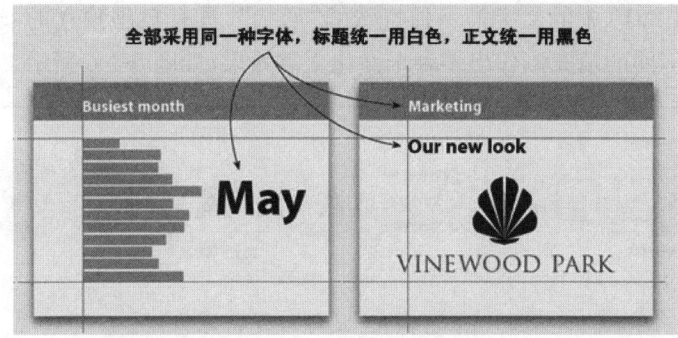

图 5-1-4　统一排版页面

另外,除了视觉上的"乱","乱"的问题还在于内容的逻辑和层次上"乱"。在进行内容加工时,要为学习者提供"线索"或"结构",能帮助学习者更好地理解内容之间的关系,避免认识上的"乱"。

(3) 文字色彩使用不当

在一些幻灯片中,幻灯片的背景图案选取往往与课件内容相关,但在文字色彩设置中选择与背景相近的颜色,则会使文字很难辨认。另外,有清晰图案的背景也容易对课件的内容呈现带来干扰。

一般课件中的文字色彩要与课件的背景形成强烈的对比,才能保证课件文字内容的显示效果。解决文字色彩使用不当的问题有三种方式:① 更改文字颜色;② 更改背景;③ 在文字下方添加纯色填充的自绘图形,让文字更加突出(如图 5-1-5 所示)。

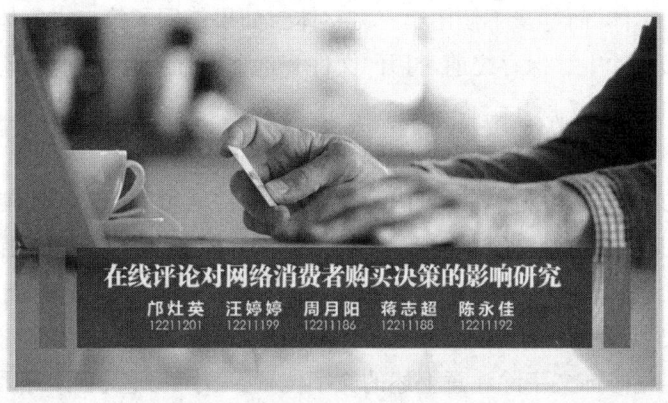

图 5-1-5　标题文字加纯色衬底效果

总体而言,要使课件中的文字效果更好,应注意以下几点:第一,相同内容的文字,使用相同的字体,如标题文字统一使用黑体,内容说明统一使用宋体;第二,尽可能使用相对统一的颜色与字号,如强调的文字可以用统一的红色,加粗;第三,排列有序,注意对齐,文字之间的间距要统一,还可以添加序号或分隔线条等元素,使文字看起来更有条理。

2. 美化 PPT 课件中的文本内容

影响文字外观的第一要素是字体。现在个性化的字体越来越多了。在 PowerPoint 2010 中使用字体前要先安装字体,为了保证使用的字体在其他的电脑上也能显示,还需要掌握嵌入字体或将文字转换为图片的方法。

PowerPoint 2010 中的文字是一种特殊的"形状",具有自己独立的"轮廓"和"填充"设置,能够利用不同的填充制作出多种个性化文字效果,如图 5-1-6 所示。

图 5-1-6　文字的格式设置

在 PowerPoint 2010 中可以设置文字的轮廓,包括轮廓的线型、颜色以及精细等,其中的填充设置效果也更多了,可以设置颜色、纹理、图片甚至背景。

(1) 美化文本

最简单的方法就是将从网站上下载的字体解压后的字体文件(一般为 TTF 或 OTF 格式的文件)复制到控制面板中的字体文件夹即可。或者直接双击字体文件,自动将字体复制到相应目录,安装字体后,通常在重启 PowerPoint 软件后才可以正常使用。

需要说明的是,为了保证制作的课件可以在其他计算机上正常播放和显示,建议使用计算机中常用的字体,而尽量不使用第三方字体。如果使用了第三方字体,可以在课件保存时将字体嵌入课件中。保存之前,打开"文件→选项",在保存选项里,勾选上"将字体嵌入文件"即可,如图 5-1-7 所示。

影响文字外观的要素还包括字体的颜色、字号和位置。

一般文字的字号设置要能够区分内容与标题,课件展示中的文字不能太小,应当适当加大文字之间的行距,否则文字紧贴在一起时用 PPT 投影出来不适合阅读。在为文字设置字号时,为了区别标题、正文等不同的内容,可以使用不同的字号,但自身要相对统一。即不同用途的文字,要有不同的外观,以示区分。

在课件中美化修饰文字除注意上述的文字位置、大小、颜色、字体等因素以外,还要关

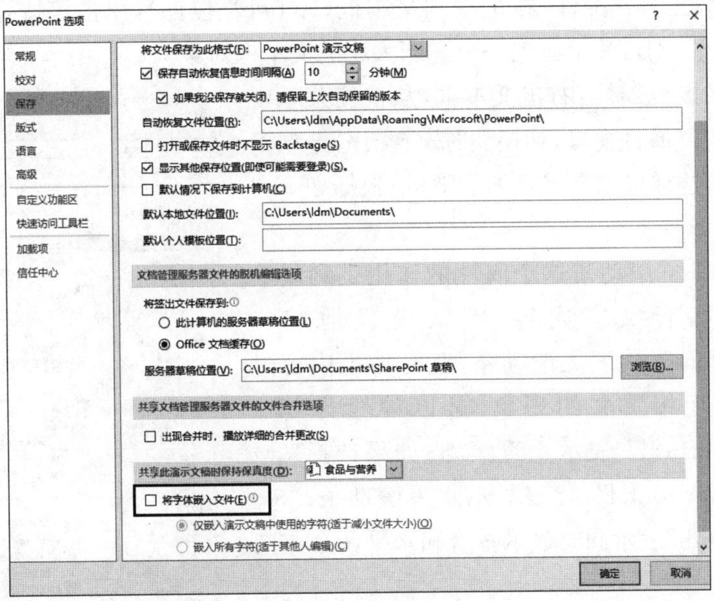

图 5-1-7 "保存"选项对话框

注文字的方向、修饰效果等。总体上课件美化要求文字大小一致,疏密有间,文字排版忌满、花、繁。一页文字的行数控制在 5~6 行为宜。遵守"3"字原则:使用颜色不宜超过 3 种,层次不宜超过 3 层,字体不宜超过 3 种。这个原则并不是绝对的,做到相对统一即可。

（2）使用滚动条解决多文本显示

如果文字很多,文本框放不了,怎么办？我们可以通过在 PPT 中添加一个带滚动条的文本框。具体设置方法如下：

① 首先要调用 PowerPoint 中的自定义控件箱,在 PowerPoint 2010 中,自定义控件箱被集成到了开发中心,默认没有显示。通过打开"文件→选项"对话框来选择"开发工具",如图 5-1-8 所示。

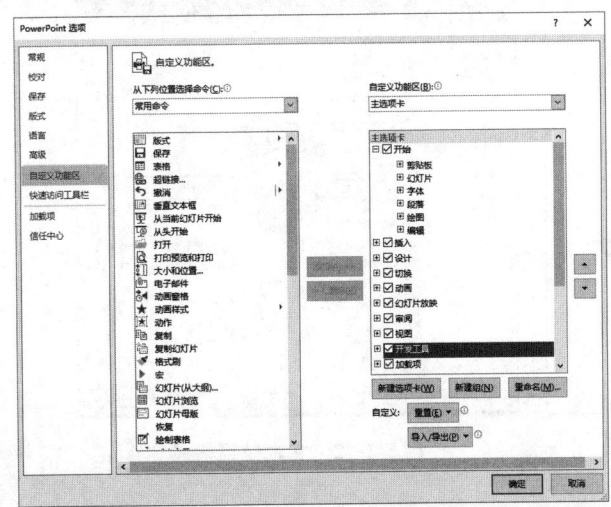

图 5-1-8 "开发工具"选项

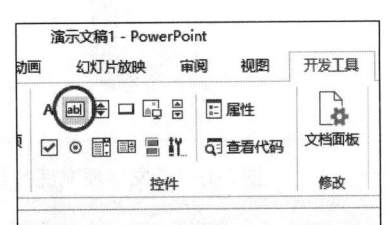

图 5-1-9 文本框（ActiveX 控件）

② 在"开发工具→控件"栏里找到文本框（ActiveX 控件），单击该按钮，如图 5-1-9。鼠标变为十字形，幻灯片上画出一个适当大小的文本框对象。

③ 设置文本框属性：右击文本框，从快捷菜单中选择"属性"，打开属性窗口，切换到"按分类序"选项卡（如图 5-1-10），这样可以看得更加清晰，请根据如下内容进行设置：

- ScrollBars（滚动）：这个属性的作用是利用滚动条来显示多行文字内容，默认设置是"0 - fmscrollBarsNone"，代表无滚动条，此时如果内容过多，则会发生互相重叠的现象，可以设置为"2 - fmscrollBarsVertical"，表示垂直滚动；如果选择"1 - fmscrollBarsHorizontal"，代表显示水平滚动条；"3 - fmscrollBarsBoth"表示同时显示垂直和水平两个方向的滚动条。

- MultiLine（多行）：这个属性的作用是设置控件是否允许接受多行文本，默认是"False"，此时将无法设置垂直滚动条，因此应将该属性设置为"True"。

图 5-1-10　文本框的属性（按分类序）

④ 插入文字内容：右击文本框，从快捷菜单中选择"文字框对象→编辑"，此时文本框会变成可编辑的状态，同时会看到竖条的光标，现在就可以输入相关的文字内容。注意这里无法使用右键菜单进行复制和粘贴的操作，请按下 Ctrl＋V 键进行粘贴，当粘贴的文本较多，超出文本框的显示空间时，就以看到右侧出现了一个滚动条。

（3）使用填充图片效果美化文字

文字填充图片效果是指文字的背景（中间填充部分）是图片。以前制作文字效果或背景填充都是对文本框进行操作的，实际在 PowerPoint 中还可以对文字自身进行填充，利用这种特性可以制作出任意喜欢的图案文字，如图 5-1-11 所示。

图 5-1-11　文字填充图片效果

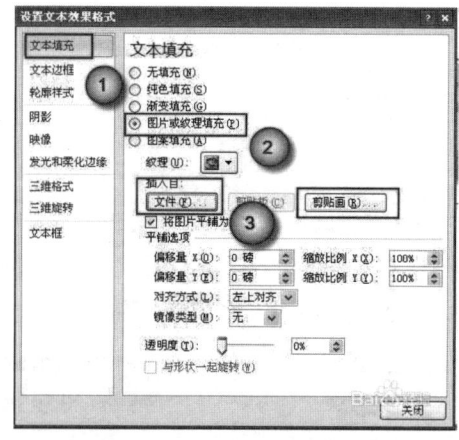

图 5-1-12　文本效果格式

具体实现的方法是利用 PPT 中的艺术字填充设置,艺术字可以设置多种对象进行填充,当然也包括图像,具体操作如下:

- 选中要制作的字,单击"格式→艺术字样式"选项区中的下拉列表按钮,打开"设置文本效果格式"对话框,单击"文件(F)…"按钮,如图 5-1-12 所示。
- 在弹出的对话框中插入素材里的"郁金香"图片,即可实现文字填充图片效果。

3. 快速将 Word 文档转换为 PowerPoint 课件

在课件中,不可避免地要处理大量的文字,如何减少文字的输入操作和重复操作也是需要注意的。这里有一种比复制粘贴更有效的方法,可以快速将 Word 中的文字转换到 PowerPoint 中,减少文字输入的麻烦。具体步骤如下:① 选中所有 Word 中的文字;② 将 PowerPoint 视图切换到普通视图的大纲状态下;③ 把文字粘贴到一张幻灯片上,在所有标题与正文之间用回车分隔;④ 按 TAB 键对正文降级;⑤ 调整"幻灯片版式";⑥ 应用"幻灯片设计"(模板);⑦ 修改母版。

另外,还可以将 PowerPoint 文档转换成为 Word 文档,方便内容的打印等操作。在 PowerPoint 2010 中,使用"文件→保存并发送→创建讲义"命令即可将 PowerPoint 2010 文档转换为 Word 文档。

5.1.4 PowerPoint 课件中的图像处理技术

一图胜千言,图片是直观化呈现课件内容的重要方式。对以视觉演示见长的 PowerPoint 来说,图片是不可缺少的组成部分。

1. 概述

图片具有高度的暗示性和象征性,能更快地传递信息和感情。好的图片可以一下子抓住学习者的注意力,产生强烈的震撼力。使用图片时要注意以下事项:① 让媒体之间产生关联,所插入的图片不能与讲课内容无关,修饰美化的图像(图标)也要和主题相符。② 图像风格要统一,图像的风格包括图像的类型(如卡通、写实、简笔画)和主色调、图像修饰的样式等。③ 注意图像的排版,特别是背景图像和多个图像的排版,以免混淆信息的主体。

在课件中,除与学习内容相关的图片素材以外,按钮、背景、提示符号一般也采用图片的形式。在 PowerPoint 中支持插入图片的方式有以下几种:① 通过插入菜单,可以插入外部的图像文件,以及剪贴画、艺术字。在 PowerPoint 2010 中还支持插入直接截屏的图片;② 利用自绘图形功能绘制;③ 利用填充功能插入图片。

在 PowerPoint 中绘制的图形都是由形状填充和形状轮廓组成的,填充可以是任意颜色、纹理或图片,轮廓的线条设置也非常灵活。利用图形的组合和叠加,可以做出许多教学中用的图形,如几何形状、物理化学实验设备、物体示意图等。

在 PowerPoint 中可以对插入的图像进行简单的编辑,如去除图像背景、裁剪图片、改变色彩等,还可以设置多种图片的艺术风格。

2. 图文混排样式

幻灯片中的主要内容是文字,插入图片不当可能会影响页面效果,合适的图文混排样式，可以提高课件的可阅读性。常见的混排样式有以下几种：

（1）常规型。这是一种最常见的版面设计样式，一般幻灯片中各对象由上而下的排列顺序为图片、标题、图表、表格和说明文字等，符合人们的心理顺序和逻辑顺序，能够产生良好的阅读效果，如图 5-1-13 所示。

（2）左右型。在左右型幻灯片版式中，一般在一侧放置图片内容，另一侧放置文字内容，从而左右对称，形成衬托和对比，符合人们视线的流动顺序，如图 5-1-14 所示。

图 5-1-13　常规型样式　　　　　　图 5-1-14　左右型样式

（3）全图型。全图型是目前在 PowerPoint 设计与制作中较为流行的一种风格（如图 5-1-15），即一张幻灯片上使用一幅有吸引力的图片，再加上简单的一行文字说明。这种风格非常适用于故事或事件叙述，也常用于具体事物的介绍和展示。

（4）多文本多页面型。这种样式页面上文字较多，留给图片的空间很少或几乎没有。这一类样式在很多工作型的演示文稿中应用十分普遍，如教学课件、工作汇报、政府报告等，这类通常都需要将大部分的空间安排给文本与图表展示，图片更多的是起点缀及辅助表达的作用，如图 5-1-16 所示。

 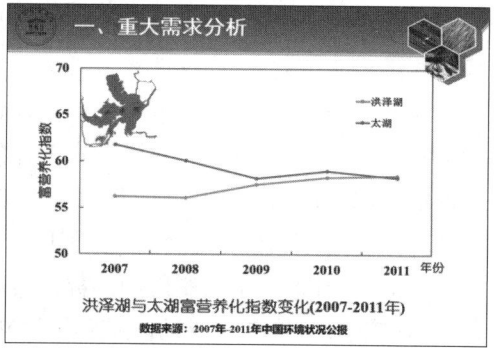

图 5-1-15　全图型样式　　　　　　图 5-1-16　多文本多页面型样式

3. 突出当前图像——彩色与黑白效果混合编排

在制作全图型 PPT 样式时，可以设置这种彩色与黑白效果混合编排效果，能够突出部分图像，如图 5-1-17 所示。

图 5-1-17　彩色与黑白图像混排效果

实现方法：

(1) 将图像复制一份，留作裁剪。

(2) 对复制的图像进行裁剪，裁剪之前打开"图片格式工具"中的裁剪的下拉菜单，选择裁剪形状，设置好裁剪区域，然后点击"裁剪"按钮。

(3) 未裁剪的图像通过 PowerPoint 中的颜色工具去除图像的色彩，并调整亮度，以更加突出保留的彩色图像。

(4) 在页面上插入圆角矩形形状，设置其填充与轮廓的格式，并添加文本，最后调整位置，下移一层。

4. 点按后放大图片

"点按后放大"是指当单击某一张图片时，可以将它放大至整个屏幕。通过这种特效可以实现在放映状态时对图片进行放大或缩小，如图 5-1-18 所示。

图 5-1-18　点按后放大效果

实现方法：

(1) 新建一张空白的幻灯片。

(2) 打开"插入→对象"选项，然后选择"Microsoft PowerPoint 演示文稿"选项。

(3)选择"插入→图片"选项,这时可以在这张新空白幻灯片中插入一张图片。

(4)调整图片的位置,使图片置于幻灯片的中央。

保存 PPT 文件后,进入放映状态,点击页面中的图片,就看到该图片的放大效果了,再次单击后就回到原来状态。

5. 电子相册的制作

PowerPoint 2010 具有制作电子相册的功能,用户可以方便地将各种图片制作成电子相册,还可以根据实际需要选择电子相册的主题和图片的排版方式,从而使制作的电子相册更加个性化。

创建电子相册的具体操作如下:

(1)新建一个演示文稿。在"插入→图像"组中单击"相册"按钮,即可打开"相册"对话框,如图 5-1-19 所示。

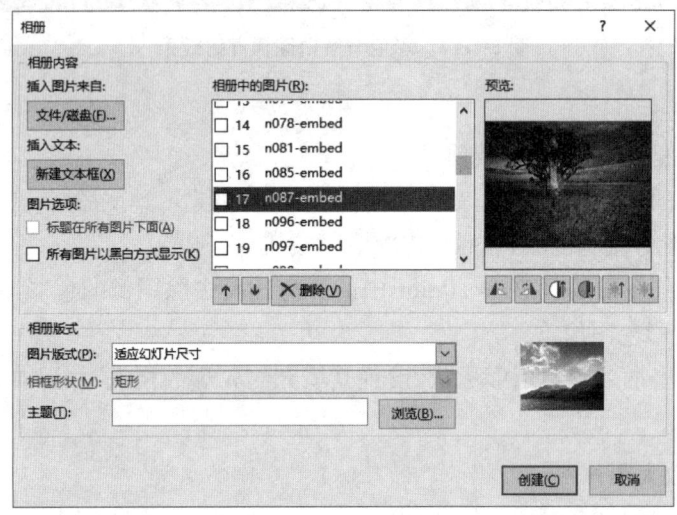

图 5-1-19 "相册"对话框

(2)单击"文件/磁盘"按钮,将图片插入右侧列表中。

(3)在相册对话框中,设置"图片版式"和"相框形状",然后确定即可生成电子相册。

在制作电子相册前,要做好图像的选择和整理工作,特别是设置图像的比例、水印等。

制作好的电子相册,可以通过"相册"栏里"编辑相册"对话框,对其进行新增图片、更改相册版式、增加文本框和调整图片排列顺序等设置。

6. 超大图片的滚动显示

在 PowerPoint 2010 中实现超大图片的滚动显示,也是通过开发工具来实现的。具体步骤如下:

(1)打开"开发工具"中的"其他控件"选项,在弹出的对话框中选择"Microsoft Forms 2.0 Frame"。

(2)在幻灯片中绘制出合适大小的窗口。

(3)右击该窗口,打开属性表,设置其中的"Picture"属性,即图像文件所在的位置;设置"ScrollBars"属性为"3 - fmScrollBarsBoth",即水平与垂直滚动条皆显示;设置"ScrollHeight"与"ScrollWidth"属性值,即窗口的高度与宽度值,通常设置为图片的高度与宽度即可。

(4) 设置完毕后,关闭属性表,即可在放映状态下实现超大图片的滚动显示效果。

5.1.5　PowerPoint课件中的音频处理技术

1. 概述

声音与文字和图片相比,更易影响学生的情绪。不论是为学生创设一种带音乐的学习氛围,还是利用声音表达欢快、悲伤的情感,在课件设计制作中,都不应当忽略声音的作用,特别是利用声音进行内容解说(讲解)的功能。

同时声音在课件使用过程中也更容易带来干扰,如果一个课件在使用时,打字、鼓掌、刹车、风铃等声音不绝于耳,就不能起到集中学生注意力的作用,让人不堪其烦,因此选择声音和使用声音一定要慎重。

声音在课件中的主要作用体现在以下几方面:① 利用声音直接提供学习内容,在课件中,配合课件画面提供解说,为学生提供听觉信息。② 利用声音提供示范信息,主要用于在音乐或语言的教学中提供声音示范,如单词读音等。③ 利用声音提供提示信息,以引起学生注意。另外也可以通过声音为学生提供反馈信息,如可以根据学生回答问题的情况提供欢快的声音或者难过的声音。④ 背景音乐。⑤ 渲染情境,为学生创设真实的场景。

在PowerPoint的动画效果中集成了很多提示的声音,如爆炸、打印机的声音等。也可以直接通过插入声音文件,使用外部的声音素材。

PowerPoint也可以为幻灯片录制旁白,这样在放映幻灯片时,可以自动播放声音。

PowerPoint的声音编辑功能较弱,在PowerPoint 2010中有简单的声音编辑功能。大多数情况下,建议使用第三方软件,如GoldWave进行声音的录制与编辑。

2. 在PPT中使用声音的常见问题

在课件中使用声音有三个常见问题,一是声音质量问题,二是声音与内容相关性问题,三是声音播放是否正常,在一些课件中有时声音会播放不出来或者播放的声音不流畅。

(1) 声音质量问题。特别是自己录制的声音文件,要检查录制的声音是否清楚规范,语速快慢是否合适,是否适用于课件的教学对象等。如课件内容讲解、朗诵等内容,需要选择一些音色比较好的声音,注意使用普通话和语言规范;要控制噪音,注意文件的编码参数。

(2) 声音与课件内容结合问题。主要体现在背景音乐的使用上。在很多情况下,课件所使用的音乐是为了使用音乐而使用,声音没有为课件提供相应的意境,没有发挥音乐渲染情绪的作用。

(3) 课件中的声音播放问题。主要是因为声音文件丢失,或声音文件质量过高,计算机性能跟不上,所以声音不能流畅播放。

3. 插入录制音频

在放映幻灯片时,演讲者可以录制声音并将其插入幻灯片中,这种方式主要应用于自动放映幻灯片时的讲解或旁白。

插入录制声音的具体操作如下:

(1)选择需要插入声音的幻灯片,在"插入"选项中打开"媒体"组,单击其中的"音频"按钮,在打开的列表中选择"录制音频"选项。

(2)打开"录制声音"对话框,在"名称"文本框中输入录制的声音名称,单击红色"录制"按钮开始录音,如图 5-1-20 所示,然后单击"停止"按钮停止录音,最后确定完成录音操作。

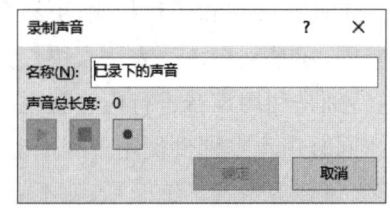

图 5-1-20 "录音"对话框

注意:"录制音频"选项通常呈不可选择状态,只有当计算机中安装或连接有音频输入设备时才能进行选择。

4. 为指定对象添加声音效果或提示音

在课件制作中,为了吸引学生的注意,或为了强调一些关键信息,可以适当添加声音提示,如在鼠标经过或单击按钮时,以及在鼠标经过词语或音标时;也可以使用声音作为反馈,在回答正确后添加鼓励的掌声等。

所有这些都可以在 PowerPoint 中利用自定义动画中的提示音,或动作设置中的提示音来完成。实现方法如下:

(1)选中要添加声音提示的对象,在"插入"选项卡中选择"动作"命令,打开"动作设置"对话框,如图 5-1-21 所示。

(2)在"动作设置"对话框中,可以按图 5-1-21 所示的内容进行设置。

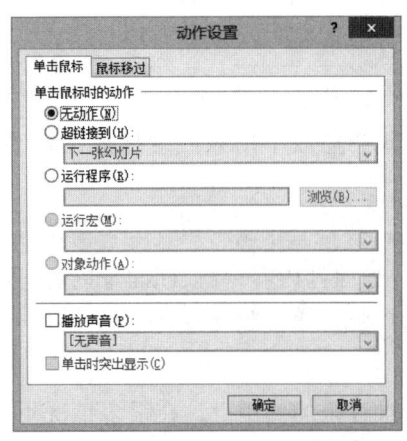

图 5-1-21 "动作设置"对话框

图 5-1-22 "效果选项"对话框

在动画设置中,也可以添加声音提示效果。选中要强调显示的对象,添加动画效果。

在 PowerPoint 2010 中选中对象后,直接在"动画"选项卡中设置。打开"动画窗格",右击选择"效果"选项对话框,在其中添加声音效果,如图 5-1-22 所示。

5. 为课件添加背景音乐

默认情况下,在 PowerPoint 中插入的声音只能在当前幻灯片上播放,在播放到新幻灯片时,声音会停止。如何为整个课件添加背景音乐或为指定的幻灯片播放背景音乐呢?

在 PowerPoint 2010 中,当插入外部声音,会自动在动画空格中生成动画。要想实现在幻灯片上播放同一个声音,或者跨幻灯片播放声音文件,需要进行以下设置:

(1) 打开需要播放声音的幻灯片的那一页,插入声音文件,根据你想对背景音乐的控制情况选择是自动播放,还是单击播放。

(2) 单击动画选项卡,进入动画窗格,右击声音的动画对象,选择"效果"选项,打开如图 5-1-23 所示的对话框。将"停止播放"选项设置成"在 999 张幻灯片后"停止播放。999 是随机采用的一个较大值,一般幻灯片都不会超过这个值。其他选项内容采用默认值,这样在播放声音时就会从第一张幻灯片放至最后一张。

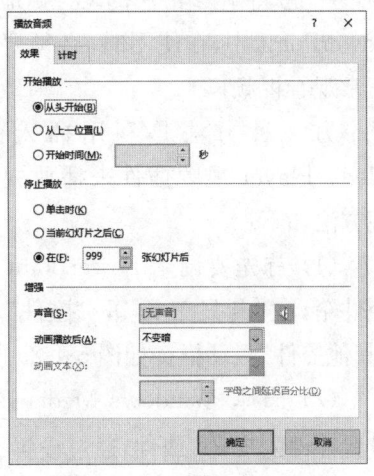

图 5-1-23 "播放音频"对话框

(3) 第二步也可以跳过,直接选中插入的声音图标,打开"音频工具→播放"选项,在工具栏里将"跨幻灯片播放"与"循环播放"选中(见图 5-1-24),也可以实现背景音乐的连续播放与循环播放效果。

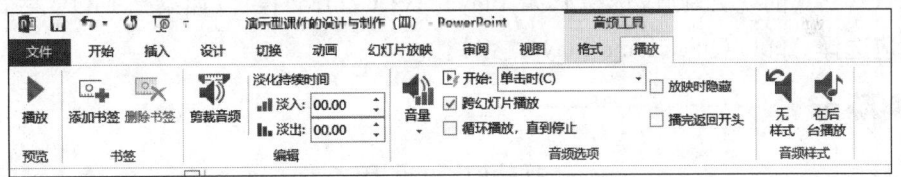

图 5-1-24 音频工具的"播放"选项

5.1.6 PowerPoint 课件中的视频处理技术

在 PowerPoint 中,可以直接插入外部的视频剪辑库中的视频短片;还可以直接插入网页中的视频,但在使用中必须保证计算机能正常连接网络,否则视频无法正常播放。

视频的格式有很多,如 RMVB、MP4、MOV、FLV、AVI、WMV 等。很多视频无法直接插入 PowerPoint 中,所以在使用前要选择常用的视频格式,如 WMV、AVI、MP4 等。无法在 PowerPoint 直接使用的视频格式,可以通过格式转换软件进行转换,或者通过播放软件(或录制屏幕软件)翻录转换。

视频格式转换软件有很多,可以从网络中搜索,这里推荐一款视频格式转换软件——"格式工厂",它几乎支持所有的视频格式之间的相互转换,操作非常简便。

建议在转换视频格式时,选择转换为 MP4 或 WMV 这两种视频格式,因为这两种格式较为通用，且在转换过程中可以选择较高的压缩比率，这样可以保证课件能在更多的计算机环境中正常播放。

在 PowerPoint 中插入视频有两种基本方法：

一种方法是直接插入视频对象，操作方法与插入声音文件基本一致。与插入声音不同的是，在 PowerPoint 2010 中，可以直接插入网络中的视频。在视频网站上，一般都提供了视频分享的代码，找到分享的代码，按要求复制到相应的文本框中就可以实现视频插入。

需要注意的是，通过这种方式插入的视频，只是将网络中的视频地址链接到 PowerPoint 中，在使用时，必须要联网才可以正常观看视频。

另一种方法是利用插入的 Windows Media Player 视频插件来播放视频。具体实现方法如下：

（1）首先要调用 PowerPoint 中的自定义控件箱，在"开发工具"的"控件"面板中打开"其他控件"对话框。如图 5-1-25 所示。

图 5-1-25 "Windows Media Player"控件

（2）选择"Windows Media Player"控件，设置控件的 URL 属性，通过设置这个属性指定 PowerPoint 播放的视频地址。

利用此种方法，也可以插入网络中的视频，前提是必须知道真实的视频文件地址。另外 Windows Media Player 一般只支持 WMV、AVI、ASF、MPG 等视频格式，如果是 RM 或 RMVB 格式的视频，则应选择 Real Player G2 Control 控件；如果是 MOV 格式的视频，则应选择 Apple QuickTime Player 控件。

视频位置的引用

将视频存放在课件所在的文件夹或子文件夹中，添加时直接用相对路径添加。如果是在同一目录下，则直接输入"视频名.扩展名"；如果在子目录中，则输入"\目录名\视频文件名.扩展名"。

5.1.7　PowerPoint 课件中的动画效果技术

1. 概述

PowerPoint 内置了很多动画效果，用于控制幻灯片上的对象出现、显示、消失效果，也能够控制对象的运动方向。与其他动画设计软件不同，PowerPoint 动画是"组合"动画，在使用过程中只需要选择需要的动画类型和设置相应的参数，不需要设计"动画"。

通过组合动画可以有效控制幻灯片上的内容的呈现顺序，也能够模拟一些物体运动现象,学习 PowerPoint 动画重点在于了解每一种动画类型的特点,以及如何将这些动画组合起来使用。

动画具有视频的直观、形象、生动等特点,并且比视频更具有灵活性,它摆脱了摄像机的限制,可以自行设计。利用 PowerPoint 中提供的自定义动画可以组合成多种不同的动画效果。

动画可以突出重点、控制信息的流程,并且提高课件的趣味性。课件中的动画分两种形式:一种是画面与画面之间的切换关系,如淡进淡出、实进虚出等;另一种是画面内的形象元素根据需要进行移动,如多行文字的逐行显示等。

在教学课件中,物体的运动、事情的发展过程、事物之间的相互关系等都可以用动画来表达。用简化的模型动画,更能突出学习内容的关键特征,减少学习过程中的干扰因素。

另外,动画还有一个重要作用:可以控制学习内容的显示速度与顺序。PowerPoint 包括进入、退出、强调和自定义路径 4 种类型的动画。这些动画可以组合、叠加使用,控制对象的出现、消失和移动,如表 5-1-1 所示。

表 5-1-1 动画的类型及特点

	动画功能特点
进入动画	从无到有:对象在幻灯片上出现的方式
退出动画	从有到无:对象从幻灯片上消失的方式
强调动画	从有到有:幻灯片上对象变色、旋转、缩放、闪烁、扭曲等
路径动画	从有到有:幻灯片上对象需要改变位置或旋转

2. 设置幻灯片中的对象动画效果

在幻灯片中可以给文本、图片、表格等对象添加标准的动画效果,还可以添加自定义的动画效果,使其以不同的动态方式出现在屏幕上。对这部分内容,我们将结合一个具体的案例来讲解。

(1) 添加动画效果

① 设置对象进入效果:打开提供的素材文件"机械能—功.pptx"(扫描本章二维码获取),选择第 2 张幻灯片,选择左上角的图片,打开"动画→动画样式→飞入"选项。在"效果选项"设置飞入方向。用同样的方法,将下方马车的图片设置为"缩放"进入效果。

② 设置动画播放速度:点击"动画窗格"按钮,在右侧的窗口中,选择第 1 个动画选项,右键单击,打开其中的"效果选项",在弹出的对话框中选择"计时"选项卡,设置"期间"为"中速",如图 5-1-26 所示。

③ 利用"动画刷"设置相同动画效果:单击第 2 张幻灯片左上角的图片,在"高级动画"级中单击"动画刷"按钮,再单击该张幻灯片上右上角的图片,可以为该图片添加和左上角图片完全相同的动画。

④ 设置动画播放顺序:对第 2 张幻灯片上的 3 张图片设置动画播放顺序,默认情况下是按照设置顺序,如图 5-1-27 所示。如果要重新调整,需打开"动画窗格"对话框,拖动

对象调整顺序。或者在动画窗格中选择要调整的动画选项,单击窗格下方的加号按钮,该动画对象将会向上或向下移动一个位置。

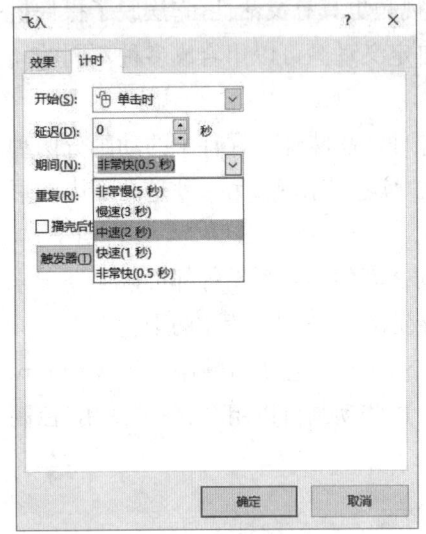

图 5-1-26 设置动画速度

图 5-1-27 动画对象播放顺序

(2) 设置动作路径动画

"动作路径"动画效果是自定义动画效果中的一种表现方式,可为对象添加某种常用路径的动画效果,如"向上""向下""向左""向右"的动作路径,使对象沿固定路径运动,但是缺乏一定的灵动性。PowerPoint 2010 提供了更多的路径可供选择,甚至还可绘制自定义路径,使幻灯片中的对象更加突出。

选择案例中的最后一张幻灯片中的文本框,在"动画→高级动画"组中单击"添加动画"按钮,在打开的列表框的"动作路径"栏中选择"其他动作路径"选项,打开"添加动作路径"对话框(如图 5-1-28 所示),在"直线和曲线"栏中选择"弹簧"选项,确定即可设置好该文本框的动作路径动画(如图 5-1-29 所示)。

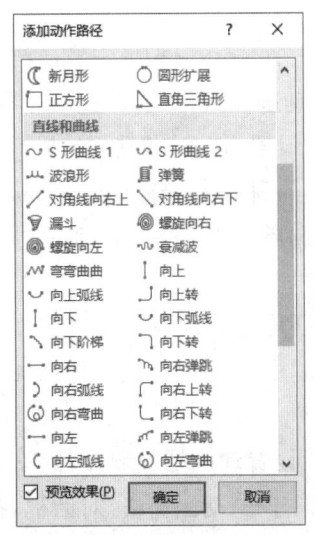

图 5-1-28 添加动作路径

图 5-1-29 设置路径动画

3. 将 SmartArt 图形设置为动画

SmartArt 图形也能设置为动画,由于 SmartArt 图形是一个整体,图形间的关系比较特殊,因此在为 SmartArt 图形添加动画时需要注意一些设置方法与技巧。

(1)设置 SmartArt 图形动画

选择要添加动画的 SmartArt 图形,在"动画"菜单的"动画"组中单击"动画样式"列表框右侧的"其他"按钮,在打开的列表框中选择一种动画样式。此时,默认整个 SmartArt 图形作为一个整体来应用动画。

如果需要改变动画的效果,可以选择添加了动画的 SmartArt 图形,打开"动画窗格"窗口,单击该动画选择右侧的向下按钮,在打开的列表中选择"效果选项",在打开的对话框中单击"SmartArt 动画"选项卡,如图 5-1-30 所示。

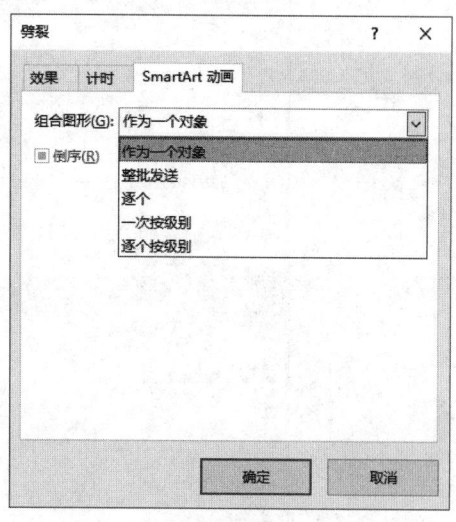

图 5-1-30　设置 SmartArt 动画

- 作为一个对象:将整个 SmartArt 图形作为一张图片或整体对象来应用,应用到 SmartArt 图形的动画效果与应用到形状、文本和艺术字的动画效果类似。
- 整批发送:同时为 SmartArt 图形中的全部形状设置动画。该选项与"作为一个对象"选项的不同之处在于,如当动画中的形状旋转或增长时,使用"整批发送"时,每个形状单独旋转或增长,而使用"作为一个对象"时,整个 SmartArt 图形将旋转或增长。
- 逐个:单独地为每个形状播放动画。
- 一次按级别:同时为相同级别的全部形状添加动画,并同时从中心开始,主要是针对循环 SmartArt 图形。
- 逐个按级别:按形状级别顺序播放动画,该选项非常适合应用于层次结构布局的 SmartArt 图形。

(2)为 SmartArt 图形的单个形状设置动画

如果要为 SmartArt 图形中的单个形状添加动画,其方法为选择需添加动画的单个形状,在"动画"窗格中为其添加动画,单击"效果选项"按钮,在弹出列表的"序列"栏中选择"逐个"选项,返回到"动画窗格"窗口中。单击"展开"按钮,展开 SmartArt 图形中的所有形状,选择某个形状对应的选项,即可为其设置动画,如图 5-1-31 所示。

(3)注意事项

SmartArt 图形是由多个图形组合而成的,因此,既可为整个 SmartArt 图形添加动画,也可只对 SmartArt 图形中的部分形状添加动画。添加动画时,需要注意以下几个方面:

- 根据 SmartArt 图形选择的布局来确定需添加的动画,使搭配效果更好。大多数动画的播放顺序都是按照文本窗格上显示的项目符号层次播放的,所以选择 SmartArt 图形后可在其文本窗格中查看信息,也可以倒序播放动画。

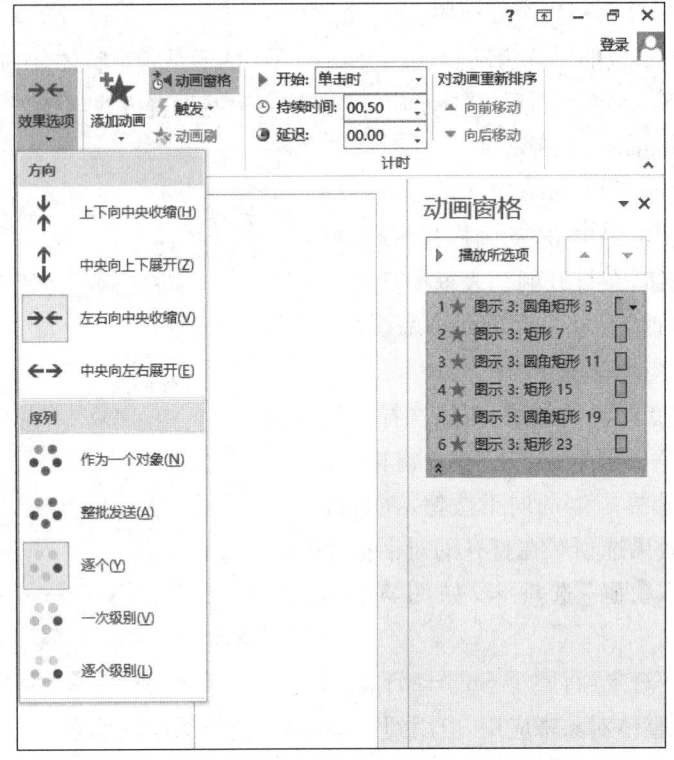

图 5-1-31　设置单个形状动画

• 如果将动画应用于 SmartArt 图形中的各个形状，那么该动画将按形状出现的顺序进行播放或将整个顺序颠倒，但不能重新排列单个 SmartArt 形状图形的动画顺序。

• 对于表示流程类的 SmartArt 图形等，其形状之间的连接线通常与第二个形状相关联，一般不需要为其单独添加动画。

• 如果没有显示动画项目的编号，可以先打开"动画窗格"。

• 无法用于 SmartArt 图形的动画效果将显示为灰色。

• 当切换 SmartArt 图形布局时，添加的动画也将同步应用到新的布局中。

5.1.8　PowerPoint 课件中的交互技术

交互性是课件与其他教学媒体和教学材料最重要的区别。课件除了可以使用更丰富的媒体形式展现内容外，还可灵活控制内容出现的顺序和形式，为不同的学习者提供不同的有针对性的内容和反馈信息，这就是课件的交互。

课件的交互从根本上来说有以下两层含义：其一，课件交互是指使用/操作课件的方式，如通过按钮、菜单、热区控制课件的播放。其二，课件交互是指课件能让学习者实时向课件输入信息，课件也能提供及时反馈信息，没有反馈也就没有交互。

在课件设计与制作过程，交互具体表现在以下几方面：一是对于课件信息的选择与控制，用户能够自主选择相应内容。二是用户能够在课件中输入一定信息。三是用户能够控制课件中的一些对象。四是用户可获取反馈信息。

下面将通过介绍超链接和触发器的使用来实现课件的交互性。

1. 超链接

（1）链接本演示文稿的其他幻灯片

通常情况下，幻灯片是按照默认的顺序依次放映的，而如果在课件中创建超链接，就可以通过单击链接对象，跳转到本演示文稿的其他幻灯片中。下面的案例将在幻灯片中实现通过动作按钮来链接到其他幻灯片。

• 打开素材文件"细菌和真菌的分布"中学生物课件（扫描本章二维码获取），选择第二张幻灯片，在"插入→形状"里的"动作按钮"，选择"动作按钮：开始"，如图 5-1-32。

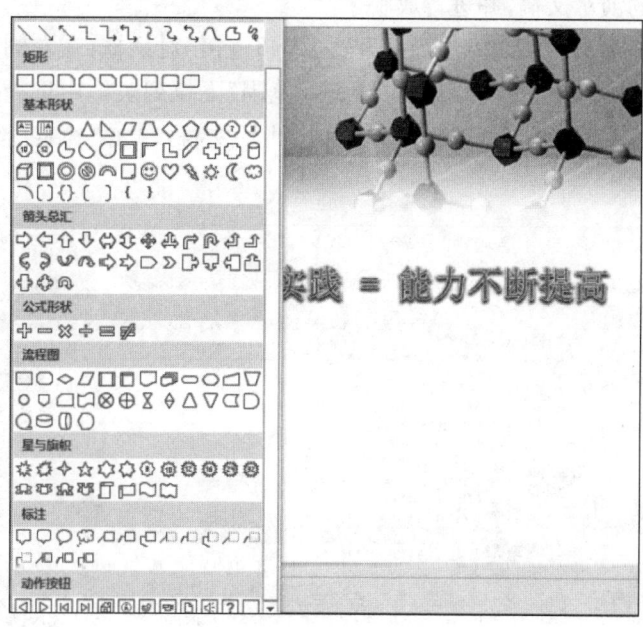

图 5-1-32 "动作按钮"选项

• 鼠标指针变为十字形状，在幻灯片的右下角拖动绘制按钮，释放鼠标后打开"操作设置"对话框，单击选中"超链接到"单选项，在下方的下拉列表框中选择"第一张幻灯片"选项，如图 5-1-33。

• 用同样的方法绘制"动作按钮：后退或前一项"按钮，并在打开的"操作设置"对话框的"超链接到"单选项下方的下拉列表框中选择"上一张幻灯片"选项。

• 继续绘制"前进或下一项"按钮，用上述的方法链接到下一张幻灯片。

• 继续绘制"结束"按钮，用上述的方法链接到最后一张幻灯片。

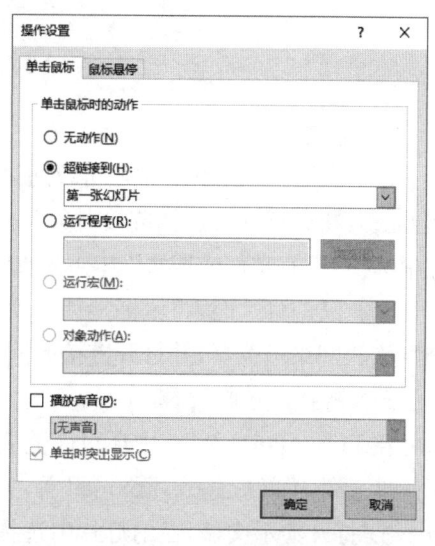

图 5-1-33 "动作设置"对话框

• 同时选择创建的4个按钮,在"绘图工具→格式"菜单面板里,设置大小,高度为1厘米,宽度为2厘米。

• 将4个按钮选中,鼠标右击,在弹出的快捷菜单中选择"设置对象格式"命令,打开"设置形状格式"对话框,在"透明度"数值框中输入"40%"。

• 适当调整4个按钮的位置,将其复制到除第一张幻灯片外的其他幻灯片中,然后保存演示文稿。

（2）链接其他演示文稿

将幻灯片中的文本、图形等元素链接到其他演示文稿,可以在放映当前幻灯片的同时直接切换到指定的演示文稿,并进行放映。

设置链接其他演示文稿的方法为打开"插入超链接"对话框,在左侧的"链接到"列表框中选择"现有文件或网页"选项,然后在"查找范围"下拉列表框中选择要链接的外部演示文稿的位置,在其下方的列表框中选择目标演示文稿,单击"确定"按钮,如图5-1-34所示。

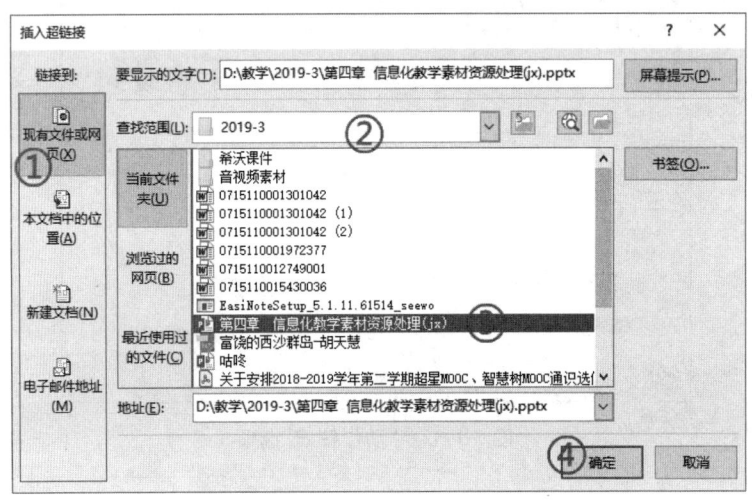

图 5-1-34 "插入超链接"对话框

（3）链接网页

在 PowerPoint 2010 中还可以通过幻灯片中的超链接链接到网络中的某一张网页,其方法为在幻灯片中选择链接对象并打开"插入超链接"对话框,在左侧的"链接到"列表框中选择"现有文件或网页"选项,在最下面的"地址"下拉列表框中输入链接目标网页的网址。放映幻灯片时,将鼠标指针移到该超链接上将自动显示链接的网址,单击将启动系统默认的网络浏览器,并打开链接的网页。

（4）链接电子邮件

在 PowerPoint 2010 中还可以链接电子邮件,在放映幻灯片的过程中便可以启动电子邮件软件,如 Outlook、Foxmail 等,并进行邮件的编辑与发送,具体操作如下：

① 打开演示文稿,在幻灯片中选择需要创建超链接的对象,在"插入→链接"组中单击"超链接"按钮。

② 打开"插入超链接"对话框，在左侧的"链接到"列表框中选择"电子邮件地址"选项，在右侧的"电子邮件地址"文本框中输入电子邮件地址，在"主题"文本框中输入邮件主题，单击"确定"按钮。

③ 放映幻灯片时，单击该超链接，将打开 Outlook 窗口，其中已经自动填上了收件人地址和主题，输入邮件内容后即可发送邮件。

注意：在"最近用过的电子邮件地址"列表框中显示了曾经输入过的电子邮件地址，如果需要使用该地址，直接选择相应选项即可添加到"电子邮件地址"文本框中。

2. 触发器

触发器是 PowerPoint 中的一项功能，它可以是一个图片、文字或文本框等，其作用相当于一个按钮，设置好触发器后，单击它就会触发一个操作，该操作可以是播放音乐、影片或者动画等。

（1）利用触发器制作控制按钮

在演示文稿的幻灯片中插入声音或视频后，有时为了能在演示过程中快速控制声音或视频的播放效果，需要利用触发器制作控制按钮。下面以利用触发器制作"播放"和"暂停"按钮为例来控制声音的播放，介绍其具体操作。

① 单击"插入→音频→文件中的音频"，导入所需的声音文件。

② 单击"插入→形状→动作按钮→自定义按钮"，在幻灯片中拖出三个按钮，在出现的"动作设置"对话框中设置为"无动作"。分别选择三个按钮，在右键菜单中选择"编辑文本"，为三个按钮分别加上文字：播放、暂停、停止。

③ 将声音文件播放控制设定为用"播放"按钮控制。选择幻灯片中的小喇叭图标，单击"动画→动画窗格"，在幻灯片右侧出现自定义动画窗格，可以看到背景音乐已经加入自定义动画窗格中，双击有小鼠标的那一格，出现"播放音频"设置对话框，选择"计时"选项卡，在"单击下列对象时启动效果"右侧的下拉框选择触发对象为"播放按钮"，如图 5-1-35 所示。

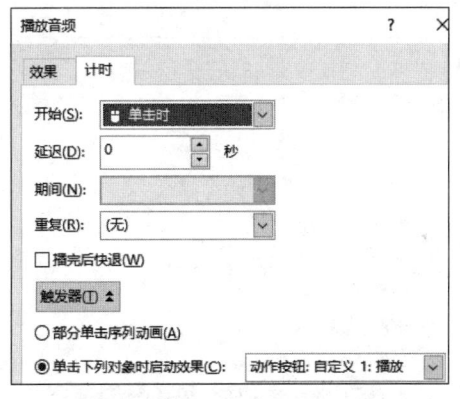

图 5-1-35 "播放音频触发器"设置

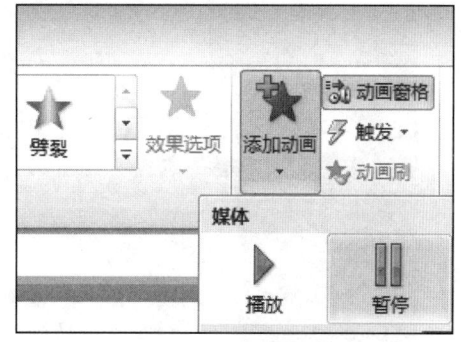

图 5-1-36 声音操作选项

④ 将声音暂停控制设定为用"暂停"按钮控制。继续选择小喇叭图标，在"动画→添加动画"下方选择"暂停"选项，如图 5-1-36 所示。

在"自定义动画"窗格下方出现了暂停控制格，双击控制格，出现"暂停声音"设置对话框,选择"计时"选项卡,单击"触发器"按钮,在"单击下列对象时启动效果"右侧的下拉框中,选择触发对象为"暂停"按钮,单击"确定"按钮。

⑤ 将声音停止控制设定为用"停止"按钮控制。在"动画→添加动画"下方选择"停止"选项,然后操作方法如上一步,将触发对象设定为"停止"按钮。

放映幻灯片时,我们就可以用三个按钮来控制音乐播放了,按"播放"按钮,音乐开始播放;按"暂停"按钮,音乐停下来,继续按"暂停"按钮,音乐接着播放;按"停止"按钮,音乐停止播放。

在实际应用中,我们还可以用其他的对象如图片、艺术字来作为触发器,这样课件的运行界面会更加美观。

(2) 利用触发器制作展开式菜单

在网页和很多软件中,通常单击一个菜单选项,都会打开一个菜单列表,在PowerPoint 2010 中,通过触发器也可以制作这种展开式菜单,其具体操作如下:

① 在幻灯片中绘制 5 个相连的圆角矩形,设置不同的形状样式,并在其中输入文字,然后将其左右居中对齐。

② 选择除第一个矩形外的其他矩形,单击鼠标右键,在弹出的快捷菜单中选择"组合"中的"组合"命令,将其组合为一个整体,如图 5-1-37 所示。

③ 在"动画→添加动画"下方选择"更多进入效果"选项,打开其对话框,在"基本型"栏中选择"切入"选项,单击"确定"按钮。

④ 在"动画"菜单中单击"效果选项"按钮,在打开的列表中选择"自顶部"选项,然后在"高级动画"组中单击"动画窗格"按钮,打开"动画窗格"。

⑤ 在"动画窗格"的动画选项上右键单击鼠标,在弹出的快捷菜单中选择"计时"命令,打开"切入"对话框的"计时"选项卡,单击"触发器"按钮,单击选中"单击下列对象时启动效果"选项,在右侧的下拉列表中选择"圆角矩形 1:展开式菜单"选项,单击确定。如图 5-1-38 所示。

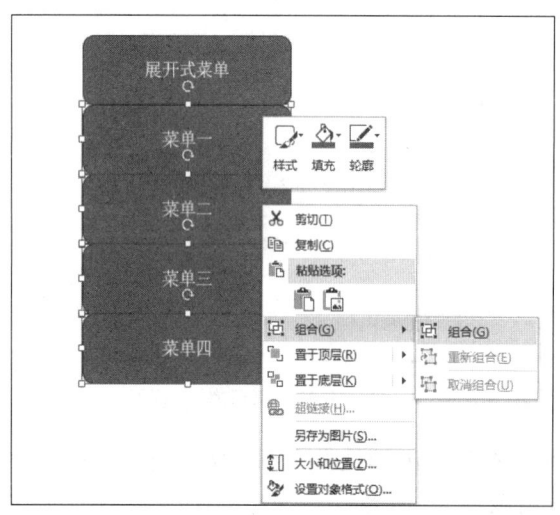

图 5-1-37　组合形状

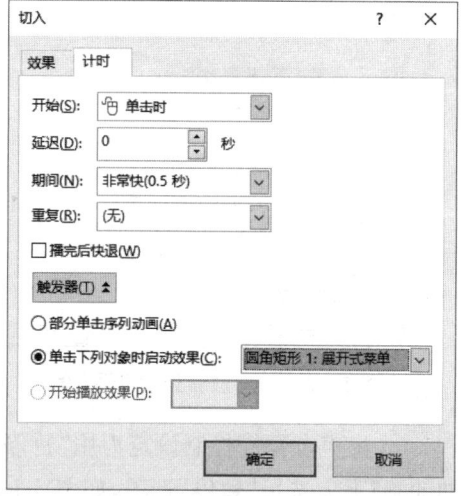

图 5-1-38　设置触发器

⑥ 选中菜单组合对象，添加退出动画效果。在打开的列表框中选择"更多退出效果"选项，打开"添加退出效果"对话框，在"基本型"栏中选择"切出"选项，单击确定。

⑦ 进入动画窗格，鼠标右击最下方的动画组合对象，在弹出的快捷菜单中选择"效果选项"，打开"切出"对话框的"计时"选项卡，单击"触发器"按钮，单击选中"单击下列对象时启动效果"选项，在右侧的下拉列表中选择"圆角矩形 3：展开式菜单"选项，单击确定。

⑧ 在"预览"组中单击"预览动画"按钮进入动画预览状态，将鼠标指针移动到"展开式菜单"按钮上时，单击即可展开菜单，再次单击"展开式菜单"即可收缩。

5.1.9 PowerPoint 课件制作相关的软件与服务

1. PPT 美化大师

PPT 美化大师是为提高 PowerPoint 制作效率和美化幻灯片而推出的一款插件，安装后会在功能区添加一个"美化大师"功能区和一个侧边栏（可以设置为隐藏或显示状态），如图 5-1-39 所示。

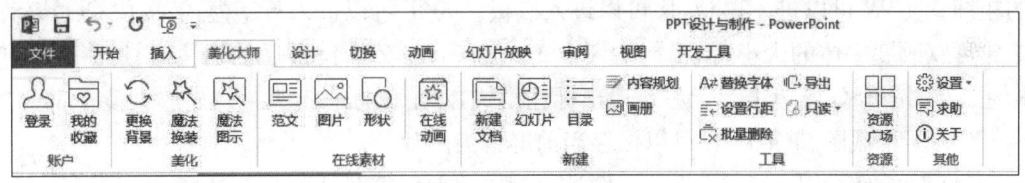

图 5-1-39 "美化大师"功能区

美化大师提供了丰富的幻灯片模板、设计素材，并且提供了很多高效命令，如目录页设计、对齐操作、替换文字字体、一键删除动画和备注内容等，如图 5-1-40 所示。

图 5-1-40 "美化大师"PPT 模板

美化大师可以对 PPT 导出视频和图片提供支持，并且支持幻灯片拼图，能一键设置幻灯片为只读状态，不用再担心别人篡改编辑 PPT。

2. 优秀演示辅助工具 ZoomIT

在 PPT 放映演示过程中，按 Ctrl＋P 组合键可以做笔迹批注，但对于文本的输入、色彩选择以及标注形式选择很不完善，有时还会遇到学生看不清 PPT 课件演示（投影）内容的情况，而 ZoomIT 可以解决以上问题。它集屏幕缩放、笔迹批注和计时三个功能于一身，小巧绿色，无须安装。

（1）屏幕放大。Ctrl＋1 进入放大模式，此时屏幕默认放大 2 倍，视野中显示屏幕的 1/4。滚动鼠标滚轮或者通过上下方向键可以改变放大比例，移动鼠标可以改变放大区域，单击鼠标右键或 ESC 退出。

（2）屏幕标注。在屏幕放大状态下，单击鼠标左键进入标注模式。按下鼠标左键的同时移动鼠标，可以标注想要突出的内容。① 可以画一些规则的图形。② 可以改变笔的颜色：r 红色；g 绿色；b 蓝色；o 橙色；y 黄色；p 粉色。③ 按住 Ctrl 滚动滚轮可以改变笔的粗细。④ W 可以进入白板，K 可以进入黑板。⑤ T 可以进入打字模式，按住 Ctrl 滚动滚轮可以改变字体的大小，但不能输入中文。⑥ Ctrl＋Z 撤销最后的标注，E 是擦除所有标注。⑦ 按 ESC 或单击鼠标右键退出标注模式，双击鼠标右键直接退出放大镜。

（3）屏幕截图。Ctrl＋S 可以保存当前屏幕为图片。

（4）屏幕倒计时。Ctrl＋3 进入倒计时模式，鼠标滚动可以改变初始时间，还可以从零开始计时。

PPT 演示辅助工具

ZoomIT 不限于 PPT 演示时使用，可以用于任何时候，因为它针对的是计算机屏幕的操作，如果你是一个教师或需要经常使用多媒体演示的人，这款软件对你会非常有帮助。此类软件还有很多，如红烛教鞭、辅助演示助手等，具体请参考：

http://www.qiexing.com/post/ppt-presnet-tool.html。

➢扫描本章二维码可下载 PPT 演示专用辅助工具包。

➢扫描本章二维码获取 PowerPoint 综合型课件制作实例。

5.2　交互式电子白板课件设计与制作

交互式电子白板作为新型的现代教育技术手段走进课堂，为学生提供了丰富的学习资源，极大地改变了课堂中的学习气氛，这对发展学生的创新精神和现代意识非常有利，为教师优化课堂教学提供了不可多得的工具。

在课堂教学中,适时恰当地选用交互式电子白板来辅助教学,以逼真、生动的画面来创造教学的丰富情景,使抽象的教学内容形象化、清晰化,使知识由静态的灌输变为图文并茂的动态传播,一方面可以激发学生积极主动的学习热情,使学生思维活跃、兴趣盎然地参与教学活动,促使他们积极思考、发展思维、形成能力;另一方面,可以使教师以教为主变成学生以学为主,从而提高教学质量,优化教学过程,增强教学效果。

为了更好地使用交互式电子白板系统开展教学,教学前需要认真准备,设计并制作交互式电子白板课件。交互式电子白板课件是指用电子白板软件编辑和制作的课件。电子白板软件种类很多,下面将通过巨龙电子白板软件 IPBOARD Software 8 介绍电子白板软件的操作和使用方法,让学生学会如何使用电子白板软件组织内容和制作课件。

5.2.1 交互式电子白板课件概述

1. 交互式电子白板系统

交互式电子白板是一种先进的教育或会议辅助人机交互设备,可以与计算机进行信息通信,将电子白板连接到计算机,并利用投影机将计算机屏幕上的内容投影到电子白板上,在专门的应用程序支持下,可以构造一个大屏幕、交互式的教学环境,如图 5-2-1 所示。利用特定的定位笔代替鼠标在白板上进行操作,实现无尘书写、随意书写,还可以实现对文件进行编辑、注释、保存等功能。

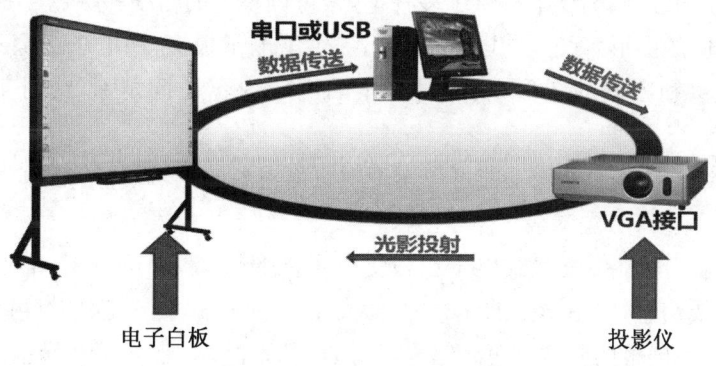

图 5-2-1　交互式电子白板系统

交互式电子白板系统由硬件电子感应白板和软件白板操作系统构成。它的核心组件由电子感应白板、白板笔、计算机和多媒体投影机组成。

计算机和多媒体投影机相连,计算机上的信息通过多媒体投影机投影到白板上;白板通过串口或 USB 线与计算机相连,白板上的操作通过串口或 USB 线传输到计算机,经过计算机处理后做出响应,然后通过投影机投影到白板上,形成数据传送。

电子感应白板是一块具有正常黑板尺寸,在计算机软硬件支持下工作的大感应屏幕,它的作用相当于计算机的显示器,并代替传统的黑板。

白板笔承担白板书写笔和计算机鼠标的双重功用。可以用白板笔代替传统的粉笔在白板上书写、绘画,也可以用白板笔代替鼠标在白板上操作,完成计算机上的各种操作。

交互式电子白板软件不仅支持白板与计算机之间的信息交换,而且还自带一个强大的资源库,使用者可以在白板上调用各种素材或应用软件。借助因特网,还可以实现异地沟通和交流,使分布在世界各地的人员如同在一个房间内演讲、讨论,实现远程多点互动。

交互式电子白板可显示的信息包括文字、图形、图像、声音、视频、动画等多种形式。利用这种优势传授知识,由单一的刺激变为多种感官的综合刺激,比传统的黑板或白板书写更直观、形象,更具有吸引力,更能引起学生的学习兴趣和提高学生学习的积极性。

世界上第一块交互式白板是 SMART Technologies Inc. 公司在 1991 年生产的。交互式电子白板在发展过程中大概经历了 3 个发展阶段:第一个阶段是显示式白板阶段,这个阶段的电子白板只是一张用来写字的"纸",可以写、可以读,相当于一块普通的黑板;第二个阶段是电子复印式白板阶段,这个阶段的白板可以将白板上书写的内容通过一定方式扫描到计算机中,并通过打印机打印出来;第三个阶段是交互式电子白板阶段,将"互动性"融入电子白板,使电子白板的使用价值产生了质的变化。

交互式电子白板是一种汇聚尖端电子技术、软件技术与互联网技术等多种高科技手段而研发的高新技术产品,它的出现是对传统教学模式的一场革命性的突破。

2. 交互式电子白板的主要功能

交互式电子白板具有如下功能:

(1)书写、批注和绘画功能。交互式电子白板设计了符合教师板书书写需要的电子笔,其笔形、粗细和颜色的多样性方便了教师的板书书写。教师可以利用电子笔在电子白板上书写、标注和绘画,电子笔提供了多种笔形,可调整笔的粗细和颜色,用于书写不同的文字和绘画不同的图形。交互式电子白板还提供了电子板擦,用电子板擦不仅可以擦除当前书写的文字和绘制的图形,还能对选定的区域内容进行删除,或对某个对象进行删除。

(2)对象编辑功能。编辑功能可以实现对页面对象的编辑,包括复制、粘贴、删除、旋转、翻转、缩放、组合、层次调整等操作。

(3)重点强调功能。交互式电子白板提供了探照灯、幕布、放大镜等工具,主要功能是用于强调重要信息,集中学生的注意力,激发学生的学习兴趣。探照灯可对需要突出的内容做重点显示,屏幕的其他部分为暗光,探照灯的形状、大小以及背景色的明暗均可以调节。幕布可以对屏幕上的内容进行暂时遮挡,留出有针对性的信息供演示,随着幕布展开逐步显露信息,方便教学课件的演示。放大镜可将选定对象进行放大,使重点内容看得更清楚。

(4)交互控制功能。交互控制功能可以实现对计算机进行实时交互控制操作。在电子白板上利用白板笔代替鼠标可以进行单击、双击、右击、拖放、移动等控制,实现对象的编辑,完成计算机上的各种操作。

(5)手写识别与文字编辑功能。在电子白板上可以直接书写、绘画显示教学内容。但手写的字体由于字迹潦草和模糊,使学习者无法辨认,手写识别技术可以直接在白板的屏幕上实现手写输入。无论教师在白板上写的是什么字体,电子白板都能快速准确地识别,展示给学生工整的文字。也可以利用软键盘,通过白板笔在白板上点击输入、编辑文字。

(6) 资源库功能。交互式电子白板具备强大的资源库功能,如公共图库、学科资源库等,其内容丰富,方便教师在授课过程中调用资源,增加课堂的信息量。另外教师还可以向资源库添加资源,适时充实资源库。

(7) 备课和记录存储功能。应用交互式电子白板软件可以事先将讲课内容添加到文档页面中。对于打开的 Office 文档或 PDF 文档,可用画图功能或标注功能对文档进行注解或修改,并可对其进行保存。在交互式电子白板上用电子笔对教学内容进行书写、绘画、修改、擦除、标注时,白板上的所有内容可以同步显示和存储在计算机上以备后用,课后可以把计算机中保存下来的板书内容用视频回放的形式或打印出来分发给学生,让学生减少上课记笔记的负担或对某些问题再进行观看。

(8) 多媒体资源的使用。用白板软件编辑课件时,可以在课件中插入各种多媒体资源文件,如图片、声音、动画、视频等,方便教师在教学过程中展示多媒体资源。

3. 交互式电子白板课件

交互式电子白板课件,是由电子白板软件制作,专门在交互式电子白板系统上运行的课件。应用交互式电子白板课件时,利用投影仪将其投影在电子白板上,可用白板笔在电子白板上灵活地书写或操作,完成页面对象显示和控制,还可以应用工具实现各种特效,充分发挥交互式电子白板自身的功能优势,增强师生互动,提升课堂气氛,激发学生的学习兴趣,从而最终提升学习效果。

交互式电子白板课件类似于 PowerPoint 演示文稿,分为不同的页面,在每个页面中可以插入文字、图片、声音、动画和视频等多种资源。

与演示型课件相比,交互式电子白板课件在教学中具有如下特点:

(1) **交互性**。演示型课件更多强调的是演示,教学中教师完全围绕着已经定型的课件讲课,课件只能以事先安排好的顺序,依次呈现,很难根据学生的学习实际进行调整。由于课件内容无法及时更改,在课件演示过程中,学生参与教学活动的机会很少,学生处于被动接受的状态。在交互式电子白板课件中,可以多方位、多形式地展示教学内容,引发学生的积极参与,更好地促进教师与学生、学生与学生之间的互动与协作,为教师与学生、学生与学生之间,教师、学生与资源之间的交互提供了交流的平台,促进了课堂教学活动形式的多样化和师生角色及行为的积极变化,从而有利于提升学习效果。

(2) **灵活性**。在演示型课件中,由于内容已经定型,教师在教学时无法对教学的顺序及内容进行实时的调整。在交互式电子白板课件中,由于对教学资源管理方式的不同,教师在教学的过程中,可以根据教学的需要,灵活地调整和改变教学内容以及教学的节奏和顺序,具有很大的灵活性。

(3) **生成性**。在演示型课件教学过程中,只是机械地重复播放,内容没有变化。而在交互式电子白板课件教学过程中,师生只要在白板上操作,白板系统会自动将操作过程记录下来,作为宝贵的资料存储,从而生成每个教师每堂课的个性化课件。教师在制作和使用交互式电子白板课件过程中,也可以根据教学的需要,将各种资料及时充实到自己的资源库中,方便以后调用。

5.2.2 电子白板软件的基本操作

1. 电子白板软件的启动

下面以巨龙电子白板软件为例,介绍电子白板软件的操作和使用方法。当计算机中安装了电子白板软件以后,在桌面上会出现电子白板软件程序快捷方式图标,如图 5-2-2 所示。双击这个快捷方式图标,即可打开电子白板软件,启动后的界面如图 5-2-3 所示。

图 5-2-2 电子白板软件图标

图 5-2-3 启动电子白板软件后的界面

2. 电子白板软件的工作模式

电子白板软件常用的工作模式有控制模式、注解模式、窗口模式和全屏模式。

(1) 控制模式。电子白板软件启动后,就会进入电子白板软件的控制模式。在控制模式下,电子白板软件以浮动工具条的形式呈现,如图 5-2-4 所示。电子白板就如同计算机的一个触摸屏,可以通过白板笔,在交互式白板的板面上,直接操作控制计算机,与鼠标所完成的操作具有完全相同的功能。在控制模式下,可以通过白板笔启动程序,完成文件的操作。在窗口模式下通过最小化窗口即可进入控制模式。

(2) 注解模式。电子白板软件的注解模式提供了一种可以在交互式电子白板上任意书写的使用模式。在注解模式下,不仅可

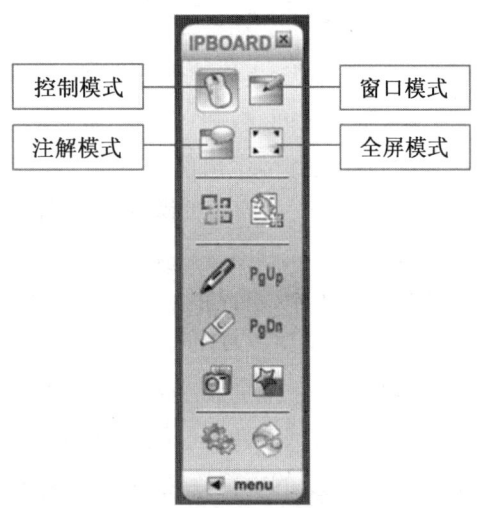

图 5-2-4 浮动工具条

以利用白板笔在交互式电子白板所创建的页面上进行书写、绘画和标注，还可以在各种计算机软件的运行界面上进行书写、绘画和标注。在注解模式下常用的笔形有普通笔、毛笔、荧光笔、排笔和智能画笔等。使用者可以选择不同的笔宽和颜色，也可以选择不同的线条样式。在控制模式下，可以通过选择浮动工具条上的注解模式按钮切换到注解模式。

（3）窗口模式。窗口模式是一种比较常用的工作模式，交互式白板课件的编辑和制作就是在这个工作模式下进行的。窗口模式下的界面，主要由五个部分组成，分别是菜单栏区、工具栏区、预览区、绘图区和属性工具条，如图 5-2-5 所示。菜单栏提供了操作电子白板软件的所有菜单命令，可以实现软件的大部分功能，但要通过菜单的逐层选择使用。工具栏提供了操作电子白板软件常用的工具命令，可以方便快捷地实现软件中经常性的功能。菜单栏和工具栏可以通过菜单位置停靠按钮 切换停靠位置在上方或下方，以方便使用者操作。预览区可以实现对页面内容或资源库内容的查看预览，主要包括三个方面的预览：页面预览、资源预览和文档附件预览；预览区可以通过"预览位置切换"按钮 切换停靠位置在左侧或右侧，以适应使用者的习惯。绘图区是页面对象存在的区域，用户可在该区域内输入文字，绘制和编辑图形对象，插入和管理媒体资源。属性工具条可以为页面对象设置相关属性，包括线条样式、线条颜色和填充颜色、笔宽、透明度、填充样式和画笔扩展属性。

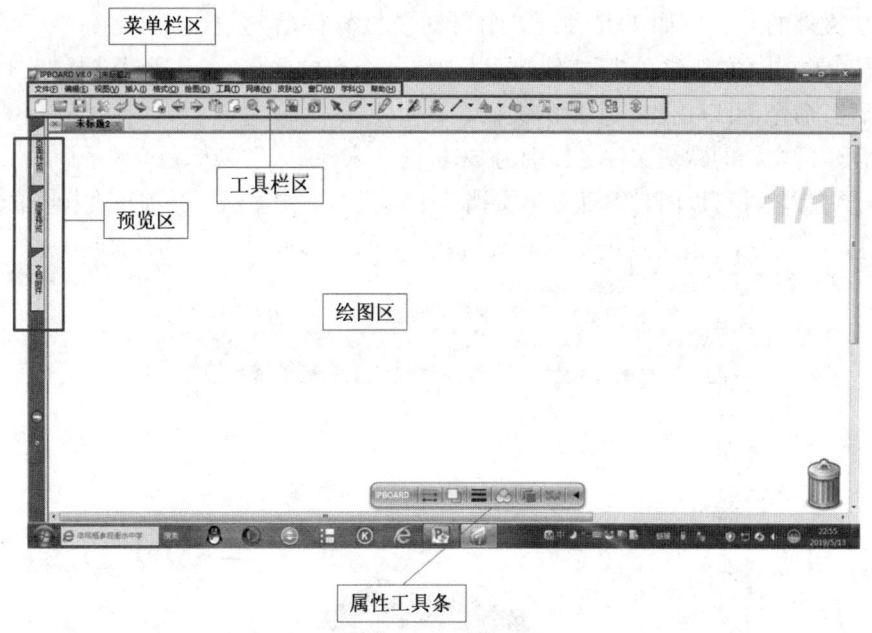

图 5-2-5　窗口模式下的界面

（4）全屏模式。全屏模式是一种教学展示工作模式。在全屏模式下，教师打开已准备好的教学课件，可以进行教学内容的呈现，完成授课过程。全屏模式下的界面由两个部分组成：绘图区和浮动工具条，如图 5-2-6 所示。全屏模式下将绘图区最大化，以最大限度地展示页面内容。使用者可以通过选择浮动工具条的工具命令来控制电子白板课件页面内容的呈现。

图 5-2-6　全屏模式下的界面

电子白板软件各个工作模式之间可以方便地进行切换。在窗口模式下，通过选择视图菜单的全屏显示命令，切换到全屏模式。在全屏模式下，通过选择浮动工具条上的模式切换按钮，切换到不同的工作模式。

3. 窗口模式下的文件操作

（1）新建文档。新建文档就是创建一个新的空白文件。

创建文档的方法有如下几种：① 刚启动白板软件后，会自动创建一个新的文档。② 点击工具栏上的"新建文档"按钮，可以创建一个新的文档。③ 通过选择"文件"菜单中的"新建"命令，可以创建一个新的文档。

新创建的文档的默认文件名分别为"未标题""未标题 2""未标题 3"……

电子白板软件可以同时管理多个文档。工具栏的下方显示了当前正在操作的文档名称，如图 5-2-7 所示。通过点击不同的文档名称，可以实现文档之间的切换。

图 5-2-7　窗口模式下文档的管理

(2)打开文档。打开文档就是打开一个先前保存的文件。

要打开一个文档,可执行下列操作:

点击工具栏上的"打开文档"按钮,或选择"文件"菜单中的"打开…"命令,这时会弹出一个"打开"文档的对话框,在对话框中选择要打开的文档,点击"打开"按钮,即可打开文档,如图 5-2-8 所示。

电子白板软件可以打开的文件格式有多种,包括 Btx 文件格式、Word 文件格式、Excel 文件格式、PowerPoint 文件格式、PDF 文件格式和 IWB 文件格式。Btx 文件格式是电子白板软件的专用格式。

(3)保存文档。保存文档就是将当前编辑的文档保存到磁盘上,供后期使用。

要保存一个文档,可执行下列操作:

点击工具栏上的"保存"按钮,或选择"文件"菜单中的"保存"命令,即可保存文档。

如果文档是一个新建文档,这时会弹出一个文档"另存为"对话框,在对话框中选择文档保存的路径,输入文件名,然后点击"保存"按钮,即可完成文档保存,如图 5-2-9 所示。

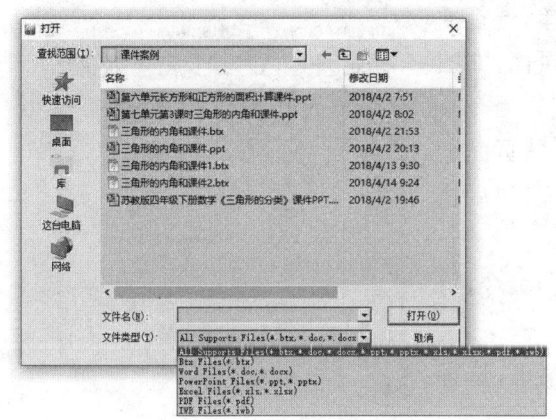

图 5-2-8　打开文档对话框

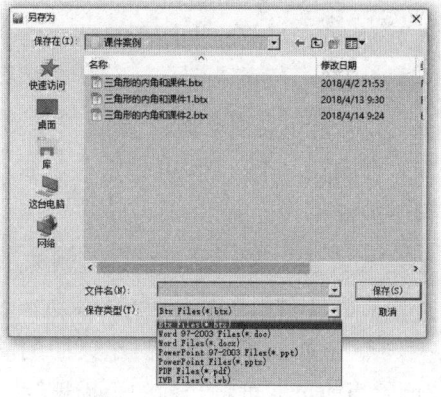

图 5-2-9　文档"另存为"对话框

4. 窗口模式下文档的页面管理

电子白板文档是以页面为单位来组织和管理内容的。新建文档后,首先要进行文档的页面管理,在文档中组织一定数量的页面。

文档的页面管理,主要包括插入页面、删除页面、克隆页面、改变页面顺序、改变页面标识等操作。

(1)插入页面。插入页面就是在原文档中指定位置增加新的页面。

要在文档中插入页面,可先定位到某一页面,然后执行下列操作:

• 通过"插入"菜单,选择"插入页面",在子菜单中选择插入页面的位置:在上方、在下方或在最后,即可在文档中指定位置增加一个新的页面,如图 5-2-10 所示。

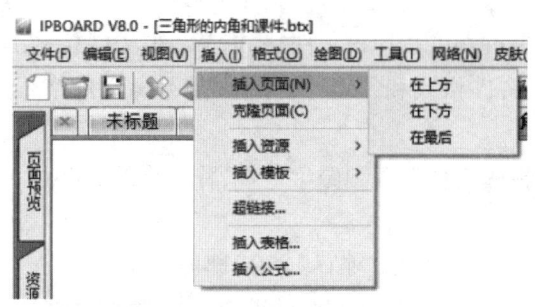

图 5-2-10　菜单插入页面

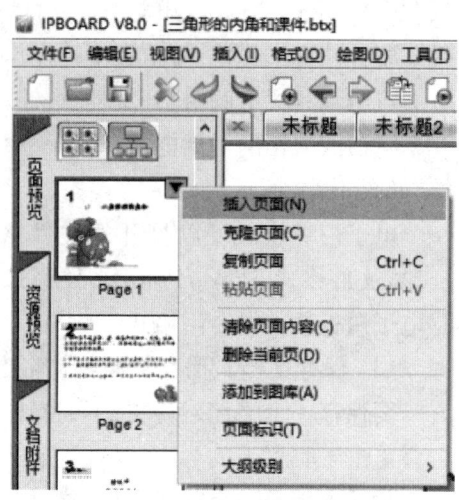

图 5-2-11　页面功能菜单插入页面

• 在页面预览区,展开页面的功能菜单,选择插入页面,可在当前的页面下插入一个新的页面,如图 5-2-11 所示。

（2）删除页面。删除页面就是将当前的页面删除。要删除一个页面,可先定位到这个页面,然后执行下列操作:

• 点击"编辑"菜单,选择"删除当前页"命令,可将当前的页面删除,如图 5-2-12 所示。

• 在页面预览区,展开页面的功能菜单,选择"删除当前页",可将当前的页面删除。

（3）克隆页面。克隆页面就是在当前页面下插入一个相同页面。

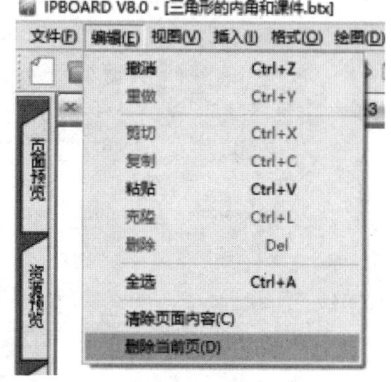

图 5-2-12　删除当前页

要克隆一个页面,可先定位到这个页面,然后执行下列操作:

• 通过"插入"菜单,选择"克隆页面",可在当前页面的下方产生一个相同的页面。

• 在页面预览区,展开页面的功能菜单,选择"克隆页面",可在当前页面的下方产生一个相同的页面。

（4）改变页面顺序。改变页面顺序就是调整页面呈现的前后次序。

要改变页面顺序,可执行下列操作:

打开页面预览,在页面预览区,按住要移动的页面 1 秒钟,拖动页面在页面预览栏中移动,当其上的黑线到达想要放置该页面的位置时放开,即可完成页面位置的移动,改变页面的呈现次序。

（5）改变页面标识。页面标识相当于页面的名称,能反映页面的内容特征,每个页面都有独立标识,允许用户更改,默认页面标识为页面创建时间。通过改变页面标识,可以更好地反映当前页面的内容。

要改变页面标识,可执行下列操作:

在页面预览区,展开页面的功能菜单,选择"页面标识",这时页面标识处于可编辑状态,输入新的页面标识就可完成页面标识的改变,如图 5-2-13 所示。

也可以在页面预览区直接双击要改变页面标识的页面,使页面标识处于可编辑状态,输入新的页面标识即可。

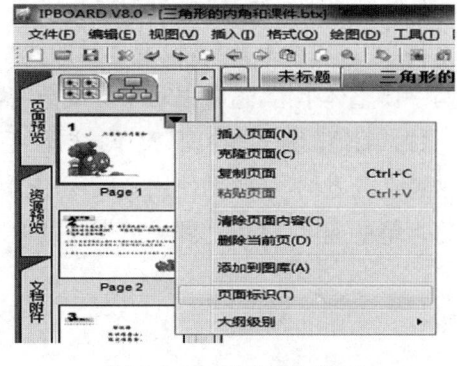

图 5-2-13　改变页面标识

5. 窗口模式下制作课件的流程

在前期课件设计和素材准备的基础上,利用电子白板软件制作交互式白板课件的操作流程如下:

(1) 新建文档。

(2) 组织管理页面。根据前期课件设计的要求,在新建的文档中添加一定数量的页面,并改变页面标识。

(3) 在页面中输入文字、绘制图形对象或者插入多媒体资源。

(4) 编辑对象。对页面中的对象进行编辑,在编辑时要为各种工具预留展示的空间。

(5) 为页面设置背景效果,美化页面。

(6) 为页面对象设置超链接,方便页面内容的呈现或页面之间的跳转。

(7) 切换到全屏模式,预演课件,根据预演的效果,修改完善课件。

(8) 保存输出课件。对调试无误后的课件,保存输出。输出时最好以专用的电子白板格式进行保存。

5.2.3　电子白板软件中绘图工具的使用

新建电子白板文档后,需要在各页面中添加、编辑和组织页面对象,实现对某一主题的表达。页面中的对象来源有绘制图形对象和应用媒体资源两种情况。绘制图形对象就是利用各种绘图工具制作生成页面对象,主要包括利用电子白板软件提供的画笔工具绘制图形对象,或利用图形工具绘制二维几何图形和立体几何图形,或利用图表工具绘制柱状图或饼状图,或利用表格工具制作表格等。

1. 画笔工具

交互式电子白板提供了多种不同类型的画笔,为书写、标注与绘画提供了丰富的全方位的支持,使用者可以根据不同的书写需要加以选择。在电子白板软件中,常用的画笔类型有普通笔、毛笔、荧光笔、排笔、纹理画笔、魔术笔等,如图 5-2-14 所示。

图 5-2-14　各种不同类型的笔

(1) 普通笔。通过"绘图"菜单，选择"普通笔"命令，即可使用普通笔。选中普通笔后，可以通过属性工具条，设置笔触的线型、颜色和粗细。普通笔在书写时笔锋没有变化，书写字体整体平滑，适合书写字母或数字，如图 5-2-15 所示。

(2) 毛笔。通过"绘图"菜单，选择"毛笔"命令，即可使用毛笔。毛笔工具是根据中国书法特点开发的，能帮助使用者展现中国毛笔书法艺术的精髓。毛笔的笔锋富于变化，掌握好运笔的速度，即可达到毛笔书写的效果，如图 5-2-16 所示。

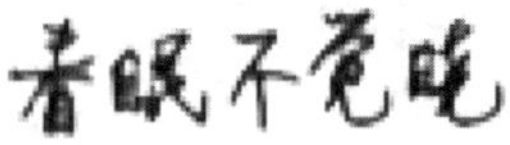

图 5-2-15　普通笔的书写效果 　　图 5-2-16　毛笔的书写效果 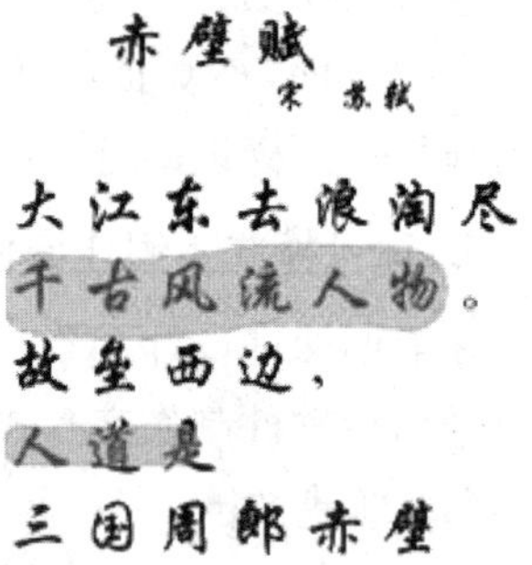　　图 5-2-17　荧光笔的书写效果

(3) 荧光笔。通过"绘图"菜单，选择"荧光笔"命令，即可使用荧光笔。荧光笔可以自由改变笔的颜色和透明度等属性，特别适合在页面中对重点内容进行标注，以强调和突出重点，如图 5-2-17 所示。

(4) 排笔。通过"绘图"菜单，选择"排笔"命令，即可使用排笔。选中排笔后，可以设置排笔的颜色和线宽等属性。排笔笔锋较齐，写出的字立体感强，特别适合书写英文和数字，其书写效果具有突出的美术字的效果。

(5) 纹理画笔。通过"绘图"菜单，选择"纹理画笔"命令，即可使用纹理画笔。纹理画笔可以绘制出具有纹理效果的线条，如图 5-2-18 所示。

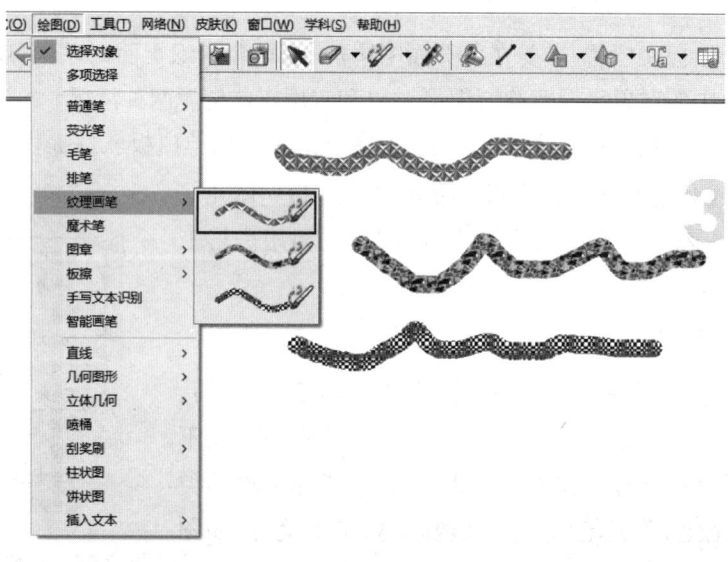

图 5-2-18　纹理画笔

(6) 魔术笔。通过"绘图"菜单,选择"魔术笔"命令,即可使用魔术笔。通过魔术笔绘画的线条或者图形无须擦除,所画图形在一定时间后会自动消失。

2. 板擦工具

板擦主要用于擦除页面上绘制的对象。板擦有三种使用方式,即普通板擦、区域板擦和对象板擦。要使用板擦工具,可通过"绘图"菜单,选择"板擦"命令,再选择相应的板擦使用方式,即可使用板擦擦除页面上的对象,如图5-2-19 所示。

(1) 普通板擦。若选择的是普通板擦,则可通过板擦在软件绘图区域内按下并来回拖动擦除对象,板擦经过的地方内容被擦除。普通板擦可以擦除绘图区域内通过画笔工具书写、标注和绘画的内容,根据要擦除内容的多少可选择不同大小的板擦。

(2) 区域板擦。若选择的是区域擦除,则可通过板擦在软件绘图区域内按下

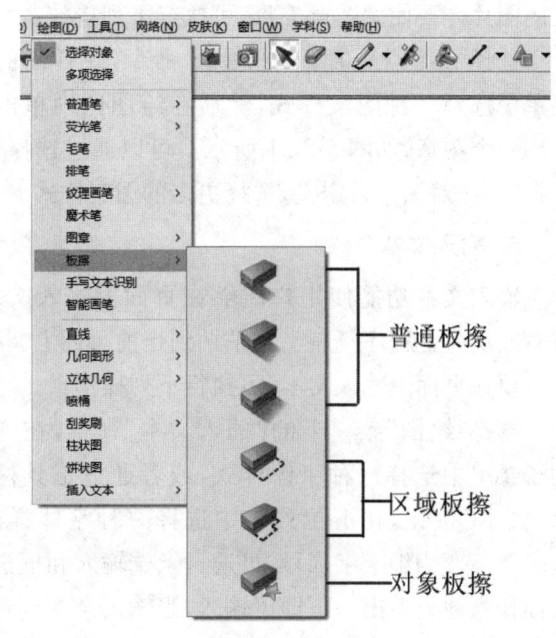

图 5-2-19 板擦工具

并拖出一个区域,该区域中的可擦除对象都将被擦除。区域板擦又分为两种情况,即规则区域板擦和不规则区域板擦。规则区域板擦是通过在软件绘图区域内按下板擦并在页面上拖出一个方形的区域,松开鼠标,在区域内的对象将被擦除。不规则的区域板擦是通过在软件绘图区域内按下板擦并在页面上拖出一个不规则的区域,松开鼠标,在区域内的对象将被擦除。

(3) 对象板擦。若选择的是对象板擦,则通过板擦在软件绘图区域中点击一个可擦除的对象,可将该对象擦除。对象板擦可以擦除绘图区域内通过画笔工具书写、标注和绘画内容,也可擦除页面上的其他媒体资源。

3. 喷桶工具

喷桶工具主要是对某一封闭区域填充颜色。要使用喷桶工具,可执行下列操作:

选择"绘图"菜单下的"喷桶"命令,或者通过工具栏选择"喷桶"工具,然后在属性工具条上选择要填充的颜色,设置填充的透明度。这时鼠标变为细十字加号,在某一封闭区域单击可完成区域的填充,如图 5-2-20 所示。如果用

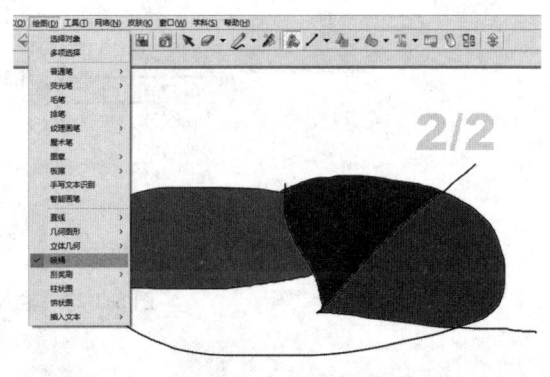

图 5-2-20 喷桶工具

喷桶工具在页面上空白区域单击则会填充整个页面区域。

4. 图章工具

通过图章工具,可以在页面上方便地印出自定义的图片。要使用图章工具,可执行下列操作:

选择"绘图"菜单下的"图章"命令,在弹出的子菜单中选择一种图案样式,然后在绘图区内单击可印出一个图章,如图 5-2-21 所示。可以通过选择"用户自定义"对图章自定义,选择更多的图案样式。

5. 输入文本

输入文本功能使用户能够在页面上输入文字,或直接从其他程序复制文本粘贴到当前页面上。

要在页面上输入文本,可执行下列操作:

选择"绘图"菜单下的"插入文本"命令,在弹出的子菜单中选择一种字体样式,或者通过工具栏选择"文本"按钮,在下拉列表中选择一种字体样式。

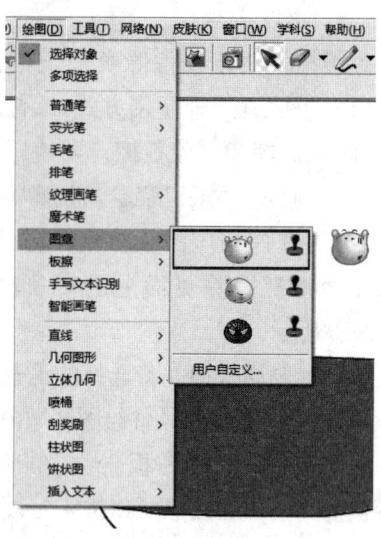

图 5-2-21　图章工具

这时鼠标变为细十字加号,可通过点选输入和框选输入两种方法输入文本:点选输入,在页面任意地方单击一下即可输入,当输入文本到页面边缘时自动换行;框选输入,通过电子笔在软件绘图区域拖出文本输入区域,如图 5-2-22 所示。

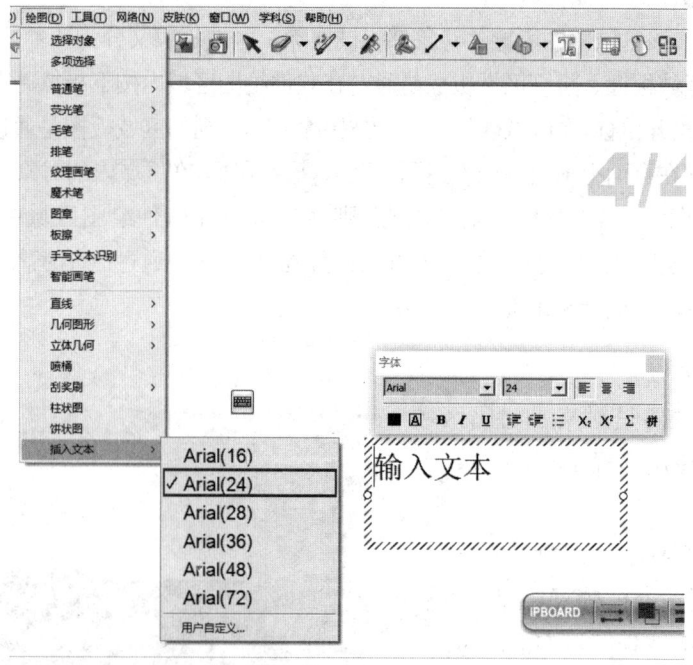

图 5-2-22　输入文本

6. 刮奖刷

刮奖刷可以实现刮奖效果，类似于生活中的刮刮奖。它包含两个工具，即刮奖区和刮奖刷。刮奖区工具用于设置刮奖区域；刮奖刷工具用于刮刷刮奖区域，实现刮奖效果。在实际教学中巧妙地使用刮奖刷工具，可以激发学生的学习兴趣。

要应用刮奖刷，可以先用刮奖区工具建立刮奖区域，然后用刮奖刷工具刮刷刮奖区，具体操作如下：通过"绘图"菜单，选择"刮奖刷"，在子菜单中选择"刮奖区"，在绘图区内指定位置拖出矩形区域建立刮奖区，将要隐藏的内容覆盖起来。在需要刮刷的时候，通过"绘图"菜单，选择"刮奖刷"，在子菜单中选择"刮奖刷"，在绘图区内的刮奖区上用刮奖刷来回刮刷，将隐藏的内容呈现出来，如图 5-2-23 所示。

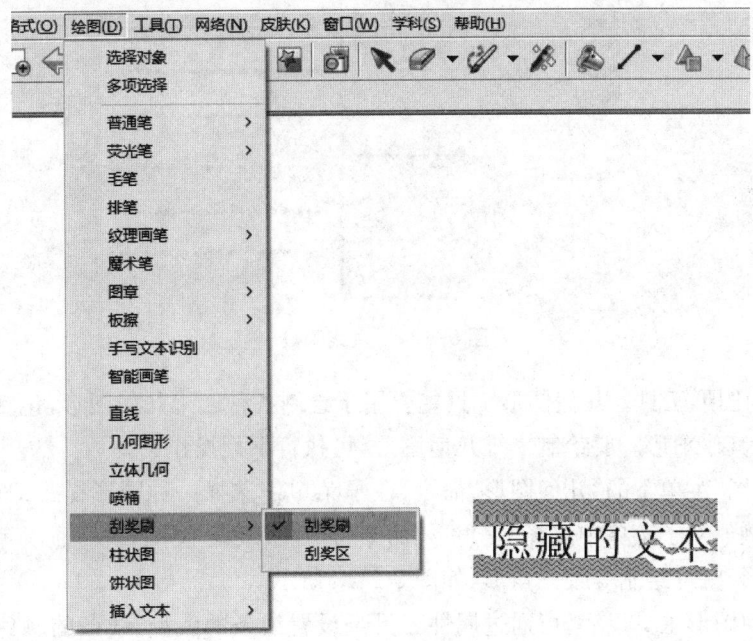

图 5-2-23　刮奖刷

7. 图形工具

图形工具用于绘制直线和几何图形。白板软件中图形工具主要有直线工具、几何图形工具和立体几何工具。

（1）直线工具。直线工具主要用于绘制直线。要绘制直线，可执行下列操作：

选择"绘图"菜单下的"直线"命令，在子菜单中选择一种直线样式，即可使用直线工具。选择直线工具以后，可通过属性工具条设置直线的线型、颜色、笔宽和透明度等属性，然后在绘图区拖动绘制直线，如图 5-2-24 所示。

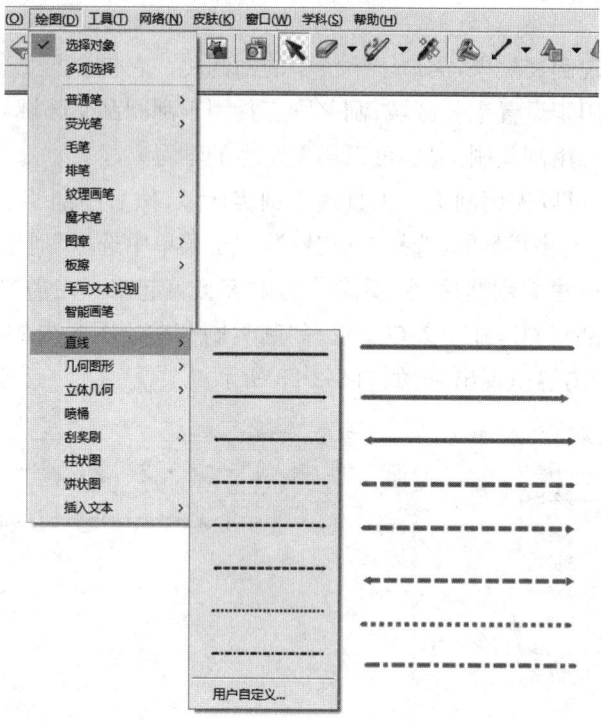

图 5-2-24　直线工具

(2) 几何图形工具。几何图形工具主要用于绘制各种二维几何图形，包括三角形、四边形、椭圆或其他图形。要绘制二维几何图形，可执行下列操作：

选择"绘图"菜单下的"几何图形"命令，在子菜单中选择一种图形样式即可绘制二维几何图形。例如从子菜单中选择"三角形"命令，再在下级菜单中选择一种类型的三角形，如等腰三角形，就可绘制等腰三角形，如图 5-2-25 所示。

选择几何图形工具以后，可通过属性工具条设置线条的线型、线条的颜色、填充的颜色、笔宽、透明度和填充样式等属性，然后在绘图区拖动绘制二维几何图形。

几何图形绘制后，可通过选择工具调整二维几何图形的形状。

(3) 立体几何工具。通过立体几何工具可以绘制立体几何图形，包括长方体、正方体、球体、圆锥体和圆柱体。要绘制立体几何图形，可执行下列操作：

选择"绘图"菜单下的"立体几何"命令，在子菜单中选择一种立体几何图形样式即可绘制立体几何图形。例如从子菜单中选择"长方体"命令，就可绘制长方体，如图 5-2-26 所示。

选择立体几何工具以后，可通过属性工具条设置填充的颜色，然后在绘图区拖动绘制立体几何图形。立体几何图形绘制后，可通过选择工具调整立体几何图形的形状和方向。

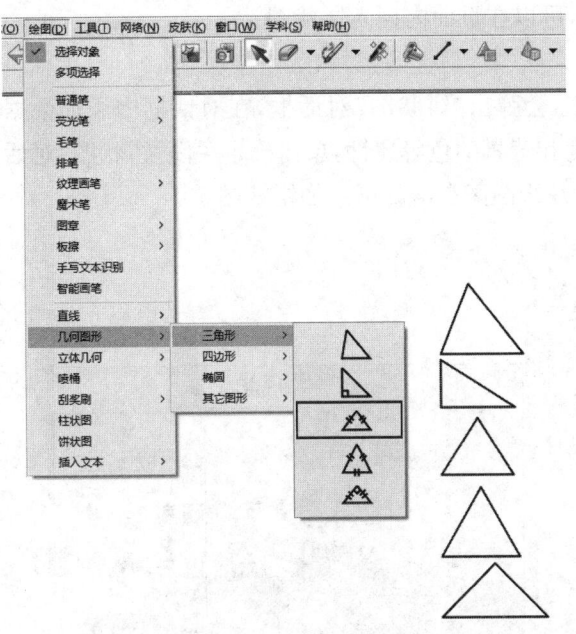

图 5-2-25　几何图形工具

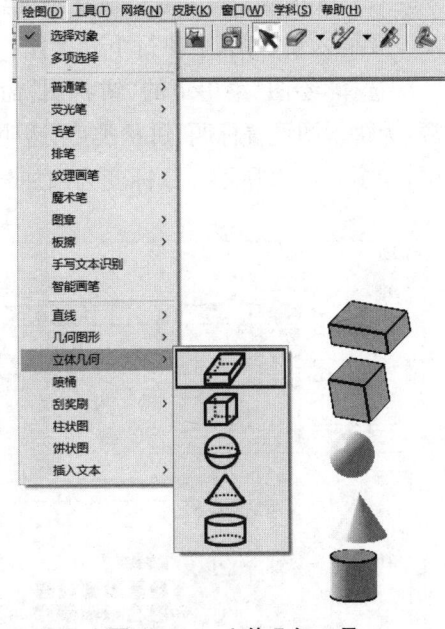

图 5-2-26　立体几何工具

8. 图表工具

图表工具用于添加图表对象。白板软件中图表工具主要有柱状图工具和饼状图工具。

（1）柱状图工具。通过柱状图工具，可以在页面内插入柱状图。

要插入柱状图，可执行下列操作：

选择"绘图"菜单下的"柱状图"命令，会弹出"柱状图"对话框，在对话框中添加数据源，为柱状图设置标题、柱状类型、透明度和背景颜色等属性，单击确定关闭"柱状图"对话框，如图 5-2-27 所示。鼠标变为细加号，在绘图区点击即可添加柱状图。

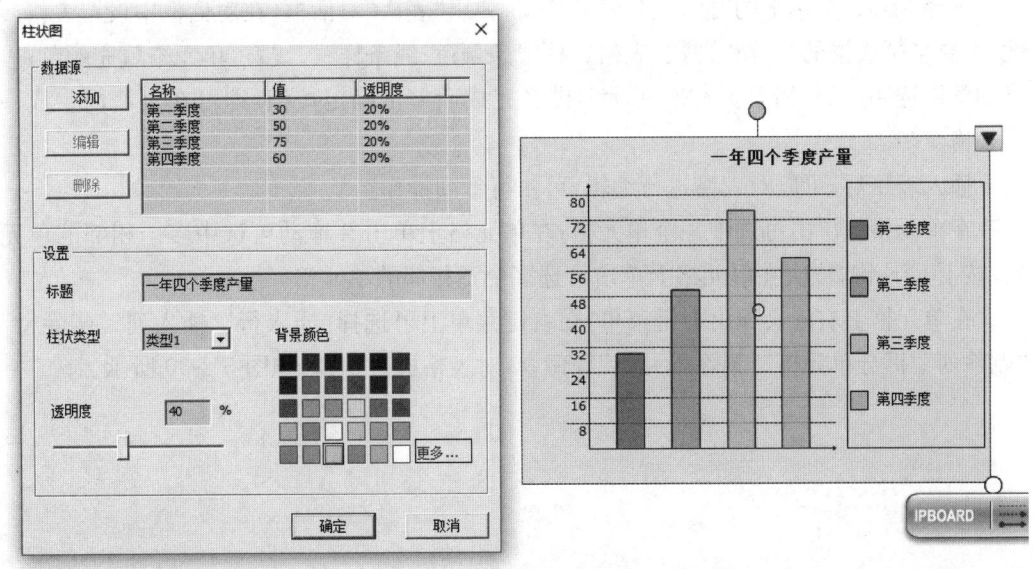

图 5-2-27　柱状图工具

（2）饼状图工具。通过饼状图工具，可以在页面内插入饼状图。

要插入饼状图，可执行下列操作：

选择"绘图"菜单下的"饼状图"命令，会弹出"饼状图"对话框，在对话框中添加数据源，为饼状图设置标题、饼状类型、透明度和背景颜色等属性，单击确定关闭"饼状图"对话框，如图 5-2-28 所示。鼠标变为细加号，在绘图区点击即可添加饼状图。

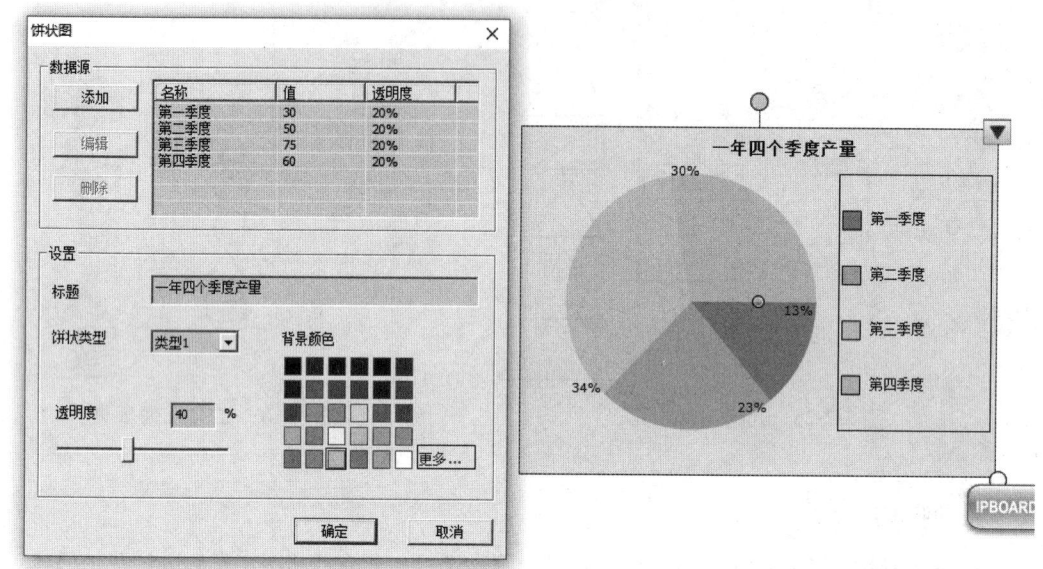

图 5-2-28　饼状图工具

9. 插入表格

插入表格就是在页面中插入和编辑一个表格对象。

要插入表格，可执行下列操作：

选择"插入"菜单下的"插入表格"命令，将弹出"表格"对话框，在对话框中设置表格属性，主要包括表格的行数和列数，表格边框线条颜色、线条样式、线宽，单元格填充颜色，表格的整体透明度等，如图 5-2-29 所示。设置完成后单击确定按钮，即可在页面内生成一个表格。

插入表格后，可以对表格进行编辑，可执行下列操作：

在单元格上单击可选中一个单元格；在单元格上单击并拖动可选中多个相邻的单元格；按下 Ctrl 键，依次在单元格上单击可选多个不相邻的单元格。

在单元格上右击会弹出右键菜单，在右键菜单上可选择"插入行""插入列""删除行""删除列""拆分单元格""删除单元格"等命令，对表格进行编辑，如图 5-2-30 所示。

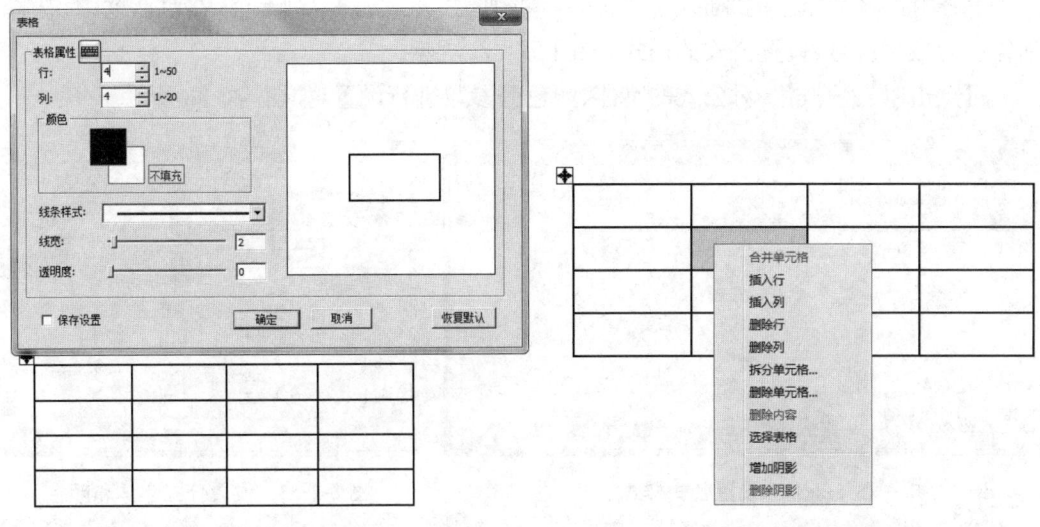

图 5-2-29 插入表格　　　　图 5-2-30 编辑表格命令

在选中的多个单元格上右击会弹出右键菜单,在右键菜单上选择"合并单元格"可对单元格进行合并。

在单元格上双击使单元格进入编辑状态,可在单元格中输入文字内容。

要将页面上的文字或图片等对象加入单元格中,可以拖动对象,直接放置到表格中即可,如图 5-2-31 所示。同时,也可以从表格中直接将对象拖出,放置在页面上。选择两个以上单元格,可拖出表格,实现复制效果。

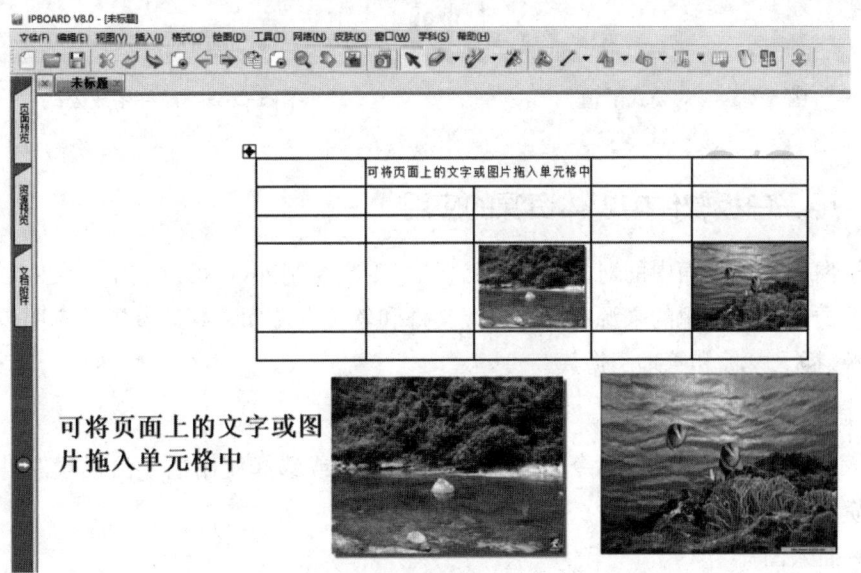

图 5-2-31 将文字或图片拖入单元格

10. 插入公式

插入公式就是在页面中插入自定义的公式。要插入公式,可执行下列操作:

选择"插入"菜单下的"插入公式"命令,将弹出"公式编辑"对话框,在对话框中,选择所需要的数学符号,设置公式的样式,如图 5-2-32 所示。

可点击"设置"按钮,对公式的字体、颜色等参数进行设置,如图 5-2-33 所示。

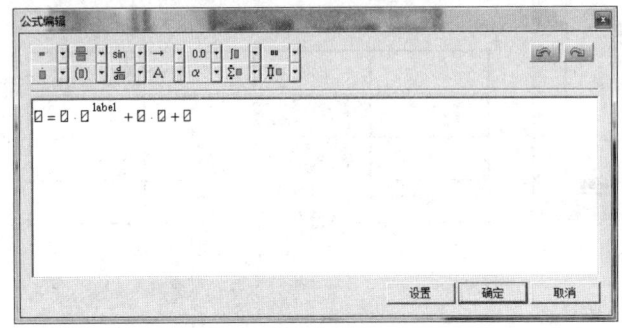

图 5-2-32　设置公式样式

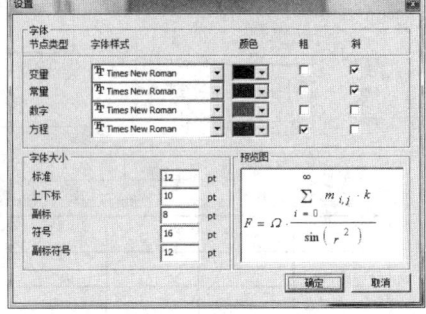

图 5-2-33　设置公式字体和颜色

选择数学符号后,对公式进行赋值,如图 5-2-34 所示。点击"确定",生成公式,如图 5-2-35 所示。

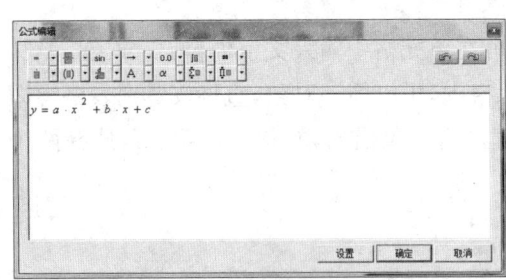

图 5-2-34　对公式赋值

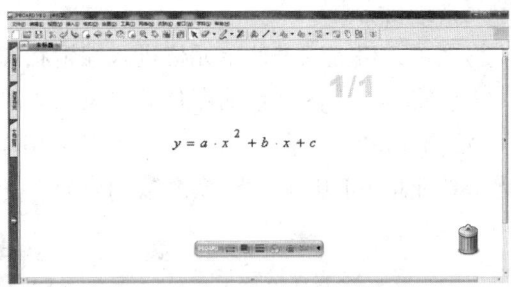

图 5-2-35　最终生成公式

5.2.4　电子白板软件中媒体资源的应用

电子白板文档页面中的对象,除了通过绘图工具绘制外,还可以应用以文件形式保存的媒体资源。媒体资源的来源有外部媒体文件和软件资源库。媒体资源的应用包括插入媒体资源、插入模板和管理资源库。

1. 插入资源

插入资源就是利用插入命令添加外部媒体资源,或选择使用电子白板软件自带资源库中的资源。

(1) 插入图片

插入图片,就是在页面中加入图片对象。在白板软件中,图片的来源有多种,一种是来自软件自带的媒体资源库,另一种是外部的图片文件。

要插入资源库中的图片,可执行下列操作:

选择"插入"菜单下的"插入资源"命令,在子菜单中选择"来自资源库",将打开"资源预览",在媒体资源库的列表中选择一个资源分类,在图片预览框里选择图片,双击或拖动将其插入页面,如图 5-2-36 所示。

要插入来自外部文件的图片,可执行下列操作:

选择"插入"菜单下的"插入资源"命令,在子菜单中选择"来自文件",将弹出"打开"对话框,在文件列表中选择要插入的图片文件,点击打开按钮,即可将外部图片文件插入页面,如图 5-2-37 所示。

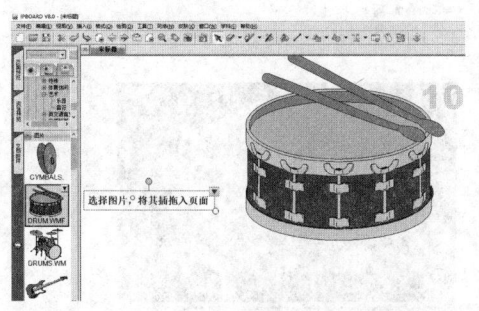

图 5-2-36 插入来自资源库的图片

图 5-2-37 插入来自文件的图片

(2) 插入音频

插入音频就是在页面中加入声音对象。要插入声音文件,可执行下列操作:

选择"插入"菜单下的"插入资源"命令,在子菜单中选择"来自文件",将弹出"打开"对话框,在文件列表中选择要插入的声音文件,点击打开按钮,即可将外部声音文件插入页面,如图 5-2-38 所示。

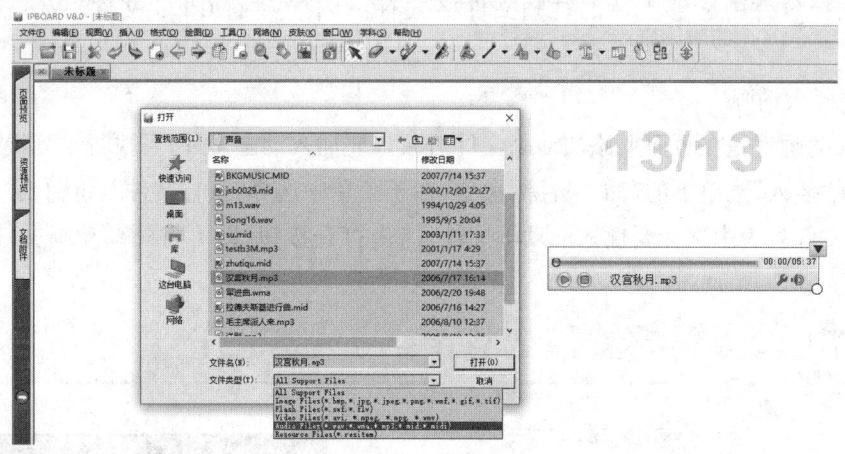

图 5-2-38 插入音频

插入页面中的声音文件自带播放器面板,通过点击"播放"按钮开始声音的播放,点击"停止"按钮停止声音的播放,点击声音大小按钮可调节音量的大小;点击设置按钮将弹出"设置"对话框,可设置声音的开始时间和结束时间,选择要播放的声音片段。

在白板软件中能够支持的声音文件格式有 WMA 文件、WAV 文件、MP3 文件、MIDI 文件等格式。

(3) 插入视频

插入视频就是在页面上添加视频文件对象。要插入视频文件,可执行下列操作:

选择"插入"菜单下的"插入资源"命令,在子菜单中选择"来自文件",将弹出"打开"对话框,在文件列表中选择要插入的视频文件,点击打开按钮,即可将外部视频文件插入页面,如图 5-2-39 所示。

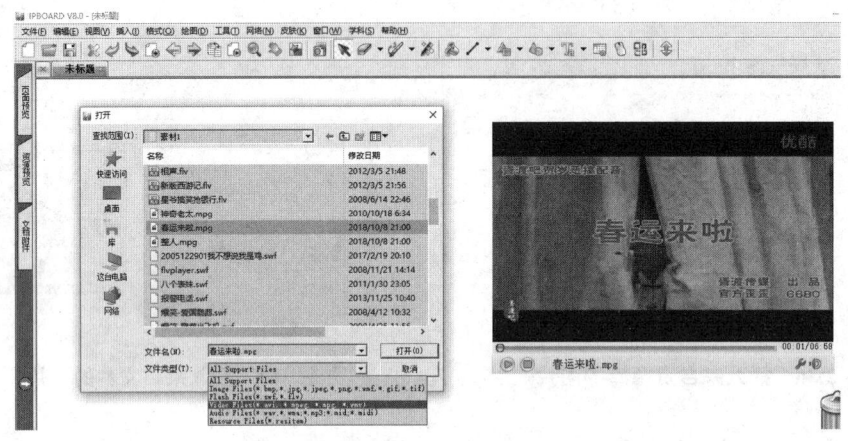

图 5-2-39　插入视频

插入页面中的视频文件自带播放器面板,通过点击"播放"按钮开始视频的播放,点击"停止"按钮停止视频的播放,点击声音大小按钮可调节音量的大小;点击设置按钮将弹出"设置"对话框,可设置视频的开始时间和结束时间,选择要播放的视频片段。

在白板软件中能够支持的视频文件格式有 AVI 文件、MPEG 文件、WMV 文件等格式。

(4) 插入动画

插入动画就是在页面上添加动画文件对象。要插入动画文件,可执行下列操作:

选择"插入"菜单下的"插入资源"命令,在子菜单中选择"来自文件",将弹出"打开"对话框,在文件列表中选择要插入的动画文件,点击打开按钮,即可将外部动画文件插入页面,如图 5-2-40 所示。

图 5-2-40　插入动画

插入页面中的动画文件自带播放器面板,通过点击"播放"按钮开始动画的播放,点击"停止"按钮停止动画的播放。

在白板软件中能够支持的动画文件格式有 SWF 文件、FLV 文件等格式。

2. 插入模板

插入模板就是为当前页面设置一种图片背景填充。模板的来源有两种,即来自资源库和来自文件。

(1) 插入来自资源库的模板。要插入来自资源库的模板,可执行下列操作:

选择"插入"菜单下的"插入模板"命令,在子菜单中选择"来自资源库",将打开"资源预览",在媒体资源库的列表中选择一个模板分类,在模板预览框里选择模板,双击或拖动到页面。插入来自资源库的模板后的效果,如图 5-2-41 所示。

(2) 插入来自文件的模板。要插入来自文件的模板,可执行下列操作:

选择"插入"菜单下的"插入模板"命令,在子菜单中选择"来自文件",将弹出"打开"对话框,在文件列表中选择要作为模板的图片文件,点击打开按钮,即可将当前图片文件设置为模板。插入来自文件的模板后的效果,如图 5-2-42 所示。

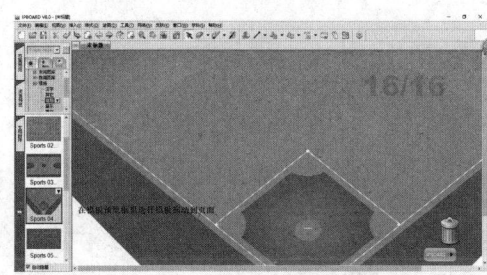

图 5-2-41 插入来自资源库的模板

图 5-2-42 插入来自文件的模板

(3) 删除模板。删除模板就是将当前页面的模板删除。如果不希望当前页面再使用这种模板,可以把模板删除。

要删除模板,可执行下列操作:

选择"格式"菜单下的"删除模板"命令,即可将当前页面的模板删除。或者在当前应用了模板的页面上右击,在弹出的右键菜单中选择"删除模板"命令,即可将当前页面的模板删除,如图 5-2-43 所示。

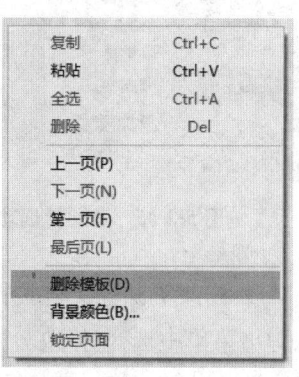

图 5-2-43 删除模板

3. 管理资源库

白板软件提供了丰富的资源库,同时也提供了个人资源库,允许用户不断丰富充实个人资源库,并对资源库进行管理。

(1) 打开资源库。打开资源库就是打开软件中的资源库或本地的个人资源库。要打开资源库,可执行下列操作:

选择"视图"菜单下的"资源预览"命令,或直接点击预览区的"资源预览",即可打开资源库。在媒体资源库的列表中点击选择一个资源分类,在资源预览框里将显示本分类中的所有资源,要应用资源可双击资源或拖动将其插入页面,如图5-2-44所示。

(2)管理资源分类。管理资源分类提供了用户对个人资源库进行增加、删除和修改资源分类的功能,实现对资源的有效利用。要管理资源分类,可执行下列操作:

① 增加资源分类。打开资源库,选择个人资源库分类名,在弹出的菜单中选择"增加分类…",如图5-2-45所示。在弹出的对话框中填写"分类名称",点击"确定"完成分类增加,点击"取消"放弃分类增加,如图5-2-46所示。

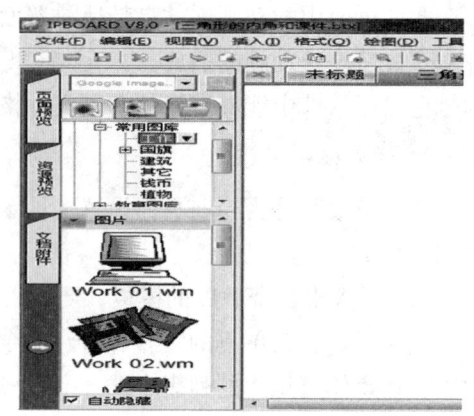

图5-2-44　打开资源库

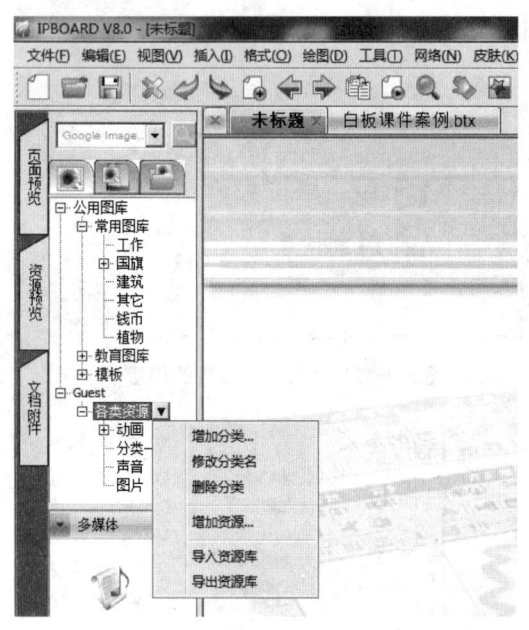

图5-2-45　资源管理功能菜单

图5-2-46　填写分类名称

② 修改资源分类名。打开资源库,选择个人资源库分类名中需要修改的资源分类,在弹出菜单中选择"修改分类名",如图5-2-45所示。选中的资源分类名处于编辑状态,输入新的分类名称。要确定修改后的分类名,在页面其他地方点击一下即可。

③ 删除资源分类。打开资源库,选择个人资源库中待删除的资源分类,在弹出的菜单中选择"删除分类",如图5-2-45所示。在弹出的"确定删除分类"对话框中,点击"确定"将删除该分类,点击"取消"则保留该分类。

(3)管理资源。管理资源就是向个人资源库的资源分类中增加资源或从个人资源库的资源分类中删除资源。

① 增加资源。打开资源库，在个人资源库分类框中，选择需要增加资源的分类，在下拉菜单中选择"增加资源…"，如图 5-2-45 所示。

在弹出"打开"对话框中选择要添加的资源，单击"打开"即可完成资源的添加，如图 5-2-47 所示。

可以添加的资源种类包括图片、声音、动画、影像、PDF 文件等。

增加资源也可以执行下列操作：

打开资源库，在个人资源库分类框中，选择需要增加资源的分类，在页面对象上右击，在弹出的菜单中选择"添加到图库"即可完成资源的添加，如图 5-2-48 所示。

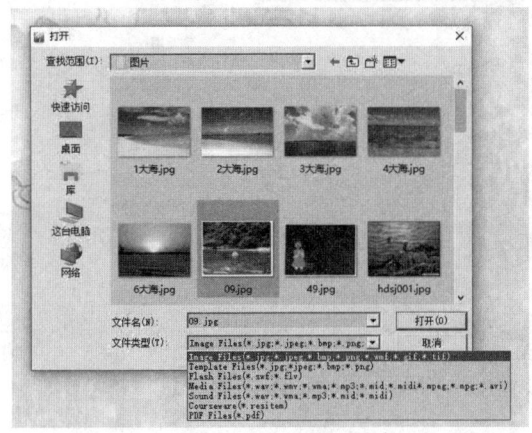

图 5-2-47 添加资源对话框

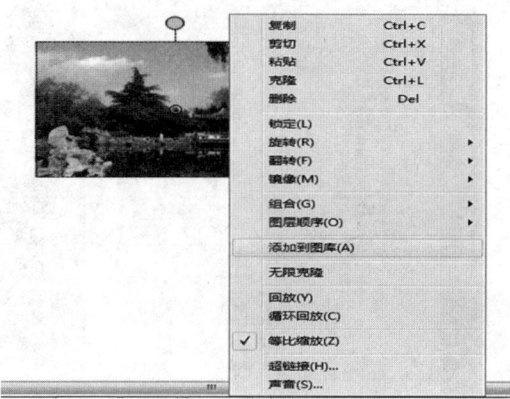

图 5-2-48 添加到图库

② 删除资源。打开资源库，在个人资源库分类框中，选择需要删除资源的所属分类，在资源预览框里选择要删除的资源，在下拉菜单中选择"删除资源…"，如图 5-2-49 所示。

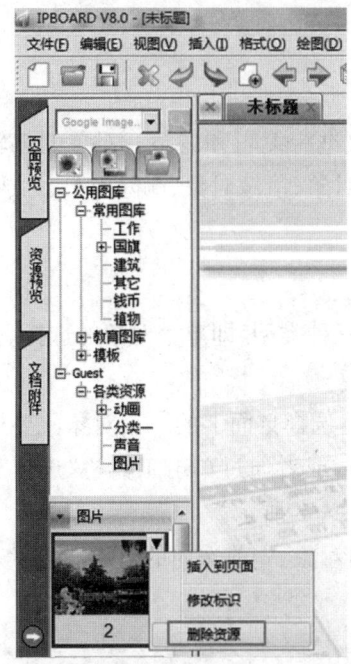

图 5-2-49 删除资源

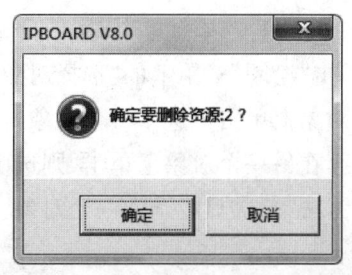

图 5-2-50 确定删除资源对话框

205

将弹出"确定要删除资源"对话框,点击"确定"删除资源,点击"取消"保留该资源,如图 5-2-50 所示。

(4) 导入和导出资源库。导入和导出资源库可以实现资源的共享。

要导入和导出资源库,可执行下列操作:

① 导出资源库。打开资源库,选择个人资源库中要导出资源库的分类名,在弹出菜单中选择"导出资源库",如图 5-2-51 所示。将弹出"另存为"对话框,如图 5-2-52 所示。选择要保存的路径,单击"保存"即可将当前分类资源库导出。

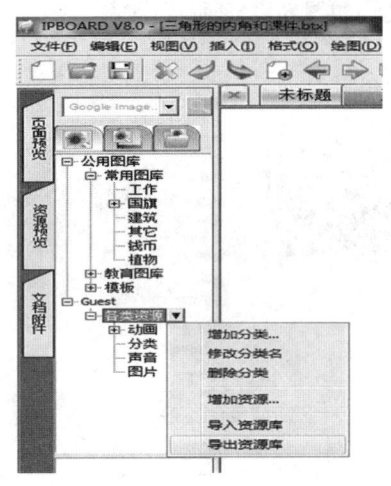

图 5-2-51　导出资源库　　　　图 5-2-52　导出资源库对话框

② 导入资源库。打开资源库,选择个人资源库中要导入资源库的分类名,在弹出菜单中选择"导入资源库",将弹出"打开"对话框,选择要导入的资源库文件,单击"打开"即可将资源库导入。

5.2.5　电子白板软件中对象的编辑

在电子白板软件中加入对象后,需要对对象进行编辑和调整。对象的编辑操作主要包括选择对象、复制/粘贴对象、克隆/无限克隆对象、镜像对象、删除对象、缩放对象、组合对象、锁定对象、对齐对象和插入超链接等。

1. 选择对象

要编辑对象,首先要选择对象,选择对象有三种类型,即单个对象的选择、多个对象的选择和全部对象的选择。

(1) 单个对象的选择。单个对象的选择就是选择页面上的一个对象。要选择单个对象,可通过单击"绘图"菜单上的"选择对象"命令,或者通过单击工具栏"选择对象"工具,然后在页面对象上单击可选中一个对象,如图 5-2-53 所示。

如果继续在另一个对象上单击,则选中新的对象,先前选中的对象选择状态将取消。用这种方法,一次只能选中一个对象。

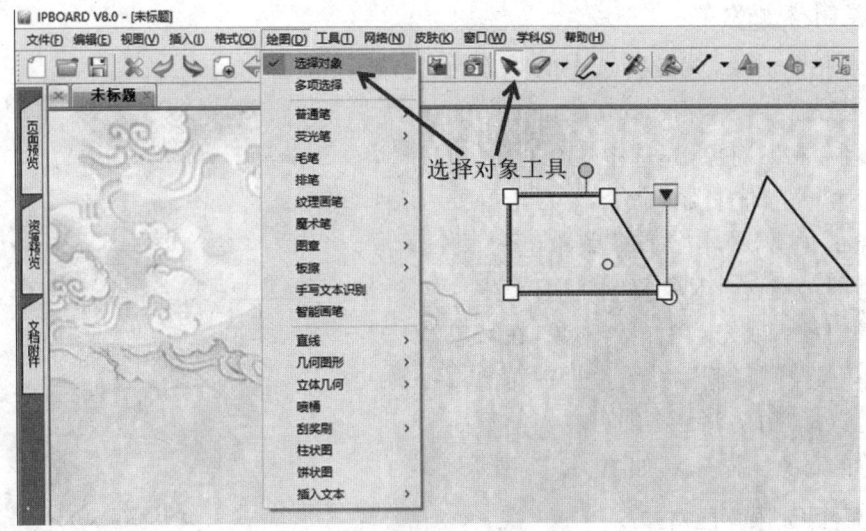

图 5-2-53　选择对象工具

　　(2) 多个对象的选择。多个对象的选择就是一次可选择多个对象。要选择多个对象,可通过单击"绘图"菜单上的"多项选择"命令,然后依次在多个对象上单击,就可以选择多个对象,如图 5-2-54 所示。或者通过单击"绘图"菜单上的"选择对象"命令,然后在页面拖选,拖选到的对象将被选中。选择多个对象的另一种方法是按下 Ctrl 键,然后通过"选择对象"工具依次在多个对象上单击,这样也可以选择多个对象。

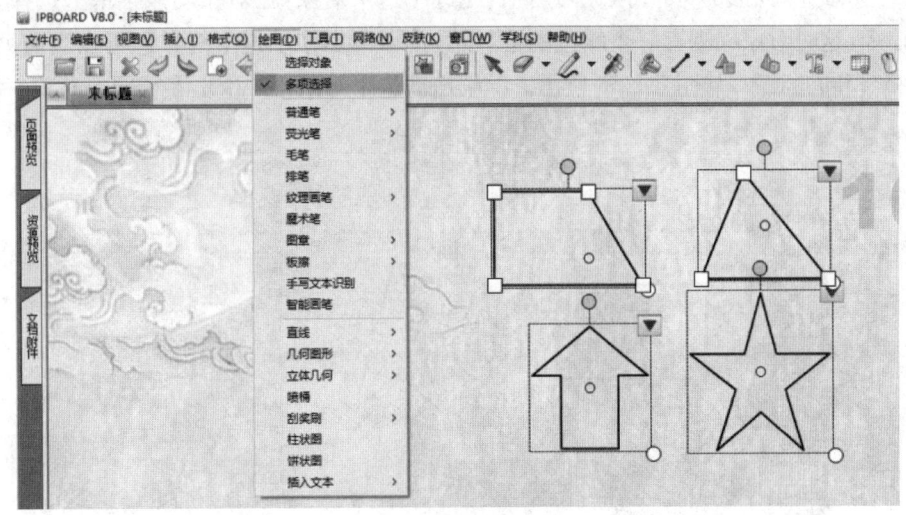

图 5-2-54　多项选择工具

　　(3) 全部对象的选择。全部对象的选择就是一次选择页面上的全部对象。要选择全部对象,可通过单击"编辑"菜单上的"全选"命令,或者通过按组合键 Ctrl+A,这样就可将页面上所有的对象全部选中。

2. 复制/粘贴对象

复制/粘贴对象，就是将选中的对象通过复制/粘贴产生一个相同的对象。

要复制/粘贴对象，先选中这个对象，单击"编辑"菜单上的"复制"命令，然后选择要粘贴对象的地方，单击"编辑"菜单上的"粘贴"命令，即可将这个对象复制一次，产生一个相同的对象。或先选中这个对象，在对象功能菜单上选择"复制"命令，然后在对象功能菜单上选择"粘贴"命令，即可在当前页面上将选中的对象复制一次，如图 5-2-55 所示。

3. 克隆/无限克隆对象

克隆对象就是产生一个相同的对象。克隆对象一次只能产生一个相同对象，而无限克隆，则可以快速产生很多相同的对象。

（1）克隆对象。要克隆对象，先选中这个对象，选择"编辑"菜单上的"克隆"命令，

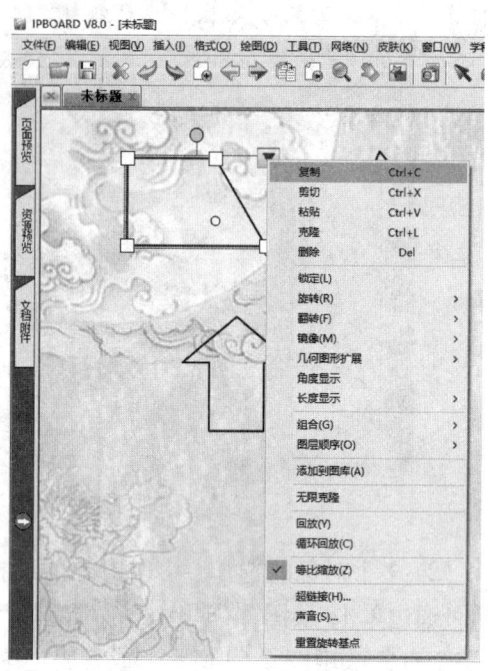

图 5-2-55　对象功能菜单

或者在对象功能菜单上选择"克隆"命令，即可在当前页面上产生一个相同的对象。

（2）无限克隆对象。要无限克隆对象，先选中这个对象，在对象功能菜单上选择"无限克隆"命令，这时对象周围有一个绿色的框显示，按下鼠标拖动这个对象即可在当前页面上产生一个相同的对象，如图 5-2-56 所示。继续拖动这个对象会产生更多相同的对象。

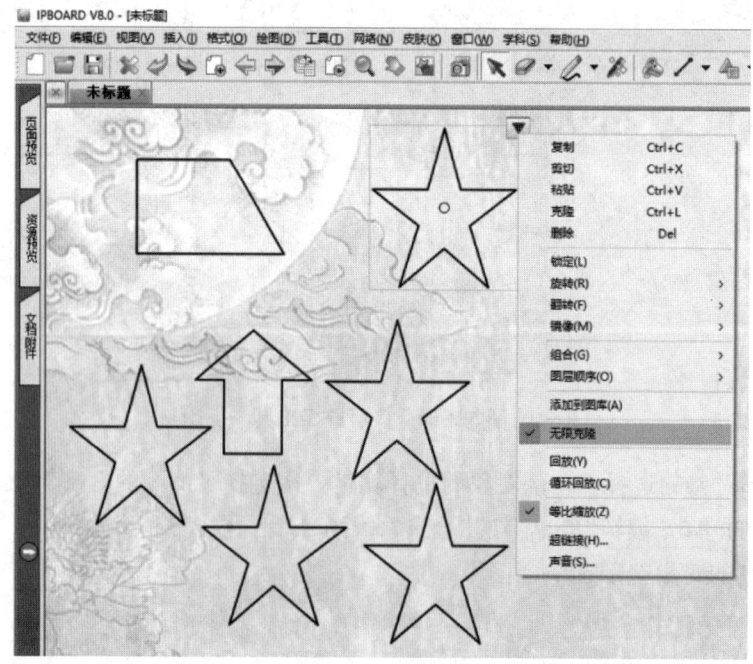

图 5-2-56　无限克隆对象

要取消"无限克隆"的状态,再次在对象功能菜单上选择"无限克隆"命令即可。

4. 镜像对象

镜像对象可以在页面上产生一个与原对象对称的新对象,可以分为水平镜像对象和垂直镜像对象。

(1)水平镜像对象。要产生水平镜像对象,先选中这个对象,在对象功能菜单上选择"镜像",然后在子菜单中选择"水平镜像"命令,即可产生一个与原对象水平对称的新的对象,如图 5-2-57 所示。

(2)垂直镜像对象。要产生垂直镜像对象,先选中这个对象,在对象功能菜单上选择"镜像",然后在子菜单中选择"垂直镜像"命令,即可产生一个与原对象垂直对称的新的对象。

5. 删除对象

删除对象就是将选中的对象或文本进行删除的操作。

要删除一个对象,先选中这个对象,然后单击工具栏上的"删除"按钮,或者先选中这个对象,选择"编辑"菜单上的"删除"命令;也可以在对象功能菜单上选择"删除"命令,将对象删除;或者先选中对象,然后直接按 DEL 键,也可以将对象删除。

6. 缩放对象

缩放对象是将选中的对象放大或缩小的操作。

要缩放对象。先选中这个对象,然后按住对象的缩放点,拖动光标即可缩放对象,如图 5-2-58 所示。

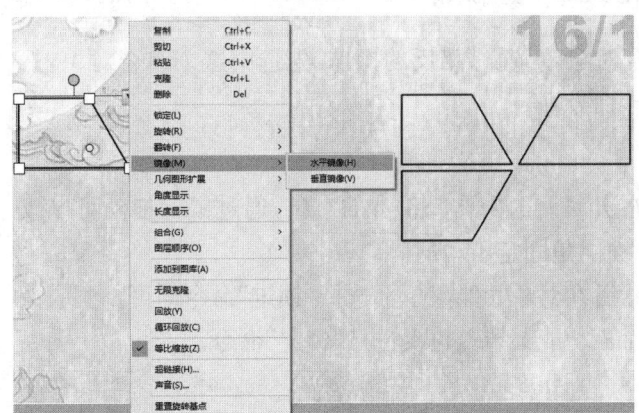

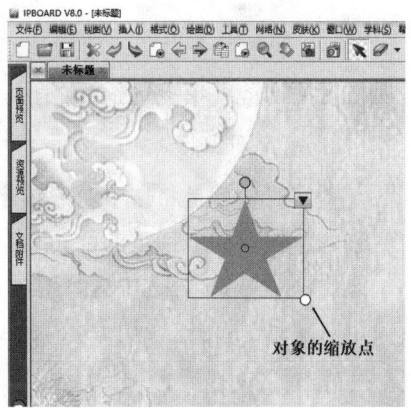

图 5-2-57　镜像对象　　　　　　　　图 5-2-58　对象的缩放点

默认情况下,缩放对象都是等比缩放。通过单击对象功能菜单上的"等比缩放"命令,可以取消"等比缩放"的状态。

7. 组合对象

组合对象是将选中的两个或两个以上的对象组合成一个对象的操作。取消组合对象是将组合后的对象拆分成原来的多个对象的操作。

(1) 组合对象。要组合对象，先选中要组合的多个对象，在对象功能菜单上选择"组合"命令即可，如图 5-2-59 所示。

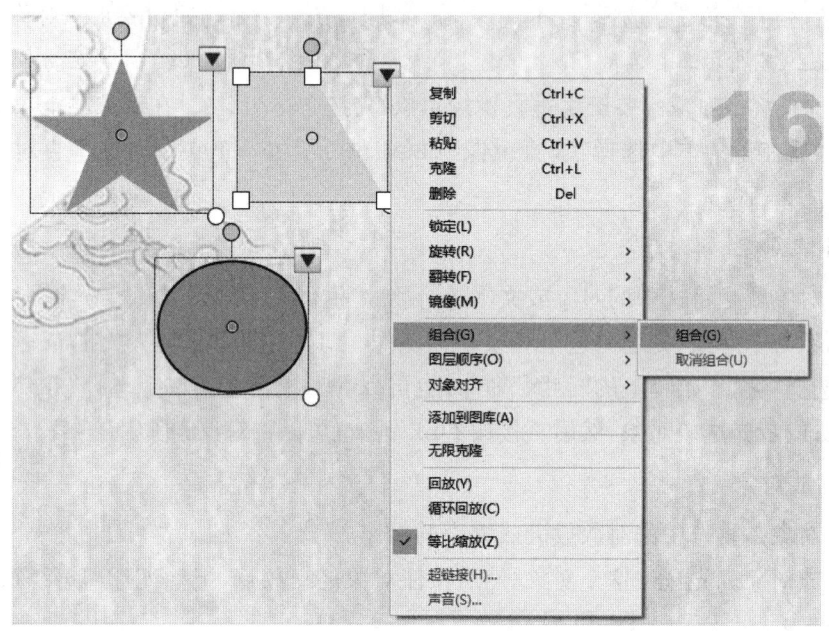

图 5-2-59　组合对象

(2) 取消组合对象。要取消组合对象，可通过相反的操作，先选中这个组合对象，然后在对象功能菜单上选择"取消组合"命令即可。

8. 锁定对象

锁定对象就是将选中对象锁定在页面上的操作。正常的对象，通过鼠标拖动可以改变它的位置。如果锁定的话，它在页面上是固定不动的。

要锁定对象，先选中这个对象，然后在对象功能菜单上选择"锁定"命令即可。要取消锁定对象，先选中这个对象，然后在对象功能菜单上再次选择"锁定"命令。

9. 对齐对象

对齐对象就是将选中的两个或两个以上对象对齐的操作，包括向上对齐、向下对齐、向左对齐、向右对齐、水平中心对齐、垂直中心对齐和角度对齐。

要将多个对象对齐，先选中多个对象，然后在对象功能菜单中选择"对象对齐"命令，在子菜单中选择一种对齐方式，如"向上对齐"命令，对象将整齐地排列成一行，如图 5-2-60所示。

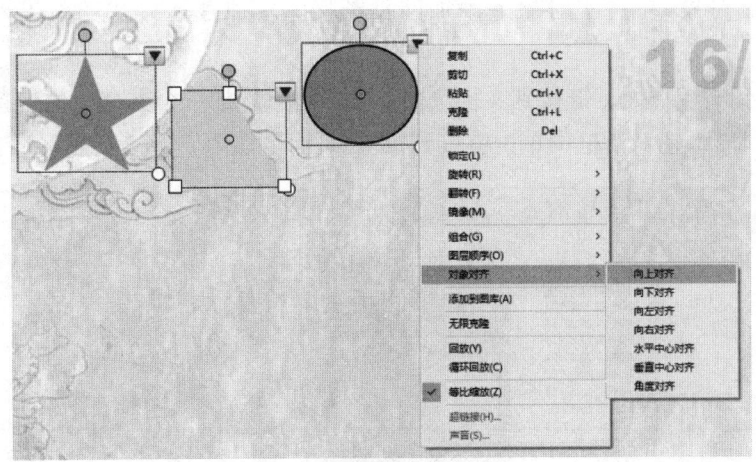

图 5-2-60 对齐对象

10. 插入超链接

插入超链接就是在页面或对象上添加超链接,使用时通过超链接可以访问一个网页、跳转到一个页面,或打开一个文件等。

添加超链接有两种方式,一是直接插入超链接,会自动在页面中增加一个文字对象,然后在文字对象上添加超链接。二是对象插入超链接,在选中的对象上添加超链接。

(1) 直接插入超链接

选择"插入"菜单下的"超链接"命令,将弹出"超链接"对话框,如图 5-2-61 所示。

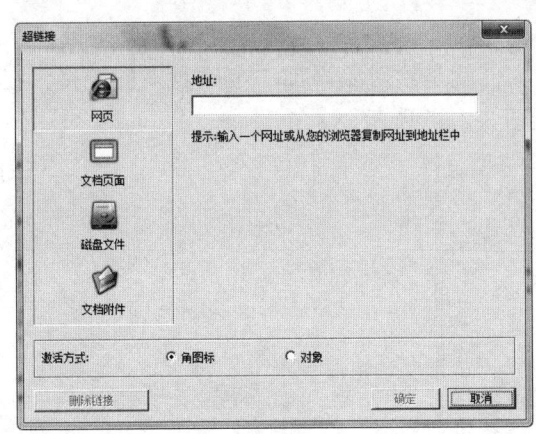

图 5-2-61 超链接对话框　　　　图 5-2-62 链接到网页效果

超链接的方式有四种,分别是链接到网页、链接到文档页面、链接到磁盘文件和链接到文档附件。

① 链接到网页。链接到网页就是给对象添加一个网页链接。在对话框中单击链接到"网页",在地址框中填写链接网页的地址。超链接的激活方式有角图标和对象两种,选择一种激活的方式,然后单击"确定"按钮完成超链接插入,页面上将产生一个以网页地址

211

为内容的文字对象,在文字对象上添加网页链接。两种激活方式的效果,如图 5-2-62 所示。

② 链接到文档页面。链接到文档页面就是给对象添加一个文档页面链接,实现在文档页面间的跳转。在对话框中单击链接到"文档页面",如图 5-2-63 所示。

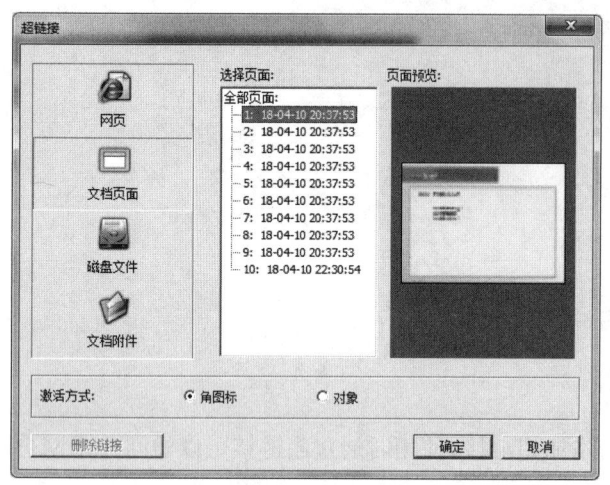

图 5-2-63　链接到文档页面　　　　　图 5-2-64　链接到文档页面效果

在"选择页面"列表框中显示了当前文档的所有页面,选择要链接到的页面,再选择一种激活方式,然后单击"确定"按钮完成超链接插入。页面上将产生一个以页面标识为内容的文字对象,在文字对象上添加了文档页面链接。两种激活方式的效果,如图 5-2-64 所示。

③ 链接到磁盘文件。链接到磁盘文件就是给对象添加一个磁盘文件链接。在对话框中单击链接到"磁盘文件",对话框如图 5-2-65 所示。

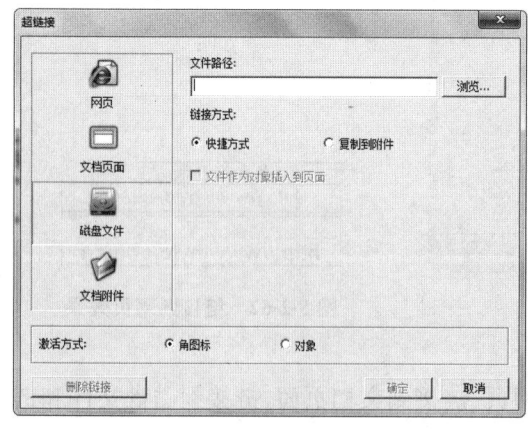

图 5-2-65　链接到磁盘文件　　　　　图 5-2-66　链接到磁盘文件

在"文件路径"框中输入文件路径或单击"浏览…"按钮选择要链接到的文件。

文件的链接方式有两种,即快捷方式和复制到附件。快捷方式只是建立一个链接,磁盘文件不随文件一起保存；复制到附件是将文件添加到文档附件，随文件一起保存。

选择一种链接方式，再选择一种激活方式，然后单击"确定"按钮完成超链接插入。页面上将产生一个以文件名称为内容的文字对象，在文字对象上添加了磁盘文件链接。两种激活方式的效果，如图 5-2-66 所示。

④ 链接到文档附件。链接到文档附件就是给对象添加一个文档附件链接。在对话框中单击链接到"文档附件"，对话框如图 5-2-67 所示。

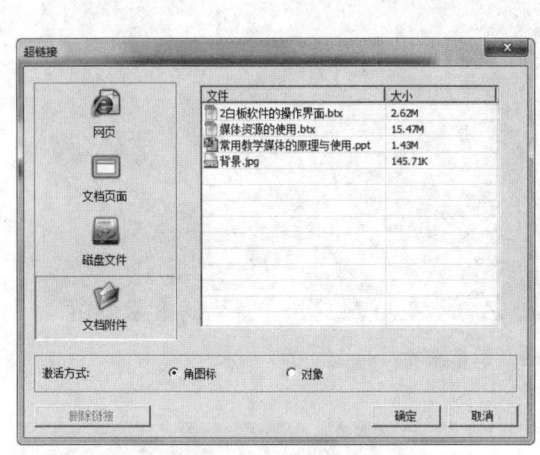

图 5-2-67　链接到文档附件

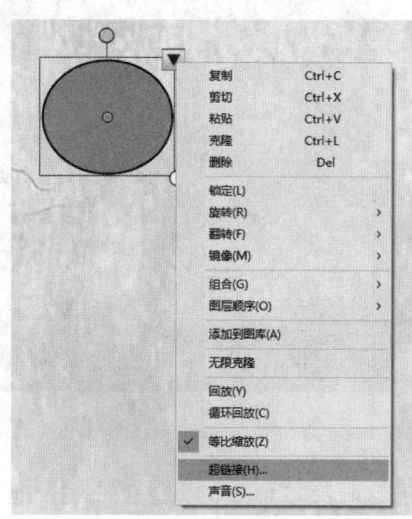

图 5-2-68　对象插入超链接

在文档附件列表框中显示了当前文档的所有文档附件，选择要链接到的文档附件，再选择一种激活方式，然后单击"确定"按钮完成超链接插入。页面上将产生一个以文档附件名称为内容的文字对象，在文字对象上添加了文档附件链接。

(2) 对象插入超链接

要为对象添加超链接，先选中这个对象，在对象功能菜单上选择"超链接"命令，如图 5-2-68 所示。此时将弹出"超链接"对话框，在对话框中选择一种超链接的方式，再选择一种激活方式，然后单击"确定"按钮完成超链接插入，这样就为页面对象添加了超链接。

为对象添加超链接的操作方法和直接插入超链接的操作方法类似，就不再重复了。

5.2.6　电子白板软件中应用工具的使用

电子白板软件根据教学的特点，提供了多个不同的应用工具，教学中巧妙地使用这些应用工具，可以起到提高教学效果的作用。电子白板软件提供的应用工具主要有屏幕幕布、移动页面、放大镜、探照灯、一键遮屏、照相机、数字时钟、直尺、三角板、量角器和圆规工具等。

1. 屏幕幕布

应用屏幕幕布可以将屏幕上的整个或部分区域遮挡。屏幕幕布一般用在课堂的开始，将课题遮挡。

要启动屏幕幕布,可执行下列操作:

在窗口模式下,点击工具栏上的"屏幕幕布"按钮;或点击"工具"菜单上的"屏幕幕布"命令。屏幕幕布启动后,软件弹出一块幕布将页面(或屏幕)挡住,如图 5-2-69 所示。

图 5-2-69　屏幕幕布

这时屏幕幕布的四边有拉手,拖动拉手,可将屏幕幕布移动,使幕布下的页面慢慢地呈现出来。在屏幕幕布上右击,在右键菜单中选择"设置"命令,在弹出的"设置"对话框中可以设置幕布的图案或颜色,如图 5-2-70 所示。

要取消屏幕幕布功能,可以在屏幕幕布上右击,在右键菜单中选择"退出屏幕幕布"命令;或者再次选择"工具"菜单上的"屏幕幕布"命令;也可以点击工具栏上的"屏幕幕布"按钮。

2. 移动页面

移动页面工具可以将当前显示的页面上下或左右移动。要启动移动页面工具,可执行下列操作:

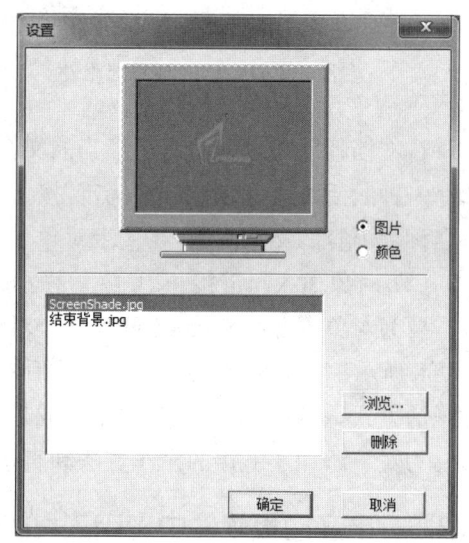

图 5-2-70　屏幕幕布的设置

在窗口模式下,点击工具栏上的"移动页面"按钮;或选择"工具"菜单上的"移动页面"命令。

移动页面工具启动后,光标变成手形,可通过光标的拖动,来改变页面的位置。当页面很大时,屏幕的内容无法全部显示,通过移动页面把被遮挡的部分内容显示出来。

要取消移动页面功能,可以再次选择"工具"菜单上的"移动页面"命令;或点击工具栏上的"移动页面"按钮。

3. 放大镜

放大镜可以放大显示页面上的某个选定区域。要启动放大镜,可执行下列操作:

在窗口模式下,点击工具栏上的"放大镜"按钮;或选择"工具"菜单上的"放大镜"命令。

放大镜启动后,光标变成放大镜形状,这时可以按下鼠标并拖出一个需要放大显示的区域,程序用实线框表示该区域,其右下角有三个控制按钮,分别为缩小、放大和关闭放大区域功能,改变放大镜的放大倍数,如图 5-2-71 所示。

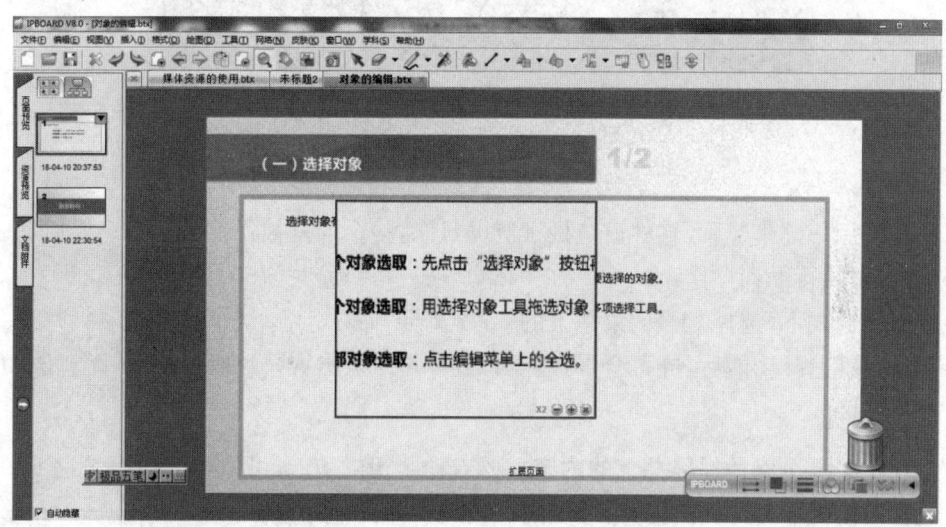

图 5-2-71 放大镜效果

按住放大区域内部并拖动,可将放大镜在页面内随意移动,改变放大显示的区域。当页面内容显示较小,教学中又需要观察细节的时候,放大镜就可以很好地解决这个问题。

要取消放大镜功能,可以单击放大区域右下角的"关闭放大区域"按钮,或再次选择"工具"菜单上的"放大镜"命令;也可以点击工具栏上的"放大镜"按钮。

4. 探照灯

探照灯可以高亮显示页面上的部分区域。要启动探照灯功能,可执行下列操作:

在窗口模式下,选择"工具"菜单上的"探照灯"命令。

探照灯启动后,页面将被蒙上一层阴影,并在页面中间显示被探照灯照亮的范围,如图 5-2-72 所示。

这时按住照亮区域旁边的蓝色边界可以缩放探照灯的照亮范围;点击下拉菜单按钮可以设置光斑的形状、背景透明度、背景颜色和退出探照灯;拖动探照灯可以改变被探照灯照亮的区域。

要取消探照灯功能,可以点击下拉菜单按钮选择"退出"命令。

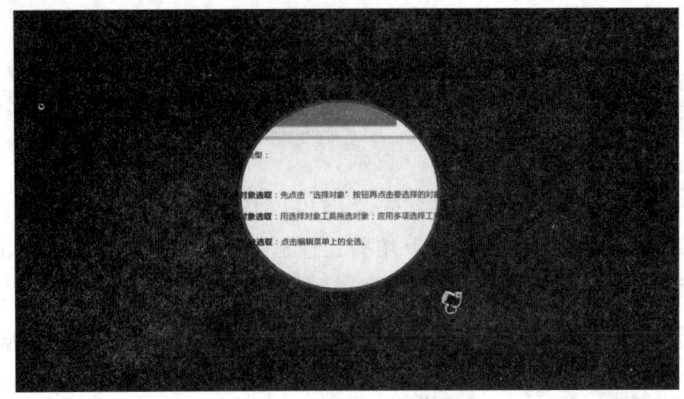

图 5-2-72 探照灯效果

5. 一键遮屏

用户使用一键遮屏后,软件窗口处于遮屏状态,整个屏幕被黑颜色遮挡。要启动一键遮屏功能,可执行下列操作:

在窗口模式下,选择"工具"菜单上的"一键遮屏"命令。

启动一键遮屏功能后,屏幕全屏显示为黑色,再次点击屏幕后,则退出一键遮屏功能。

6. 照相机

照相机工具可以捕捉屏幕上的内容。要启动照相机功能,可执行下列操作:

在窗口模式下,选择"工具"菜单上的"照相机"命令;或点击工具栏上的"照相机"按钮。照相机启动后,程序弹出照相机的控制窗口,如图 5-2-73 所示。

从左到右按钮名称分别为区域快照、对象快照、不规则区域快照、全屏快照、保存快照和保存设置。

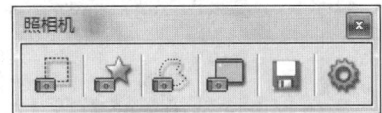

图 5-2-73 照相机工具

照相机共有区域快照、对象快照、不规则区域快照、全屏快照四种不同的工作模式。

(1) 区域快照。点击后,拖动光标选择需要照相的区域,出现一个区域框,可改变其位置和大小,点击区域框旁的确定按钮,或者双击选中区域,便可完成拍照操作,如图 5-2-74 所示。

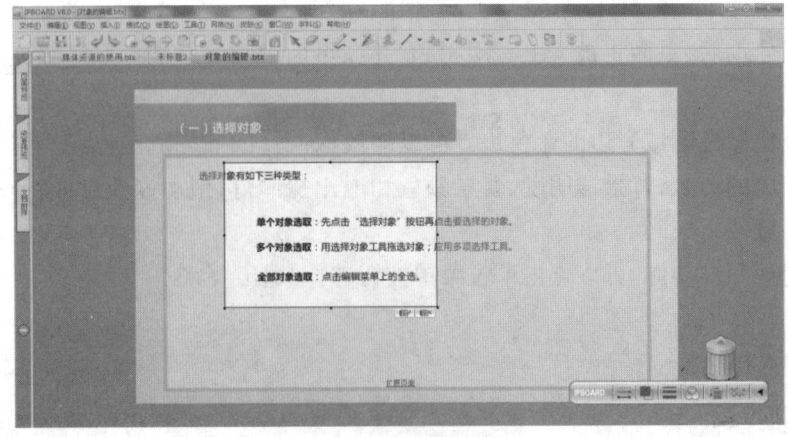

图 5-2-74 区域快照

（2）对象快照。点击后，有一个蓝色的框跟随光标，显示准备快照的对象，选定后点击对象，便可完成拍照操作。

（3）不规则区域快照。点击后，拖动光标选择需要照相的区域（可以为任意形状区域），松开光标后便可完成拍照操作。

（4）全屏快照。点击全屏快照按钮便可完成拍照操作。

7. 数字时钟

数字时钟工具，可以用来计时。要启动数字时钟功能，可执行下列操作：

在窗口模式下，选择"工具"菜单上的"数字时钟"命令。数字时钟启动后，窗口中出现一个计时时钟，如图 5-2-75 所示。

图 5-2-75　数字时钟效果

图 5-2-76　数字时钟的设置

时钟的计时方式有系统时钟、倒计时钟和计时时钟三种。点击功能菜单按钮，在弹出的功能菜单中可选择计时方式、时钟面板的大小和时钟的形状，如图 5-2-76 所示。

8. 直尺

直尺工具可以用来度量线段的长度。要启动直尺工具，可执行下列操作：

在窗口模式下，选择"工具"菜单上的"直尺"命令。直尺工具启动后，窗口中显示一根直尺，如图 5-2-77 所示。

直尺提供像素、英寸、磅、毫米、厘米五种度量方式，可通过点击功能按钮进行切换；直尺提供旋转功能，鼠标点击旋转按钮时，直尺随着鼠标的拖动旋转；直尺提供辅助绘制直线功能，点击直尺功能按钮菜单"辅助功能"，选择"辅助绘制直线"，画笔沿直尺边缘画直线，在直线下方会显示线段长度。

测量任意直线段长度：移动直尺使直尺的零刻度线与线段的一端对齐；旋转直尺使直尺的刻度线与线段平齐；移动游标与线段的另一端对齐；直尺上显示的数字就是线段的长度。

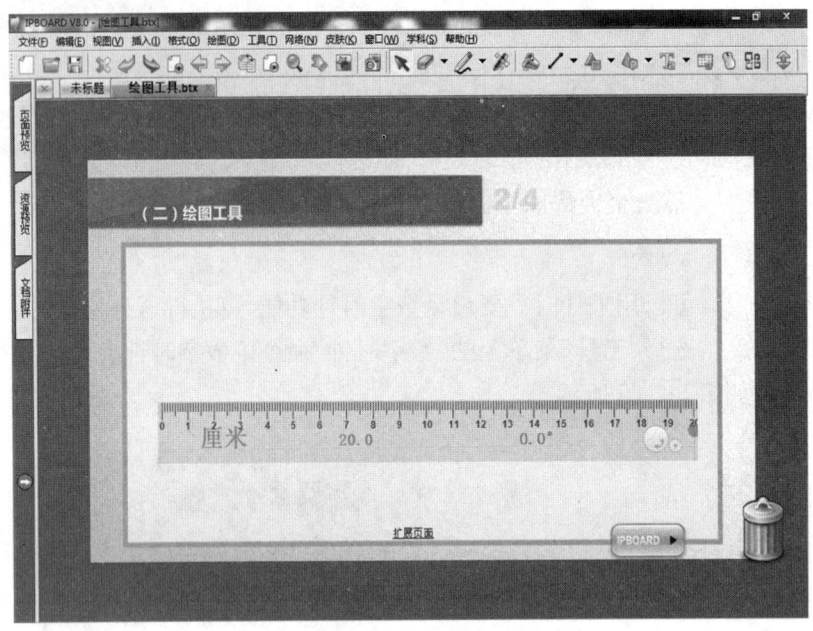

图 5-2-77　直尺工具

9. 三角板

三角板可以用来度量长度,也可以用来绘制直线。要启动三角板工具,可执行下列操作:

在窗口模式下,选择"工具"菜单上的"三角板"命令。三角板工具启动后,窗口中显示一块三角板,如图 5-2-78 所示。

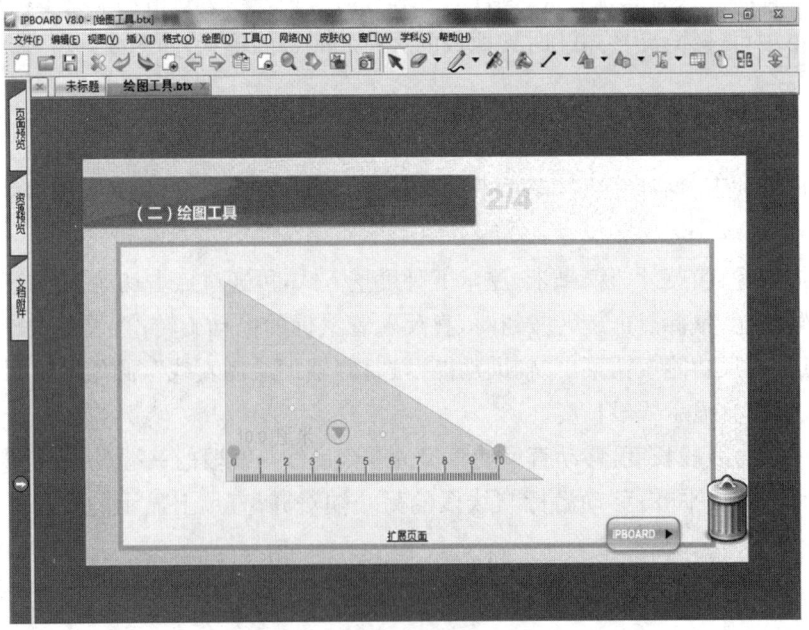

图 5-2-78　三角板工具

三角板允许用户选择三角板的形状、长度单位、大小及透明度,点击功能按钮,在弹出的功能菜单中可以进行选择;三角板提供旋转功能,鼠标点击在三角板顶点时,拖动鼠标,三角板就可以随之旋转。

10. 量角器

量角器可以用来度量角的度数。要启动量角器工具,可执行下列操作:

在窗口模式下,选择"工具"菜单上的"量角器"命令。量角器工具启动后,窗口中显示一个量角器,如图 5-2-79 所示。

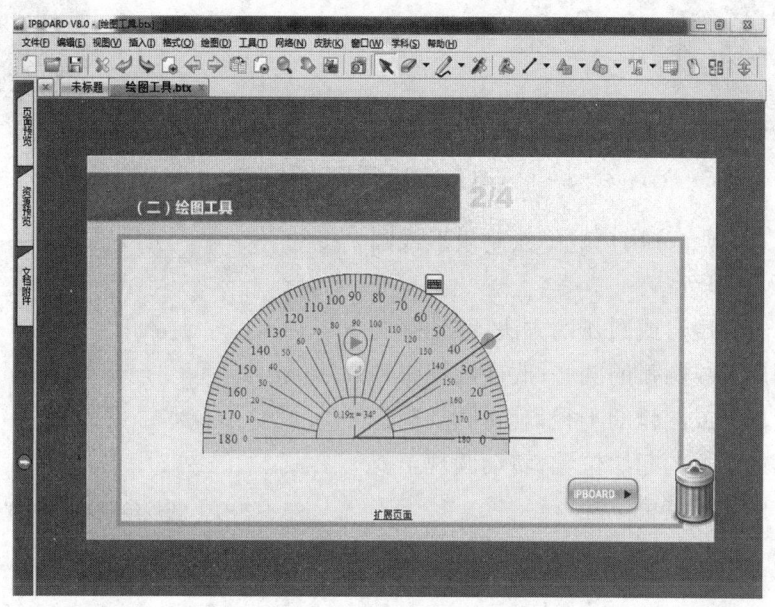

图 5-2-79 量角器工具

量角器允许用户选择大小、透明度、刻度间隔、角度显示方式(弧度或角度)及形状,点击功能按钮,在弹出的功能菜单中可以进行选择;量角器提供旋转功能,鼠标点击量角器旋转按钮时,拖动鼠标,量角器就可以随之旋转。

量角器提供辅助绘制弧度和扇形的功能,可在量角器功能按钮菜单"辅助功能"中,选择"辅助绘制弧线"(或者"辅助绘制扇形"),画笔沿量角器边缘画线,可生成弧线(扇形),如果绘制的是扇形,软件会自动显示扇形的角度。

用量角器测量任意角的度数:移动量角器使量角器的中心点与角的顶点重合;旋转量角器使量角器的零度线与角的一边平齐;旋转游标使游标的刻度线与角的另一边平齐;量角器上显示的数字就是角的度数。

11. 圆规工具

圆规工具可以用来绘制圆弧或扇形。要启动圆规工具,可执行下列操作:

在窗口模式下,选择"工具"菜单上的"圆规"命令。圆规工具启动后,窗口中显示一个圆规,如图 5-2-80 所示。

圆规允许用户选择是否显示半径及透明效果,点击功能按钮,在弹出的功能菜单中可

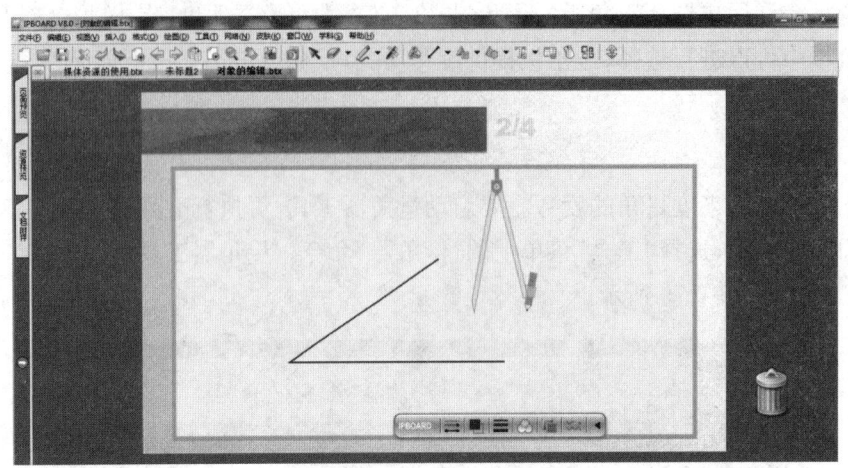

图 5-2-80　圆规工具

以进行选择;圆规允许用户选择绘制扇形或圆弧,如图 5-2-81 所示。

用圆规绘制扇形或圆弧的方法:移动圆规确定要绘制扇形或圆弧的圆心;改变圆规张角确定要绘制扇形或圆弧的半径;旋转圆规确定要绘制扇形或圆弧的起始位置;转动圆规至要绘制扇形或圆弧的结束位置。

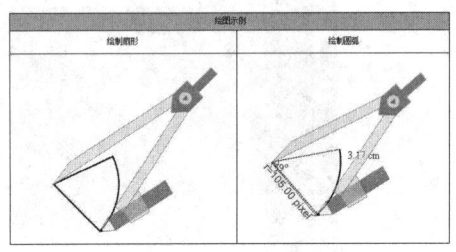

图 5-2-81　圆规绘制扇形和圆弧效果

➢ 扫描本章二维码查看电子白板课件制作实例。

1. 谈一谈可以添加到课件中作为教学内容的媒体有哪些。
2. 说明幻灯片母版、主题和模板三者有何区别和联系。
3. 阐述在 PowerPoint 中可以设置哪些不同类型的动画效果。
4. 说明在同一页幻灯片中使用触发器技术,对课件的教学使用有什么帮助?
5. 结合自己的学科,利用 PowerPoint 软件设计与制作某一单元的教学课件。
6. 举例说明交互式电子白板对学科教学带来的好处。
7. 举例说明在交互式电子白板环境下学生课堂活动与常规课堂活动的不同。
8. 在白板课件资源预览中增加用自己名字命名的资源分类,多途径收集资源并将资源加入自己的资源库。
9. 选择中学学科教材中的一段内容,用电子白板软件制作完成一个交互式白板课件。

第6章 微课的设计与开发

微信扫码获取

微课视频、教学案例
课堂实验、优秀作品等

【学习目标】
1. 了解微课的概念与发展历史;
2. 熟练掌握微课的设计与开发方法。

随着信息技术的飞速发展,各种媒体形式发生了天翻地覆的变化,例如从博客到微博,网店到微店,短信到微信,视频到微视频,电影到微电影,课堂到微课。从2012年起教育部每两年就举行一次全国的微课比赛,使得微课成为近年来教育界非常热门的一个话题。

6.1 微课概述

6.1.1 微课的缘起

微课的兴起源于一分钟视频,2008年美国新墨西哥州法明顿的戴维·彭罗斯教授提出了"微课程"(Micro Lecture)的概念。彭罗斯认为"微课程"不只是课程内容或在线教学短视频,它还包括任务和教学活动。2009年美国韦恩州立大学(Wayne Sate University)发起了一个项目,叫"一分钟教授"(One Minute Professor),后来,更名为"一分钟学者"(One Minute Scholar)。韦恩州立大学的教授都是各自领域内最顶尖的学者。在"一分钟学者"这个项目中,教授们用很短的时间(一两分钟的时间)向在线访客解释世界上最神秘和最神奇的事情,他们做文化实验,解释民间传奇之类的问题。

微课的萌芽还与TED视频的形式相关。TED(Technology Entertainment Design)就是技术、娱乐、设计的英文首字母缩写,是美国的一家私有非营利机构。该机构以它组织的TED大会著称,这个会议的宗旨是"传播一切值得传播的创意"。其表现形式是在18分钟之内,必须把一个看法新颖的观点,开门见山地表达清楚,与那种非常繁杂、时间冗长的专业讲座不一样的地方,就是过程快、时间短。

美国麻省理工学院的萨尔曼·可汗,2004年在指导侄女复习数学功课的过程中,萌发了创办一个在线学习网站的念头。他把自己录制的一些数学课件发布到这个网站上去,吸引了美国各地的中小学家长和教师,一段时间之内,课外在线可汗学院成为美国基础教育的一道非常亮丽的风景。可汗学院成为世界上最受欢迎的一个教育网站,到2009

年网站上有 3 500 多门课程,每天它的播放量平均能达到 7 万次。而且它是一个教师的大学校,这种传播力度和规模是非常有效率的,所以萨尔曼·可汗从教侄女转身成了颠倒课堂的"教父"。比尔·盖茨对他的评价非常高,萨尔曼·可汗也因此获得了美国总统奥巴马颁发的卓越的数学和科学教学美国总统奖。由于视频微课的发展,迎来了翻转课堂的诞生。

6.1.2 微课的概念

胡铁生认为"微课"是以教学视频为主要载体,记录教师在课堂教学中针对某个知识点或教学环节而开展的精彩的教与学的活动中所需要的各种教学资源的有机结合体。黎加厚认为"微课"是在 10 分钟之内,有明确的教学目标,内容短小,集中说明一个问题的小课程。全国高校微课大赛文件中将"微课"界定为:"微课"是以视频为主要载体记录教师围绕某个知识点或教学环节开展的简短、完整的教学活动。

从这三个概念当中,能找到一些共有的内涵。第一,微课以短小精悍的在线教学视频为载体;第二,微课阐释某一个小范围的知识点;第三,微课不仅仅为了娱乐,而是有一定的教育性和目的性。

综上所述,微课又名微课程,是以微型教学视频为主要载体,教师针对某个学科知识点(如重点、难点、疑点、考点等)或教学环节(如学习活动、主题、实验、任务等)而设计开发的一种情景化、支持多种学习方式的在线视频网络课程。

微课的本质特点主要表现在以下四个方面:一是短。时间限制在十分钟以内。二是小。这指的是选题比较小,内容非常的集中。三是精。就是教学设计有创意,精心、精致、精彩。四是悍。震撼,教学效果好,有用、有趣。只有做到了有用、有趣,别人才愿意学,学起来才有效果。

另外,微课并不是单纯的教学微视频。微视频和教学视频是微课的有机组成部分,它与微教案、微反思等组成了微课的基本资源。

6.1.3 微课的发展

随着微课实践的不断丰富和相关研究的逐步深化,人们对微课的认识也越来越深刻、越来越全面和理性,其内涵与应用也不断在发展、丰富和完善。根据微课发展进程中的关键事件、关注重点和影响范围,可以大致将微课发展划分为四个阶段。

1. 早期探索期(2011 年以前)

以学者胡铁生首次提出"微课"概念、发表第一篇微课学术文章、开展了第一次地市级微课征集与评审活动为标志。该阶段主要关注的是微课的概念与特点、微课的资源构成与类型、微课的制作方法与技术、微课的存储与管理等外在"技术性指标",重在引领大家从"传统资源建设"转向"微课资源建设"。而对微课的理论研究较少,应用也局限于"展播和观摩"阶段。国内教育技术专家和学者开始关注微课,但影响范围较小。

2. 快速发展期(2012 年—2013 年)

以 2012 年 9 月教育部教育管理信息中心开展"首届全国中小学微课大赛"和 2012 年

11月教育部高校教师网络培训中心启动"全国高校微课教学比赛"为标志。此后,全国各地教育行政部门和各级各类学校纷纷举行了形式多样的微课比赛,使得微课概念迅速普及,微课教育理念深入人心;微课设计制作及培训成为教育技术应用的一大热点;微课数量急剧增加,主题式、专题化和体系化微课受到关注;微课教学研究和应用实践蔚然成风,微课研究成果众多,观点纷呈。这种自上而下的"行政推动"+"竞赛评比"的发展形式,在短时间内形成了全国的"微课热"现象,成为我国教育信息化领域一道独特的风景线。

3. 应用深化期(2014年—2016年)

以电子书包、翻转课堂、可汗学院、慕课、混合学习、移动学习等新兴在线教育方式的兴起为标志。越来越多的中小学校、高职高校、研究机构甚至社会企业加入微课实践与研究中,微课的内涵不断丰富、微课理论得到进一步充实。这一阶段微课开发由"重技术手段"转向"重教学设计",微课类型和表现方式更加多样化,微课质量不断提升。微课的教学应用被提升到一个前所未有的高度,领域得到极大拓展。微课与课堂教学、微课与翻转课堂、微课与慕课教学、微课与混合学习、微课与移动学习等领域形成的新教学模式如雨后春笋,微课应用效果显著。

4. 反思提升期(2017年至今)

这一阶段表现为"微课热"有所下降,微课发展似乎步入一个相对平静的"深水区"或"高原期"。产生这种现象的原因既有"大环境"因素的影响,也有微课自身内部"小环境"因素的影响。"大环境"因素指的是教育信息化领域新技术、新思想、新媒体的发展迅速,新的研究热点、重点更迭频繁。如随着2015年后"互联网+"和"教育大数据"概念的出现,热点迅速转移到物联网、云课堂、学分银行、网络直播、3D打印、创客教育、人工智能等。"小环境"因素包括微课理论基础薄弱,理论体系缺失,研究范式单一,高水平研究成果不多,导致微课质量不高,应用效益未能充分体现等。

6.1.4 微课的分类及价值

1. 微课的分类

微课不等于微课堂,微课也不等于微课件。微课可按以下几种方式进行分类:

(1) 按教学方法可分为:讲授型、演示型、启发型、讨论型、实验型、练习型、表演型、自主学习型、合作学习型、探究学习型。

(2) 按传递方式可分为:讲授型、解题型、答疑型、实验型、活动型。

(3) 按教学环节可分为:课前预习型、新课导入型、知识理解型、练习巩固型、拓展探究型。

(4) 按录制方式可分为:摄制型微课、录屏型微课、软件合成型微课、混合式微课。

2. 微课的价值

"微课"的出现,被专家誉为我国"十二五"时期最有前景的一项革命性的教育技术,为我国教育信息化改革和发展注入新鲜的活力,无论是对教师、学生还是社会公众的学习,都产生了革命性的影响。

(1) 微课开创了我国教育信息化领域一种全新的资源建设模式。微课的产生顺应了

"互联网+教育"时代的发展趋势,也满足了学习者日益高涨的碎片化、个性化学习的需求。微课从小处入手,重点关注某个"知识点""技能点"或某个教学环节(要素)的设计制作,以微视频为主要学习载体,并整合了导学案、任务单、练习题、评价表等辅助性学习资源,共同构成了一个半结构化、主题式的可视化学习环境。与传统的教学资源(如课例、课件、教案、试题、论文、案例等)相比,微课的设计理念、制作方法、适用对象、使用方式等都大不相同。广大教师对微课这种全新的优质资源表现出强烈的兴趣,对微课的教育应用前景充满期盼,并在教育技术学专家的引领和教育行政部门的大力推动下,纷纷加入微课开发的队伍,形成"全民微课"现象,迅速建成了一大批形式多样、各具特色的优质微课教学资源库,有效推动了我国教育信息化的内涵发展。

(2) 微课促进了"以学为中心"教学理念的有效落实。传统的资源建设理念和教学方式主要是"以教为中心"的范式,即以教师、课堂、教材为中心,主要关注的是教师的"教"而很少关注学生的"学"。微课的出现,打破了传统的课堂教学模式。微课的本质特征和核心理念是"学",即面向全体学生,促进学生自主、个性、差异、高效地"学",从而实现优化学习体验、提升学习品质的效果。此外,微课的制作技术简单、表现形式多样、分对象分层次设计、数量种类丰富、交流共享便捷等特点,恰好可以满足不同学生不同需求的自主学习,实现"因材施教"。特别是近几年,微课在推进新课程改革、培养学生核心素养方面,以及在翻转课堂(先学后教、以学定教)、慕课教学、混合学习、移动学习等先进新型教学模式的推广应用中,发挥了不可替代的作用,极大推进了"以学为中心"教学理念的落实。

(3) 微课加速了信息技术与教育教学的深度融合。微课"短小精悍"的特点,使得其具有制作简单、使用便捷、适切性好、应用面广、效果良好等诸多优点,很快成为我国教育信息化领域最活跃的一个要素,被誉为"能够焕发教学活力的新一代课程之细胞"(桑新民,2014),"信息化教学的基本单位""信息技术与教育教学深度融合的切入点",在教育教学中得到广泛的应用。微课不仅可以服务和提升教师的"教"(如在课堂可用于创设情景、辅助教授、突破重点、化解难点、实验演示、归纳小结等),更能有效促进和发展学生的"学"。微课"以学为中心"的设计理念更符合"互联网+"时代学生的认知规律。如微课的"精选性"可以让学生学到更有针对性和价值性的内容;微课的"简短性"让学生在较短时间内保持高度注意力,进行专注式学习;微课的"多样性"让学生的学习有更大的学习自主性和选择性,实现"按需学习""因材施教";微课的"可视化"可以让学生基于视频载体进行情景化、交互式、体验式的高效学习。微课的应用灵活性,使得它不仅是一种新的教学资源、课程载体、学习资源,更是一种新的教学方式和学习方式,在课堂教学、自主学习、移动学习、翻转课堂、终身学习、泛在学习等领域具有广阔的用途,有效推进了信息技术与教育教学的深度融合进程。

(4) 微课的开发与应用,有效促进了广大教师教育技术能力的提升。微课"麻雀虽小"但"五脏俱全"。微课的开发与应用过程,涉及微课的内容选题、教学设计、课件制作、微课讲授、视频录制、后期编辑、共享发布和教学应用等多个环节,既需要教师具有深厚的学科专业功底,更需要具备多种教育技术能力来实现。如微课教学内容确定需要运用"思维导图"或"概念图"软件来梳理微课知识点与内容体系;微课教学设计需要运用流程图或脚本设计理念,将微课每一个教学步骤的教学内容、表现方式、教学方法和教学时间做精细化的设计;微课的课件制作必须聚焦主题、逐步呈现、媒体选用恰当、画面富有动感并适当留白;微课视频录制时要求画面稳定、镜头合理、音画同步、声音清晰以及合理的后期编辑(片头片尾和必要的字幕提示等)。完成的微课作品需要及时发布到微课网站、云盘空间、资源库、微信号等平台上,供全体师生共享应用。因此,微课的设计开发可以综合提升教师各方面的信息素养和教育技术应用能力,有效促进了教师的专业发展。

(5)微课为广大教师的专业成长提供了一个新平台。微课是以视频为主要载体记录一个简短、连续且相对完整的教学活动过程。由于视频具有信息量大、表现丰富、情景真实、交互性强等优点,微课不仅可以记录教学内容与教学过程,更可以记录教师的教学行为、教育智慧,既是一种融合了教师"温度和情感"的教学资源,也是一种十分宝贵的教学研究与反思资源,可以有效促进教师的专业成长。如教师对个人不同时期制作的不同微课进行分析和反思,可以梳理自己的成长轨迹,凝练自己的教学思想;通过观摩互联网上优秀教师的微课(听微课、观微课、评微课),可以直接学习别人的长处,提高自己的教学业务水平;开展基于微课资源库的校本研修、区域性和跨区域微教研活动,可以突破时空限制,吸引更多的教师聚焦某个主题开展协作式、深层次的教研活动,实现教研过程数字化、教研成果的最大共享利用。因此,微课为"互联网+"时代教师的专业成长提供了一条新路径。

(6)微课有效促进了我国的教育公平和学习型社会的形成。教育部《教育信息化十年发展规划(2011—2020年)》中提道:到2020年,形成与国家教育现代化发展目标相适应的教育信息化体系,基本建成人人可享有优质教育资源的信息化学习环境,基本形成学习型社会的信息化支撑服务体系。微课是当前我国"教育信息化2.0"阶段最活跃的因素之一,具有突破时空限制、快速复制传播、呈现形式丰富的独特优势。在我国教育信息化重点建设工程"三通两平台"中"优质资源班班通"和"网络学习空间人人通"的核心组成因素中,优质微课资源的共建共享成为促进教育公平、提高教育质量的有效手段。同时,微课又是网络教育的一种新形式,突破空间限制,延伸了学校教育的空间。近年来企业微课、社区教育微课、职业技能微课等受到社会公众的欢迎,成为构建泛在学习环境、实现全民终身学习的有力支撑,为加速构建"人人皆学,时时能学,处处可学"的学习型社会发挥了重要作用。

6.2 微课的设计

微课的设计总体来说是一个从"大"到"小"、从整体到部分的过程。对一门课进行微课程设计,首先从整体上分析该门课程的教学任务和教学目标,进而搭建微课程的内容设计框架。框架搭设完成后,需要对框架的每一部分进行教学设计的填充,再对该教学设计进行详细的脚本设计,最后根据脚本设计开发和制作出微课资源,并将微课资源应用于实际教学中,根据教学反馈调整微课资源。具体流程如图6-2-1所示。

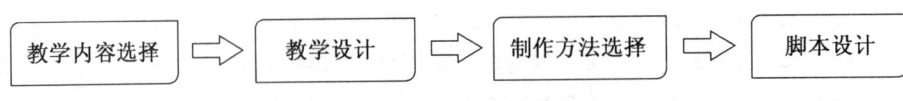

图 6-2-1　微课的设计流程

6.2.1　微课教学内容的选择

合理的选题是微课制作的关键环节,它决定着一节微课的成败。要想利用短短的几分钟,吸引学生的注意力,激发学生的学习欲望,使得学生学有所获,合理的选题显得尤为重要。

1. 所选题材是教学中的重点、难点

微课是为了学生服务,是为了解决学生学习中存在的问题。所以微课的选题,尽量挑选平时学习中学生容易混淆、出错的内容。这就要求教师在制作前要研读教材,研究学生,选择教材的重难点,学生学习中的易错点、易混淆点进行录制。总之,不是重点的内容,不选;大家都熟知的内容,不选。比如小学数学中的《小数除法》《分数乘法》《三角形的面积》《正反比例》等,这些选题都是属于录制价值较高的选题。而数学中那些可以通过学生的迁移与类比、猜想与验证、交流与辨析等数学思想来完成的,在完成的过程中学生思维能得到发展的,这些内容没有必要做成微课。

2. 所选题材要适合用视频媒体表达

微课是以视频为载体,通过音频、视频、文字、图像等多种媒体技术,呈现、表达信息的。所以选题要能充分利用视频媒体的传播优势,善于运用图像、声音两大通道传播教学内容,最大限度地发挥微课的优势和作用。因此,如果教学需要通过一些动态的演示,但实物道具难以呈现,而借助于视频工具,则能很好地呈现,能有效地解决重难点的题材就非常适合制作成微课。如《圆的周长》《圆的面积》《生活中的数学》等这些教学内容本身具有动态性,所以制作成微课能更加生动形象地表现出动态的过程。

3. 所选题材问题要大小适中且相对独立

微课是相对独立的、完整的小型教学辅助资源。一般来说,选题必须在几分钟之内能够讲透彻,切记不可选择那些在课堂教学中花上一个课时,运用多种教学手段才能突破的系统知识点。选题时,也不宜选择过小的课题,即不宜选择那些无足轻重,甚至学生通过自主阅读和学习就能轻松掌握的知识点。总之,微课的选题一定要大小适中,而且相对独立。比如《梯形的面积》《三角形的分类》《凑十法》等,这些都属于相对独立、内容精炼的选题。

微课设计选题过程中容易走进以下几个误区:

第一,选题太大、太宽、太泛。选题太大、太宽、太泛,不够聚焦,没有突出重点、难点、疑点、关键点。这种把一节课强行压缩为10分钟以内的"微课",我们称之为"压缩饼干型微课"。这类选题误区在微课创作的早期非常普遍。

第二,选题太难。例如,某信息技术微课以"超级海报是如何炼成的"为选题,选题虽然有很强的吸引力和挑战性,但期待学习者通过一个微课就学会制作超级海报,显然不太现实。不如把这个比较难的选题分解成多个小微课,各个击破。

第三,选题太易、太浅。例如,有些微课有意或无意地回避教学重点、难点、疑点、关键点,专门选取那些只需了解、识记的事实性知识,只需自主阅读纸质教材或普通电子教材就能够掌握的浅显知识,只需简单模仿就能够掌握的简单技能。

第四,使用课堂实录。许多微课选取课堂教学中学生自主学习、教师巡回指导、学生小组讨论、展示汇报、学生互评、教师点评等环节,表面上看起来很热闹,但实际上学生通过这些活动视频并不能学到实质性的内容。

第五,选题缺乏创意、无趣乏味。许多微课选题仅仅局限于课程标准和某本教材,没有集合教学团队的教学智慧、创意灵感,显得题材老套、内容陈旧、平淡无奇、无趣乏味。

6.2.2 微课教学设计的注意事项

由于微课也是小型的课,因此微课的教学设计与信息化教学设计流程相似。它不仅包括教材分析和学生分析、确定教学目标、确定教学内容、确定重难点、设计教学过程、选择教学媒体等,也有自己的一些注意事项。

1. 微课表现形式特别

不要把微课设计成课堂实录微缩版,里面有教师、有学生、有活动、有交互……学生不是教研员,也不是评课专家,他不需要观看师生活动过程。学生需要的仅仅是学习内容本身。

也不要将微课设计成传统播音员版的说教课,打开视频,老师正襟危坐,讲着一本正经的经典开场白:同学们,今天我们来学习第三章第一节,这一节的主要内容是……

更不要将微课设计成操作录屏版简单课件。如果这只是一般性的应用软件,或者学生在网上能够找到大量的类似资源,将这样的内容制作成微课就显得毫无意义。

2. 微课要以学生为中心

设计时需考量"有用""有趣"这两个维度。"有用"指的是要关注微课的知识内容。"有趣"指的是要能引起学生的兴趣。移动互联网时代中开发者要以用户为中心,所以微课的设计必须要具备足够的魅力来吸引学生进行学习。比如运用三种方式,方式之一是幽默;方式之二是情景吸引;方式之三是问题吸引。

3. 防止微课的 PPT 课件信息过载

微课中的 PPT 应以方便学生自学为主,因此,不应出现 PPT 张数太多,导致学生厌烦从而失去学习兴趣的情况。微课的 PPT 画面应淡雅清新,不应出现与内容无关的背景画面。很多的 PPT 在制作时为了使画面好看,采用了很多的设计模板,加入了大量的其他元素,殊不知这样做以后,学生的注意力被背景画面所分散,反而影响到对内容的学习。因此,微课的 PPT 制作应以浅色背景为主,避免学生受到不必要的干扰;微课 PPT 内的文字应简练,最好能做到一目了然。PPT 的文字越多,学生在学习时花在阅读文字的时间就越长,在这段时间内教师的引导基本上就不能起到应有的效果。相反,如果在这段时间内学生的注意力只在教师的讲授上,则文字就起不到应有的作用。因此,微课 PPT 的文字应言简意赅,例如,可以以列举的形式将该部分的主题点出,一定要注意避免出现长篇大论,让学生不知所措从而感到厌烦的情况。

4. 微课的教学视频要优化

微课中的教学视频是微课成功的重要因素,因此微课中教学视频的设计非常关键。首先,视频的画面要清晰无抖动,模糊的画面会影响观看效果;声音清晰而干净。其次,尽量减少视频中的干扰因素,如不需要出现的教师头像、不必要的字幕、干扰噪声、背景音乐等。最后,教师的语言应精炼,有条理,直击重点难点,不出现多余的话,所以教学视频的容量也不应太大。

6.2.3 微课教学方法的选择

微课设计过程中,不同的学科、不同类型的新授知识需要采用不同的教学方法,具体如表 6-2-1 所示。

表 6-2-1 微课类型及其适用范围

分类依据	教学方法	微课类型	适用范围
以语言传递信息为主的方法	讲授法	讲授类	适用于教师运用口头语言向学生传授知识(如描绘情境、叙述事实、解释概念、论证原理和阐明规律)。这是中小学最常见、最主要的一种微课类型。
	谈话法(问答法)	问答类	适用于教师按一定的教学要求向学生提出问题,要求学生回答,并通过问答的形式来引导学生获取或巩固检查知识。
	启发法	启发类	适用于教师在教学过程中根据教学任务和学习的客观规律,从学生的实际出发,采用多种方式,以启发学生的思维为核心,调动学生的学习主动性和积极性,促使他们生动活泼地学习。
	讨论法	讨论类	适用于在教师指导下,由全班或小组围绕某一种中心问题通过发表各自的意见和看法,共同研讨,相互启发,集思广益地进行学习。
以直接感知为主的方法	演示法	演示类	适用于教师在课堂教学时,把实物或直观教具展示给学生看,或者做示范性的实验,或通过现代教学手段,通过实际观察获得感性知识以说明和印证所传授的知识。
以实际训练为主的方法	练习法	练习类	适用于学生在教师的指导下,依靠自觉的控制和校正,反复地完成一定动作或活动方式,借以形成技能、技巧或行为习惯。尤其适合工具性学科(如语文、外语、数学等)和技能性学科(如体育、音乐、美术等)。
	实验法	实验类	适用于学生在教师的指导下,使用一定的设备和材料,通过控制条件,引起实验对象的某些变化,从观察这些现象的变化中获取新知识或验证知识。在物理、化学、生物、地理和自然常识等学科的教学中,实验类微课较为常见。
以欣赏活动为主的方法	表演法	表演类	适用于在教师的引导下,组织学生对教学内容进行戏剧化的模仿表演和再现,以达到学习交流和娱乐的目的,促进审美感受和提高学习兴趣。一般分为教师的示范表演和学生的自我表演两种。

(续表)

分类依据	教学方法	微课类型	适用范围
以引导探究为主的方法	自主学习法	自主学习类	适用于以学生作为学习的主体,通过学生独立的分析、探索、实践、质疑、创造等来实现学习目标。
	合作学习法	合作学习类	适用于通过小组或团队的形式组织学生进行学习的一种策略。
	探究学习法	探究学习类	适用于学生在主动参与的前提下,根据自己的猜想或假设,运用科学的方法对问题进行研究,在研究过程中获得创新实践能力、获得思维发展,自主构建知识体系的一种学习方式。

6.2.4 微课制作方法的选择

设计技术上,通常将微课划分为两大类:单播式微课与交互式微课。前者是一种以流媒体视频作为主要技术形式而设计出的播放型在线课件;后者则是以流媒体视频技术为基础设计的,同时还具有互动、反馈等功能的结构化在线教学课件。交互式微课,强调的是在学习过程中学习资源的交互性、学习路径的多样性、学习素材的动态性和视觉效果的展示性。相比于单播式微课来说,交互式微课能为学习者提供更加个性化和兴趣化的在线学习体验,因而通常其学习效果也更好。

教学设计上,交互式微课是单播式微课的延伸和扩展。在结构上,单播式微课设计时仅包括前两个环节(教学导入和授课视频)。而交互式微课通常由五个环节组成:一是"教学导入",向学生展示学习内容和目标;二是以5~10分钟的"授课视频"来表达核心教学内容;三是"反馈测验",以自动计分测验来检查学习者的知识理解和掌握程度;四是"练习评价",通常以作业练习或协作项目学习等方式来让学生将所学内容进行应用性操作,通常以在线方式实施;五是"学习导航",以指引学习者进入不同的教学环节。

表6-2-2对微课的设计形式从简单到复杂划分为10种基本形式。

表6-2-2 微课的设计形式

形式	描述
课程录像式	使用摄像机等录像设备对教师课堂授课进行实录,后期剪辑形成。
录像加截屏式	在课堂实录的基础上,中间插入授课内容幻灯片形成。
幻灯片录屏式	利用计算机屏幕录制幻灯片内容,配以录音讲解形成。
软件模拟式	利用专用程序将软件的操作或使用过程录制为视频制成。
自动录播式	利用专用录播设备拍摄教学并搭配幻灯片演示而成。
角色扮演式	教师和学生通过情景剧的形式将教学内容融入剧情表演中,经后期剪辑形成。
现场实操式	在一定教学情境中将教师所演示的某种技能录制为视频所形成。
动画表示式	将教学内容制作成动画、动漫并搭配场景,或将教师形象制作为动漫人物组合而成。
手绘视频式	利用专用软件制作的,第一人称视角下教师手部书写或绘制教学内容所形成的视频。
虚拟场景式	以绿背抠像视频和虚拟场景来编辑讲课视频,再辅之以各种动画和学习交互环节组合而成。

6.2.5 微课脚本设计

脚本相当于剧本,其优化设计可以为微课制作提供指导并提高开发效率。表 6-2-3 为小学数学《认识图形》微课脚本设计范例。

表 6-2-3 《认识图形》微课脚本设计范例

课题		认识图形	设计者	王 静
知识点来源		北师大版:一年级下册	设计时间	2016 年 5 月 3 日
录制方式		录屏	适用对象	一年级
教学环节类型		□复习类 □新课导入类 ☑知识理解类 □巩固练习类 □知识拓展类		
设计思路		1. 教学思路 　　立体图形是平面图形的重要的认知基础,通过设计"从立体图形得到平面图形"的操作活动,引入平面图形的学习,让学生在认识平面图形特征的同时,理解"体"和"面"之间的关系,体会"面在体上"。 2. 与思维教学整合 　　在探究平面图形的特征活动中,我借助思维教学中的树形图,对学生的分类结果进行整理。不同分类标准下的树形图,让学生对平面图形的特征有了全面的认识。"面"和"体"的辨析、长方形和正方形的区别,都是学生在学习过程中容易混淆的知识点,为了能让学生准确地理解,我将思维教学中的双气泡图引入数学课堂,通过直观的对比、形象的图示呈现,帮助学生把握知识的本质。		
教学过程设计				
环节	内容		画面	时间
片头	出示课题:认识图形		第 1 张幻灯片	16 秒
正文讲解	一、认一认,回顾旧知 (出示:长方体、正方体、圆柱、三棱柱) 1. 认一认:辨认四种立体图形,说出名称。 2. 小结:这四种图形都叫作"立体图形"。 3. 摸一摸:每个立体图形上都有平平的面。 初步感知"面在体上"。		第 2 张幻灯片	29 秒
	二、做一做,把"面"请下来 1. 想一想:立体图形的表面是什么图形? 2. 动画演示:依次出示四种立体图形,演示从立体图形中把面"请"下来的过程。		第 3 至 4 张幻灯片	66 秒
	三、认一认,认识平面图形 1. 认一认:辨认"请"下来的面分别是什么图形? 2. 看一看:观察"请"下来的面的特点,初步感知长方形、正方形、三角形、圆形的特征。 3. 小结:这四种图形都是平面图形。 4. 比一比:借助双气泡图,对比"平面图形"和"立体图形"的异同。		第 5 至 6 张幻灯片	94 秒
	四、分一分,感知平面图形的特征 1. 分一分:请学生对四种平面图形进行分类。 2. 交流探讨:借助树形图,展示三种常见的分法,引导学生思考不同的分类标准,加深对图形特征的认识。 3. 比一比:运用双气泡图,对长方形和正方形进行对比。		第 7 至 8 张幻灯片	140 秒

(续表)

结尾(秒)	1. 出示课后小练习。 2. 出示片尾。	第9至11张 幻灯片	33秒

6.2.6 微课设计参考标准

微课的设计可参考下面标准：

1. 教学目标

① 适切性，符合课程标准的要求、符合学生的认知水平；
② 清晰、具体，可达成。

2. 教学内容

① 符合课程标准，体现本学科的特色；
② 与教学目标相适应；
③ 严谨无误，无科学性错误；
④ 重点、难点突出；
⑤ 尽量与学生现实生活实际相联系；
⑥ 课外资源的运用要与教学目标和学生认知水平相适应。

3. 教学过程

① 层次清晰、结构合理；
② 教学环节时间分配合适，与教学重点、难点相适应；
③ 循序渐进，符合学生认知发展规律；
④ 教学活动能激发学生参与的积极性；
⑤ 教师的启发、指导有效；
⑥ 课堂练习和课后作业要体现代表性、层次性，与教学目标相适应。

4. 教学方式

① 要与教学目标相适应；
② 要与教学内容相适应；
③ 要与微课的特点相适应；
④ 要能激发起学生主动学习的动机；
⑤ 有针对性，能照顾到学生之间的差异；
⑥ 能培养学生的共通能力，如独立思考能力、沟通能力、批判性思考能力、创新能力等。

5. 教学效果

① 学生学习兴趣浓厚，参与度高，参与范围广；
② 学生能够理解、掌握基本知识和技能；

③ 学生能够在教学过程中获得积极的情感体验，有利于学习兴趣、自信心的建立；

④ 学生能够习得学习方法、学习策略。

6. 教师要求

① 教师的专业态度、知识与能力：教师教学态度认真，能够遵循教育价值观，熟悉本学科及微课的发展趋势，教学基本功扎实，具有灵活调控微课教学的能力；

② 教师语言规范：教学语言为普通话，清晰准确，教师的语速、语调适中，教师的讲解流畅生动，示范指导清楚；

③ 教师教态亲切自然，衣着大方得体：教师要态度端庄大方，热情活泼，这样既能让学生感受到美的愉悦，又能为教学活动创造一个美的氛围。

6.3 微课的开发

微课的制作流程如图 6-3-1 所示，分为四个步骤。

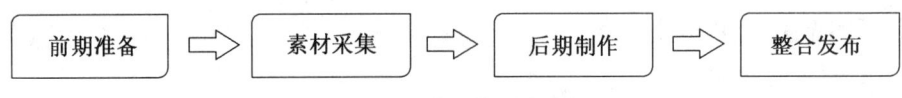

图 6-3-1 微课的制作流程

一是前期准备阶段。前期准备阶段包括拍摄的计划、脚本的制作、时间规划、人员分工、技术培训、工具软件选择等。其中工具软件包括拍摄工具、录屏工具、视频编辑软件以及 PowerPoint 课件制作软件等。

二是素材采集阶段。采集多媒体素材时应注意选择精度高、风格统一的素材；拍摄素材时应注意声音、用光与构图等问题，录屏时也要注意声音和精度。

三是后期制作阶段。后期制作中视频编辑与加工是微课课程制作中最重要的环节。运用手机、相机、DV 等完成拍摄后，还需要使用会声会影、Camtasia 等视频编辑软件对拍摄的视频进行后期编辑与制作生成课程。除此之外，微课的制作形式还包括录屏、PowerPoint 加录屏以及使用动漫制作软件生成视频课程。

四是整合发布阶段。视频制作完成后，利用视频软件加入片头片尾，即可打包发布微课程，方便学生学习与教师交流。

6.3.1 微课开发模式

1. 视频拍摄法

视频拍摄法是微课制作中比较常见的一种方法，这种方法制作简单，不需要计算机设备和软件辅助就可以完成，而且录制的时间和地点均不受限制，给制作者提供了极大的便利。录制者可以采用专用的摄像机，也可以采用单反相机、iPad、手机等，只要设备具备摄像功能，都可以成为微课录制工具，具体如图 6-3-2 所示。

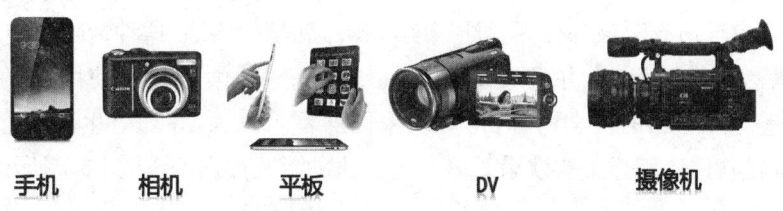

| 手机 | 相机 | 平板 | DV | 摄像机 |

图 6-3-2　视频拍摄法所使用的设备

在拍摄过程中,摄像头可以对准教师和黑板,这是完全模拟真实课堂,画面中有教师、黑板、讲台等,这种拍摄方法虽然可以让学习者有着在电脑前上课与在教室里上课同样的体验,让学习者能够很快地进入学习状态,但是从另一种角度来说传统的课堂模式容易使学生陷入心理疲劳。视频拍摄法也可只拍摄教学过程,画面中不出现教师,这是现在比较常用的方式,也是学生比较喜欢的一种方式。这种微课程的拍摄方法能将学习内容的呈现最大化,避免一些不必要的干扰因素,使学习者最大限度地将注意力集中在所要学习的内容上。拍摄的形式具体如图 6-3-3、6-3-4、6-3-5 所示。

图 6-3-3　专业摄影棚拍摄

图 6-3-4　三脚架 DV 拍摄

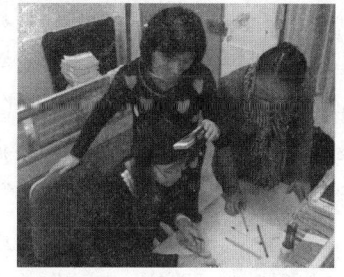

图 6-3-5　手持手机拍摄

视频拍摄法的过程可以简述为:
(1) 针对微课主题,进行详细的教学设计,形成教案。
(2) 利用黑板展开教学过程,利用便携式录像机将整个过程拍摄下来。
(3) 对视频进行简单的后期制作,并进行必要的编辑和美化。

优势:可以录制教师画面,教师按照日常习惯讲课,无须改变习惯,黑板上的内容与教师画面同步。

不足:需要专门的安静的拍摄环境,后期编辑需要专业人士的配合。

2. 屏幕录制法

屏幕录制法也是使用非常广泛的一种微课制作方法。屏幕录制法采用屏幕录制软件将教学者在计算机屏幕上的操作步骤全部记录下来。在实际情况中,有些教学内容选用视频拍摄法无法达到直观简洁有效的目的,特别是一些操作性强的教学内容,例如演示"如何录制与编辑声音",该部分内容注重实际操作和学生演练,这种情况下使用屏幕录制就能很好地达到教学目的,并且教学资源可以供每一个学生重复使用。还有以 PPT、Flash 动画等为原材料的教学内容,也可以采取屏幕录制法,并加上生动的配音和字幕,通过视频编辑软件达到想要的效果。屏幕录制法的形式如图 6-3-6、6-3-7 所示。

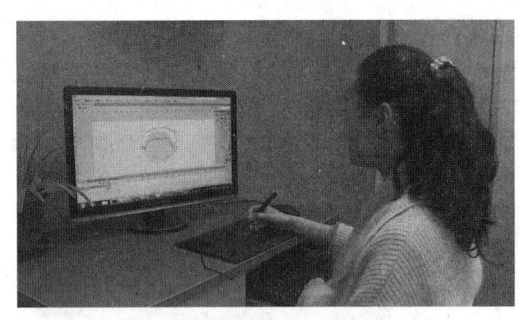 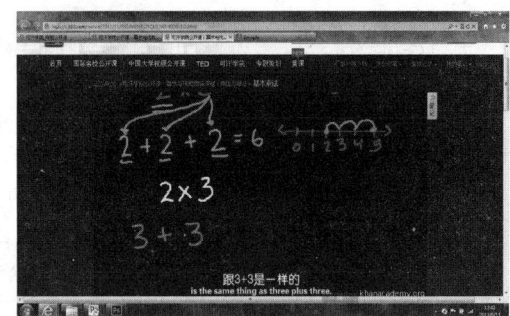

图 6-3-6　录制手写板绘画的屏幕　　　　图 6-3-7　录制手写板操作的屏幕

屏幕录制法的工具与软件包括电脑、耳麦(附带话筒)、视频录像软件(Camtasia Studio)、PowerPoint 软件。

屏幕录制法的方法就是对屏幕演示进行屏幕录制,并辅以录音和字幕。

屏幕录制法的过程可以简述为:

(1) 针对所选定的教学主题,搜集教学材料和媒体素材,制作课件。

(2) 在电脑屏幕上同时打开视频录像软件、教学课件或操作软件,执教者戴好耳麦,调整好话筒的位置和音量,并在调整好软件界面和录屏界面的位置后,单击"录制"按钮,开始录制。执教者一边演示一边讲解,可以配合标记工具或其他多媒体软件、素材,尽量使教学过程生动有趣。

(3) 对录制完成后的教学视频进行必要的处理和美化。

优势:录制微课较快捷方便,个人 PC 上即可实现。

不足:视频录制软件较复杂,不支持直接手写,要实现手写功能还需安装和启动手写设备的配套软件,对教学应用缺乏一定针对性。

3. 微课录制专业系统

市场上,也有比较成熟的集成软硬件系统,它需要一个固定的微课摄制工作室。完成相关配置与调试后,利用比较狭小的空间来完成一节高质量的教学课程资源,使用有限的硬件设备资源完成整个微课系统的部署。整个微课录制过程中支持背景蓝布进行场景抠像,有的还提供丰富的虚拟教学场景,使课程的建设更加丰富生动;如果只是提供虚拟场景或许会使课件不太丰满的话,那么微课录播系统还可以满足 PPT 课件、PPT 课件画笔、画板画笔、教学图片、背景音乐等的添加,在线合成,支持多种场景制作方式,可以方便快捷地制作生成微课。微课制作系统的示意图如图 6-3-8 所示。

优势:集屏幕录制、电子白板、手写板、PPT 插件、视频编辑、绘画板于一体的专业微

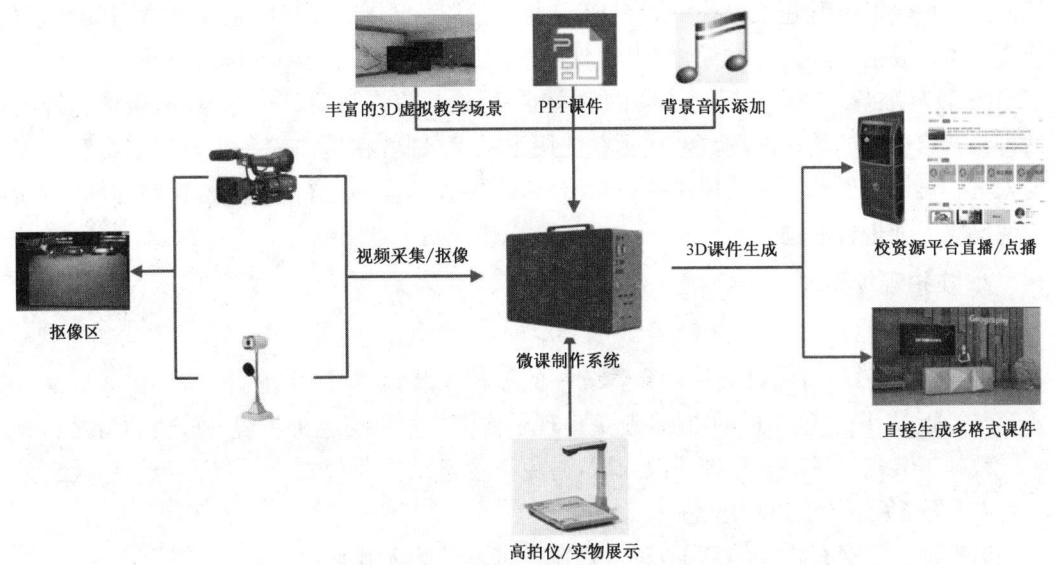

图 6-3-8　微课制作专业系统示意图

课制作工具。提供微课制作一体化解决方案,操作简单易上手。

不足:需要投入昂贵的设备及专门的教室,需要专门的技术人员维护支持。

6.3.2　微课制作的各种要求及评价参考标准

1. 前期录制要求

(1) 课程时长

每节微课时长应在 5~8 分钟。

(2) 录制场地

授课的录制场地选择,可以是课堂、演播室或礼堂等场地,建议面积在 50 平方米以上。要求录制场地光线充足、环境安静、整洁,避免在镜头中出现有广告嫌疑或与课程无关的标识等内容。

理论课的录制场地可以是课堂或演播室,同一所学校理论微课录制场地要统一,使用同一间教室或演播室,以达到后期课程制作的统一美观。录制环境要求外部声音安静、整洁,室内可完全隔绝日光(窗帘遮蔽等形式均可)。

实训课及其他课程录制场地根据课程需求由授课教师自行选择。录制地要给录制设备留够空间,预留面积大小约在录制目标半径五米以上。

录制环境均要求可外部或内部接入电源,电源接入口不少于两个。

(3) 教学材料

① 脚本准备。脚本包含教师上课时用的文本材料、PPT、教学图片等,不同上课环境各类材料有相应的规则要求,教师应按以下规范进行准备。

脚本文本:理论课脚本文本和实操课脚本都要确保上课时长保持在 5~8 分钟。

PPT、图片:由于微课成片横竖比例为 16∶9,PPT 长宽比例大小也应为 16∶9,不建议使用4∶3的比例,建议保持一致。PPT与图片除大小有要求外,也要注意清晰度,要使用清晰度高的图片及素材编辑PPT,保障微课后期编辑时能够使用相关素材。

② 教具准备。对于有操作流程的教学器具,教师应编写器具操作流程,条件允许的话可将器具操作的整体流程真实演示并使用手机等录制,在事前筹备阶段发送给视频编辑人员。对于实操课上需要使用的教学器具,需要教师提前进行检查,若存在损坏、污渍等情况应提前进行处理。

2. 实拍现场要求

(1) 仪容仪表

① 着装。教师讲课时应尽量穿着统一的教师工装,若学校未配备工装,教师尽量不要穿与黑板、周围颜色相近的衣服,避免出现录像中的背景与老师不容易分辨的情况。

教师工装内尽量不要穿细条纹衣服,避免产生条纹扭曲现象,也尽量不要穿大红、深红色衣服,避免摄像机出现色差。

男教师尽量穿有腰带的裤子,有时要在腰带上安装无线话筒,没有腰带会不太方便。穿衬衫要将衬衫塞进裤子里。

② 妆饰。女性教师可化淡妆,保证面部清爽干燥,不要出油。注意发式,女性教师应将头发束在脑后,刘海不宜过长、避免过多遮挡面部;男性教师不要留长发。

教师讲课尽量不要佩带装饰品,女性教师的项链、手链、耳钉、发夹等应在录课之前取下,录课时尽量不要戴框架眼镜,建议使用隐形眼镜。男、女性教师均可佩戴手表。

(2) 课程推介词(开场白)

用生动形象的语言描述课程内容,50字以内,用于课程在网络上的宣传推广及课程引入。

(3) 教师语言

教师在录制前应进行课程预讲,保证讲课流畅、语言通顺,尽量避免出现口头语的使用(例如:嗯、哦、啊)及一句话多次重复的情况。可邀请其他教师听课,指出自己上课的语言缺点,录制前改掉相应语病及错误。

教师在课堂教学活动中,主要以口头语言及书面语言为媒体,进行师生间的交流与互动,传播知识。但是,光凭口头语言及书面语音来传递信息是远远不够的。教师在教学过程中应该充分调动肢体语言,使它成为口头语言及书面语音的有效补充及辅助。肢体语言运用得当,有助于教师组织好课堂教学,提高课堂教学魅力。

课堂上的肢体语言,主要有表情及动作两个方面。面部可以在大脑的驱使下做出喜、怒、哀、乐等情态变化。运用眼神传情达意,让学生从眼神中获知教师所思所感。课堂上,教师的眼神尤其重要,常起到"此时无声胜有声"的作用,灵活恰当地运用各种眼神,能有效加强师生之间的沟通与交流。除了表情以外,动作也是肢体语言的重要组成部分。

手势是教学活动中常用的一种肢体语言表达方式。例如:手掌向上抬,示意学生起立或表示鼓励学生大胆讨论、答题;手掌侧立,用力下切,表示斩钉截铁的态度;双手虚按,表示要求中止正在进行的活动;指着板书勾画圈点,能帮助学生从中捕获信息、抓住重点。总之,随着教师手势的一起一落、一挥一晃,带动的是整个课堂的气氛,让课堂不显得呆板单一,使学生不因索然无味而情绪低落。

(4) 实拍场地

拍摄光源:在实际拍摄微课时,光线问题需要引起注意。课程录制要做到色温统一,为保证足够照度,室内灯光光源按需开启。

环境卫生:录制现场环境保持安静、整洁,校方应提前安排打扫录制现场的卫生。理论课要求投影幕布无污渍、讲台无灰尘、黑板无无关内容、教室地面无扬尘;实操课要求教学器具无污渍、灰尘,场地干净卫生,背景避免出现有广告嫌疑或与课程无关的标识等内容。

(5) 人员协调

实拍前与教师沟通上课录制流程。一方面,帮助老师缓解紧张情绪,克服面对镜头时的焦虑;另一方面,了解老师的上课安排,提前做好准备应对。根据课程内容及中心设备情况,向老师阐明拍摄时将使用高清摄像机分机位拍摄,两机位分为主场景和全景机位。主场景作为最重要的景别,记录课程大部分的详细授课过程;全景作为交代镜头,同时作为对主场景的备用镜头。在不同讲课时段老师应按要求面向不同镜头授课。

3. 微课相关参数

(1) 课程形式

成片统一采用单一视频形式。

(2) 录制方式及设备

① 拍摄方式:根据课程内容,采用多机位拍摄(2 机位),机位设置应满足完整记录课堂全部教学活动的要求。

② 录像设备:摄像机要求不低于专业级数字设备。

③ 录音设备:使用若干个专业级话筒,保证教师的录音质量。

④ 灯光设备:使用三台多频段灯光设备。

⑤ 后期制作设备:使用相应的非线性编辑系统。

(3) 后期制作要求

片头、片尾不超过 10 秒,应包含学校 LOGO、课程名称、主讲教师姓名、学校名称等信息。

(4) 技术指标

① 视频信号源

- 稳定性:全片图像同步性能稳定,无失步现象,CTL 同步控制信号必须连续,图像无抖动跳跃,色彩无突变,编辑点处图像稳定。

- 信噪比:图像信噪比不低于 55 dB,无明显杂波。

- 色调:白平衡正确,无明显偏色,多机拍摄的镜头衔接处无明显色差。

- 视频电平:视频全讯号幅度为 $1 Vp-p$,最大不超过 $1.1 Vp-p$。其中,消隐电平为 $0 V$ 时,白电平幅度为 $0.7 Vp-p$,同步信号为 $-0.3 V$,色同步信号幅度为 $0.3 Vp-p$(以消隐线上下对称),全片一致。

② 音频信号源

- 声道：中文内容音频信号记录于第 1 声道，音乐、音效、同期声记录于第 2 声道，若有其他文字解说记录于第 3 声道（如录音设备无第 3 声道，则录于第 2 声道）。
- 电平指标：$-2\,db \sim -8\,db$ 声音应无明显失真、放音过冲、过弱。
- 音频信噪比不低于 48 db。
- 声音和画面要求同步，无交流声或其他杂音等缺陷。
- 伴音清晰、饱满、圆润，无失真、噪声杂音干扰、音量忽大忽小现象。解说声与现场声无明显比例失调，解说声与背景音乐无明显比例失调。

（5）视频压缩格式及技术参数

① 视频压缩采用 H.264/AVC(MPEG-4 Part10)编码、使用二次编码、不包含字幕的 MP4 格式。

② 视频分辨率。前期采用高清 16：9 拍摄时，分辨率设定为 1920*1080，视频帧率为 25 帧/秒，扫描方式采用逐行扫描。

（6）音频压缩格式及技术参数

音频压缩采用 AAC(MPEG4 Part3)格式；采样率 48 KHz；音频码流率 128 Kbps(恒定)；必须是双声道，必须做混音处理。

4. 微课制作的评价标准

微课制作具有自己特有的标准，表 6-3-1 是 2017 年江苏省高校微课教学比赛评分参考指标。

表 6-3-1　2017 年江苏省高校微课教学比赛评分参考指标

评比指标	分值	评比要素
教学设计	30	教学目标明确、主题突出、内容合理、策略得当，符合学习者认知特点和人才培养要求；充分、合理运用信息技术、数字资源和信息化教学设施，系统优化教学过程；教案完整、规范。
教学实施	35	教学实施与教学方案相符；教学组织与方法得当，教学内容与呈现准确，教学环节与过渡流畅，做到信息技术与教学的有机融合、突出"以生为本"；教师教学态度认真、教学严谨、表达规范、技术娴熟。
教学效果	20	运用信息技术有效完成教学任务，切实解决教学重点和难点问题，促进学习者学习兴趣和学习能力的提高；作品短小精悍，图像清晰、声音清楚、技术规范、制作美观。
特色创新	15	理念先进，设计新颖，技术实用，具有较强的示范性与应用性。

6.3.3　微课制作的相关软件

如今国内正在大力发展翻转课堂、微课、慕课等在线教育新模式，新模式和技术的出现推动着教育信息化的发展。一节优秀的微课，一定是多种工具软件整合的结果。由于篇幅有限，各种软件的使用方法就不具体阐述，请使用搜索引擎搜索具体软件的入门视频教程。

1. PPT 美化大师（PowerPoint 课件美化插件）

这是一款 PPT 幻灯片软件美化插件，具有丰富的 PPT 模板素材、一键美化、体验智能、安全方便等特点。

2. 会声会影(视频编辑软件)

会声会影是加拿大 Corel 公司制作的一款功能强大的视频编辑软件,正版英文名:Corel VideoStudio,具有图像抓取和编修功能,可以抓取、转换 MV、DV、V8、TV 和实时记录抓取画面文件,并提供有超过 100 多种的编制功能与效果,可导出多种常见的视频格式,甚至可以直接制作成 DVD 和 VCD 光盘。其上手简单,制作方便,功能强大。

➤ 具体使用方法可以扫描本章二维码参考网络免费视频教程:https://www.51zxw.net/list.aspx? cid=330。

3. Camtasia Studio(录屏软件)

Camtasia Studio(简称 CS)是最专业的屏幕录像和编辑的软件套装。使用者可以方便地进行屏幕操作的录制和配音、视频的剪辑和过场动画、添加说明字幕和水印、制作视频封面和菜单、视频压缩和播放。CS 录课,操作方便,使用快捷,不仅可以录制教师的头像,制作二分频效果,还能加上丰富实用的批注、字幕,实现放大效果,等等。利用 CS,可以让微课更加完善,让学生学习更轻松。

➤ 具体教程可以扫描本章二维码参考免费视频教程:https://ke.qq.com/course/81553。

4. Focusky(微课制作软件)

Focusky,一款易学易用的微课制作软件、课件制作软件、幻灯片演示文稿制作软件。Focusky 采用整体到局部的演示方式,以路线的呈现方式,模仿视频的转场特效,加入生动的 3D 镜头缩放、旋转和平移特效,像一部 3D 动画电影,给听众视觉带来强烈冲击力。

5. 格式工厂(视频格式转换软件)

支持各种类型的视频、音频、图片等多种格式,轻松转换到想要的格式。可以修复损坏的文件,让转换质量无破损。多媒体文件减肥,可以实现文件"减肥",使它们变得"瘦小、苗条",既节省硬盘空间,同时也方便保存和备份。可指定格式,支持 iphone/ipod/psp 等多媒体指定格式。支持图片常用功能,转换图片支持缩放、旋转、水印等常用功能,操作简单方便。

6. 皮影客(动画制作软件)

皮影客能将动画制作的过程模块化,分为场景、分镜、人物、动作、对话等不同的模块,用户只需要通过简单的操作将这些模块组合,就可以制作一个动画。这使得教师制作微课变得更加容易。同时,学生也可以通过皮影客的动画制作去呈现他们对于世界的想象力,去表达他们对于世界的认知。使用者只需要将所需的素材拖动到舞台,设置动画效果就可以了。

➤ 扫描本章二维码查看皮影客免费视频教程:http://compaign.tudou.com/v/XODQ5NDczNDY0。

7. AxeSlide(演示文稿制作软件)

基于H5技术开发的演示文稿制作软件,具有天然的跨平台优势,操作简单,存储便捷,通过3D缩放、旋转等效果,做出创意无限的演示文稿。AxeSlide可以结合其他的微课制作软件一起使用,制作出"高颜值"微课。

8. VideoScribe(手绘动画视频软件)

VideoScribe是手绘动画的一种,影片中的真实的笔或手,能吸引读者的目光,可以用来帮助突出重难点知识。此外,其美观专业的动画效果会为微课的内容增加形式效果,促进学习者观看和学习。

9. Storyline(课件制作工具)

Storyline具有丰富的图像资源、强大的交互功能、直观的操作界面,能够建立生动有趣的学习内容、多样交互的操作活动、快速便捷的制作方法。它还具有建立动态的、引人入胜的内容,其中包含模拟、屏幕录制、拖放式交互、单击显示活动,以及测试和评估等强大功能。让学生不仅仅是观看微课进行学习,而且能够通过交互来提高学习的积极性和学习的效果。

10. 万彩动画大师(动画视频制作软件)

万彩动画大师操作相对比较简单,它适用于制作企业宣传动画、动画广告、营销动画、多媒体课件、微课等。用户只需简单地选择、编辑操作即可快速制作情境动画,轻松实现微课创作,打造个性化教学课件大片。

➢ 扫描本章二维码查看官方免费教程:http://www.animiz.cn/kb/topic-2146.html。

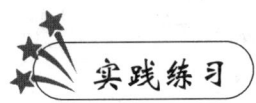

实践练习

1. 以"微课""TED视频""翻转课堂""慕课"等为关键词,检索并阅读相关内容,进一步了解这些词的概念与关系。

2. 观看优秀微课案例,参考网站为:http://dasai.cnweike.cn/(中国微课网站)。

3. 按照微课选题原则,按范例完成一个微课的设计。

4. 想一想,怎么评价一堂微课的好坏?

5. 利用百度搜索引擎搜索并下载微课常用的工具软件。

6. 搜索下载会声会影,并使用它编辑加工一段视频。

7. 搜索视频教程,体会常用的工具软件的功能,利用Camtasia制作一个微课程。

第 7 章 信息化教学评价

【学习目标】
1. 理解教学评价的概念及其分类;
2. 理解信息化教学评价内涵、特征、原则和工具;
3. 掌握常见的信息化教学评价方法。

微信扫码获取

微课视频、教学案例
课堂实验、学习拓展等

  信息化教学评价隶属于教学评价的范畴,两者如同"白马"与"马"的关系一样,前者主要聚焦于信息化教学的过程和结果,后者则不受教学形态的限制,表现出较强的普适性。当前人类知识的急速发展,导致学科及其研究领域的划分愈发细致,因此"教学评价"与当前信息技术的融合,就形成了信息化教学评价这一颇具特色的研究领域。在本章,我们将从教学评价、信息化教学评价和信息化教学评价的方法三个层面逐步揭开信息化教学评价的神秘面纱。

7.1 教学评价概述

7.1.1 什么是教学评价

  评价是依据某个标准,通过一定手段,对人或事物进行价值判断的过程。一般说来,具有不同的价值信念就会产生不同的评价结果。人们对评价活动的展开深深地根植于对评价对象的认知之中。另外,从人类的活动序列来看,评价是更为接近实践的认识活动,其强烈的实践指向性对人们的实践活动具有明显的导向作用。具体到课堂教学活动中,持有不同的课堂教学观,就会形成不同的课程教学和评价,产生不同的教学评价结果。请阅读下面两个案例,找出两个教师评价的区别。

  案例1:王伟是某校初一年级的学生,在入学的第一次摸底考试中英语成绩不理想。由于王伟同学学习很努力,英语老师也格外关心他,一直督促他认真学习,并鼓励他只要努力学习,成绩一定会有所进步。英语老师有时会到王伟同学家里进行家访,汇报他在学校的英语学习情况,以及咨询在家学习的情况。经过一学期的努力,在家长和老师的帮助下,王伟同学的英语学习成绩有了一定进步。

  案例2:李梅也是某校初一年级的学生,她的数学学习成绩不理想。数学老师经过与其他老师沟通之后,了解到李梅除了数学成绩不理想之外其他成绩都很好。经过进一步调查,数学老师知晓了两个重要原因:第一,由于老师在数学课上较少联系生活,包括李梅在内的一些同学不喜欢学习数学知识;第二,李梅同学非常喜欢文科类课程,对数学学习本身不抱有很大兴趣。在了解原因之后,数学老师经常利用班会时间进行数学知识与科学、生活之间联系的讲解,并在自己的课程中联系了生活。一学期之后,李梅等同学的数学学习成绩有了很大的进步。

以上两个案例展示的是两种不同的教学评价观,前者是同学们在学习经历中经常遇到的一种情境,这种评价方式没有发挥出诊断的作用,也就是说当成绩不理想时,责任往往会由学生自己来承担,这种评价方式虽然也能推进学生的进步,但是教师并没有建立起"评价是教学质量评估和教学过程改进手段"的意识;后者的评价方式则要丰富许多,不仅诊断出了学生成绩不佳的原因,更通过反馈的结果及时调整了教学安排,这将会对学生的发展产生持续的推动力。

综上所示,教学评价是以教学目标为依据,制定科学的标准,运用一切有效的技术手段,对教学活动过程及其结果进行测定、测量,并给予价值判断的过程。教学评价具有以下几个方面的作用:

(1)诊断作用。对教学效果进行评价,可以了解教学各方面的情况,从而判断它的质量和水平、成效和缺陷。全面客观的评价工作不仅能估计学生的成绩在多大程度上实现了教学目标,而且能够找出存在的问题,解释成绩不良的原因。可见教学评价如同身体检查,是对教学进行一次严谨的科学的诊断。

(2)激励作用。评价对教师和学生具有监督和强化作用。通过评价反映出教师的教学效果和学生的学习成绩。经验和研究都表明,在一定的限度内,经常进行记录成绩的测验对学生的学习动机具有很大的激发作用,可以有效地推动学生课堂学习的积极性。

(3)调节作用。评价发出的信息可以使师生知道自己的教和学的情况,教师和学生可以根据反馈信息修订计划,调整教学的行为,从而达到所规定的目标,这就是评价所发挥的调节作用。

(4)教学作用。教学评价本身也是一种教学活动。通过在教学评价中的反思,学生可以增强自身知识、技能的发展,而某些特殊的评价方式,还可以增进其智力和品德等方面的成长。

(5)导向作用。在评价过程中师生活动将会被分解成若干部分,并会产生相应的评价标准。根据这些标准可以判定师生的活动是否偏离正确的教学轨道,是否偏离教育方针和教学目标,有无完成各科教学大纲规定的目的和任务,从而保证教学始终沿着正确的方向发展。

7.1.2 教学评价的主要类型

教学评价工作十分复杂,我们经常以其包含的某些内容或者从某个侧面来开展。若以评价的功能为依据,我们可以将教学评价划分为诊断性评价、形成性评价和总结性评价;以评价的基准为依据,可划分为相对评价、绝对评价和个体内差评价;以评价的方法为依据,可划分为定性评价和定量评价。在这里我们着重讲解诊断性评价、形成性评价和总结性评价这种以评价功能为依据的分类方式。

1. 诊断性评价、形成性评价和总结性评价

（1）诊断性评价。诊断性评价也称教学性评价、准备性评价,一般是指在某项教学活动开始之前对学生的知识、技能以及情感等状况进行的预测。机械工程师想要找出机器停止运转的问题,并对其进行修理,必须对机器的各个部件进行仔细的诊断;医生要开方抓药医治病患,也要对病人的病情进行仔细诊断。同理,在教学开始之前,教师要想制定合适的教学目标,提供合理的教学策略,也必须对学情进行诊断,从而了解学生现有知识与技能水平,了解当前他们的情绪和学习动机等方面的内容;在教学开展过程中开展诊断性评价,主要是用来扫清学习过程中的障碍。具体而言,诊断性评价有三个方面的作用:

第一,确定学生课程学习之前的准备程度。如果要确保每个学生都能积极参与某课程的教学活动中,就必须通过诊断性测试、问卷调查或访谈等方式了解学生课程开始之前的准备工作。如果教师能够辨别出学生在某些方面的缺陷和特点,就可据此确定每个学生的教学起点,并采取某些补救性措施来让其具备继续学习的潜力。课程学习之前的诊断性评价一般包括课程态度、学习习惯、知识储备等,对于一些特殊的课程还需要对其语言发展水平、身体状况和家庭背景等方面进行了解。例如,体育课就需要事先了解学生的身体状况。

第二,根据学情变化开展适切的教学活动。成长之中的学生在经过一段时间后,其心理和生理会发生一定改变,尤其是在接受教育的过程中,其知识水平、认知能力、学习风格和志向抱负等方面也会有相应变化。因此,了解学生在上述方面的差异,为学生提供适合其特点的学习环境,开展个性化的教学活动是每个学生能得到充分发展的必要条件。当然根据诊断结果并非完全能够解决因材施教的问题,学生人数和信息化条件也是重要的影响因素,然而它在组织形式多样的教学活动,或者创设环境让学生自主选择教学活动等方面有一定的作用。

第三,辨别造成学生学习困难的原因。在教学过程中,虽然学习者已被恰当安置,但是有时候会因为某些阻力导致教学效果变差,学生发展缓慢。教师必须借助一定的手段（包括诊断性评价）查明学生难以从教学中获益的原因。如果是教育方面的原因,则以学校和教师为主导进行教学的改进,例如课程安排不合理、教学内容陈旧无趣或者缺少必要的激励机制;如果是非教育方面的原因,则需要联合相关机构来做进一步诊断,例如身体方面的问题、家庭环境的问题、情绪方面的问题等,这样才能降低干扰因素产生的消极影响。

（2）形成性评价。形成性评价是在教学过程中,为调节和完善教学活动,保证教学目标得以实现而进行的确定学生学习成果的评价。形成性评价的主要目的是改进、完善教学过程。心理学的研究成果和教育实践经验表明,经常提供教学进程的反馈信息,使教师了解到学生在学习过程中易犯的错误和遇到的困难,可以使教学成为一个"自我纠正系统"。具体而言,形成性评价具有以下几个方面的作用:

第一,改进学生的学习。形成性测试的结果可以折射出学生知识掌握存在的缺陷和难点。学生可以通过形成性评价实时进行自检和反思，根据要求进行改正。以形成性测试为例，当教师发现某些知识点被多数同学答错时，就可以立即组织复习，重新讲解相关概念和原理。而当教师发现只有个别同学存在学习问题时，就可以单独为其提供个别辅导的途径来纠正错误。因此，形成性评价有助于改进学生的学习。

第二，为学生的学习定步。用评价结果为学生的学习定步是形成性评价另一个有效的作用。学科内容可以划分为若干个循序渐进、互有联系的学习单元，掌握前一个单元往往是下一个单元学习的基础。因此，形成性评价可以确定学生对已学单元内容的掌握程度，并据此确定该生下一单元的学习任务与进程。如果形成性测试能有计划地进行，就可使学生循序渐进地掌握预定的教学内容。当然最重要的是教师要能够合理地划分各个单元的学习任务。

第三，改进教师的教学。形成性评价可以给教师提供有关教学工作效果的必要反馈。通过对评价结果的分析，教师可以了解：对教学目标的陈述是否明确？教材的呈现是否有结构性？讲解是否清晰，有没有引导学生的思路？多媒体教学手段是否恰当？教学过程的组织是否合理？教师通过这些信息的获得，将有助于重新审视、改进教学的内容、方法和形式。

（3）总结性评价。总结性评价又称终结性评价、事后评价，一般是在教学活动告一段落后，为了解教学活动的最终效果而进行的评价。学期末进行的各科考试、考核都属于这种评价，其目的是对被评价者做出全面鉴定，区分出等级，从而对整个教学活动的效果做出评定。与形成性评价、诊断性评价相比，总结性评价重视的是结果，它们之间的区别如表7-1-1所示。

表7-1-1 三种评价方式的对比

种类	诊断性评价	形成性评价	终结性评价
评价时机	在单元、学期或学年教学活动开始前	在教学活动开展过程中	在学期、学年或全部课程结束之后
评价作用	评定教学准备	调整教学方案，改进教学过程	证明学业成绩，预测后继学习能力
评价目的	了解学生特征，合理安排教学活动	调整教学方案，改进教学过程	证明学业成绩，预测后继学习能力
评价重点	认知、情感和素质	认知能力	学习结果
评价手段	摸底测验、学籍档案、调查分析等	平时作业、单元测试、日常观察等	期末测验、年终考试、学业考试等
评价内容	学生的智能基础、生理和心理特征等	课程和单元教学目标的完成情况	课程和学科教学目标的实现情况

总结性评价具有以下三个方面的作用：

第一，评定学生的学习成绩。在学校工作中，总结性评价最常见的作用是评定学生的学习成绩、划定学生水平的等级或者写出评语，教师通过总结性评价也可以知晓学生的进步水平和达到教学目标的程度。一些学校往往会将期末考试的成绩直接作为总结性评价的结果,虽然这在一定程度上能够反映学生的学习情况,但是也充满了偶然性。研究证明,将期末考试成绩与平时成绩的结合作为总结性评价的结果,与学生学习状况之间的吻合度更高。此外,学生成绩的评定在一定程度上要符合"正态分布"曲线。

第二,预言学生在后继学习过程中成功的可能性。总结性评价的结果也常被用来预言学生在相似课程或者本课程下一阶段学习中是否可能取得成功。一般说来,在总结性评价中获得好评的学生在学习习惯、认知水平等方面都有着一定优势,因此总结性评价可以作为预测今后学生学习情况的重要依据。例如,语言学习中文字表述的能力对于英语的学习来说是一个可靠的预言因子,但是代数公示的掌握情况与语言学习就不能建立起直接关联。同理,在课程某阶段的总结性评价中获得好评的学生往往具有扎实的知识储备,因此在课程的后继学习中也更容易取得成功。

第三,确定学生在后继学习过程中的学习起点。总结性评价与形成性评价、诊断性评价在这个方面的作用基本相同。例如,某个年级结束时的总结性评价结果,既可以确定学生的学习等级,也可以反映学生在认知、情感和技能方面为下一个阶段学习做准备的程度。不过要发挥总结性评价在该方面的作用,不能只用分数或单一的等第来表示,而应伴随比较详细、具体的评语,最好的办法是编制一份关于该生学习成绩的明细规格表,用内容—行为两个维度来说明学生已经掌握了哪些知识和技能,具备了哪些能力或者其他方面的先决条件。

2. 相对评价、绝对评价和个体内差评价

(1) 相对评价。相对评价是指在被评价对象中选择一个或若干个对象作为基准,把每一个评价对象与这个基准进行比较而形成的评价。相对评价的优势在于可以较为便捷地判断出每一成员的相对情况。例如,采用标准分数进行的评价方式。

(2) 绝对评价。绝对评价在被评价对象的集合外确定一个评价的标准(称为客观标准),通常是以教学大纲规定的教学目标为依据来制定这一基准,在评价时将评价对象与这个客观标准进行比较,从而判断评价对象达成标准的情况。

(3) 个体内差评价。个体内差评价是以被评价对象自身某一时期的发展水平为标准,判断其发展状况的评价方法。例如,把某学生的学习经历进行比较评价,从而找出该生在不同时期的差异。

3. 定性评价和定量评价

(1) 定性评价。定性评价是指运用分析和综合、比较与分类、归纳和演绎等逻辑分析的方法,对评价所获得的数据、资料进行思维加工的评价方法。就教学评价的领域而言,定性评价更加关注学生在"质"方面的发展,关注教育结果与教育目标之间的一致性;强调对学生的优缺点进行系统的调查,并对个体独特性做出"质"的分析与解释,是具有实质性内容的一种评价机制。

(2) 定量评价。采用数学的方法,收集和处理数据资料,对评价对象做出定量结果的价值判断,如:运用教育测量与统计的方法、模糊数学的方法等,对评价对象的特性用数值进行描述和判断。它具有客观化、标准化、精确化、量化、简便化等鲜明的特征,在一定程度上满足了以选拔、甄别为主要目的的教育需求。

泰勒评价模式

泰勒模式诞生于20世纪30年代,泰勒评价模式与现代学生评价的关系最为密切。模式的基本观点集中体现在"泰勒原理"中。泰勒原理是由两条密切相关的基本原理组成的:一条是评价活动的原理;另一条是课程编制的原理。

泰勒评价模式的评价步骤包括以下几个方面:(1)确定教育方案的目标;(2)根据行为和内容对每个目标加以定义;(3)确定应用目标的情景;(4)确定应用目标情景的途径;(5)设计取得记录的途径;(6)确定评定方式;(7)决定获取代表性样本的方法。

➤ 详细内容可扫描本章二维码阅览。

7.2 信息化教学评价概述

7.2.1 信息化教学评价的内涵与特征

要阐明为什么引入信息化教学评价,首先要探讨一个问题:我们需要培养什么样的学习者?几千年来,人类社会积累了丰富的物质文化成果,并形成了关于自然界、人类社会和生活的诸多认识,这些认识逐渐转化成教育内容。但是当下我们正在面临一系列尴尬的问题:当我们在为古老的文明欢呼时,却发现今天我们似乎没有能够创造出更多值得大众欢呼的文明;当我们惊叹于古代劳动人民诸多巧夺天工的设计与发明时,却发现今天我们更多只是在模仿或加工;等等。为了解决这些问题,信息化教育的建设工作被提上日程。

在传统形式的教育中,教师是学习资源的主要来源,控制着学生对信息的接触面,其结果必然是以教师为中心的教学。而在信息化教育中,教师不再维持自己的"权威"角色,而是通过帮助学生获得、解释、组织和转换大量的信息来促进学生的学习,以解决实践生活中的问题。也就是说,在信息化教育中,教学形式应该是以学生为中心的,学生承担着自我学习的责任,他们的角色由被动的接受者转变为主动的知识建构者,并将最终被培养为具有处理信息能力的、独立的终身学习者。而传统的教学评价对此已经无法胜任,其转向"以学生为中心"和"面向过程"为主要特征的信息教学评价是时代的必然要求。

信息化教学评价就是指在信息技术环境中,以教学目标为依据,制定科学的标准,借助信息技术与工具,采用相应的评价方法,对教学活动过程及其结果进行测定、测量,并予以价值判断的过程。信息化教学评价与传统教学评价相比具有五个方面的区别:

(1)评价目的不同。传统的教学评价侧重于对学生学习结果的评价,以便于划分等级或者给出分数,其通常根据外部标准对某种努力的价值、重要性、优点进行判断,并根据这种标准对学生学到的与没有学到的知识进行判断。传统的评价往往是正式的、判断性的。而在信息化教学中,评价更加注重过程性,关注的重点不仅仅是学习者最终学到了什么知识、获得了什么技能,更重要的是教学开展的过程是否能够有助于学生获得知识与技能。

(2) 评价内容不同。在传统教学中学生能力的增长主要是知识与技能,教育工作者通过评价来检验效果,如果出现问题则会根据反馈信息进一步修改教学,保证学生知识技能学习的有效性。然而,在信息化社会中知识呈现出了爆炸式增长的态势,学生的终身学习能力、合作能力和创新能力的发展是其适应当前社会的必备技能,因此信息化教学针对学生所获得能力的评价更加多元化。

(3) 评价标准的制定者不同。传统教学评价标准的制定者往往是教育工作者,例如任课教师、教学大纲的制定者等,这样对学生的评价是"一刀切"的,其标准是固定且统一的;而信息化教学强调个别化学习,学生有着学习内容的选择权和学习进度的控制权,教师则起到监督和引导的作用,因此评价的标准往往由教学的参与者,即教师和学生"协商"来制定。

(4) 对学习资源的关注不同。在传统教学中学习资源往往来源于教材和教辅资料,其在发布和推行之前,教育工作人员会组织师生进行试用,对科学性和教育性等内容进行审查,而在推行过程中一般不会对其再进行评价。信息化教学中的学习资源来源非常广泛,可以源自教师自制资源、网络教学资源和学校共享资源等,这些资源良莠不齐,在将其引入教学之前需要筛选和修正,以保证应用效果,因此信息化教学中对资源的评价受到更广泛的重视。

(5) 与教学过程的融合度不同。传统教学评价与教学过程并不是紧密贴合的,其往往是在教学开始一段时间之后进行的,目的是总结教学效果、改进教学方法和调整教学过程。但是在信息化教学中,学生进行自我评价的意识和能力本身就是一项重要的培养任务,因为正是有了评价的参与,学生在自主学习时才能够实时调整学习进度,选择合适的教学资源,也就是说其与教学过程是相互融合的。

CIPP 评价模式

CIPP 模式诞生于 20 世纪 60 年代。有人对泰勒评价模式提出疑问,他们认为:如果评价以目标为中心和依据,那么目标的合理性又根据什么标准去判断?教育除了活动要达到预期的目标外,还会产生各种非预期的效应、效果,这些非预期的效果要不要进行评价?

有一种教育流派认为,教育乃是个人自我实现的过程,用统一的目标模式去统一个人的自由发展,去评价教育、教学的结果,从根本上是不可以接受的。1966 年斯塔弗比姆首创了 CIPP 评价模式。这是由背景(context)评价、输入(input)评价、过程(process)评价和成果(product)评价这四种评价组成的一种综合评价模式。

➢ 详细内容可扫描本章二维码阅览。

7.2.2 信息化教学评价的内容

信息化教学评价的内容有五个方面，分别为学习过程的评价、学习效果的评价、教学活动的评价、学习资源质量的评价、支撑服务系统的评价，其中学习资源质量和支撑服务系统的评价是信息化教学评价独特性的体现。

（1）学习过程的评价。在传统教学中，评价者往往将评价置于学习互动之后，其注重对学习结果的评价。现代教学评价认为人的学习和发展是一个动态的过程，在过程中进行反馈要比学习结果的反馈更重要。信息化教学评价关注学生的学习过程的评价，一方面有利于发现学生学习存在的问题，为改进教学及时提供反馈信息。另一方面，有助于对学生表现进行监控，通过及时反馈帮助其厘清学习现状，找到努力的方向，从而从根本上提升学习效果。学习过程的评价包含学习态度、交互程度、答疑情况、解决问题能力、资源利用等方面。

（2）学习效果的评价。学习效果的评价有助于师生获得信息化教学产生的最终影响，其进一步可划分为目标达成度、任务完成情况、达标测试成绩、创新精神发展、实践作品质量和信息素养水平等方面。其中信息素养水平是信息化教学评价中主要的指标点，因为当前学界已达成共识：信息时代的人才不但要具有读写算的能力，信息素养也是作为合格公民的重要指标，在教学中应渗透学生信息素养的培养，评价时更要考虑信息素养的水平。

（3）教学活动的评价。现代教育认为教师不仅是传道授业解惑者，更是教学活动的组织者、学习资源的提供者和教学过程的指导者。在信息化教学中，教师要善于设计和利用信息化教学环境，充分发挥信息技术的功能，激发学生学习兴趣，组织学生的学习活动。其中，教学活动组织的评价可以考虑以下方面：教学活动的个性化、学生辅导的适切性、课堂活动的丰富性、反馈信息的准确性、数据分析的科学性；学习资源提供的评价可以考虑以下方面：数字化学习资源的有效性、扩展性资源的丰富性、资源更新的及时性、资源呈现的逻辑性。

（4）学习资源质量的评价。学习资源评价是信息化教学评价较为重要的方面，其可分为可利用的资源和专门设计的资源。学习资源质量可以从科学性、教育性、技术性、艺术性等方面进行评价。科学性表示学习资源能否正确反映相关学科的基础知识或艺术水平；教育性指的是学习资源的教育意义，其内容是否充实、媒体的选用是否适当，是否符合教学原则和教学大纲的要求，等等；技术性指的是学习资源达到的技术质量水平，主要包括稳定程度、响应时间等指标；艺术性指的是学习资源的表现力和感染力情况，主要包括创意新颖、界面美观、构图合理等。特别注意的是，以上内容是评价的一般依据，在实际的评价工作中需要综合考虑各类学习资源的特点来制定具体的指标内容。

（5）支撑服务系统的评价。支撑服务系统可分为显性服务和隐性服务。显性服务是对学生认知支持和技能支持，其中认知支持包括构建学习环境、提供培训和咨询等服务支持；而技能支持主要涉及对学习者信息化学习的技能培训以及必备技能的辅导，例如平台的使用、实时通信工具的应用等。隐性服务从根本上决定了学习者对学习的满意度和忠诚度，它的评价可以采取以下几个策略:首先,教师是否协助学生制定了学习计划和学习方案;其次,学生是否在学习活动中获得了存在感,满足了情感需求;再次,在学习过程中,是否将学习内容与生活中的实际问题联系起来,激发其学习内动力;最后,是否建立了学习榜样以及完善的帮助机制,使学习者提高自我效能感,以便增强其自信心,顺利完成学习任务。

7.2.3 信息化教学评价的原则

在实施信息化教学评价的过程中需要坚持评价主体的多元化、注意评价内容的多样化、强调评价工具的丰富化和注重教学评价的个体化,以便于激励学生主动参与学习活动,有效促进学生的全面发展。

(1) 坚持评价主体的多元化。信息化教学过程的实质其实就是师生、生生互动的多主体参与的过程。在评价教学成效时,需要摒弃之前以教师为中心的评价模式,需完成以"教"为中心向以"学"为中心的转移,评价主体也从单一的教师评价转向评价主体的多元化。评价主体可由专家、教师、学生在内的多个角色组成,这样不仅能够克服教师单向评价时主观性过强的问题,还能够有效促进教师、学生的反思和自我评价,以及同伴之间的相互评价。

(2) 注意评价内容的多样化。信息化教学不仅要促进学生对知识、概念的识记掌握,更主要的是为了促进学生的学习方式、表达能力、反思能力和创新能力等多方面综合情况的发展。评价具有的重要导向作用,想要促进学生多方面的发展,信息化教学评价的内容就需要拓展范围,不能仅关注于基础知识的记忆和理解,同时还要包括情感、态度、问题解决、自我反思、自我成长等综合能力的发展。换言之,信息化教学评价是对三维目标各个层次内容的综合性评价。

(3) 强调评价工具的丰富化。为了实现学生的全面发展以适应信息化社会,在信息化教学中对学生的评价就不能仅仅局限于传统的纸质测验和考试,而应该根据评价内容重新开发或选择恰当的评价工具,可以是其中一种评价工具,也可以是采用多种评价工具相互配合的方式来完成评价,当然在这里教学环境和评价主体的能力也是重要的考量因素。常用的评价工具有档案袋、检查表、观察提纲和量规等,后续章节会做详细介绍。

(4) 注重教学评价的个体化。传统教学由于教学理念和技术条件的限制,其存在的根本缺陷就是无视学生的个性存在,忽视学生的个性化需求。信息化教学是一种有助于个性发展的教学形式,它不再以统一的标准、统一的要求、统一的进度和统一的内容来限制教学,而是通过构建开放、兼容和弹性的学习内容来促进学习者个性化的发展。虽然以前实现个性化的教学评价存在着一定的难度,但幸好信息化社会所提供的丰富的信息化评价工具很好地解决了这个问题。

7.2.4 信息化教学评价的常用工具

信息化教学评价的工具源于对传统教学工具的改进,使其更加符合信息化教学的需要,即更加关注学习过程。当前能够应用于信息化教学评价的工具有评估表与量规、电子档案袋、学习契约、概念图、投票器、评估表、网络调查、网络日志等,我们将介绍其中几种重要的评价工具。

1. 行为核查表与量规

行为核查表需要预先列出一些需要观察并且有可能发生的行为,观察者在每一种要观察的事件或行为发生时做以标记,其作用就是要核查所要观察的行为有无发生,但如果评价对象出现了新的行为,则需要在行为核查表上做以补充。合理设计行为核查表可以提高评价的科学性,也使观察活动明确、具体、有针对性且便于记录。学生根据行为核查表反馈的问题进行反思,不但可以获悉自己学习的实际状况,更重要的是可以修正学习态度,从而对自己有一个更准确的定位。

而量规则是一种结构化的定量评价工具,根据评价目的从不同的维度和等级对评价准则进行具体详细的说明,用来评价对象的表现或者进行自我评价。量规实际上就是一种评分工具,用于列出对一项具体任务或者是一个作品的评价标准,并且把评价的结果反馈给评价对象和评价人员,以此来反馈目标的达成程度。一般量规至少具有三个基本要素:评价准则——决定表现性任务或作品质量的一系列指标;等级标准——说明学生处于什么样的水平;具体说明——描述评价准则在每个等级水平上的具体行为特征。

2. 档案袋

档案袋(portfolio)也称为成长记录袋,用以收藏学生各类具有代表性的材料从而进行综合性评价,其蕴含了从任务的起始阶段到完成阶段的完整学习进程。档案评价出现于 20 世纪教育评价改革的大背景中,经过多年发展其已成长为一种为人所熟知的评价方法。档案评价重新审视了"教育究竟让我们做什么""课程评价的意义何在"等问题,其思想就是要打破传统以标准化特征为主导的评价方法,寻找评价背后的意义,让被评者能够不断完善自己,发展自己。档案袋依据 Margaret E. Gredler 教授的观点可分为五种类型:理想的类型、展示的类型、文件的类型、评价的类型和课堂的类型,如表 7-2-1 所示。由上可知,档案评价具有很强的灵活性,可根据评价目标和需求的不同来规定提交的对象。

表 7-2-1 电子档案袋的类型及相关内容

类型	所包含的具体内容	评定的主要目的
理想	系列作品、产生说明、分析评定内容	帮助被评者成为自身行为的反思者
展示	主要由被评者挑选具有代表性的成果	给参加展览会的家长、师生提供范本
文件	观察、轶事、他人评价等系统的记录	评价量质的结合,一种系统评价方式
评价	建立学生作品集,有预定的评价标准	提供被评者取得成绩的标准化报告
课堂	成绩总结、观察记录、课程计划修订	与他人交流对被评者成绩的判断

3. 学习契约

信息化教学为学生提供了自主学习的条件,为其参与学习过程,提升自主学习能力、交流与沟通能力等提供了契机,而学习契约有助于将这些理想照进现实。学习契约又称作学习合同,是为帮助学习者自主学习而由师生协商签订的关于学习目标、学习资源及策略、学习评价方式等内容的协议。根据不同的划分标准,学习契约可以分为不同的类型。从时间的角度,学习契约可分为短期契约、中期契约与长期契约;从学习模式的角度,学习契约可分为以教师为主、以家长为主和以自学为主的指导模式。

具体而言,学习契约具有如下作用:第一,为学习者提供可视化的学习架构。学习契约的内容架构包括了学什么、怎么学、怎么评价等内容,学习者可看到需要完成的任务,借助其中的内容组织合理的学习过程。第二,激发学习者的学习主动性。在学习契约的签订过程中,学习目标是由师生协商产生的,学习者也可以选择一些合理的学习进程安排及学习评价标准。第三,为学习者提供一定的保障机制。以往教学内容是由教师单方面决定的,但使用学习契约,学习者只需要完成与教师协商的学习内容即可。第四,兼顾了学习者个体差异性及弹性学习。学习者根据自身情况与教师协商学习内容及标准,签订的内容具有个体差异性;另外,学习者在学习过程中可根据实际情况与教师协商修正学习契约的内容。第五,促进形成一种良性的师生关系。在协商过程中,教师与学习者之间的"鸿沟"被打破,教师给予学习者足够的尊重,学习者更加信任教师,两者之间的交流增加,彼此更加理解。

4. 概念图与思维导图

概念图和思维导图作为两种有效的知识可视化工具,从诞生之日起就受到了较高的关注。学者赵国庆认为,概念图和思维导图作为一种外显的知识制品,解决了大脑工作记忆加工不足的问题,以"外存"补充"内存",提高了思维加工的质量和效率。同时,概念图和思维导图以其非线性结构,更加清晰地表征了概念(思维导图中称为"关键词")的相互关系,促进了新旧知识的融合。由此可见,这两个工具的使用蕴含了连接主义学习理论,即对大脑知识和想法进行"碎片整理"并"不断优化"的过程。概念图和思维导图的应用可以延伸至小组讨论、自主学习和"头脑风暴"等方面,其绘制图形的质量代表了学生思维的品质,这样其就成为信息化教学评价的得力工具。

然而,两者也有差异:一是直接目的不同。概念图的目的是表征知识,思维导图的目的是激发和整理思考,直接目的的不同也就引起了各自在对方功能领域的作用要显得弱一些。二是理论依据不同。概念图以认知心理学的有意义学习理论为理论依据,强调学习是新旧知识的连接;思维导图则以神经心理学为依据,认为思维是神经元及神经元之间的连接。三是评判标准不同。概念图表征的是客观的知识体系,思维导图反映的是主观的想法。总而言之,在进行思维的激发、整理等一般性工作时,思维导图是合适的也是能胜任的;但在概念较多且关系复杂的情况下,概念图更能深刻地表示知识体系及其内部关系。

7.3 信息化教学评价方法

7.3.1 利用量规进行评价

信息化教学活动强调以学生为中心以及真实的问题情境,因此许多学习活动需要真实任务来驱动,其产出的成果不限于纸质作业,更多表现为电子作品、观点表达、调查报告和观察心得等。这就要求相应的评价工具能够关注学习过程,方便操作,准确性要高。而量规是由与评价目标相关的、详细规定的指标体系组成,在掌握相关技能的基础上可以较为准确地对学生进行评价。

1. 量规的类型

量规作为教学评测的主要工具,是信息化教学中经常使用到的一种方法。例如,学校对教师课堂教学质量进行等级评估;学校调研学生的家庭、学习的基本情况;教师给学生的思想表现评定优、良、中、差。按照量规的作用不同可进一步划分为类别量规、顺序量规、等距量规和等比量规四种类型。

(1)类别量规。类别量表的构建依据的是定类尺度,也称类别尺度,即将调查对象的不同属性或特征加以区分,标以不同的名称或符号以确定其类别。也就是说,类别量规实质上是一种分类体系,所列答案都是不同性质的,每类答案只表示分类,不存在比较关系,被调查者只能从中选择一个答案。因此,类别量表所分的类别既要有穷尽性,又要具备互斥性。类别量规的案例如表 7-3-1 所示:

表 7-3-1 小学生学习态度量规(节选)

性别:□男 □女
课堂学习态度如何?□端正　□较为端正　□不端正
课后是否预习新课:□经常　□偶尔　□从不
课后学习是否需要家人陪伴?□经常　□偶尔　□从不
娱乐活动是在作业完成之前?□是　□否

(2)顺序量规。顺序量规构建依据的是定序尺度,也称等级尺度或顺序尺度。定序尺度的取值可以按照某种逻辑顺序将调查对象排列出高低或大小,确定其等级及顺序,其目的是为了解调查对象对于某种类型不同种类事物的态度、贡献度和重要性等方面内容的差别。顺序量规的案例如表 7-3-2 所示:

表 7-3-2 大学生知识来源量规(节选)

观察学生的姓名:
请根据观察结果,将该生知识来源的渠道按照等级排序,1~5 分别代表了知识来源从多到少。
来源渠道:网络学习　培训机构　课堂学习　课后作业　论文写作
来源等级:_____　_____　_____　_____　_____

(3) 等距量规。等距量规构建的依据是定距尺度,又称间隔尺度或区间尺度,尺度上数字相等的距离代表了被测特征的相等值。等距量规有预先设置的目标行为分类,观察者在一段时间内对目标进行观察,对行为事件在程度上的差异做出评估,确定等级。等距量规的案例如表7-3-3所示:

表7-3-3 教师教学情况评定表

姓名_____ 性别_____ 年龄_____ 任教班级_____

评定内容	时间				
	1	2	3	4	5
能较好地组织学生学习					
对学生态度和蔼					
注意学生的需求与问题					
对学生能够表扬和鼓励					
对工作表现出喜爱与热情					
认真备课					
灵活地安排班级活动					
允许学生自主选择学习方法					

(4) 等比量规。等比量规构建的依据是定比尺度,也称等比尺度或比例尺度。定比尺度除了具有上述等距量规的全部特征外,还具有一个绝对的零点,即这个零点有实际的意义。例如:"某同学上个月有几次在课堂上随意讲话?"等比量规的内容可从0开始,即0表示没有。

李克特量表

李克特量表是一种运用量规制作而成的心理反应量表,常在调查问卷中使用,而且是目前调查研究中使用最广泛的量表。当受测者回答此类问卷的项目时,他们具体地指出自己对该项陈述的认同程度。

李克特量表是评分加总式量表最常用的一种,属同一构念的这些项目是用加总方式来计分,单独或个别项目是无意义的。该量表由一组陈述组成,每一陈述有"非常同意""同意""不一定""不同意""非常不同意"五种回答,分别记为5、4、3、2、1,每个被调查者的态度总分就是他对各道题的回答所得分数的加总,这一总分可说明他的态度强弱或他在这一量表上的不同状态。

2. 量规设计的步骤

首先,根据教学目标和学生结构来设计结构分量。教学目标不同,量规的结构分量也不同。例如,在研究性学习中,量规可以划分为研究问题、时间计划、责任分配、信息组织和资源质量等结构分量;在角色扮演中,量规又可以划分为角色的重要性、知识的理解、所需信息、道具和服装等结构分量。此外,量规结构分量的设计还需要符合学生的发展水平,学生的行为要能够触及分量的内容。

其次,根据教学目标侧重点确定各结构分量的权重。量规各结构分量的权重起到了目标导向的作用,权重大的往往涉及学生发展的高级水平,抑或是教学中的重点问题。例如,教学目的是让学生掌握电子作品的技术,那么制作技能的权重就应该较高,理念和应用的权重就应该适当放低;而如果教学目的是让学生掌握电子作品的应用,那么上述指标的权重就大相径庭。

再次,需要用描述性的语言来对量规指标进行说明。量规各个指标的说明要尽量清晰,避免使用抽象性的概括语言。例如,在评价学生小组合作技能时,如果指标描述为"学生具有很好的小组合作意识",那么在评价时就无法准确对其进行评估,但如果指标描述为"学生可以主动与他人交流,主动承担任务"等表述,那么评价时就具有较强的操作性。

设计量规时其他方面需要注意的问题:一是,确定量规的表现形式。量规可以采取表格的形式,也可以采用项目符号来标引各项指标;一些量规使用优、良、中、差的等级化评价标准,而有些量规则采用1、2、3、4的量化评价标准。量规表现形式非常灵活,可以根据需要进行恰当的设计。二是尽量让学生参与到量规的设计中,明确评价的内容,从而让其提供学习的导向作用。

在使用量规时可以与其他工具配合使用。因为使用量规进行评价的本质是量的评价,它将目标分解量化,并用数字来代表学生的发展水平,虽然具有很强的操作性,但是同时也会丢失很多宝贵的细节,抑或歪曲评价中的真实信息。为克服这个问题,教师在使用量规进行评价时,往往会结合访谈、观察等质性评价方法对其进行扶正和补充,这样可以全方位地了解学生,更加接近真实的信息。

【案例赏析】 案例展示的是对创客教育活动中学生的知识建构水平进行测量的过程。"知识建构"理论的基本思想在于,将传统以知识和技能掌握为目标的学习转变为以发展社区知识为目标的知识建构。学生知识建构水平的测量可以分为学生观点质量的推进,以及对社区知识发展贡献的情况。因此,在评价开始之前,实践者和专家共同构建了"观点层次深度量规",以用于学习者知识建构水平的测量,如表7-3-4所示。

表7-3-4 观点层次深度量规

阶段层次	等级	分值	阶段层次	等级	分值
内容分享	分享信息	1	深入加工	提出质疑	7
内容分享	阐述知识	2	深入加工	进行辩护	8
内容分享	表达观点	3	深入加工	做出比较	9
意义协商	表示态度	4	达成共识	归纳总结	10
意义协商	提出问题	5	达成共识	给出评价	11
意义协商	解答问题	6	达成共识	进行反思	12

数据收集来自×中学以"个人健康"为主题的创客教育实施过程,实施对象为×中学初二(一)班的 38 位学生。笔者对整个活动过程进行了跟踪录像,并运用课堂观察技术对学习者所生成的观点进行了记录和分析。之后,利用"观点层次深度量规"对所有观点内容进行了编码,量化出了个人观点建构的深度,其计算方法为所有问题所属层次分值之和与问题总数量的比值,编码体系与等级分值如表 7-3-4 所示。

学生有效观点数量情况如图 7-3-1 所示:三个小组对于社区知识的贡献程度相当,其中 X 小组贡献了 307 种观点,占总量的 36.4%,Y 小组贡献了 284 种观点,占总量的 33.6%,Z 小组贡献了 53 种观点,占总量的 30%;从个体的贡献来看,除了编号为 X9 的学生发布有效观点的数量较少外,其余学生都能够积极参与到观点的讨论中,其中 X1、Y4 和 Z9 三位学习者发布的有效观点更是突破了 30 种。这说明学生在围绕问题解决的过程中努力贡献自己的一份知识,群体中的知识建构是去中心化的开放互动,体现了"知识建构"理论的"非权威互动"。有效观点建构质量情况如图 7-3-2 所示:从整体上来看,观点建构的深度为 7.1,高于知识建构的"基准线"

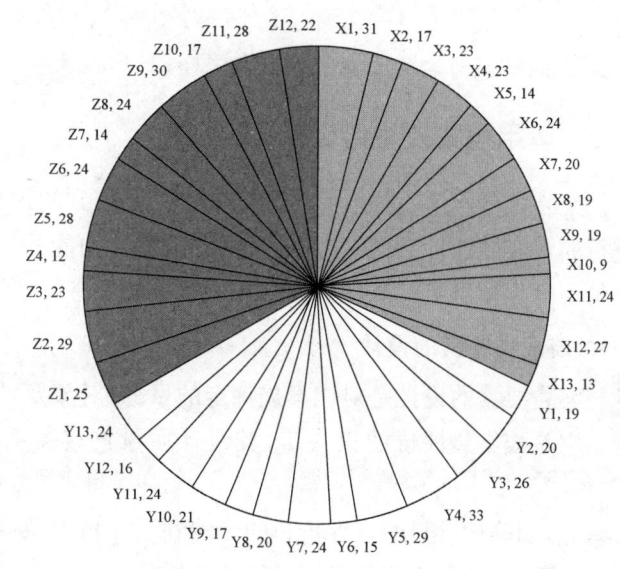

图 7-3-1　观点分布情况示意图

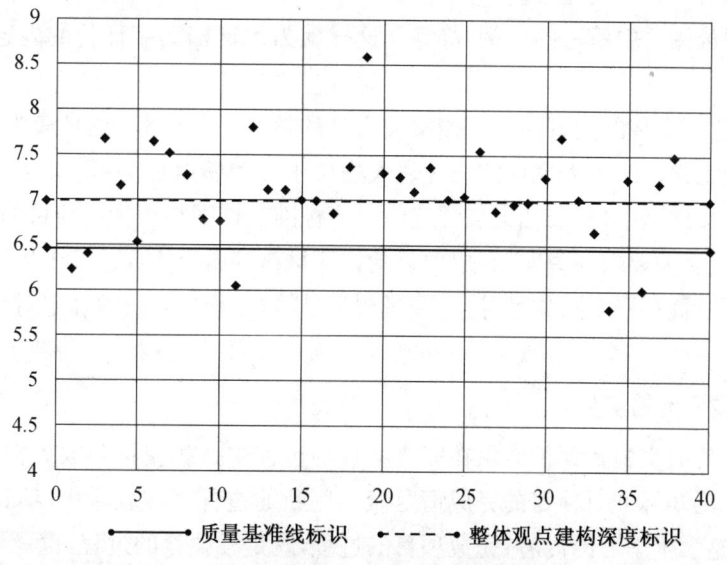

图 7-3-2　观点深度示意图

(6.5),这说明在活动中知识的建构不仅仅停留在观点提出与协商的阶段,更多的是对观点进行了深层次的比较、反思和归纳;从个体上来看,在38位学生中有33位学生的观点深度位于"基准线"以上,个体知识建构的有效率为86.8%,其中20位学生的观点深度在7以上,而Y9学生知识深度则高达8.6。这说明大部分学习者在观点改进的过程中,通过不同层级的交流协商,有机会将这些知识贡献到了社区,最终实现了个体知识的深层次建构。

> 详细研究可扫描本章二维码阅读。

7.3.2 运用档案袋进行评价

档案袋评价作为一种信息化教学中经常使用到的评价方法,其本质是对教育教学过程进行的真实性评价、过程性评价且具有反思性功能的一种有效的质性评价方式。档案袋评价为师生提供了其他评价方法所无法提供的有关教学过程与个人发展的重要信息。

1. 档案袋要素的设计

档案袋要素的设计是对档案袋评定的目的、对象及档案袋里所装内容等方面做出的规定。它是档案袋评价的第一步,其设计质量直接关系到档案袋评价所发挥的功能和作用。

首先,明确评价目的。评价目的影响到了评价对象的选取、资料素材的收集等工作。通过上文可知,档案袋评价可帮助被评者成为自身行为的反思者,给参加展览会的家长、师生提供范本,提供被评者取得成绩的标准化报告,与他人交流被评者成绩的判断,等等。特别需要提醒的是,档案袋评价目的如果不明确,就会导致档案袋内容混乱,无法判断档案袋评定是否发挥了作用。

其次,确定评价对象。根据评价目的进一步选取评价对象,需要明确评价的对象是教学人员、教辅人员、学生还是其他人员,是一部分要参与,还是涉及全部人员。为了让对象更清楚评价的目的和方式,工作者可以为其展示档案袋的相关样例、告知评价的目的,以及其在整个评价体系中所占的比例,等等。这样就为规定档案袋评价的内容做好了准备工作。

再次,规定档案袋的内容。这是档案袋设计的核心工作,同时也是最为重要、最富有创造性的一项工作。学生表现评定的代表人物比尔·约翰逊认为:简单地收集学生的作品并把它放入文件夹中,并非档案袋评定。一个标准的档案袋至少由项目的评定问题、项目的评定标准、有关要求与说明、完成项目的佐证材料等内容构成。其中佐证材料是最重要的材料,它们可以是作业、作品、照片和过程记录等,必须准确反映评定对象的真实水平和成长过程。

2. 档案袋评价的实施

档案袋评价的实施是评价对象在完成项目的过程中把相应资料放入档案袋中,同时评价人员根据已知标准对项目的完成情况做出判断的过程。在教学中,项目不仅是教师教的内容,也是学生学习的内容;完成项目的过程,既是教师教的过程,也是学生学习的过

程。档案袋内容的填充是师生共同开发课程资源的过程,从而真正达到以评价促发展的目的。在实施中需要做的工作有如下几个方面:

首先,指导评价对象完成项目。档案袋汇集的是学习经验,因此当评价对象经历这一过程的时候,他们的个人意向起到了决定作用,对于项目实施和资料的收集过程的差异性会较大,甚至还会陷入误区,这就需要评价对象在评价者的指导下来完成项目。需要说明的是,档案袋中放入的内容最终还是由评价对象决定的,并要为自己的发展负全面责任。

其次,检查项目的进展状况。由于评价对象在档案袋评价中有着一定的自主性,其项目实施以及收集素材的进度会有一定差异。这就需要评价者定期对项目进展情况进行检查,旨在对学生进行有效的指导,及时发现问题并进行指导与调控,同时督促学生按照时间节点准时完成项目。

再次,对项目完成质量做出判断。这是实施阶段的最后一项工作,可以采用展示、答辩、讨论等形式,目的是采取最恰当的方式将项目经验、所知所能、心得感受、产生成果呈献给评价者。评价者会根据预先制定的评价标准对项目完成质量进行评判,一般来说,评定标准往往采用等级制,例如,优秀、良好、合格、不合格等,其目的是淡化分数,营造宽松氛围,促进学生发展。

3. 档案袋结果的反思

档案袋评价的最终目的是为了促进学生的发展,因此在对其评定之后,还要进一步发挥评价的教育与激励功能,这就需要对评价结果进行分析和反馈。

首先,向相关人员反馈结果。首先,档案袋评价的结果是师生进一步反思的重要素材,因此必须将之反馈给评价对象;其次,在档案袋建立的过程中其他人员也付出了智慧和情感,档案袋评价结果需要反馈给这些人员;再次,一些成功的档案袋评价案例可以反馈给学校或者教育部门,以便于成果的共享和推广;最后,有必要时可以将结果反馈给家长,从而使其更好地配合学校教育教学工作。

其次,档案袋设计质量反思。一方面,学生的发展是长期的过程,档案袋的设计也需长时间的应用才能得到较好效果;另一方面,档案袋在使用时也会由于设计的缺陷从而削弱其作用。因此,在评价完成之时要反思档案袋的设计是否存在着问题,例如,哪些内容有效、哪些内容无效,有没有需要删减或增加的项目,有没有给评价对象造成过重的负担,标准的制定是否合理,等等。

再次,对实施过程的反思。教育教学的过程离不开反思,反思有助于教师提升教学实践的合理性,推进教育工作的顺利开展,有利于学生产出更加高效的学习,推进自身持续的发展。档案袋评价的实施也不例外,需要反思的问题有:教学/学习目标是否达到、制定的目标是否合适,开发/接收的课程资源质量如何,暴露了教师/学生哪些问题,如何通过教学/学习加以改进,等等。

资料卡片

档案袋评价应避免的误区

1. 切忌将"档案袋"变成简单的"容器"。学生的理解和操作能力有限,可能会产生不加挑选统统收罗的现象。特别是低年级学生,在作品的选择方面需要在教师、家长的帮助下完成,要鼓励学生考虑作品选择的理由,真正学会选择、学会反思。

2. 切忌评价内容一般化。由于学生表达、书写的能力存在着差异性,评价内容要有引导性、针对性;评价内容既要肯定学生的进步,让学生感到自己是受到教师关注的,同时老师也要亲切、具体地指出学生的不足并提出改进意见。

3. 切忌以教师评价取代学生自我评价。教师在对学生给予指导的同时,不能过分参与评价。教师应把自己的评价作为学生的参考建议,不能强迫学生接受。

【案例赏析】 高中化学的概念比较抽象,课程内容较初中而言在深度、广度、难度等方面显著加强,更加突出知识的归纳与总结。因此,对于高一学生来说,化学学习存在着一定的难度,这种难度不仅在于知识的变化,也有学生个体的差异,如原有基础的差别、性格的差异、兴趣的差异等。本案例中的教师利用档案袋评价法帮助学生记录自己的进步轨迹,发挥其激励、反思、交流、调节的作用,从而尊重学生的差异性,给学生提供符合其学习特点和知识水平的指导,真正做到因材施教。

(1) 档案袋评价的准备

首先,确定档案袋评价的目标。教师通过调查问卷对班级里的学生进行了调研,发现学生对于化学的学习兴趣、经验分享、自我评价和反思等方面存在着一定的问题。之后确定了学习档案袋的目标:第一,让学生通过化学学习档案袋里收集的内容看到自己经过努力所取得的进步和不断成长,从而增强学习化学的自信心和对化学的学习兴趣;第二,把学生化学学习上的成功和失败直接反馈给学生本人,以便他们及时进行自我反省,促进学生进步与发展;第三,引导学生正确评价自己,学会客观、公正地评价他人,做到扬长补短;第四,了解学生的反思对改进学习所带来的影响;第五,了解学生的表现,以便教师及时调整教学。

其次,通过调查问卷反馈的信息,教师了解到应该改进教学方法,合理分配好课上课下的时间,要时常复习巩固知识点,在一点一滴中逐渐积累。初步确定了档案袋中存放的内容:课堂表现记录、章节总结、化学作业、化学实验及反思、对错题的反思与领悟、好题推荐卡、化学知识点归纳总结卡、考试试卷及总结反思。

再次,向学生介绍化学学习档案袋。在这一阶段,给实验班学生发放《档案袋评价手册》,使学生了解档案袋评价的目的、基本方法、重要意义和主要项目,从而让其积极主动地参与,在心理上认同自己的成长,展示自己的学习进程。

(2) 档案袋评价的实施

档案袋中可以保留一些直接反映学生课堂表现的记录表,作为每节课课后对学生学习情况的一个反馈。此外,该案例还加入了化学作业评价、实验操作技能评价、错题反思与领悟的评价。我们以课堂表现为例进行展示,根据事先准备好的评价表,在一节课中对某位学生进行关注,课后根据该生课堂上的表现,对其做出综合评价。评价内容及评价标准如表7-3-5。

表7-3-5 课程表现评价内容及标准

	优(A)10分	良(B)8分	中(C)4分	差(D)0分
课堂纪律0.1	课堂认真听讲,积极思考	认真听讲,未做无关的事情	偶尔做与课堂无关的事情	大部分时间没有认真听讲
回答问题0.2	回答问题积极,正确率高	回答积极,正确率一般	回答不积极	不回答问题
小组讨论0.1	积极讨论,起到带头作用	积极参加讨论	能参加讨论	不参加讨论
提出问题0.2	积极提问,问题质量较高	积极提问,问题质量一般	能提出问题	不会提出问题
问题分析0.1	问题分析到位,思路清晰	分析尚可,但是思路有瑕疵	思路不清晰	不会分析问题
知识应用0.2	正确、灵活地运用所学知识	能够正确运用、但不灵活	基本能正确运用所学知识	不会应用知识
表达交流0.1	清楚地表达自己的观点	观点表达清晰	观点表达不清	不会表达观点
总分			评价等级	

例如:在学习完《金属的化学性质》这一节后,随堂练习中遇到这样一个问题:向铝制的易拉罐内充满CO_2,然后向罐内注入足量NaOH溶液,立即用胶布封严罐口,过一段时间后,罐壁内凹而瘪,再过一段时间后,瘪了的罐壁重新鼓起,解释上述变化的实验现象。

同学们开始解析:因NaOH溶液能与CO_2反应,导致气体减少,因此压强减小,罐壁被大气压压瘪;因易拉罐是铝制的,铝可以与NaOH溶液反应,产生氢气,导致压强增大,罐壁重新鼓起。

大家都觉得分析得合情合理,没有任何疑义,马同学却提出了质疑"金属铝在空气中不是容易被氧化吗?铝的保护膜使其与NaOH溶液隔开了,没有接触怎么还能反应啊?"赵同学思考了一下马上说"我记得书上一句话'酸、碱还有盐等可直接侵蚀铝的保护膜(氧化铝也能与酸或碱反应)以及铝制品本身',是不是铝的氧化膜先与NaOH溶液反应,保护膜被破坏以后铝就能接触到NaOH溶液了?"小组内讨论得相当激烈。

教师评价:赵同学分析得很好,说明课本上的内容掌握得非常扎实,看得很仔细、认真;马同学提出的问题也很好,善于思考并发现问题,只有发现问题才能解决问题,进而取得进步。求学就是如此,不仅要知其然还要知其所以然,课下预习完《铝的重要化合物》你就明白了,氧化铝也能与NaOH溶液发生反应,表面的氧化铝反应后里面的金属铝单质就能接触到NaOH溶液了,可以进行反应。另外,一定要重视课本上的内容。

马同学:原来在课本上就能找到答案,我只仔细看了自己认为重要的内容,其他的地方没有斟词酌句地看,以后要向赵同学学习,不忽视课本上的每一句话。

结合两位同学在课堂上的综合表现,教师给予他们的评价都是优。

(3) 档案袋结果的分析

积极成效:首先,使用档案袋评价方式以后,发现师生之间的交流更多了,关系更融洽了;其次,在档案袋评价法的引导下,学生开始积极主动地去探索化学知识,学习化学的积极性显著提高;再次,通过建立化学学习档案袋,学生的协作意识得到了增强,学生之间的感情也进一步加深;最后,档案袋评价使后进生看到的不再仅仅是不尽人意的成绩单,翻阅档案袋,他们会发现自己某次的作业完成得较好、在哪次讨论中自己也提出了新颖的问题、哪些知识点总结得较详细,等等,也能从中体验到成功的快乐。

需改进的地方:一方面,由于科目较多,师生又是初次接触档案袋评价法,所以学生对档案袋中所存放的内容没有时间筛选。部分学生收集的资料缺乏目的性和指向性,也不具有针对性,无法清晰地反映学习过程中的变化;另一方面,班级同学较多,且每个化学教师都负责至少四个班级的教学活动,因此学习档案袋的管理、存放都是一个很现实的难题。为了解决这两个问题,档案袋评价的实施引入了学生互评机制,即让学生参与到档案袋的管理和评价,并定期进行优秀档案袋的展示活动,让学生能够知晓如何收集自己的代表性成果。

7.3.3 运用学习契约进行评价

20世纪70年代,美国学者Knowles在其著作 *Self-Directed Learning* 中提出了学习契约的概念。学习者需要更多地参与到自身的学习过程中,培养自学能力,而教师需要转变自身角色的设定,更多地作为学习的促进者和资源提供者。为了达到该目的,Knowles提出了培养自我导向学习能力的一个评价工具或者说是学习工具——契约学习。要想运用好学习契约这个工具,就需要了解其方法基础。

1. 引入学习契约的作用

将学习契约引入信息化教学评价的作用体现为在课堂中建立平等的对话环境,实现学习者权利与责任功能上的互补,形成由他律向自律的过渡机制,引导课堂主体关注学习证据四个方面,这对于学习者形成自主学习能力具有重要意义。

第一,建立平等的对话环境,促进学习者自我概念的修补。在卡尔·罗杰斯(Carl Rogers)看来,教师的任务不在于向学习者传授知识,而是通过适当的行为安排,引导其运用身边的资源不断促进自我概念、态度与行为的修订。学习契约呈现出课程主体协商性的特征,它为调和学习者内在需要、兴趣和外部需求提供了一种手段。它尊重学习者的主体地位,提倡师生双方的地位平等,不仅有助于教师对学生开展非指导性的交流,增进师生之间的情感交融,也将有利于学习者表达观点,提高学习者自主学习的意愿。

第二,实现学习者权利与责任功能上的互补,推动学习者自我效能感的形成。阿尔伯特·班杜拉(Albert Bandura)认为自我效能感是个体在不同情境下完成任务的一种总体自信程度,也是自主学习能力的一个核心变量。学习契约支持下的信息化教学评价在给予学习者充分自主权利的同时,也使其承担相应责任,为知识学习与情感教育搭建了一座桥梁。这有助于为学习者创设差异化体验的机会,培养积极有效的学习策略,从而提高学习者的自我效能感,高效地完成自主学习任务。

第三,由他律向自律过渡,提高学习者的元认知水平。元认知被认为是前摄自主学习能力的核心,其水平直接影响了学习者自主学习的质量,主要涉及自我反省、自我评估和计划调整等方面的能力。学习契约是一种动态的学习规划,内容拟定的决定主体是可以适当转变的,这意味着为学习者元认知水平的培养提供了支持,即初始阶段学习契约的最终拟定权由教师或其他有经验的同伴承担,而随着学习者反思能力和学习策略的提升和掌握,契约拟定权逐步转移给学习者。

第四,引导关注学习的证据,促使学习者思维的发展。对于课堂主体的意义在于,一方面已有的证据链条能够支持和扩展个人对已有价值的判断,另一方面不断生成的证据又可以及时检验和修正成员的专业经验。学习契约能够记录翻转课堂中的学习轨迹,让学习者感受进步、不断反思。此外,学习契约引导学习者关注学习中的问题,支持其收集充分的支撑材料来寻求问题的解决过程,这些活动使其在以已知世界为证据的基础上,明晰以何种方式来获得知识。

2. 学习契约设计的原则

学习契约能够为信息化教学评价提供完备的内容和标准,只不过它的设计比较特殊,与其他评价工具的理念有较大差别。在信息化教学评价中,为了能够较好地把握学习契约的运用,需要在设计时遵守以下几个原则:

第一,协商制定原则。这是学习契约的基础性原则,只有师生双方都满意才能生成真正意义的学习契约,要做到在满足社会、学校教育要求的同时又要尊重学生的意愿。

第二,合同式履行原则。虽然学习契约本身与商业合同有本质区别,更没有其巨大的法律强制性,它的约束力一般依靠教师监督、同伴监督、家长监督等监督机制,但是一般来说,学习契约一旦生成,具有商业合同的严肃性,学生需要尽力去履行,同时不能随意修改已定的内容。

第三,灵活性原则。如果学生发现自身在客观上无法完成目标或者在学习过程中发现其中确有错误,可与教师重新协商,根据情况修改少量契约内容。

第四,差异性原则。每个学生的学习契约都是与教师协商的结果,学习目标的制定需要"因地制宜"。

第五,教师适当参与原则。虽然说学习契约是以学生为中心的,但是教师的指导、示范等作用是不可缺少的。

学习契约和保证书的区别

学习契约看起来和"保证书"如此相像,细细分析又有若干不同:

一个是自发的,一个是被迫的;一个是有明确的学习目标及任务,一个则是对已发生事情的检讨;一个是面向未来学习的进步,一个则是如若再次发生的惩罚;一个是疏通、引导,一个是惩戒后果。

3. 学习契约的基本框架

一是学习目标。学习契约的基本框架如表 7-3-6 所示,其中学习契约中学习目标的生成方式是学习者首先熟悉一个课程给出的目标,然后再以此为根据决定自身的目标。因此协商性是学习目标设定的主要思想,可采取以下的方式:基础目标单＋可扩展目标单,基础学习活动。前者中的基础目标单包括了最基础的目标内容,相当于最低学习要求,是每位同学都要学习的,可扩展目标单是在基础目标上的延伸和扩展,可由学生自由选择其中的内容;后者则只提供课程教学的核心内容,其他内容由师生共同协商决定。

表 7-3-6　学习契约基本架构示例

学习契约	
学生与教师的基本信息	解释
学习目标	（师生协商所获得的目标）
学习资源与策略	（教师提供）
评价标准	（师生评价的依据）
监督机制	（提高学生按期履行契约的可能性措施）
奖惩措施	（学生如约或失约时受到的奖励或惩罚）
契约起止时间	（协商确定完成的时间）
学生与教师的签名	

二是学习资源与策略。教师根据基本目标单或者可扩展、可协商学习内容表,对学习资源进行筛选,有针对性地提供给学生。这里的学习策略指的是学生在完成特定学习任务时选择、使用和调控的学习过程、规则、方法、技巧、资源等思维模式,为的是使学习过程有效且有一定的逻辑过程。例如,安排学习时让学生先做什么、后做什么以及用什么方式做,哪些内容是要记忆的、哪些是需要理解的、哪些是需要进行分析的,等等。

三是评价标准。学习评价标准制定的目的是让学生清楚知道自己或者他人是否达成学习目标,这就要求学习契约能够提供较为精准的学习评价方式。第一种方法,即提供详细的学习结果描述方法,需要用较为精准的语言描述学习结果。例如,利用布鲁姆的教学目标分类法,对学习目标和学习结果进行分层次描述。第二种方法,即可以根据教学内容、教学目标等制定相关的量规。量规的制定前面已经详细阐述,这里不再赘述。

四是监督机制。监督机制的目的是借助外界力量监察学生是否履行了学习契约所规定的职责,以及督查其学习质量是否达到了学习契约的要求。当前最常用的监督方式是伙伴互助的机制,既可以采用一对一监督,也可以采用组长负责制的小组监督。前者是两名学生分别作为彼此的监督人,互查对方的契约履行情况;后者是多人为一组,组长负责督查组员学习状态。

五是奖惩措施。为了使学习契约具有更多的"效力",很多实践者都会加上一些条规对其进行约束和鼓励,对于保质保量完成学习契约或违约的学生进行合适的奖惩或处理方法,在一定程度上激励或者规范学生的自学行为。当然,学习契约中的奖惩措施主要是以重奖轻罚、重鼓励避贬低为原则的。

【案例赏析】 案例展示的是将学习契约应用于南京市某中学初中七年级信息技术翻转课堂的过程,目的是使用学习契约来促进学生的自主学习,便于对学生进行评价。

(1)学习契约内容的生成。教师在学习契约经典框架的基础上,根据翻转课堂的特点补充了一些基本信息,例如师生基本信息、学习契约起止时间、学习契约内容简介、学习契约编号、师生签名、师生义务表等。加上基本信息,将使得学习契约更加完整,便于使用,如表7-3-7所示。

表7-3-7 《初中信息技术(7年级)》第一章翻转课堂使用的学习契约示例

学生姓名		学号		当前级别	龙蛋(0分)
教师姓名		学科		信息技术	
课程内容		七年级《初中信息技术》第一章《走进信息世界》			
学习目标	基础目标单(必选)	1. 了解信息、信息技术的概念。 2. 掌握信息技术的发展演变过程。 3. 近似数在现实生活中的应用举例。 4. 列举获取信息的方法。 5. 探索使用搜索引擎的使用方法。 6. 学会下载图片或问题并保存。 7. 文件的复制、移动、删除及重命名操作。			
	扩展目标单(自由选择,不限多少,打钩即可)	1. 举例说明信息的特征。 2. 如何识别信息的真伪? 3. 虚拟现实、人工智能的发展。 4. 二进制是什么? 5. 引用他人信息需要注意什么?			
学习资源与策略	《认识信息技术之微视频》、网络教室、学校图书馆信息技术相关书籍位于×××,江苏省中小学信息技术学习网网址:www.jstil.com				
学习评价依据	基础目标单的学习结果描述	1. 识记信息、信息技术的概念。 2. 能够说山信息技术的发展演变过程。 3. 至少列举出4种例子。 4. 能够运用搜索引擎搜索要求的内容。 5. 下载一张风景图和一首诗。 6. 创建自己的文件夹并用自己的名字命名。			
	扩展目标单的学习结果描述	1. 至少举例说明3个信息的特征。 2. 举例说明一个办法或者识别依据即可。 3. 举例说明两者目前应用的领域。 4. 知晓二进制运算基本规则。 5. 至少列举2个注意事项。 6. (依据情况而定)。			

(续表)

课上教导内容确定模块及要求	你在自学过程中遇到的难题有：						
	项目		对应的编号				
	基础目标单						
	可扩展、可协商学习内容表						
	其他问题（自己写）						
	要求：在____月____日之前，按"基础目标单对应编号＋可扩展、可协商学习内容表对应编号＋其他问题"的格式发到老师QQ中，"＋"不省略						
多人小组监督机制表格记录	基础目标单序号	1	2	3	4	5	6
	是否完成（打勾或画叉）						
	所选可扩展、可协商学习内容表序号	( )	( )	( )	( )	( )	( )
	此次学习契约总得分＝（目标完成数＊5分）±10分（是否完成学习契约）＝（ ）分，目前总得分为（ ）分，对应等级为（ ）。						
	该轮组成签字		签字时间		____月____日		
师生义务表	对象	义务说明					
	教师	需要提供合适的相关翻转课堂微视频、学习资源等，并根据学生实际学习情况指导学生学习。					
	学生	根据自身情况选择学习目标并努力完成；作为监督者时秉承公正原则。					
学习契约内容简介	基本介绍	用于翻转课堂中辅助学生学习，方便教师评价。					
	必要说明	1. 若自学过程中意识到自己的学习目标有设定得不合理之处，及时与教师沟通，根据情况调整学习契约内容。 2. 等级分数表 　级别　　　分数区间　　额外奖励 　龙蛋　　　0～60　　　　无 　出生龙　　61～120　　　无 　迅龙　　　121～180　　无 　霸王龙　　181～240　　神秘小礼物 　东海神龙　241～300　　无 　中华神龙　301～360　　无 　龙神皇　　＞360　　　　神秘小礼物					
截止时间	____年____月____日						
签名或盖章	学生		教师				

　　(2) 学生使用时的辅导。教师详细说明了翻转课堂的运行模式及对学生的要求，并且带领他们了解学习契约的内容及使用方法；对小组成员进行了分组，采用多人小组监督机制；与学生商讨学习目标的选择，确定完成时间和奖惩机制，之后双方签名或盖章。

　　(3) 学生自学阶段。学生借助学习契约提供的学习资源、学习策略，达成签订的学习目标,并在规定时间前以学习契约要求的格式将自学阶段难完成的目标序号和疑问提交给教师,即在这一过程中共执行了学生自学、反馈疑问两个步骤。

(4) 接受指导阶段。学生在教师的指导和同伴的帮助下解惑、思考并完成练习。此时,小组组长根据评价依据对学生履行学习契约的情况进行实时监控,并记录学习契约的"多人小组监督机制表格"选项,以备教师查看。

(5) 奖惩与反馈阶段。当本单元教学内容完成之后,教师回收所有学生的学习契约。针对目标选择、履行方面存在问题的学生进行针对性的约谈交流,从而分析问题产生的原因,并帮助学生解决问题,为下一轮学习契约的签订打好基础。教师依据设置的奖惩机制,对学生进行奖励或惩罚。

从上述案例可知,利用学习契约对信息化教学过程进行评价,不仅使得师生之间的交流更为合理科学,极大地提升了教学/学习效率,而且其将评价融入了整个教学过程之中,可以促进学生多方面能力的发展。例如,引导关注学习的证据,促使学生思维的发展;真正以学生为中心,培养了自主学习能力;相互监督与沟通,培养了合作意识和责任担当;等等。

7.3.4 其他方法

信息化教学评价并不排除传统的一些评价方法,测验、调查和观察等也是信息化时代有效的评价方法,它们与信息化教学的融合可以帮助评价者更好地完成评价工作。

1. 测验

测验的主要目的是了解学生认知目标的达成程度,这种有计划、有组织的收集资料的工具一直被人们所重视。测验包括教师标准化测验和自编测验。标准化测验一般是由专门的机构(如考试中心、教育行政部门等)严格依据科学原理并按照科学方法与程序来进行设计、组织和实施。标准化测验一般质量较高,科学性较强,控制较严,但费用也较高,主要适用于大规模的教学评价。自编测验是教师根据具体的教学目标和内容,自行设计和编制的测验。教师自编测验制作简单,使用灵活,但质量常受教师水平制约,范围一般限于校内或班级。

从教学过程来看,测验通常包括学前摸底测试(前测)、日常考查和后测等类型。前测是在教学开始之前开始实施,目的是评价学习者对预备技能的掌握情况和确定学习者是否掌握了开展学习的必要技能。日常考查是在日常教学中进行的经常性检查,从而能够及时获得学生学习新知识和新技能的动态信息。主要形式有口头提问、板书演示、练习作业和小测验。后测通常在单元或学期教学结束之后实施,以阶段目标或学期总目标为依据。后测可以用来评定学习者的表现,给出学习者完成课程应得到的学业成绩。

测验题通常有主观性试题和客观性试题两种形式。主观性试题通过问答的形式,要求学生自己组织材料,采用合适的方式表达答案。它的特点是正确答案可能不止一个,并允许学生自由发挥。教师运用的案例分析题、论述题、作文等就属于这类测验。它可以考查学生的组织、创造与表达等能力。客观题通常由被试者从备选答案中选择一个正确答案,在评分上比较客观。题型包括选择题、是非题、填空题、排序题、匹配题等。客观题的试题取样较广、试题数量较大,可以考查学生是否达到各项教学目标的要求和掌握多方面知识的情况。两类试题各有优缺点,编制测验题时可以根据需要进行合理组合。

测验题编制的过程一般是确定试题类型、确定试题难度、编写试题及答题指示、编制试题答案、修订题目。

2. 调查

调查是通过预先设计的问题请有关人员口述或笔答,从中了解情况并获得所需要的信息。作为教学评价的重要手段,通过调查可以了解学生的学习兴趣和态度、学习习惯和意向,了解各方对教学过程和教学效果的意见;也可以了解学习资源对学生学习产生的效果,从而判断教学或学习资源的有效程度,为改进教学或学习资源提供依据。调查法可分为问卷调查和访谈调查。

问卷调查是通过书面形式向回答者提出问题,从答案中获取数据的方法。问卷法没有预先确定的标准答案或正确答案,一般采用无记名式,它不受时间和空间的限制,在短时间内可获得较多的信息,并且比较容易处理和具有真实性。通过问卷调查进行教学评价的基本步骤:明确调查目标,制定调查计划;选择抽样方法,确定调查范围;设置调查指标,编制调查量表;实施调查,回收量表;调查分析,形成报告。问卷调查的回答形式一般有三种:选择一个答案的单一回答法、选择几个答案的多重答案法、随意书写短文的自由记叙法。问卷调查法的设计将直接影响到调查的结果。在设计问卷调查表时,应注意:要明确调查目标,并根据调查目标设计表述简单明了、没有歧义的问题。问卷填写工作尽可能简单和方便,用词要通俗、易懂、准确、简短,不要使用那些对于被试者而言陌生的、过于专业化的术语;问题要具体,不要提出那些抽象的、笼统的或定义不明确的抽象问题。设计问卷时还需要注意问题的排列组合,包括类别性顺序、时间性顺序、内容性顺序、逻辑性顺序。

访谈调查是以口头形式,根据被询问者的答复搜集客观的、不带偏见的事实材料,以准确地说明样本所要代表的总体的一种方式,尤其是在研究比较复杂的问题时需要向不同类型的人了解不同类型的材料。访谈广泛适用于教育调查、求职、咨询等,既有事实的调查,也有意见的征询,更多用于个性、个别化研究。访谈法一般在调查对象较少的情况下采用,且常与问卷法、测验等结合使用。在进行访问调查时,应注意:预先拟好日程计划,事先约定时间、地点,再开始访问,切忌不期而至;衣着要适合自己的身份和地位,使对方感到可近、舒适;事先准备工作力求完备,如用具、问题先备妥;研究者要做好访谈过程中的心理调控;尊重对方,录音、录像事先征得受访人同意,做好访谈的记录;访问前尽可能收集有关被访者的材料,以接近访问对象;谈话要遵循共同的标准程序,注意谈话技巧;访问所提问题,要简单明白,易于回答,注意问题和追问技巧;严格控制和掌握访问时间,结束时要感谢访问对象的合作和帮助。

3. 观察

观察法是指为了达到某种评价的目标,教师专注于学生的行为和所处环境并记录所观察的内容,从而获得必要资料的方法。观察法是教师在教学过程中常用的一种收集反馈信息的方法。如果连续地对学生做观察记录,就会得到许多珍贵的教学反馈信息,从而可以发现教学方案的不足之处,进而加以修改。观察法可以全面观察了解教学现场气氛、课堂管理情况、学生的态度和行为表现、学生行为的改变或习惯的建立(比如学生学习策略的形成或改变)、教师教学的清晰程度、教师教学手段方法的变化,等等。

观察法可以不依赖被观察者的语言能力,对各类学生的反应都能做到比较客观的了解。另外,它也可以创造性地处理和分析从教学现场中获得的各种信息,把无规律、不成体系的大量信息按一定的规律和顺序加以分类和整理,找出问题的原因和解决问题的对策。观察法的基本操作过程为:确定观察的目的和规划,明确观察的时间、地点、次数和需要记录的时间和行为,设计或选择观察记录的方式和工具;进入观察地点,依照预定方式对观察对象进行观察和记录;及时对收集的资料加以整理和分析,从系统的资料中归纳推论出评价结论。

观察不可能包罗万象或面面俱到,观察者主要运用时间抽样和事件行为抽样的方法对课堂结构进行分解,根据分解的类别和因素设计观察工具,限定课堂观察的范围,从而收集关键事实性的量化资料来进行价值判断。定量观察的记录方法的主要形式有编码体系、记号体系或项目清单、等级量表。收集的资料体现为数据的形式,其类型有频率计数、事件发生的百分比、等级量表的分数等。

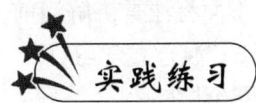
实践练习

1. 什么是教学评价,包括哪几种主要的类型?
2. 试比较信息化教学评价和教学评价的异同之处。
3. 信息化教学评价可以运用哪几种工具,它们各自有怎样的特点?
4. 若针对某学科进行档案袋评价,请设计放入档案袋里的内容,并说明原因。
5. 请结合自己的学科,选择某个科目设计一份学习契约。

第 8 章 信息技术与课程融合

【学习目标】
1. 理解"计算机支持的协作学习"的过程模式；
2. 掌握"线上与线下"混合式教学的实施要点；
3. 了解主流的"信息技术支持创新学习"形态；
4. 理解设计思维融入创新性学习的价值与内涵。

微信扫码获取

微课视频、教学案例
课堂实验、学习拓展等

"信息技术与课程融合"是教育信息化发展的第三个阶段，它是构建信息化教学环境，利用信息技术为学生构建随时（Any Where）、随地（Any Time）、多途径（Any Way）的个性化学习环境，实现以学为主的教学与方式，培养学生高级思维能力的发展。下面将注重讲解当前三种主要的信息技术与课程融合形态，即计算机支持的协作学习（CSCL）、混合式学习（BL）和信息技术支持的创新学习（ITSIL）以帮助学习者理解相关理念和发展趋势。

资料卡片

教育信息化的发展阶段

联合国教科文组织（UNESCO）于 2005 年将信息技术与教育融合发展的过程划分为四个阶段：起步、应用、融合、创新。在起步阶段，一般以教育信息基础设施建设为主，应用水平较低，随着时间的推移，进入第二、第三阶段以后，信息技术在教育教学中的地位逐步凸显，信息技术与教育教学的紧密融合成为发展主题，这是教育信息化深入发展阶段的重要标志。

——选自《教育信息化十年发展规划》

8.1 计算机支持的协作学习

计算机支持的协作学习（Computer-supported Cooperative Learning，CSCL）包含了一个重要信息——学习所开展的形式，即协作学习。随着人们对教育和学习内涵的深入理解，协作学习越来越受到广泛重视，我们只有对协作学习的概念及特点有一定的了解，才能够准确理解 CSCL 这种信息技术与课程融合的方式。

8.1.1 合作与协作的辨析

协作学习是一个舶来词汇,其英文缩写形式为 CL。协作学习内涵的发展其实也是字母 C 内涵发展的一个过程:最初人们认为 C 代表了 Collaborative,中文将其翻译为合作。但是在协作学习发展一段时间之后,人们认为 Collaborative 已经不能诠释其内涵。因此,学者用 Cooperative 来代替 Collaborative,以用来表示一种更高级的合作形式,中文将其翻译为协作。当前大多数人认为协作学习之中的 C 其实是前两个 C 的混合。具体而言,就是利用前者的 C(Collaborative),来帮助实现后者的 C(Cooperative)的内容。那么,究竟合作与协作(Collaborative 和 Cooperative)之间有什么样的区别呢?

如果将工作分成几个模块的话,合作就是每个人做一个模块,联合之后成为一个整体;如果大家集体做一部分,然后将成绩、结果、经验加以共享,然后再继续做,做出之后再共享,直到完成,这种可称为协作。祝智庭教授曾经有这样一个形象的比喻:在合作中,任务就像一幅画被分成若干块,参与者各自负责一块,最终的画是由参与者各自完成的小块画简单拼作而成,而协作并不把画撕开,参与者在一个画布上通过交流协作,共同来完成这幅作品。其实,我们可以这样理解,合作学习中的学习只在个体内部发生,而协作学习中的学习是在"一起"工作的。小组的意义是成员之间的共同协商和分享,它不以具体形式为判定依据,而是以学习者之间是否进行了知识的流动作为判断标准。在当前的教育教学中,协作与合作往往是缠绕在一起的。

【案例赏析】 切块拼接法(Jigsaw)是由美国明尼苏达大学"合作学习中心"的约翰逊兄弟及其同事共同创设的一种较为成熟的小组协作学习方式。其优点很多:有利于因材施教原则的实施,有助于学生的主动性和责任感的提高,有助于提升学生的交流表达能力,等等。缺点为消耗时间成本过高。切块拼接法实施的一般过程为:

步骤一,进行任务的分割。按照小组成员的人数将任务分割为相应数量的子任务。例如,某个班级有若干组,每组有四名成员,那么一个完整的任务就会被分割为四个子任务。

步骤二,将分割的子任务分配给指定的小组成员。小组成员事先被编了序号,编号为 1 的小组成员分配任务 1,编号为 2 的小组成员分配任务 2,同理编号为 3 和 4 的小组成员分别被分配任务 3 和任务 4,其他小组的任务分配亦然。

步骤三,打破原小组,以任务为单位形成新的专家组,所有承担任务 1 的学习者重新结合成为专家组 1,所有承担任务 2 的学习者形成专家组 2。同理,承担任务 3 和任务 4 的小组成员分别组成专家组 3 和专家组 4。小组成员针对同一任务展开探究,完成该子任务。

步骤四,专家组成员回到原始小组中,与其他人进行学习成果的分享。在该阶段,每个学生在各自小组中都成了一名专家,其他成员对该任务的理解程度远不及自己。因此,每位学生都要采取适切的教学方式,将学习成果进行分享,使其他成员也能达到同样的水平。

步骤五,进行小组汇报和教师点评。该阶段的任务有两个:一是教师对学生自学过程中存在的问题进行纠正;二是通过交流讨论,进一步挖掘任务中蕴含的知识。

那么在切块拼接法这五个步骤中,哪些步骤属于合作,哪些属于协作呢?我们可以发现,步骤一、步骤二和步骤四由于将任务进行了分割,小组成员只负责自己的任务,没有同伴之间知识的互通,因此属于合作范畴;步骤三和步骤五由于小组成员围绕着一个共同的话题展开交流、探讨和协同,因此属于协作范畴。由此可见,当前的协作学习大多是由合作和协作两种方式混合完成的,这两种方式往往是不能割裂的。

8.1.2 计算机支持的协作学习概念及实施

通过小组协作的形式,发挥学习者之间的协同效应,最大化个人和小组的学习绩效,成为学习方法研究的新热点。与此同时,迅速发展的计算机及网络技术在教育中的应用也在不断深入。关于计算机在教育中的应用,人们的视野也开始关注基于计算机的个别化教学的研究,特别是通过人—机交互来提高计算机教学系统的效能,逐渐转到对通过计算机及计算机网络所进行的人—人交互的关注。

计算机支持的协作学习(CSCL)是协作学习与计算机教育应用相结合的产物。当学习者在进行协作学习时,教师利用计算机技术为其提供所需的学习环境,那么就构成了计算机支持的协作学习。具体而言,计算机支持的协作学习是指利用计算机技术,尤其是多媒体技术和网络技术建立协作学习的环境,使教师与学生、学生与学生在讨论、协作与交流的基础上,进行协作学习的一种学习方式。

计算机支持的协作学习根据学习者在时间和空间中的位置关系,可以划分为四类:一是实时同地 CSCL,即师生在同一时间和地点进行的协作学习,可以实现面对面交流沟通;二是非实时同地 CSCL,即师生同处一地,在不同的时间,采取异步交流的方案来完成协作学习的任务;三是实时远距 CSCL,即师生在同一时间、不同地点进行的远距离协作学习,其要解决的首要问题是师生之间的通信问题;四是非实时远距 CSCL,即师生在不同时间和地点进行的协作学习,其对通信要求不像实时远距 CSCL 那么高。虽然 CSCL 有着不同的形式,但是其过程模式基本相同,如图 8-1-1 所示。

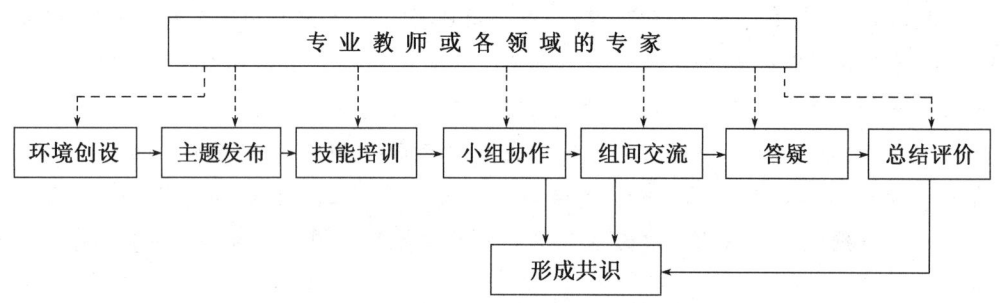

图 8-1-1　计算机支持协作学习的过程模式

1. 环境创设

该阶段的主要任务是教师为学生协作学习的开展设计适切的学习环境,主要包括三类:一是提供所需电子设备、互联网络等基础设施资源;二是提供支持学习者协作学习的计算机软件和硬件工具;三是围绕主题,利用媒体资源构建学习环境,设计环境中各学习内容模块的媒体资源的表现形式;四是提供助学者和专家等人力资源。

其中,计算机对学生学习的支持很重要,可分为三类:一是认知工具,即支持、指引和扩充学习者思想过程的心智模式和设备。例如XMind等思维工具,用以支撑学生的思考进程;几何画板等建模工具,用以构建知识模型;索引系统等绩效支持工具,用以提高学生的学习效率;网络日志等,用以帮助学生对知识进行管理。二是角色扮演工具,一些学习过程需要用到计算机的角色扮演功能,从而引导学生的学习路径,及时解决其产生的疑问。例如学习伙伴系统、智能导师系统等。三是协作平台,它起到资源存放、过程管理、信息查询和沟通交流等方面的作用。

2. 主题发布

在构建学习主题时,教师要以新课标和教学大纲为依据,围绕各单元的教学重点、难点和关键点确定教学主题。教师可以事先将学习者需要完成的学习主题,通过公共主页进行推送,也可以通过网络平台进行分享,抑或在课堂上以纸张的形式分发给学习者。当然我们更推崇前两种方式,因为它们更及时有效。

在进行主题设置时有一些技巧,例如,教师可以通过前测方式来了解学生的需求,以便精准地设计主题。所谓课堂前测是指在教学过程中,通过一定的方式对学生进行相关预备知识和相关方法的预先测试,据此有针对性地设计教学活动,并提出相应的课堂教学策略。在计算机支持的协作学习中由于其所耗时间成本较大,因此需要抓住关键点来组织协作学习。选择适当的前测方法可以为学习主题的设置提供参考,从而提高学生协作学习的效果。

【案例赏析】 在一节生物课上,教师根据本节课"呼吸作用"的知识点设计了一份试题,事先对学生进行了评测,试题内容如表8-1-1所示(扫描本章二维码可学习"呼吸作用"案例微课视频)。测试结果显示,学生以下六个题目错误率最高,分别为93.18%、56.82%、68.18%、40%和52.27%。由调查结果可知,学生存在的前科学概念主要体现在对气体成分的变化认识不清楚,呼吸与呼吸运动的关系、口水与痰、呼吸与呼吸作用等概念模糊不清等方面。由此,教师根据前测结果组织了学生利用网络对"呼吸""呼吸作用"和"呼吸运动"三个概念进行检索、提供资源来让其分析呼吸过程中气体含量的变化过程等小组协作活动。

表8-1-1 呼吸作用前测内容(节选)

判断题(对的打√,错的打×)

1. 肺与外界的气体交换就是人们常说的呼吸,人体呼吸时吸入的气体是氧气,呼出的气体是二氧化碳。   ( )
2. 在人体呼出的气体中,二氧化碳比氧气含量高。   ( )
3. 在人体呼出的气体中,二氧化碳的含量比空气高,氧气的含量比空气低。   ( )
4. 呼吸时用手按在胸部两侧,感觉到胸部有规律地扩大或缩小,称作呼吸运动。   ( )
5. 人体先有呼吸,然后才有呼吸运动。   ( )
6. 我们讲卫生,不随地吐痰。痰就是口水。   ( )
7. 人体的呼吸就是呼吸作用。   ( )

3. 技能培训

由于计算机支持的协作学习中渗透了信息技术，这就需要学习者对这些信息技术的功能和使用有一定的了解，例如计算机、平板电脑等硬件设备的使用，协作平台、教学辅助软件等软件的操作，等等。此外，还需要对小组成员中组长、组员的任务进行指派和培训，例如哪些同学负责记录、负责维持秩序、负责资料的分发与上传，等等。

小组的划分直接影响到小组所形成观点的质量，因此在这要着重强调小组划分的策略。当前小组划分有以下几种思路：一是按照男女的比例进行分组，这种观点认为男生的逻辑思维较强，女生的形象思维较强；二是按照学生的学习成绩进行分组，以保证每小组实力接近，有利于活动的开展。其实我们往往忽略了一个最重要的因素，这就是学生的认知风格，所谓认知风格是指个体在认知过程中所表现出来的习惯化的行为模式。例如，场依存型的学习者善于把握事物的整体概念；而场独立型的学习者善于从中分析各个元素或者部分内容。学习者学习风格的确定可以通过心理学"认知风格量表"来进行测量，由于每个人的认知风格相对稳定，所以每学年进行一次到两次测试和记录即可。在小组划分中将不同认知风格的学习者进行混搭，对于问题的分析和任务的探讨有着重要的支撑作用。

4. 小组协作

小组协作不限于本小组内成员的协作，也可以扩展至小组之间的协作。根据学习者关系的不同，可以将小组协作划分为若干种模式：一是竞争模式，其可进一步划分为课程竞争模式和自由竞争模式，前者的基本流程为呈现主题和竞争解答，后者则是抽取题库和竞争解答；二是合作模式，其可进一步划分为协同合作模式和伴学合作模式，前者是各学习者合力完成同一任务，后者是学习者各自独立完成相同的任务；三是角色扮演模式，其可进一步划分为相长模式和顾问模式，前者是在整个学习活动中组员之间互为人师，后者则是当遇到问题时选择某位同学当学习顾问。

教师的工作职责在该阶段可分为三个方面：一是积极协调化解小组合作学习过程中可能出现的多种问题矛盾。例如，虽然小组划分时遵循了"组内异质，组间同质"的原则，但是个别同学还会不理解，往往会参与到其他小组中打破平衡，这就需要教师出面调和矛盾。二是适时地对小组合作学习进行监督促进。小组协作学习容易让学生产生依赖的心理，再加上学生的个体化差异，不是所有学生都能具备自主自觉学习的意识和能力，教师应该及时发现和修正部分学生的消极依赖思想；三是成为小组协作学习的帮助者和启发者。在学生遇到难题时，教师并不是为其提供标准答案，而是启发学生思考解决问题的方法。

> **资料卡片**
>
> **计算机支持协作学习的理论基础**
>
> CSCL 的理论基础较为丰富，包含了社会文化学习论、情境/共享认知理论、分布式认知理论、认知灵活理论、认知精制理论、元认知理论等学习理论，以及群体动

力学、活动理论。上述学习理论的共同点在于意义建构,即在学习过程中帮助学生对当前学习内容所反映的事物性质、规律以及内在联系有较深刻的理解;群体动力学理论主要是利用学习共同体来促进学生自我意识、心理动机和认知水平等方面的发展;活动理论关注的是学生在发展过程中使用工具的本质、不同的环境作用、社会关系、活动目的与意义。

5. 学习评价

在学习者评价过程中,教师要转变观念,以学生发展为导向,要进行科学的评价,做学习评价的参与者。建构主义学者乔纳森表示:现世无非是人们的心中之物,是学习者自己构造了现实,或至少是按照他们的经验解释存在。每一个人的世界都是由他自己的思维构造的,不存在谁比谁的世界更真实的问题。在计算机支持的协作学习中也类似,学习者所提出的一些想法都是他们思维的结晶,教师要以宽容的态度来看待学生的错误,要将这些想法看作可以改善的观点,通过一定手段帮助其持续提升观点的质量。为了更客观地评价学生,需要将注意力放在其思维的提升方面,例如一个学生的观点得到了较大改善,说明其思维参与了学习过程,应该受到好评,而在评价时不能一味地求对错。

8.2 混合式学习

混合式学习(Blended Learning,BL)是在适当的时间,通过应用适当的学习技术与适当的学习风格相契合,对适当的学习者传递适当的能力,从而取得最优化的学习效果的学习方式。其内涵有狭义和广义之分,狭义的混合式学习为线上学习与线下学习的混合,这也是我们在教育教学中经常提及的概念;而广义的混合式学习除了线上学习与线下学习的混合之外,还包括了学习目标的混合、"学"与"习"的混合和学习理论的混合。

8.2.1 混合式学习的四种形态

➢ 扫描本章二维码学习"混合式教学的四种模式"微课视频。

1. 线上学习与线下学习的混合

学习者线上学习与线下学习的混合,即狭义的混合式学习,最初起源于企业培训。由于企业中人员层级复杂,众口难调,企业培训的内容和提供的服务也复杂多样,培训过程也存在不确定性,给传统的培训带来了极大的挑战,而网络学习能够突破时空限制这一特点,打破传统培训方式的桎梏,解决了培训中出现的一系列问题,使得学员通过网络自主选择。当时很多人认为网络学习能够代替面对面的教学,但是后来发现网络学习也有许多问题,于是就有学者提出能不能将网络教学与传统教学进行整合,以弥补他们存在的缺陷。

具体而言,网络学习虽然有助于体现学生的自主性,可以突破时空的限制,拥有海量的资源,体现了师生平等,但是它对于学习者系统知识的掌握、学习过程的监控、在线学习的指导,以及学习情绪等都有着不良的影响;而对于传统教学而言,优势是有利于学生知识的掌握,有助于教师主导作用的发挥,有利于教学过程的组织管理,有助于师生情感的沟通和人际交互。但同时传统教学也存在着无法克服一些困难,例如缺少自主性、教学规模受到了压制、资源受到了限制、学生往往会依赖教师,等等。两者进行优势互补就能够凸显对方的优点,同时能够屏蔽双方的缺点。于是将两者结合,最初形态的狭义的混合式学习就产生了。

在当前网络教学理论和新教育形态的推动下,狭义的混合式教学的主战场已经从企业培训发展到了日常课堂中。所谓狭义的混合式教学是线上学习与线下学习的混合,其将传统课堂中的面对面教学与教师基于某种信息化教学平台,有组织有计划、有明确学习目标的在线学习进行有机结合,实现优势互补的一种学习方式。狭义的混合式学习的基本特征是融合在线学习和面对面教学的优势,从教和学的过程中遇到的具体问题情境出发,利用一切行之有效的方法和工具进行教学设计,依据学习者的学习条件、便利程度、学习效果、经济效益等因素,提供个性化的教学。

2. 其他形式的混合式学习

除了线上学习与线下学习这种经常提及的混合式学习,还有学习目标的混合、"学"与"习"的混合以及学习理念的混合等,这些混合式学习形态也颇具特色。

第一,学习目标混合的学习。学习目标混合的学习不再单一考虑线上与线下的因素,在混合策略的设计上以达成学习目标为最终目标,混合的学习内容和方式更为广泛。在这里需要注意的是,采用学习目标的混合教学,可以是基于线上的混合,也可以是基于线下的混合。例如:课堂培训与读书以及讨论会相结合的线下混合学习,通过网络虚拟教室与BBS讨论相结合的线上混合学习等。因此,该层次的混合式学习又被称为"整合式学习"。

【案例赏析】 人教版小学三年级数学下册有一单元内容为"位置与方向",科学课有一单元内容为"制作指南针"。数学的学习目标主要有三个:认识方向、辨认方向和描述方向。科学课的学习目标主要有一个:会制作指南针。虽然两门课学习目标不尽相同,但是我们可以将这两门课混合起来,即利用学生制作的指南针,来帮助他们认识方向、辨认方向和描述方向。

第二,"学"与"习"的混合。这里的"学"与"习"的含义均来自其本意。"学"字简化之前的形态为"學",它的本意为:在教室里("冖"表示教室),学生们在老师("子"表示教师)的引导下一起学习新的知识与技能("爻"表示学理性知识),"学"的本意与我们当前说的"学习"的含义一样;"习"字简化之前的形态为"習",表示两只幼鸟("羽"表示两只幼鸟),准备脱离鸟巢("白"表示鸟巢)进行飞翔,它的本意为小鸟反复地试飞,后演化为"演练、试验、实践"等含义。"学"与"习"的含义在论语"学而时习之,不亦乐乎"中也被阐明,即"学到待人处世的道理并适时对其进行实践,不是一件令人心生喜悦的事吗"。

"学"与"习"混合的含义为将知识与技能的学习与其对应的实践进行混合。"科学—

技术—生产"这一知行分离的范式是当前流行的逻辑思维公式,推演至生产领域,遵循的是知识再生产的模式,而在教育领域则表现为理论为先、实践为辅的知识排序。知行不同程度的分离是目前世界各国教育的现状,虽然有很多学者提出了一些教育教学理念来改善这个问题,但学习环境的缺陷、学生预备知识的不足等问题导致教学实践没有达到理想效果。近年来随着信息技术的快速发展,以创客教育、STEAM教育为代表的技术支持的创新性学习为解决该难题提供了契机。

> **资料卡片**
>
> **创客教育与车库文化**
>
> 在美国,车库与地下室对于很多人而言是不可或缺的空间。一些人会在角落里放上冰箱、电视、沙发与餐桌,以便于有共同爱好的朋友进行聚会,原本一间普通的空间却成了他们心灵沟通的乐园,包含了丰富多彩的活动:摇滚排练、家庭聚会、装备改造等。这种逐步形成的车库文化反对千篇一律的流水线生产,提倡个性的设计,向往物品高超工艺水平,更加重视对审美的追求。可以说创客教育很大程度上继承了车库文化,它代表了对于技术、知识与生活的新态度。

第三,学习理论的混合。学习理论的混合是以多种学习理论为指导,以适应不同类型的学习者、学习目标、学习环境和学习资源的要求,它包括建构主义学习理论、人本主义学习理论、教育传播理论、活动理论、虚实交融理论、情境认知理论等。例如,虽然看似行为主义、认识主义和建构主义之间是相互排斥的,但是行为主义学习理论对于学习者行为习惯养成和基础知识的学习有着较大价值,认知主义学习理论对学习者系统知识的学习,以及学习动机的激发有着较大价值,而建构主义学习理论有利于学习者表达能力的提升,以及创新思维的培养。因此,这三种理论其实可以根据学习内容的不同进行整合。

譬如,在语文课程的学习中可以利用行为主义中的操作式学习理论来帮助学习者进行生字的学习;在整篇课文的学习中,可以运用认知主义中信息加工学习理论,帮助同学们进行课文的学习;在问题的探讨过程中,又可以借用建构主义中的支架式学习理论,来支撑其问题的探讨过程。同理,布鲁纳的发现学习和接受学习原本是一对矛盾体,但是也可以根据相应的学习内容对其进行整合;奥苏贝尔的有意义学习和机械学习,虽然也为一对矛盾体,但是它们之间也存在着某种整合的可能性。

8.2.2　狭义混合式学习的一般过程模式

混合式学习设计的框架有很多,这里主要参考黄荣怀教授"混合式学习课程设计框架",并结国内外其他合混合式学习模式的相关研究,将设计框架总结如下,如图8-2-1所示。

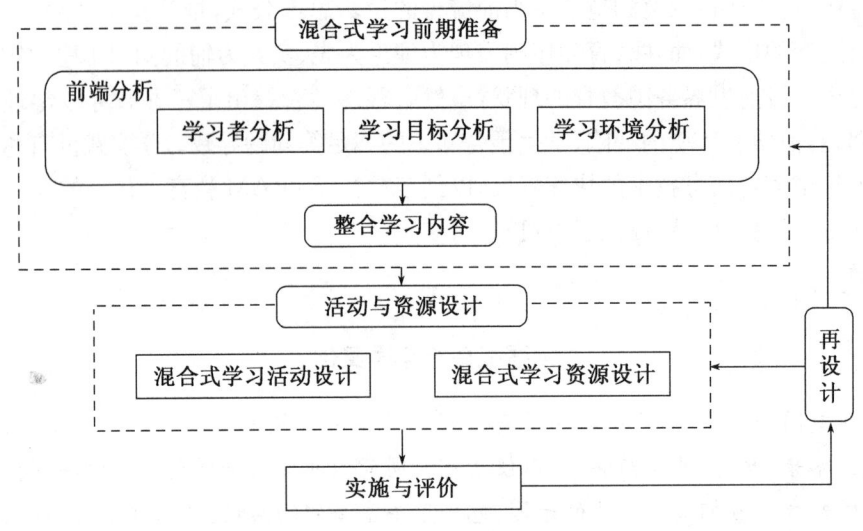

图 8-2-1 混合式学习设计框架

人物卡片

黄荣怀

黄荣怀(1965—),北京师范大学教授,在多个学术协会担任专家或理事,长期从事教育信息化、网络教育、多媒体网络技术、信息安全、教育技术和知识工程等方面的研究。

1. 前期准备

为了确保整个混合式学习活动的顺利开展,在最初阶段要对混合式学习中的各要素进行前端分析和学习内容整合,确定本单元课程是否适合开展混合式学习,其中前端分析包括学习者分析、学习目标分析、学习内容整合以及学习环境分析。

(1) 学习者分析。混合式学习非常强调学习者的主体地位,在设计时要站在学习者的角度来思考教学问题,因此在课程设计的最初要先对学习者进行分析,了解所教学生的自主学习能力和学习特点及风格等。例如:学生已经具备的相关知识与技能、对相关学科内容的掌握情况、对待即将学习内容的认识及态度、学习风格等。

(2) 学习目标分析。所谓学习目标分析是指教师根据教学内容的实际情况以及大纲要求,确定学习者应达到的学习目标。学习目标能够为学习内容单元的划分和知识点的确定提供依据。在混合式学习中学习目标分析非常重要,因为混合式学习中学习内容的顺序不一定遵循教材原有的内容顺序,在一定程度上会进行新的单元划分和内容的重组。

(3) 学习内容整合。在前端分析的过程中,教师已经知晓了学习者特征和预备知识等情况。在这里,教师需要根据课程目标和重难点进一步分析学习内容,将学习内容细分成各个知识点。之后,教师根据对课程内容的理解与认识、课程本身知识之间的逻辑关系,并结合学习者特征分析的结果对单元学习内容进行整合。

（4）学习环境分析。混合式学习环境分析是要对知识传递的媒介进行选择，对现有的网络学习设施进行分析，充分发挥现有环境对混合式学习的支持，这是设计混合式学习活动的前提。一方面，需要检测学习环境设计的预想是不是受到了现有环境的限制；另一方面，根据前端分析的结果，思考如何改善现有的设施，重构技术环境来适应混合式学习。

2. 学习资源与学习活动设计

（1）学习资源设计。根据知识点类型，选择最适宜的知识呈现方式，选择呈现媒体，制作学习资源。资源设计的方法有三种，分别是引进、改造、自建。

一是引进优质教学资源。依据单元学习目标的要求，引进其他教师或团队开发的优质教学资源。引进的标准包括资源是否由一线的教师或优秀的团队打造，内容是否生动，设计是否合理。如果现有的资源可以完全符合自己的教学需求，直接引进优质资源，不但可以节约成本，还可以节省课程的设计时间，提高效率。

二是改造现有的教学资源。几十年的教学实践积累了大量的学习资源，由于近些年兴起了网络教学，因此有一部分资源是数字化的，而大部分的资源还是传统形式的，包括印刷制品和音像制品等。在这些传统资源中有相当一部分对于今天来说也是具有很高的价值的，因此可以通过对传统资源的重新设计，加入一些新的教育理念，将其改造成数字化的形式，从而适应如今信息化的学习环境。

三是师生创作学习资源。教师在进行授课时，如果没有合适的现有资源可供选用，可亲自制作教学资源用于自己的教学中。然后教师可以将自己比较满意的资源收入资源库，或者将自己制作的资源上传到网上供其他人选用。在教学过程中，教师会给学生布置一些作业，让学生制作一些和教学主体相关的作品，教师可选择最优秀、最典型的学生作品。

（2）学习活动设计。混合式学习活动设计是十分灵活的，需要根据教学目标、内容和学情进行设计，我们这给出一个模型仅供参考。混合式学习活动可以包括教学导入、单元内容学习、小组项目任务和学习小结四个部分，其中教学导入主要是对学生进行知识内容、学习方法和学习理念的引导；单元内容学习可以是自主探究、课堂讲演、练习和巩固讲解四个学习活动的循环；小组项目任务是让小组成员协作去完成一个项目任务，这样做可让学生获得实践体验和团队经验；学习小结是引导学生回忆所学的知识，同时也要引导其进行学习反思。

3. 实施与评价设计

教学评价在整个单元中必不可少，它能够表明整体的教学效果，反映出设计的合理与否，并且能够在教学过程中调控教学活动的进行，把握教学的整体方向，使其不偏离教学目标。具体来说，教学评价的作用主要体现在以下几方面：

（1）检验教学效果。通过学生的整体学习情况能够评价出整个单元设计是否有效，为教师进一步改进教学方案提供依据。

（2）为学生提供反馈信息。反馈信息能够让学生了解自己的掌握程度，积极的反馈能够增加学生的学习动力；对自己错误的反馈，能够让学生发现问题所在，对自己的学习进行及时调整。

（3）调控教学进程。在教学过程中进行实时评价，教师根据获得的反馈能够对教学进行调整。例如，调整自己的课程节奏、教学策略、教学目标和内容呈现方式，等等。

【案例赏析】 该案例是我们与某地区电教馆合作的项目：我们扎根于某一城乡接合部的中学，花费一年时间对其进行信息化教学培训，并希望能够将成果运用到常态化教学中。下面的内容就是发生于英语阅读课的真实案例。

首先，前端分析。学习者分析：学习者英语基础较差，单词发音极度不标准，很难做到阅读一篇完整的英文课文。有些同学生活条件较差，家里没有计算机或者网络。学习内容分析：英语阅读课要求学生能够正确朗读单词和课文，并能够掌握相应的语法。学习环境设计：由于一些学生不具备线上学习条件，因此全班同学利用早读时间在学校机房进行学习。学习资源设计：教师事先通过"淘题吧"将单词和课文读音进行上传，同时做好生词表，学生利用计算机进行单词和课文的阅读，并完成录音的上传。

线上学习时，学生听取录音，反复试读，并将自己的录音上传，通过比较发音，不断修正错误，最后保留和上传较为满意的录音。线下时，教师抽取录音进行点评，并根据读音情况进行指导。在进行一学期之后，学习者的英语阅读水平有了明显的提升。从一开始只会单词发音，发展到能够流利地朗读课文。到学期末，全班的英语成绩有了明显的提升。此外，该案例还充分利用了学校中的机房资源，扩大了其使用范围，避免了因闲置造成的资源浪费。

8.3　面向创新性学习的信息化教学

当前教师在面对学生的创新性学习时，普遍采用的是"产品制作"模式。所谓产品制作模式是指以学习者感兴趣的且有实用价值的典型产品作为引导，通过模仿产品开发的真实情境，让学习者在项目探索的过程中掌握知识和技能，从而使自身得到充分发展的一种创造性的学习方式。这种实施理念的优势在于：学习者在完成一个真实项目的过程中，超越了单纯的技能训练层面，实现更为全面的技术能力的培养，并有助于建立起多学科交叉的知识结构体系。然而在推行的过程中发现，基于该模式开展的创新性学习面临诸多需要解决的问题：

其一，学习目标的预设性与生成性之间的矛盾。产品制造模式是以实现某种产品这一预设性目标作为实施的起点，一定程度上压缩了教育过程的丰富性，限制了学习者创造的自主性。其二，技术知识的工具价值与人文价值的失衡。产品制造模式强调技术工具的应用，忽视将具有共性且有意义的生活情景融入创作过程之中，只突出了技术的工具性价值，却无益于学习者对于技术人文价值的领会。其三，收敛性与发散性思维品质培养的割裂。产品制造模式将学习者的创作纳入预设的轨道之中，虽然有利于学习者收敛性思维品质的发展，但是由于受到范围、规则和方法等方面的制约，学习者难以形成辐射性的思考过程以及多样化的问题解决方案。

设计思维方法所蕴含的"问题驱动""技术体验""多元设计"等方面的内在品质对于创新性学习的开展具有重要的指导意义。研究团队构建的一种面向创新性学习的信息化教学模式，可以让学习者在寻求技术产品创造的突破性、新颖性、实用性和经济性的过程中，能够较好地挖掘创新性学习的价值潜能，促进学习者多方面能力的发展。

➢ 扫描本章二维码学习"信息技术支持的创新学习实施模式"微课视频。

8.3.1 设计思维方法的内涵

设计思维方法指的是研究者通过将设计经验还原与显化为一种简单化的设计实践过程，以指导新手设计者进行产品设计或解决复杂性问题。其具有以下几个方面的典型特征：

首先，设计思维方法专注于设计工作的创新，具有"实践理性"的深刻烙印。新手设计者在面对技术产品创新或在解决复杂问题时，由于设计经验的缺乏，在实践工作中往往会陷入困境。然而设计思维方法通过一套科学的方法将"成功的经验"进行了还原和显化，丰富和提高了设计的表现手段和工作效率，为已有产品的改进、科技成果的转化以及创新性产品的生成等提供了有力的支持。

其次，较之其他培养手段，设计思维方法可以有效促进学习者思维能力的发展。虽然在日常教学中也会对学习者的设计思维能力进行培养，但是这种培养往往是孤立的、脱离现实的以及去情境化的。而设计思维方法将设计工作置于真实问题的情境中，通过发现问题、解构问题到解决问题的系统化实施路径，有助于学习者反思其设计行为，权衡利弊得失，进而形成高度综合和强烈关注现实世界的复杂思维过程。

再次，设计思维方法不同于设计流程，它表达了与设计过程相关的多维度关系。设计思维方法是一种体现设计活动程序和活动结构框架的简化形式，前者突出了设计过程的序列性和可操作性，后者则是从整体上把握了各要素的功能及其相互之间的内部关系。有效的设计思维方法是时间、事件、人员和资源等要素多维度的整合，而设计流程只是设计思维方法所必备的一个表征维度而已。

最后，设计思维方法具有普适性的特点，并能够与其他方法体系形成良好的衔接。从本源意义上来看，设计是人类普遍存在的一种主体性行为，而设计思维方法作为设计者思考方式的支架，同样有着不受专业局限的宽阔视野，能够为各个领域的创新工作提供方法论指导。此外，设计思维方法往往是一种粗线条式的指导方案，具有较好的包容性，使其能够融入多种因素，并与其他方法体系形成良好的衔接。

8.3.2 设计思维方法的多元价值

设计思维方法实质上是一种根植于技术产品创新、以问题解决作为驱动力、关注用户体验的多元化设计方法。这种方法对于指导创新性学习活动的开展，并使其回归自然本源具有重要意义。

第一，根植于技术产品创新的固有品质，有助于支撑创新性学习的顺利开展。当前创新性学习的新形态为学习者创造能力的培养提供了新的方向，即寓创造性思维于行动中

(Creative Thinking-inaction),实体对象充当学习者的"思考对象",技术产品作为创造的目标指向,以让学习者通过技术产品创新的过程来建构新知识,培养其创造能力。无论是以技术产品实用价值的提升作为宗旨,还是对其审美价值的追求,设计都是技术产品创新中的一个必要环节。此外,设计从本质上来说就是一种创造性思维,设计的探索过程充满了思考,需要综合运用多种思维方式创造新的、前所未有的形式。而设计思维方法不仅有助于加深学习者在设计工作中的思维深度,更是运用一定的手段将设计过程中原本模糊晦涩的思维方式呈现出来,使其成为一种指导设计实践的有效方式。

第二,以真实问题来引领学习者的思考,而非局限于具体产品功能的实现。创新性学习理念可追溯到杜威"教育即生长"的命题,这就意味着创新性学习的实施并不能局限于实现某种具体产品的功能,应以学习者的兴趣和生活经验为起点来进行创造教育,满足学习者的精神享乐,以及重视人的作用与地位。设计思维方法支持下的设计活动是以解决现实世界或者真实情境中的棘手问题(Wicked Problem)为导向,强调将设计工作置于问题情境中,通过提供清晰可循的解决问题的思路,引导设计者形成解决问题的能力。以真实问题来引领学习者思考的意义在于:一方面,使得学习者的创造过程得以与其社会经验、兴趣需要与能力水平紧密相连;另一方面,有助于形成除技术应用能力之外的其他技术知识,从而增强其对于技术情感、态度和责任的理解。

第三,以用户体验来指引产品创造过程,有益于学习者真正领悟创新之道。虽然对于创新性学习内涵的认识还未达成统一,但是技术创新产品的生成被公认为是一个重要的组成部分。随着科技的进步、知识的发展以及创新形态的时代嬗变,使用者在关注产品基本功效的基础上,更加注重其所带来的全新消费体验。设计思维方法重视产品的物质属性和非物质属性的渗透,充分体现了"人本主义"的设计观,它提倡将设计者移情于某个具体情境中,以便感知用户的服务诉求、了解其消费感受,在产品制作的迭代过程中为使用者创造差异化的感知价值。由此,以用户体验为核心的设计思维方法,将有助于学习者在创新性学习的开展过程中制作出符合时代特征的创造性产品。

第四,支持问题解决的多样化技术路径,有利于学习者创新思维能力的发展。在技术支持下实现学习者创新思维能力的培养是创新性学习的归旨,然而我国技术教育长期受"师徒传授"方式的影响,使其容易陷入经验式的知识传授和技能训练的误区,这也导致学习者形成思维的定式,不利于创新性思维的发展。而设计思维方法鼓励人们体验不同方法的价值,以多样化的思维去处理设计任务,往往在解决问题的过程中演绎出多种路径的解决方案。设计思维方法对于创新性学习指导的意义在于,由于社会经验的差异以及思考维度的不同,学习者在进行多种方法的体验过程中会衍生出多样化的创意想法和学习需求,这不仅尊重了学习者创造过程的差异性,也有助于打破学习者固有的思维定式,实现其创新性思维的成长。

8.3.3 面向创新性学习的信息化教学模式

面向创新性学习的信息化教学模式的构建是在提取设计思维方法的活动框架和参照创新性学习特征的基础上,将信息技术融入其中而形成的。

1. 设计思维方法活动框架的提取

自 20 世纪 90 年代起,一批学者关注各领域中优秀设计师的创造性设计过程,发现虽然设计师拥有不同领域的知识和文化背景,但是他们的工作方式和思维过程是相似的。由此,学者们开始致力于构建设计思维方法的过程模型,以详细表述每个阶段设计者的外部行为,帮助新手设计者可以以接近于设计师的方式去思考。这些成果为各个领域的设计工作提供了有力的支持,在培养优秀的创新性人才、收获一系列具有科技含量的创新成果中发挥了重要作用。

凯迪(Candy L)在对大量的案例进行分析的基础上,提出了设计知识的运作模型,认为设计过程由探索阶段、生成阶段和评价阶段三个部分组成,并且给出了相应的子活动和设计知识元素来促进创造性设计工作的进行。此外,她还纠正了早期乔纳森等人所主张的单向化操作过程,提出学习者设计工作以及思维的培养应该是循环往复的,即评价阶段应该始终作用于探索阶段和生成阶段,从而为设计者提出新的设计要求或提供进一步改进的建议。然而由于其缺少认知因素的作用以及过于强调信息加工作用,不足以支持复杂情景下的设计实践活动。

现代认知学派在凯迪工作的基础上,将认知层面的若干要素融入所构建的过程模型中,强调将设计者的角色意识、生活经验和认知性任务回归一种真实的、融合的状态,借助人们较强的内在动机和思维的积极参与,来解决设计中的难点问题。当前较有影响力的模型有斯坦福大学设计学院在大量实践基础上提炼出的"移情、定义、设想、原型和测试"实施步骤;贝尔(Bell S)所提出的"理解、观察、可视化、评价、改进和实施"半结构化设计路径;赫森(Hurson T)所主张的"移情、目标、提问、解释、原型和调配"设计问题解决方案。

通过对这几种模型的内涵解析,我们可以将其纳入"问题识别、方案制定和作品生成"的设计活动框架中,见表 8-3-1。

表 8-3-1　设计思维方法活动框架模型的比较

框架 提出者	问题识别	方案制订	作品生成
设计学院	移情、定义	设想	原型、测试
贝尔	理解、观察	可视化	改进
赫森	移情、目标	提问、解释	原型、调配

"问题识别"指的是设计者深入挖掘问题产生的根源,以及深入了解用户真实需求的过程。设计思维方法提倡移情式的数据收集方式,所谓"移情"是指了解他人的内部感受、感受他人情绪和倾向的能力,其价值在于可以让设计者站在目标用户的角度认识问题和体验其内心感受,以便对现象背后的深层次原因进行剖析。虽然移情能力是人类所固有的,但是在作品设计的过程中仍需结合多种技术手段对其进行激发。

"方案制订"指的是学习者通过视觉思维的参与,制订相应技术解决方案的过程。鉴于设计工作是一种独特的、多维的和立体的思考方式,视觉思维这种具有较强主观性的创造性思维形式,是对归纳、演绎等严密逻辑思维形式的必要补充。其实,已有研究证实,视觉思维的参与对于触发精神意向、拓展思维、识别有价值信息等方面有着一定作用，从而有利于改善设计中学习者思维的进程。

"作品生成"指的是生成符合目标用户需求的市场产品的过程。设计思维方法特别注重产品原型的迭代完善，以及依赖目标用户所进行的质量问题溯源。产品原型通过"粗糙"的方式展现产品的核心功能，不仅是设计人员自我验证的方式，也起到了提高产品设计效率的作用。此外，由于作品最终指向的是用户目标市场，原型的完善往往需要通过多轮次用户的体验进行问题溯源，进而可以对问题环节及其后续行为进行整改，完善原型功能。

2. 面向创新性学习的信息化教学模式构建

在设计思维方法的支持下，创新性学习的实施过程得到了全方位的提升，即从关注技术产品的制作转变为利用技术产品解决现实生活中的真实问题。具体而言，在"问题识别"阶段：改进后的创新性学习首先要进行学情分析，不仅要针对学生原有技术水平，还要关注其生活体验和认知水平，以帮助实施者更好地圈定探究活动的主题范围，而情境的创设也需要从注重创设技术的应用情境转变为注重创设符合学生认知水平的问题情境；在"方案制订"阶段：设计思维方法提倡设计者根据对问题的不同认识形成丰富的技术解决方案，因此教师需要调解持有不同观点的学习者，鼓励小组协作学习，指导其方案的设计；在"作品生成"阶段，设计思维方法强调以用户体验来指引产品创造过程，改进后的创新性学习不仅要提供相应的资源服务以支持作品原型的生成，还应该根据用户感受形成对产品原型的迭代改进，重视产品推向市场的评估过程。

此外，该模型将信息技术融入其中以支持师生活动的开展，最终形成了基于设计思维方法的创新性学习实施模式，如图8-3-1所示。具体而言：一是信息技术为学习者的创造提供了必不可少的工具支持。运用模块化、开源化和智能化的技术工具搭建创造环境，以帮助学习者将创意想法快速地转化为现实。二是信息技术为成员之间的沟通交流提供了便捷的平台。师生之间的全方位交互是该模式的重要特征，在线问卷、在线交流、在线投票和展示平台等信息技术工具极大地提升了模型的实施效率。三是信息技术起到降低学习者认知负荷的作用。在探究工具、思维导图工具的支持下，促发了视觉思维的参与，降低了设计起点的难度。

第一，开展学情分析，了解学生状态。创新性学习中，学习者是创造行为的主体、知识的主动建构者，同时也是自身学习进程的监督者和掌控者，这就要求学习者不仅需要具有入门的知识和技能，还需要具备足够的生活体验和心智能力。教师在课前对学习者进行充分的特征分析，有助于了解学习者的现有水平，设计符合其认知特点和能力水平的问题情境，提供合适的服务规划。学情分析主要包括学习者年龄特点、已有知识经验、学习能力、学习风格等方面，可通过分析提交的作品、问卷调查和日常观察等方式来实现。

第二，圈定主题范围，根据反馈筛选。设计思维方法指导下的创新性学习强调以问题解决为中心，即学习者通过问题解决的过程来建构隐藏于问题背后的知识以形成解决问题的能力。探究问题的设定是本教学模式的一个关键环节，它不仅仅源于真实世界，更应是学习者迫切想去解决的问题。在该教学模式中，探究问题的设定是先由教师依据学情

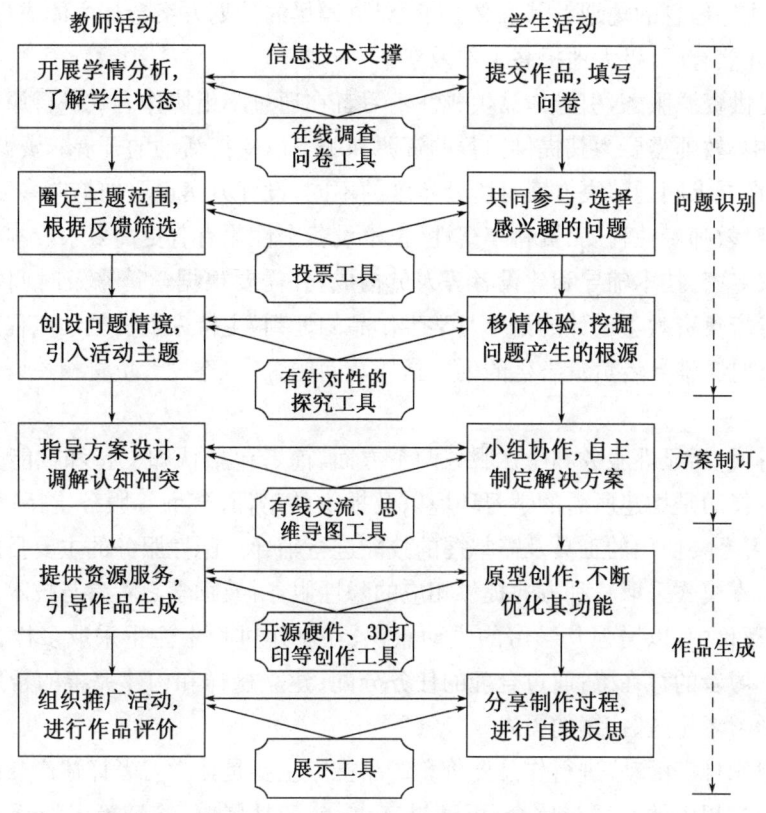

图 8-3-1　创新性学习的信息化教学模式

来圈定主题范围,再由学生通过投票的方式来筛选感兴趣的问题。其意义在于,不仅保证了问题设定符合学习者的认知特点以及创新性学习的内在要求,也让学习者真正带着兴趣去获得解决问题的能力。

第三,创设问题情境,引入活动主题。在设定问题之后,教师要创设相应的问题情境,并采取一定措施让学习者产生共情,促使其挖掘问题产生的根源。问题情境的创设不能只依靠多媒体呈现,需结合场景模拟、实地考察、角色扮演、互动采访等方式以走向多元化和生活化。在这需指出的是,虽然这些技术都可实现"共情",但实践表明它们的效果存在着一定的差异性。具体而言,实地考察的效果最为理想,角色扮演和互动采访次之,之后为场景模拟和多媒体呈现,然而它们所消耗的时间成本却恰好相反,由此教师可根据实际情况采取相应的实施方式。

第四,指导方案设计,调解认知冲突。该环节需要教师根据找出的问题根源,指导学生制订最佳的技术解决方案,并拟订相应的计划方案。由于各个小组的学习者知识储备和生活经历不同,在制定技术解决方式时会出现一定的认知冲突,教师则需要在作品的可行性、创新性、适用性和经济性之间帮助其寻求平衡点。在该模式中,备选方案的筛选和完善需要通过小组成员投票、专家评定等方式综合考量,学生则根据意见进一步完善创意,形成最终的方案。此外,在形成技术解决方案之后,学习者还需要拟订相应的计划方案。计划方案是对项目进程管理的技术和过程,一般包括对工作内容、进程预测、负责人员和成果形式等信息的规划。其意义在于,周全详尽的计划方案会让主体成员各司其职,使创造过程井然有序,极大地提高工作效率。

第五,提供资源服务,引导作品生成。学习者在通过小组协作方式进行原型创作及其优化的过程中,教师需要为其提供完善的资源和服务以支持活动的开展。资源设计方面,由于学习者在寻求问题解决方案时所处角度的不同,设计方案也更加趋向多元化,因此在资源设计中对教师专业程度、资料丰富性、技术设备个性化有着更高要求。本模式提倡教师由主持人、专家、技术辅导和建设者等人员构成,并需要根据学情来及时调整结构和数量。其中,专家负责教学设计的指导及学生作品的评判,主持人负责教学流程的串联及其教学进程的把控,辅导者负责学生的创作指导及问题答疑,建设者负责相关设备和耗材的采购。

服务支持包括显性服务和隐性服务两个方面,前者包括认知支持和技能支持两个部分,认知支持指的是构建所需的学习环境以及提供的培训、咨询等服务支持;技能支持主要包括对学习者要使用的工具及需掌握的技能进行辅导。隐性服务的主要目的是提高学生的元认知,本模式采取三种方式提供相应的隐性服务:鼓励学习者参与技术产品创造进度的调整与评价中,以增强其学习的主动意识;在制作过程中注重采取多样化的活动形式,以增加学习者的存在感;通过合理的任务分配、建立榜样和构建完善的帮助机制等手段,以保证学习者持久、持续的投入。

第六,组织推广活动,进行作品评价。产品推广主要是让学习者详述产品的功能与特色,以及制作过程中的心得与体会,可通过宣讲会、产品展览、答辩等多种活动形式来实现。与传统作品推广过程不同的是,该模式提倡营造一种互相包容、共同成长的精神氛围,从而可以使其起到知识探究、性格交融、思想碰撞和精神相遇的作用。这就要求教师在作品评价的过程中以宽容发展的立场来看待学生的成长,评价除了发挥诊断、调节、监督功能以外,还要突出鉴定、导向、激励等教育功能,让学习者能够以自身过去作为比较标准,最终成为自我发展过程的监督者和欣赏者。

➢ 扫描本章二维码,查看案例赏析:面向创新性学习的信息化教学模式在"绿色环保"主题的综合实践课程中的实施案例。

实践练习

1. 在进行计算机支持的协作学习时,教师如何有效地发布学习主题?
2. 请举例说明基于学习目标混合的混合式学习的特点。
3. 请谈一谈STEAM教育和创客教育之间的相同和不同之处。
4. 请说明为什么在技术性产品创造的过程中要围绕着用户的切身体验?
5. 请结合自己的学科,利用设计思维方法设计某一单元课程的学习活动。

参考文献

[1] 何克抗,李文光.教育技术学[M].北京:北京师范大学出版社,2002.

[2] 南国农.中国电化教育(教育技术)史[M].北京:人民教育出版社,2013.

[3] A. Januszewski & M. Molenda, Educational technology: A definition with Commentary[M]. New York: Lawrence Erlbaum Associates, 2008:1-14.

[4] 李祺.论信息化教育[J].电化教育研究,2003(10):1-5.

[5] 东尼·博赞.郭胜阳译.思维导图完整手册[M].北京:中信出版集团,2018.

[6] 王宇,罗淑芳,范逸洲,汪琼.2017全球慕课发展回顾[J].中国远程教育,2018(9):53-61,80.

[7] 祝智庭,雒亮.从创客运动到创客教育:培植众创文化[J].电化教育研究,2015(7):5-13.

[8] 海光.教育大数据[M].北京:机械工业出版社,2016.

[9] 韩德尔·琼斯.张臣雄译.人工智能+:AI与IA如何重塑未来[M].北京:机械工业出版社,2018.

[10] 李泽亚,刘光余等.超越优质——智慧教育的原理与应用[M].北京:教育科学出版社,2014.

[11] 黎加厚.中国教师教育技术能力培训的国际化项目回顾[J].电化教育研究,2010(12).

[12] 陈金华.基于数字化学习的现代教育技术教程[M].北京:北京师范大学出版社,2011.

[13] 赵树宇,封昌权.现代教育技术[M].北京:科学出版社,2012.

[14] 李康康,赵鑫硕,陈琳.我国智慧教室的现状及发展[J].现代教育技术,2016(9).

[15] 张亚珍,张宝辉,韩云霞.国内外智慧教室研究评论及展望[J].开放教育研究,2014(1).

[16] 刘雍潜,孙默.数字校园综合解决方案2016——智慧校园[M].北京:教育科学出版社,2016.

[17] 何克抗,林君芬,张文兰.教学系统设计(第2版)[M].北京:高等教育出版社2016:45-264.

[18] 腾明兰,张继华.教学设计与策略[M].北京:人民出版社,2010:62,212.

[19] 钟志贤.信息化教学模式[M].北京:北京师范大学出版社,2005:3-316.

[20] 余胜泉,吴娟等.信息技术与课程整合——网络时代的教学模式与方法[M].上海:上海教育出版社,2004.

[21] 冉新义,刘冰,安素平等.现代教育技术应用[M].厦门:厦门大学出版社,2017.

[22] 贺晓霞,方宁.ActionScript 3.0编程特效实战案例解析[M].北京:清华大学出版社,2013.

[23] 方其桂.PowerPoint多媒体课件制作实例教程[M].北京:清华大学出版社,2015.

[24] 李润亚,马文辉.PowerPoint 2010多媒体课件制作[M].北京:人民邮电出版社,2018.

[25] 孙方.PowerPoint!让教学更精彩:PPT课件高效制作(第3版)[M].北京:电子工业出版社,2018.

[26] 汪琼,李林.交互式电子白板教学应用教程[M].北京:北京大学出版社,2014.

[27] 冯建平,邓居英.交互式电子白板与多媒体CAI课件制作教程(第2版)[M].北京:人民邮电出版社,2012.

[28] 王陆.交互式电子白板与教学创新——从入门到精通[M].北京:高等教育出版社,2009.

[29] 胡铁生.微课给教育带来了什么改变[J].中小学信息技术教育,2018(Z2).

[30] 焦建利.一分钟教授与一分钟学者[EB/OL].http://blog.sina.com.cn/s/blog_73b64be60101aphs.html,2013-04-24.

[31] 赵冬.微课的选课技巧[EB/OL].http://blog.sina.com.cn/s/blog_c0ba07b80102xdvd.html,2017-12-03.

[32] 赵国栋.微课设计技术与案例分析[J].中国教育信息化,2016(11).

[33] 郑小军.例谈微课选题的误区、原则与方法[J].中国教育信息化,2017(4):43-46.

[34] 冉新义等.现代教育技术应用[M].厦门:厦门大学出版社,2017.

[35] 李龙.教学过程设计[M].呼和浩特:内蒙古人民出版社,2001:383-391.

[36] 林琳,沈书生.设计思维的概念内涵与培养策略[J].现代远程教育研究,2016(6):18-25.

[37] 闫寒冰.信息化教学评价——量规实用工具[M].北京:教育科学出版社,2003:9-11,20-23.

[38] 张建群.翻转课堂中学习契约的设计与实践[D].南京师范大学,2016.

[39] 赵国庆.概念图、思维导图教学应用若干重要问题的探讨[J].电化教育研究,2012,33(5):78-84.

[40] 岳贵玲.档案袋评价法在高一化学教学中的应用研究[D].河南师范大学,2016.

[41] 杨绪辉.知识建构视角下创客教育的有效开展[J].电化教育研究,2017,38(5):101-105.

[42] Bandura A. On deconstructing commentaries regarding alternative theories of self-regulation[J]. Journal of Management, 2015, 41(4): 1025-1044.

[43] 何克抗.如何实现信息技术与学科教学的"深度融合"[J].教育研究,2017,38(10):88-92.

[44] 黄荣怀,马丁,郑兰琴,张海森.基于混合式学习的课程设计理论[J].电化教育研究,2009(1):9-14.

[45] 范文翔,张一春.STEAM教育:发展、内涵与可能路径[J].现代教育技术,2018,28(3):99-105.

[46] CANDY L, Edmonds E. Creative design of the Lotus bicycle: implications for knowledge support systems research[J]. Design studies, 1996(17): 71-79.

[47] BELL S. Design thinking[J]. American libraries, 2008, 39(1/2): 44-49.

[48] HURSON T. Think better: an innovator's guide to productive thinking[M]. New York: McGraw Hill Professional, 2010: 148-150.

[49] HEYN R, FAMILIARI G. Visual thinking strategy in the medical curriculum: training the "clinical eye" in classrooms and artmuseums[J]. Italian journal of anatomy and embryology, 2015, 120(1): 235.

[50] 杨绪辉,沈书生.移动学习服务模式设计与实践[J].电化教育研究,2014(6):90-95.